增訂版

英國史

一本書讀懂

歷史是一條直

記住每一個歷史關鍵

每個事件都與世界歷史對照

一目了然，給記憶一個重要的位址

J.K. History

序：大不列顛島的煙雲

穿過倫敦新牛津大街北面大羅素廣場的石板路，一排排以8根為一組的羅馬圓柱，將大英博物館的深沉與雄偉盡數展露。它是世界上規模最大、最著名的博物館之一，重要的不是它的珍品文物之繁多，而是它所承載的悠久歷史，為所有遊經它的人，譜寫了關於大不列顛群島的前世今生。每當星月凌空，它或許沒有博物館的復活奇妙夜晚，卻有著醇厚與低調的內涵，吸引著人們流連忘返。

走入文獻資料的展館，一部部偉大著作的手稿被束於玻璃框架之內。在角落裏，有這樣一句不起眼的話：「歷史不僅是知識中很有價值的一部分，而且還打開了通向其他許多部分的門徑，並為許多科學領域提供了材料。」它源自蘇格蘭哲學家、歷史學家、經濟學家大衛・休謨的史學手稿，而這位以撰寫《英國史》聞名歐洲乃至世界的人，將英國自羅馬佔領時期至光榮革命時期的史事，用別出心裁的方式記錄下來，也讓世人第一次真正意義上瞭解了大不列顛群島的過往煙雲。

這片位於大西洋中的群島，4000多年前就已經有人類活動的蹤跡。西元前55年，羅馬凱撒大帝的鐵騎漂洋過海，踢開了被法蘭西人稱作「白色峭壁」之地的大門。

從此這片神蹟的面紗被揭開，不列顛島民也不得不接受外面新世界的挑戰。

400多年以後，盎格魯－撒克遜人取代了羅馬人在不列顛的地位，他們以血腥暴力的手段征服島民，徹底改變了不列顛的歷史，確立了「英格蘭」和「英吉利」成為不列顛的代稱。不過，撒克遜王朝皇室與歐洲大陸諾曼人的聯姻，也為其招來了諾曼人的覬覦。來自諾曼第的「征服者」威廉，憑藉與撒克遜王朝沾親帶故的關係，一舉攻入不列顛，成為英格蘭的統治者。

自此以後，再也沒有任何一個民族或國家成功征服過英國，而英格蘭貴族與法蘭西貴族的血統也從這段時間開始交融，為以後英法錯綜複雜的關係帶來隱患。

隨著封建經濟的發展由盛至衰，中古時期匆匆而逝，歷經金雀花王朝和蘭開斯特王朝的英國迎來了文化的跨越和早期資本主義發展，進入新貴族和資產階級支持的都鐸王朝。

在王權高度集中的都鐸時期，英國完成了資本原始累積，在攫取世界海洋霸權上邁出第一步；而斯圖亞特王朝則成為從封建社會向資本主義社會過渡、從君權統治向議會民主統治過渡的關鍵時期。

1688年「光榮革命」，英國開啟了地主貴族和資產階級聯合專政的序幕，為英國君主立憲制的確立奠定了堅實基礎。即便有斯圖亞特王朝復辟的波折，但隨著1714年漢諾威王朝入主，英國完成了議會君主制，為接下來的工業革命和對外殖民擴張創造了合適的政治背景。英國在此基礎上迎來了整個國家的飛躍，帝國的旗幟逐漸插滿世界的各個角落，真正的「日不落帝國」日趨成型。

然而，自古便有「盛極而衰」的道理。

殖民擴張帶來的巨額財政開支及兩次世界大戰的消耗，令英國不堪重負，陷入了大蕭條的時代旋渦。為了扭轉日趨惡化的國內矛盾和經濟困

難，一代代英國政府為之付出了不懈努力。能否順利完成「經濟騰飛」，成為今日和未來的英國所要面對的重要歷史命題，也是今人所拭目以待之事。

現在，讓我們一起翻開它的第一頁，開啟徜徉歷史長河的偉大旅程，跨越幾萬公里的時空，從第一眼見到索爾茲伯里平原上的巨石陣開始，讀懂關於英國人的故事。

目錄

| 第五章 | 血腥都鐸

| 第六章 | 君權起落

| 第一章 | 鐵蹄下的不列顛

蘇格蘭

北愛爾蘭

英格蘭

威爾斯

倫敦

BC

耶穌基督出生　0—

君士坦丁統一羅馬

羅馬帝國分成兩部

波斯帝國　500—

回教建立

凡爾登條約

神聖羅馬帝國建立
　　　　1000—

十字軍東征

蒙古第一次西征

英法百年戰爭開始

哥倫布發現新大陸
　　　　1500—

英國大破無敵艦隊

發明蒸汽機

美國獨立

美國南北戰爭開始

第一次世界大戰
第二次世界大戰
　　　　2000—

巨石陣上的白色島嶼

　　位於「霧都」倫敦西南100多千公尺的索爾茲伯里平原，似乎沒有受到多變天氣的影響，晴空萬里，令矗立在平原中央的巨石陣清晰可見。這裏是歐洲著名的史前文化遺址，同樣是英國最早的人文標誌地。直徑與高度皆超過數百公尺的龐然巨石面朝埃文河與泰晤士河，如同忠誠的士兵守衛著滄桑的古國，數千年的風霜雨雪在它們身上雕琢了時光的痕跡。

　　這些來自不列顛的巨石群大約建於西元前2300年（新石器後期與青銅時代過渡期），籠統地說它們是「巨石」未免偏頗，因為有些石塊兒較小，而有些的確重達十幾噸甚至幾十噸，其中，堅硬的碩大青石還來自距此200多千公尺的威爾斯。巨石陣的主軸線、通往石柱的古道和夏至日初升的太陽在同一條線上；有兩塊石頭的連線指向冬至日落的方向。英國考古專家還在巨石陣附近發掘出青銅器時代早期一位弓箭手的墳墓。

　　當一個個文明之謎不斷被抽絲剝繭的時候，人們不禁反覆拷問自己：究竟是誰如此花費力氣將它們運抵此處？是為了宗教傳播而建造的神蹟，是古人為了測量天時地理的工具，還是貴族的屍身歸所、豪華陵墓？

　　無論真相如何，我們可以想見巨石陣如萬里長城一般，由成千上萬的人用汗水和鮮血建造而成，它是史前不列顛人的無字豐碑，令後人見識到當時人類偉大的創造能力。

　　當然，在無限讚美巨石陣的同時，不能忘記創造這一奇蹟的不列顛人——一群真正載入英國史的不列顛早期居民——布立吞人，他們是凱

爾特人①的主要分支之一。

數千年前，與生存在地中海那些聰明的腓尼基人②不同，島民布立吞人顯得野蠻、粗俗、落後。腓尼基人海外探險抵達英格蘭附近的島嶼時，費盡心機與布立吞人打交道，無非是想撈到此處豐富的錫、鉛資源。

最初的島民絕大多數赤身裸體，偶爾有一些用野獸皮蔽體，吃的是半生不熟的肉、野草與漿果。帶著生活用品和衣物的腓尼基人的到來，無疑給了他們驚喜。於是，腓尼基人利用這些物品換來了大量錫、鉛，再運到法蘭西和比利時海岸兜售。

「我們到了對面的白色峭壁，就是你們白天站在岸邊可以看到的海對岸島嶼，從那個叫『不列顛』的國家帶來錫和鉛。」腓尼基人對海峽東南岸的法蘭西人和比利時人這樣說。久而久之，法蘭西人和比利時人也按捺不住對西南面「白色峭壁」的好奇心，紛紛造船出海，到那片峭壁的南岸碰運氣，甚至有些西班牙人也遠道而來到愛爾蘭島安家落戶。

大概是霧靄天氣、沼澤遍地、叢林密布等環境的約束，布立吞人的生存環境非常惡劣，導致他們很善於建造利於棲身的城堡和製造各種靈巧的武器。他們用銅錫混合金屬製造長劍，但劍身非常軟，面對重劍時會彎掉，所以最終選擇了細桿長矛、小匕首和輕盾，便於叢林作戰。偶爾他們成群結隊走入森林，看到猛獸便互相呼告通知，丟出帥氣的尖頭長矛，眨眼間貫穿了獵物的喉嚨。

布立吞人根據彼此的脾性和居住地，自然而然分成了幾十個部落。有了各自為政的概念之後鬥爭在所難免，偶爾部落之間的戰爭也是非常凶殘，這時候所有製造的武器變成了屠殺的工具，一時間整個島嶼染上了不幸的色彩。

當地人對馬喜愛有加，並且非常善於御馬，肯特③的戰旗上就有一匹白馬，是為肯特的象徵。當地的馬屬於矮腳馬，個頭跟現在中國雲南

BC

耶穌基督出生　0—

君士坦丁統一羅馬

羅馬帝國分成兩部

波斯帝國　500—

回教建立

凡爾登條約

神聖羅馬帝國建立
1000—

十字軍東征

蒙古第一次西征

英法百年戰爭開始

哥倫布發現新大陸
1500—

英國大破無敵艦隊

發明蒸汽機

美國獨立

美國南北戰爭開始

第一次世界大戰
第二次世界大戰
2000—

的矮腳馬差不多，也許更瘦小。不過這些馬被訓練得靈巧無比，拉著拖板車還可以在碎石遍地的道路上飛馳。風中的馬兒僅僅需要一個暫停的口哨就能戛然而止，訓練有素堪比軍馬，估計跟現代雜技團的馬兒旗鼓相當。

好馬需伯樂，出色的馬兒皆源於它們有好的主人，布立吞人的馴馬技留存至今，以供後人借鑑。

布立吞人中有一部分信奉名為德魯伊的教派，將橡樹視作至高神祇的象徵。維多利亞時代的文學家狄更斯認為，巨石陣就是由德魯伊教信徒而立，作為敬天的神殿和祭壇。雖然目前為止還無法確認兩者絕對的從屬關係，但可以肯定的是，巨石陣是布立吞人智慧與力量的結晶，為人類史創造了驚人的奇蹟。而這些默默無言的不朽之碑，從未懈怠地凝視著歐洲大陸西北的不列顛群島，見證著英國的逐步崛起。

【相關連結】

1130年，一位英國神父奉命到索爾茲伯里那處窮鄉僻壤任職，這是一處人跡罕至的荒原。神父走在野草地上向著太陽落山的方向而去，遠處錯落而奇形怪狀的陰影擋住了夕陽的美好。就在那一剎那，巨石形成的奇蹟第一次真正走入英國人的視野。

在此之前，當地寥寥無幾的居民注意到那些大石頭，不過他們大多以為是什麼人把石頭丟在這裏。可是神父的學識讓他意識到如此神蹟必有驚人的過去，於是他將消息送回了城邦。就這樣，索爾茲伯里巨石陣被人們所注意。如今，它已成知名景點，每年接待數以百萬計的遊客，在英國人心中，這是一個神聖不可侵犯的地方。

【注釋】

①凱爾特人（Celt），拉丁文稱Celtae或Galli，希臘文Keltoi，可被

譯為蓋爾特人、克爾特人、塞爾特人、居爾特人等，為西元前2000年活動在中歐的一些有著共同文化和語言特質的有親緣關係的民族統稱。這個古老的族群集中居住在被稱為「不列顛尼亞」的群島，也就是愛爾蘭、蘇格蘭、威爾斯以及法國的布列塔尼半島。

②腓尼基人（Phoenician），一個古老民族，稱為閃美特人，又稱閃族人，生活在今天地中海東岸相當於黎巴嫩和敘利亞沿海一帶，創立了腓尼基字母。腓尼基人善於航海與經商，在全盛期曾控制了西地中海的貿易。

③肯特，英國英格蘭東南部的郡。北臨泰晤士河河口灣，東瀕多佛海峽，西北與大倫敦毗鄰。

來自羅馬的征服

自「光榮革命」英國崛起之後，不列顛帝國的序幕被緩緩拉開，它成為一個以大不列顛島為中心的龐大帝國，領土面積曾達到約3400萬平方公里，遍布世界的各個角落，在廣袤的世界地圖上，隨處可見不列顛的旗幟，至今它仍被吉尼斯世界紀錄認定為歷史上面積最大的帝國政權，歷史可謂光輝熠熠。然而，無論它有多麼恢宏的過去，在2000多年以前，它仍舊被古羅馬征服過，在「振長策而御宇內」的凱撒大帝威壓下幾乎俯首稱臣。

那是一個月色如洗的夜，凱撒在征服了高盧①之後，對法蘭西海岸對面的「白色峭壁」伸出了欲望之手。英國劇作家蕭伯納說過：「生活中有兩個悲劇，一個是你的欲望得不到滿足，另一個則是你的欲望得到了滿足。」凱撒征伐的一生始終處於兩者之間，所以他沉浸於滿足奢求的幸福之中，而不列顛讓他惦記的，正是金、銀、錫、鉛等金屬，還有

強壯的奴隸。他亟須將不列顛變成羅馬共和國的一個行省，為自己的功績簿再添一筆。

惹得凱撒必須拿下不列顛的原因還有布立吞人。在征討高盧的時候，一些布立吞人渡海幫助高盧人對付凱撒，強壯且無畏的布立吞人激起了他內心的征服欲。是夜，他裝備12,000名士兵，分乘8艘船，從加來②和布洛涅③之間的法蘭西海岸漂洋過海到了「白色峭壁」的島嶼。

本以為可以輕易征服布立吞人，沒想到凱撒卻踢到了鐵板。布立吞人不但驍勇善戰，而且狡猾無比，他們採取游擊、拖延以及假意求和等

戰術，導致凱撒戰事吃緊。加之叢林是布立吞人縱橫遊戲的場所，外來

人想要和本地人在這裏玩叢林格鬥，自然在戰略上輸了一籌。

凱撒見勢不妙，連忙從法蘭西海岸調派騎兵。然而，天不遂人願，一場突如其來的暴風雨粉碎了騎兵的船隊，滔天巨浪和電閃雷鳴將騎兵船隊擊得七零八落，不得不退回法蘭西海岸，望海莫及，以致凱撒身陷

險境。最終，左思右想，權衡局勢，凱撒決定暫時不跟布立吞人長久對

峙，帶著部分戰俘和布立吞人求和送來的財物撤退。

傑出的政治家與軍事家絕對無法容忍人生的污點，好戰野蠻的高盧人尚且不是羅馬鐵騎的對手，何況是蠻荒之地的布立吞人。

第二年春天，凱撒捲土重來，帶領5個軍團及一個騎兵部隊總計3

萬多人，乘坐800艘船再次登陸不列顛。這一次，風暴又捉弄了羅馬士兵，百餘艘船隻被海風吹得撞向山崖粉身碎骨。凱撒鬱悶不已，趕忙帶

兵回到岸邊重整旗鼓，停留了大半個月才繼續深入不列顛。

此時不列顛所有的部落均意識到人生最大的危機來臨，他們推舉卡

斯沃倫爾做大將軍。卡斯沃倫爾驍勇凶悍，帶著士兵與羅馬周旋作戰，

戰績十分輝煌。據說當時的羅馬敵軍看到遠處有塵土飛揚，或者聽到不

列顛的矮腳馬拉著戰車從石頭上經過的嚕嚕聲，都嚇得屁滾尿流、面無

血色。

當然，戰爭不只看誰更勇敢無畏，還得看實力。凱撒畢竟有備而來，即便老天幫忙、卡斯沃倫爾勇猛，最終布立吞人難免吃了敗仗。事實上，布立吞人吃敗仗的原因還在於內部分裂。權力導致爭鬥，像是宿命般的詛咒，布立吞首領對卡斯沃倫爾嫉妒不已，明裏暗中排擠後者，還故意挑撥各部落首領與卡斯沃倫爾之間的關係，最後卡斯沃倫爾無心再與凱撒周旋，順從了大部分部落首領的意思，向凱撒求和。

兵不血刃當然是凱撒喜聞樂見的，尤其大陸那邊的高盧人起義，他急於回去平亂，便立刻同意布立吞人求和的意思，接受他們送來的進貢品，帶著軍隊撤回大陸。

凱撒進軍不列顛看似是一場侵略戰爭，卻是英國史上里程碑式的事件。因為凱撒的關係，不列顛才有了文字記載的歷史。凱撒的筆記上這樣寫道：布立吞人的妻子們是由10～12個不同輩分的男人共同擁有。這意味著當時不列顛人還處在原始部落階段。

100年匆匆而逝，布立吞人幾代更替。自從凱撒走以後，他們與羅馬人開始頻繁交往，文明逐步開化，倫敦城也是在這段時間於泰晤士河北岸建立。不過，布立吞人自始至終都並未向羅馬正式稱臣，這在羅馬帝國皇帝眼中逐漸變成了芒刺。

可是，正如一千多年以後拿破崙說的那樣，在被英格蘭打敗以前，他從沒見過這樣蠻不講理的傢伙。

布立吞人極不好惹，在面對羅馬一次又一次進犯時，他們流乾最後一滴血，也要戰鬥到殺死更多敵人的那一刻。

【相關連結】

數千年前，法蘭西人和比利時人望「白色峭壁」而興歎，究竟對面那片白色山崖藏著什麼珍寶呢？敢闖敢拼的腓尼基人為他們解開了這個秘密，卻並沒有解釋不列顛的白色山崖由何而來。而今，這片白崖已被

認為是英格蘭的象徵，從歐洲大陸遠眺英倫，最顯眼的就是這片美麗的白壁。據說，兩次世界大戰中，英國海軍在戰後回國看到白崖，就代表看到了家，均感到幸福不已。

英國白崖又叫多佛白崖，位於英國英吉利海峽比奇角，是一片長達5000公尺的白色懸崖。幾十公尺如天斧劈削的絕壁，不愧為自然的鬼斧神工之作。這片白崖實際是由細小的海洋微生物以每年0.015毫米的速度沉積而成的石灰石岩層。從白堊紀開始，至今已經1.3億年，沉積層從下面的海灘上升了約152公尺的高度。有趣的是，地質年代「白堊紀」之名便是從英吉利海峽的多佛白崖而來。

【注釋】

①高盧，古羅馬人對現今西歐的法國、比利時、義大利北部、荷蘭南部、瑞士西部和德國南部萊茵河西岸的統稱。因其原始居民為高盧人（高盧人自稱凱爾特人）而得名。

②加來，位於法國北部加來海峽大區，為法國北部港口城市。加來海峽大區北與比利時接壤，與英國隔海相望，距離英國多佛港30餘千公尺，在天氣晴朗時，在加來的海灘即可望見英國。

③布洛涅，位於法國北部英吉利海峽沿岸加來海峽大區的港口城鎮。

哥倫布發現新大陸
　　1500—

英國大破無敵艦隊

發明蒸汽機

美國獨立

美國南北戰爭開始

第一次世界大戰
第二次世界大戰

　　2000—

布立吞人的呻吟

馬基維利有一句經典名言：「戰爭在你願意時開始，卻並不在你樂意時結束。」直觀意義上而言，戰爭帶來的影響絕對是負面的，不過它同樣具有雙向作用。羅馬帝國在發動侵略戰爭時，給被侵略的地區帶來

破壞性的災難，但同時也把自己的文化滲透到它統治的地方，促進了這些地方文明的發展。生活在不列顛群島的布立吞人亦毫不例外地受到影響。

不過，在凱撒撤出不列顛之後的百餘年間，這裏並不屬於羅馬行省。當羅馬帝國的內鬥趨於激化時，野心也在羅馬帝國的君主內心澎湃著。提比略・尤里烏斯・凱撒・奧古斯都，羅馬帝國第二位君主，奧斯古都的繼承人，天性嚴苛、暴虐，不受臣民愛戴，卻不失為出色的軍事家和戰略家。他派遣能征善戰的奧留斯・普勞提烏斯將軍帶領千軍萬馬進軍不列顛，緊接著他又御駕親征。

這，羅馬人總算真正體會到布立吞人是「難啃的骨頭」這一事實。無論提比略派哪一位曾在大陸上有赫赫戰功的將軍出征，皆飲恨不列顛，差點沒把提比略氣死。

布立吞人當中更有一位年輕的勇士卡拉克塔庫斯，幾乎成了提比略的剋星。他對布立吞人呼籲：「你們是自由之軀，是成為奴隸還是自由的子民，由你們決定。記住你們勇敢的先人，就算是凱撒都被他們屢屢擊潰而回到大海另一邊！」

布立吞士兵聞言齊聲應和，呼聲震動天地，一個個掄起武器向羅馬軍隊衝去。

由於武器太落後，士兵數量也有限，長時間的鬥爭消耗掉大部分實力，布立吞人敗下陣來，卡拉克塔庫斯也被親人出賣給提比略。雖然被俘虜回大陸，卡拉克塔庫斯仍不肯屈服，其孤高的姿態和九死不悔的精神感染了敬重英雄的羅馬人。不久，他便被釋放，就此湮沒在羅馬的市集中。

英雄的故事並未就此結束，布立吞人一次又一次發起反羅馬統治的戰爭。其中最為受人矚目的便是60年波迪卡女王領導的起義。波迪卡是英格蘭東英吉利亞地區艾西尼部落的王后，她的丈夫艾西尼國王普拉蘇

BC 上古時期
漢
— 0 羅馬時代
三國
晉
南北朝 盎格魯時代
— 500
隋朝
唐朝
英格蘭統一
五代十國
宋朝
— 1000
諾曼王朝
金雀花王朝
元朝
百年戰爭
明朝
薔薇戰爭
都鐸王朝
— 1500
斯圖亞特王朝
清朝
光榮革命
大不列顛成立
維多利亞女王
中華民國
伊莉莎白二世
— 2000

塔古斯是羅馬人的傀儡。普拉蘇塔古斯剛剛去世，羅馬人便想掠奪艾西尼的財富，遭到了波迪卡的強烈抵抗。

羅馬軍官卡圖斯一聲令下將波迪卡俘虜，並在眾目睽睽之下對她施以鞭刑，她的兩個女兒也遭到凌辱，親戚被殘害致死。

面對如此侮辱，布立呑人無法再忍氣吞聲，他們憤而起義，持續了整整一年時間，掃蕩了整個倫敦地區。7萬多羅馬人在這裏丟掉性命，殘酷的民族對抗在這片島嶼上展開。

由於形勢嚴峻，羅馬總督蘇維托尼烏斯重新集結軍隊，以重兵鎮壓了這次起義。殊死搏鬥的布立呑人犧牲數以萬計，傷心的波迪卡也在廢

墟中服毒自盡。失敗並沒有令布立呑人放棄戰鬥，蘇維托尼烏斯離開不

列顛之後，當地人發起反攻，奪回被佔領的安格爾西島①。此後的20年間，羅馬軍隊與布立呑軍隊之爭膠著糾纏，直到羅馬弗拉維王朝的著名將軍格奈烏斯出現才打破局面，用了整整7年時間壓制不列顛的反抗浪潮。

與羅馬軍隊爭鬥不斷的除了布立呑人，還有古蘇格蘭人。蘇格蘭人

為了不讓格奈烏斯獲得更多奴隸，男子參戰之前殺死自己的妻子兒女，

破釜沉舟背水一戰。如此慘烈的行為叫人驚歎，至今人們依舊說蘇格蘭

的一些山丘是由那些古蘇格蘭戰士及他們的家人屍骨堆積而成。

哪裡有壓迫，哪裡就有反抗。未來的百餘年間，羅馬帝國不斷派兵鎮壓不列顛人起義，無論他們流多少鮮血，犧牲多少利益，都無法換來

一個安靜的行省。

在這段血色抗爭史中，不列顛也並非毫無成長，它還是受到羅馬文

明的深刻影響。羅馬統治者對布立呑人實行軍事管制。整個不列顛被分

成若干行省，至369年共計5個行省。統治期間為了便於管制，羅馬不再

派重兵駐守，而是相繼減少駐軍人數，令羅馬移民漸漸融入當地人生活當中，並扶持當地上層人物代為管理行政事務。

此外，羅馬修建了幾大軍事工程以便駐守。其一是公路網，即公共交通系統，用以輸送軍隊、傳送貨物、傳遞消息。寬敞的道路、結實的橋樑，無形中推進了不列顛的城市建設和交通建設，促進了經濟的發展。另一個則是修建「羅馬長城」。羅馬長城跟中國的萬里長城不同，它建設於平地和小丘之間，從紐卡斯爾[②]到卡萊爾[③]，全長70多英里，到處有臨水而建的要塞，說是「長牆」更為合適。

羅馬長城修建耗資巨大，又需大量人力，給布立吞人帶來沉重的負擔，當地人怨聲載道，對羅馬人恨之入骨。這道城牆勉強可以抵禦皮克特人[④]和蘇格蘭人進犯，不過並不能抵擋海盜，所以羅馬駐軍不得不在東南部沿海和西部要地築牆設防。

除此之外，羅馬人將他們的城市建設觀念帶到了不列顛，對當地的城市進行良好的規劃，設置廟宇、市場、貿易中心、公共活動區、劇院、浴場、花園、公共廁所、自來水系統和供熱中心等。這些先進的設施是布立吞人從未享受過的。

城市的發展推動文化的進步，拉丁語慢慢被布立吞人所接受，經過數百年的時間取代了當地土語克爾特語，成了官方語言。還有基督教的教堂以及學校的廣泛建立，令不列顛本土人逐漸接納外來的思想。當然，農業工具的革新、手工業的發展以及商業的繁榮是不可阻擋的大趨勢。

不列顛人一面在苦難中爭取自由，一面也不能自已地接受著羅馬文明，這真是個矛盾的過程，可謂痛並快樂著。

再輝煌的歷史總會有湮滅的那一刻，羅馬帝國的衰落與撒克遜人的出現令不列顛的形勢發生逆轉。一座座恢宏的城市淪為廢墟，巨大的宅邸、華麗的歌劇場淪為老鼠的巢穴，羅馬人統治下的不列顛如羅馬帝國一樣逐漸衰敗崩塌。

367年，皮克特人、蘇格蘭人及北海對岸的撒克遜人、法蘭克人同

BC　上古時期

漢

— 0　羅馬時代

三國
晉

南北朝　盎格魯時代

— 500

隋朝
唐朝

英格蘭統一

五代十國

宋朝
— 1000

諾曼王朝

金雀花王朝

元朝

百年戰爭
明朝

薔薇戰爭
都鐸王朝

— 1500

斯圖亞特王朝
清朝
光榮革命
大不列顛成立

維多利亞女王

中華民國
伊莉莎白二世

— 2000

BC

耶穌基督出生　0—

君士坦丁統一羅馬

羅馬帝國分成兩部

波斯帝國　500—

回教建立

凡爾登條約

神聖羅馬帝國建立
　　　　1000—

十字軍東征

蒙古第一次西征

英法百年戰爭開始

哥倫布發現新大陸
　　　　1500—

英國大破無敵艦隊

發明蒸汽機

美國獨立

美國南北戰爭開始

第一次世界大戰
第二次世界大戰

　　　　2000—

時進軍英格蘭。羅馬駐不列顛的肖爾公爵雙拳難敵四手，在戰鬥中陣亡。游牧部落的軍隊蜂擁而入，將港城踩成廢墟。

383年，不列顛駐軍統領馬克沁為了爭奪帝位，帶著大部分駐紮不列顛的羅馬軍隊回高盧。這以後的20多年，羅馬政府相繼從不列顛抽調軍隊回國應付來自四面八方的叛軍。至此，羅馬人再難對不列顛伸出長手，干涉這個遙遠的海外行省。

百年之後，在英格蘭北部的荒山野嶺，野草氾濫成災，羅馬牆上斑駁的青苔如醜陋的胎痕，牧羊人帶著狗兒伏在太陽下打盹兒，羔羊咩咩地朝著索爾茲伯里平原的巨石陣翹首叫喚，好像在緬懷著過去羅馬人統治的古老年代。然而，那時的人們似乎早已忘記羅馬帝國，誰又曾在這塊平靜的土地上稱王稱霸。

【相關連結】

有道城牆佇立在歐洲大陸，是羅馬帝國時期的浩大軍事工程，名為「羅馬長城」（Roman Wall）。位於英國境內的羅馬長城又被稱為「哈德良長城」，它橫亙在大不列顛島之上，由石頭和土構成。作為一項偉大的防禦工事，「哈德良長城」由羅馬帝國皇帝哈德良主持興建。

羅馬長城在歐洲的各處都有它的蹤跡。在羅馬帝國稱雄歐亞非大陸時期，為了抗衡日爾曼人，羅馬帝王根據帝國邊境自然地勢，因地制宜，時斷時續地在不同地方建設了長城防禦工事。這些城牆分布在英國、德國乃至黑海、紅海，經北非至大西洋的廣闊地區，綿延長達數千公里，其中位於德國和英國境內的長城最為有名，還是著名的世界文化遺產。

【注釋】

①安格爾西島，位於威爾斯西北部一郡，隔麥奈海峽與北威爾斯本

土相望。

②紐卡斯爾，英格蘭20世紀最受歡迎的城市之一，著名的紐卡斯爾大學坐落在市中心，該市也是泰恩河畔擁有衛星城市的集合城市中最大的一個。

③卡萊爾，英格蘭坎布里亞郡首府，位於英格蘭北部，與蘇格蘭毗鄰。羅馬時期建立居民點，後發展為地區中心城鎮。

④皮克特人，先於蘇格蘭人居住於福斯河以北的皮克塔維亞，是蘇格蘭的先住民。

七國時代

邱吉爾曾經特別不喜歡杜魯門，但是後來他告訴杜魯門說，自己以前低估了他，這是以讚譽的方式對杜魯門表示歉意。有時候，某件事做錯了，某句話說錯了，某個態度表錯了，或許可以用開誠布公的方式找回彼此的面子；但有些事情一旦發生，任你手段用盡，也悔之不及。

對於布立吞人而言，羅馬帝國的棄管既令他們感到慶幸，同時又讓他們覺得後悔，因為在經歷皮克特人、蘇格蘭人、法蘭西人等摧殘之後的不列顛只留下斷壁殘垣，而北面的海盜盎格魯・撒克遜人也不斷登陸搶掠，以致沒有防守能力的布立吞人終日惶惶不安。

無計可施的布立吞人趕忙向羅馬政府遞交了一封陳情信，名為《布立吞人的呻吟》，請求支援。但那時候羅馬早已自顧不暇，沒空搭理來自遙遠行省的求救。布立吞的一個部落國王沃蒂根與其他部落商榷之後，決定跟撒克遜人講和，並邀請其兩個首領亨吉斯特和霍薩帶領手下居留在不列顛，攜手抵禦皮克特人和蘇格蘭人的騷擾。

沃蒂根的這一決策無疑是引狼入室，同時也徹底改變了英國的歷

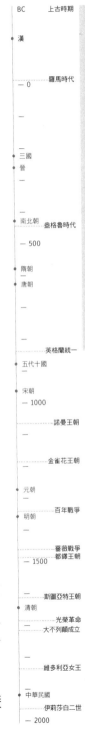

BC　上古時期

漢

0　羅馬時代

三國
晉

南北朝　盎格魯時代

500

隋朝
唐朝

英格蘭統一

五代十國

宋朝

1000

諾曼王朝

金雀花王朝

元朝

百年戰爭

明朝

薔薇戰爭
都鐸王朝

1500

斯圖亞特王朝

清朝
光榮革命
大不列顛成立

維多利亞女王

中華民國
伊莉莎白二世

2000

史，正是在此之後，英格蘭和英吉利成為不列顛的代稱，它們的發音演變自「盎格魯」，「英格蘭」意為「盎格魯人的土地」。

故事還是要從頭講起才有趣，亨吉斯特和他的弟弟霍薩幫沃蒂根趕跑了皮克特人和蘇格蘭人，沃蒂根對此感激涕零，就把一個名為「薩尼特」的小島賜給撒克遜人落腳。撒克遜人當然不甘屈居於不大丁點的小地方，於是亨吉斯特想到透過美人計達到目的。他把自己的小女兒羅伊娜送給了沃蒂根。羅伊娜嬌豔如玫瑰，擁有魔鬼般的身材和體貼的個性，將沃蒂根迷得團團轉。

趁著國王糊里糊塗之際，撒克遜人向不列顛的各個角落邁開腿，暗中擴展自己的地盤。每當沃蒂根懷疑撒克遜人圖謀不軌的時候，羅伊娜就用嬌媚的聲音和柔軟的身體讓他沉浸在溫柔鄉裡，忘記那些本該令他發怒和警惕的事情。

英雄常葬美人塚，在國王沉溺於美色的時間裏，撒克遜人在不列顛逐漸站穩腳跟，鵲巢鳩佔。他們經過不斷的爭鬥吞併最終形成了7個國家，後人稱之為「撒克遜七王國」[1]。而布立吞人被逼得退至德文郡、康沃爾郡、威爾斯等地。以後很長一段時間，撒克遜人都未能成功侵吞布立吞人的生存空間。此間，發生了一段神話般的故事，便是有關亞瑟王的傳說。

亞瑟‧彭德雷根，世人喜歡稱他為「亞瑟王」，他是中古不列顛最富有傳奇色彩的偉大國王，人們對他的認識更多來自凱爾特神話傳說和中世紀的一些文獻。撒克遜人侵吞不列顛的時候，遭到了亞瑟王、圓桌騎士及不列顛人的奮起反抗，亞瑟王經過12次戰役最終成功擊退了撒克遜人。「巴頓山之役」是決定性的一場戰爭，據說撒克遜人從此被驅逐出了不列顛。如今在康沃爾的海濱地區我們依然可以看到岩石峭壁上突出的拱門和山洞，人們固執地認為它們是古時留下的「亞瑟王城堡遺址」。

哥倫布發現新大陸 1500—

英國大破無敵艦隊

發明蒸汽機

美國獨立

美國南北戰爭開始

第一次世界大戰
第二次世界大戰

2000—

傳說終究不可盡信，因為撒克遜人已經成功定居在不列顛。撒克遜七國當中最有名的是肯特王國，它的國王艾瑟爾伯特是撒克遜人當中最早皈依基督教的信徒，傳教士正是來自羅馬的修道士奧古斯丁。奧古斯丁在國王的宮殿附近蓋了一座小教堂，它就是如今坎特伯里大教堂的原身。艾瑟爾伯特的外甥賽貝爾還修建了兩座未來頗具影響的教堂，即威斯敏斯特教堂和聖保羅教堂，它們如今仍舊屹立在倫敦的市區。

　　艾瑟爾伯特利用聯姻關係使其他6個國家皈依基督教，基督教慢慢確立了在不列顛的主導地位。基督教在不列顛傳播的過程中，有一位人士貢獻卓著——塔蘇斯‧希歐多爾，小亞細亞人。672年，他在赫伯特召開全英格蘭宗教大會，制定了教會管理章程、神職人員的職責和道德規範；將英格蘭劃分為若干主教區，由專職主教主持。經過一個世紀的變遷，英格蘭形成了包括兩個大主教區、十多個主教區和許多基層教區的宗教管理體系。

　　七國聯姻帶來的另一個影響就是撒克遜七王國之間錯綜複雜的關係網。7個國家為了擴充領土和爭奪霸權簡直不遺餘力。一開始肯特王國佔據霸主地位，但是由於國家狹小不足以保持霸業，被諾森布里亞取代。諾森布里亞的兩個國王艾德溫和奧斯威稱雄數十年之後，又被麥西亞王國取而代之。

　　古語說得好，笑到最後的人才是勝利的人。825—829年，七國混戰最終的得勝者是韋塞克斯，國王埃格伯特[②]一統天下，被尊為「全英格蘭的國王」，大有中國的秦始皇統一天下的威勢。

　　所謂過渡時代，必有革命。在七國200年的混戰期，英格蘭蹣跚前行，封建制逐步確立，國家的農業、經濟和軍事方面緩中有進。儘管戰爭帶來的民不聊生更讓人刻骨銘心，但英格蘭總算是以統一的形勢屹立於歐洲的西北角，「革」過去時代，「命」未來王朝。

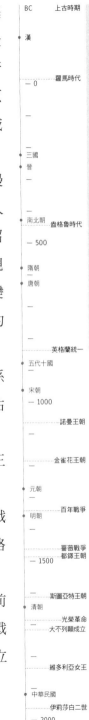

BC

耶穌基督出生　0—

君士坦丁統一羅馬

羅馬帝國分成兩部

波斯帝國　500—

回教建立

凡爾登條約

神聖羅馬帝國建立
1000—

十字軍東征

蒙古第一次西征

英法百年戰爭開始

哥倫布發現新大陸
1500—

英國大破無敵艦隊

發明蒸汽機

美國獨立

美國南北戰爭開始

第一次世界大戰
第二次世界大戰

2000—

【相關連結】

烏瑟爾王去世之後，亞瑟得到了插在教堂墓園石塊中的「石中劍」肯定，成為不列顛國王。他扶貧濟弱，建立起一個繁盛的王國，令不列顛迎來空前的統一和強大。一次，亞瑟用「石中劍」與騎士薄希華決鬥，因違反騎士精神導致「石中劍」斷裂。

失去聖劍的亞瑟深感悔恨，向梅林大法師尋求指引。梅林讓他到聖湖旁向湖中仙女求劍。當亞瑟划船來到湖中央時，美麗的仙女緩緩浮出水面，手握一柄寶劍。這柄寶劍名為「王者之劍」，是精靈在阿瓦隆所打造，劍鍔由黃金所鑄，劍柄上鑲有寶石，華麗鋒銳，削鐵如泥，故而仙女以「斷鋼」（Excalibur，古凱爾特語中「斷鋼」之意）為之命名。

梅林望著喜得寶劍的亞瑟問：「劍身和劍鞘你更喜歡哪一件？」

亞瑟說：「劍身，因為它無比鋒利！」

梅林嚴肅地說：「你要知道，劍鞘的價值是劍身的10倍。佩帶王者之劍的劍鞘者將永不流血，因此要保護好劍鞘，隨身攜帶。」

剛者易折，一往無前、銳不可當固然是好事，可是終究有自傷的一天。

【注釋】

①「撒克遜七王國」，從5世紀到9世紀，居住在英格蘭的盎格魯—撒克遜部落的非正式聯盟，由肯特、薩塞克斯（南撒克遜）、韋塞克斯（西撒克遜）、埃塞克斯（東撒克遜）、諾森布里亞，東盎格利亞和麥西亞7個小王國組成。

②埃格伯特，韋塞克斯國王，802—839年在位。

英格蘭的驕傲

因果關係是被普遍承認的道理，種什麼因，受什麼果，「種瓜得瓜，種豆得豆」，因果循環，報應不爽。人們不相信宿命，可是命運偏偏喜歡跟人開玩笑，這點完全應驗在撒克遜人身上，不能不說歷史的安排極為奇妙。當年撒克遜人經過不斷騷擾和慢慢蠶食得到了不列顛的統治權，那些居住在斯堪的納維亞①的丹麥海盜和挪威海盜也想效仿撒克遜人，打起了英格蘭的主意。

斯堪的納維亞人居住在惡劣的冰原上，為了維持生存，他們常年漂泊海上以捕魚和從事海盜「職業」為生，養成了凶狠好戰、膽大妄為的性格。很長一段時間裏，他們不斷騷擾英格蘭，燒殺掠搶，弄得撒克遜各國不堪其擾，深受其害。

789年夏季的一天，3艘丹麥海盜船在多爾賈斯特②海港悄然登陸，衝入富裕的修道院搶劫一番，珠寶帶走，屍體留下。此後的數十年間，丹麥海盜一直從事搶劫「事業」，讓英格蘭的教會和修道院損失慘重。

作為英格蘭的統治者，韋塞克斯國王埃塞雷德③親自參與到和斯堪的納維亞人的戰爭，為此身受重傷而殞命。如果按照一般情況發展，英格蘭若再沒有出色君主來執掌江山，估計英國的歷史要改寫了。不過命運之神並沒有青睞海盜們，而是再次選擇了英格蘭。埃塞雷德的弟弟阿爾弗雷德④走上歷史舞臺，這位年輕的國王英俊瀟灑、聰慧卓著，並且好學求知，是韋塞克斯國王埃塞伍爾夫⑤最年幼最得寵的兒子。

阿爾弗雷德初登帝位便著手收拾斯堪的納維亞人，頭一年與其進行了9次戰爭，迫使後者暫時離開了英格蘭。4年之後，大批的斯堪的納維亞海盜分別從英格蘭的不同地方登陸，發動總攻。國王軍隊兵力分散，被打得潰不成軍，韋塞克斯幾乎滅國，親征的阿爾弗雷德也逃到了村莊

BC　上古時期
漢
— 0　羅馬時代
三國
晉
南北朝　盎格魯時代
— 500
隋朝
唐朝
英格蘭統一
五代十國
宋朝
— 1000
諾曼王朝
金雀花王朝
元朝
百年戰爭
明朝
薔薇戰爭
都鐸王朝
— 1500
斯圖亞特王朝
清朝
光榮革命
大不列顛成立
維多利亞女王
中華民國
伊莉莎白二世
— 2000

裏避難。

　　在斯堪的納維亞人瘋狂搜索國王去向時，一對牧牛的年輕夫婦救了阿爾弗雷德，幫他度過了這次喪命危機。

　　不久，一群斯堪的納維亞人在德文郡海岸登陸時，遭遇地方士兵圍攻，不但首領被殺，烏鴉旗幟也被奪走。斯堪的納維亞人認為失去旗幟是不祥之兆，因為他們有個民間說法：如果戰爭獲勝，旗上的烏鴉就會展翅欲飛；如果打了敗仗，烏鴉就會抱翅匍匐，無精打采。

　　趁著敵方士氣低落的時候，阿爾弗雷德化裝成吟遊詩人來到敵軍駐紮地打探消息。他在敵軍首領古斯魯姆的帳篷裏彈唱以取悅敵人，讓對方沉溺在音樂裏樂不思蜀，而他就偷偷記錄敵情。

　　一個國王竟然去做刺探敵情的奸細，這恐怕是世界上任何一個國家的國王都做不到的。沒過多久，在阿爾弗雷德的帶領下，英格蘭的撒克遜人執起刀槍衝入敵營，以迅雷不及掩耳之勢掃蕩敵人大本營。戰爭勝利以後，阿爾弗雷德沒有對斯堪的納維亞人趕盡殺絕，而是讓他們撤出英格蘭西部，到東邊定居，並要求他們的首領古斯魯姆帶領海盜們皈依基督教。

　　面對年輕國王的仁慈之舉，古斯魯姆心存感激，他依言定居英格蘭東部，帶領斯堪的納維亞人建造房屋、開墾田地，他們像撒克遜人一樣不再四海漂泊，而是有了自己的家和土地，共用英格蘭的山川河流、飛禽走獸、鮮花野果。

　　這期間也不乏不甘之徒，想要破壞這份寧靜，比如斯堪的納維亞海盜赫斯廷斯。此人凶悍殘暴，殺人如麻。阿爾弗雷德對他兩擒兩縱，還釋放了他的家人，終於令這塊頑石受到感動而遠離英格蘭。

哥倫布發現新大陸
　　　　　1500—

英國大破無敵艦隊

發明蒸汽機

美國獨立

美國南北戰爭開始

第一次世界大戰
第二次世界大戰

　　　　　2000—

　　無論是天災還是人禍，都未能讓阿爾弗雷德低頭，他不但平息國內的動亂，讓英格蘭得以安寧數十年，還對英格蘭的語言文字傳播做出重要貢獻。早年阿爾弗雷德留學羅馬，對英語、拉丁語皆可熟練掌握，他

組織翻譯拉丁文字書籍，讓英格蘭人更多地接觸歐洲大陸的文化。為了加快文化傳播，他增加了學校數量並擴大其規模，使目不識丁的貧困人民也能接觸知識。

此外，阿爾弗雷德也是英國首位推崇法律精神的國王，甚至親自到法院審理案件，以期讓所有臣民得到公正的待遇。雖說這是一種不可能實現的奢求，但他公平公正的法律精神一直影響後世，據說英國至今仍有一些法律條文是在阿爾弗雷德的精神啟示下制定的。

判斷一國之主的偉大，不應只重視他當政時期的豐功偉績，還要看他對未來的影響力。就算到了今時今日，英國聖公會依然尊阿爾弗雷德為天主教英雄，並在他的忌日10月26日設立節日以紀念他。在英國教堂的彩色玻璃上，我們時常可以看到他的身影，足見英國人民對他的尊敬和熱愛。

【相關連結】

阿爾弗雷德的母親奧絲貝嘉是個聰慧且了不起的女人，她的4個兒子分別都曾做過韋塞克斯的國王，尤其是小兒子阿爾弗雷德大帝。在孩子們還年幼的時候，一天，奧絲貝嘉和孩子們坐在一起讀一本撒克遜詩集。這部詩集字體娟秀，裝裱精美，讓兄弟們讚歎不已。為了鼓勵孩子們學習，奧絲貝嘉笑著說：「如果你們誰先學會認所有的字，我就把它送給誰。」

當時的阿爾弗雷德雖然已經12歲，可是他對學業並不上心。不過，母親的獎勵實在太具有誘惑力。他立刻請來一位老師教自己認字，埋頭苦學多日，順利地將書贏到手。阿爾弗雷德晚年時提起這件事依然引以為傲，並對自己的母親滿含懷念。

BC　上古時期
漢
　　　　羅馬時代
－　0
三國
晉
　　　　南北朝　盎格魯時代
－　500
隋朝
唐朝
　　　　英格蘭統一
五代十國
宋朝
－　1000
　　　　諾曼王朝
　　　　金雀花王朝
元朝
　　　　百年戰爭
明朝
　　　　薔薇戰爭
　　　　都鐸王朝
－　1500
　　　　斯圖亞特王朝
清朝
　　　　光榮革命
　　　　大不列顛成立
　　　　維多利亞女王
中華民國
　　　　伊莉莎白二世
－　2000

BC

耶穌基督出生　0—

君士坦丁統一羅馬

羅馬帝國分成兩部

波斯帝國　500—

回教建立

凡爾登條約

神聖羅馬帝國建立
　　　　　1000—

十字軍東征

蒙古第一次西征

英法百年戰爭開始

哥倫布發現新大陸
　　　　　1500—

英國大破無敵艦隊

發明蒸汽機

美國獨立

美國南北戰爭開始

第一次世界大戰
第二次世界大戰

　　　　　2000—

【注釋】

①斯堪的納維亞，又譯斯堪地那維亞，在地理上是指斯堪的納維亞半島，包括挪威和瑞典，文化與政治上則包含丹麥。這些國家互相視對方屬於斯堪的納維亞，雖然政治上彼此獨立，但共同的稱謂顯示了其文化和歷史有深厚的淵源。

②多爾賈斯特，英國多塞特郡的郡治，位於英格蘭西南部，坐落在弗洛姆河畔，是一個古老的城鎮。

③埃塞雷德，韋塞克斯國王，865—871年在位。

④阿爾弗雷德，英國歷史上第一位真正稱呼自己為「盎格魯—撒克遜之王」的君主，被後世尊稱為「阿爾弗雷德大帝」，同時也是英格蘭唯一一位被授予「大帝」名號的君主，871—899年在位。

⑤埃塞伍爾夫，韋克塞斯國王，阿爾弗雷德之父，839—858年在位。

一報還一報

有這樣一句經典名言：只要站在風口上，豬也能在天上飛。當條件足夠優越時，足以讓笨蛋也飛黃騰達。可惜的是，「好風憑藉力，送我上青雲」不一定總能應驗到每個人身上，繼阿爾弗雷德大帝之後的數任英格蘭國王，都未能守護好先輩創造的優渥統治條件，令英格蘭陷入一團糟的境地。

「長者」愛德華是繼阿爾弗雷德大帝之後由議會選舉的國王，他是阿爾弗雷德的兒子，理應有正統的繼承權。不過，埃塞雷德的兒子埃塞沃爾德卻不服氣，因為他同樣擁有繼承韋塞克斯王位的資格，於是便與斯堪的納維亞人合謀打算篡位。愛德華在姐姐①的幫助下守住了皇位，

不過皇室之間的鬥爭已經使國家陷入混亂，斯堪的納維亞人亦藉此機會積蓄實力，等待給整個英格蘭沉重一擊。

阿爾弗雷德大帝從未想過自己的國家會葬送於後代之手，此人就是「遲鈍者」埃塞雷德。

這個埃塞雷德之所以被稱為「遲鈍者」，是因為他膽小懦弱，王位落在他身上實在是上一任國王無可奈何的決定。對於被逼當國王的埃塞雷德而言，王位既不好吃也不好玩，還總是被丹麥王子斯韋恩脅迫剝削。

說起斯韋恩，也算是丹麥王國史上響噹噹的人物。他經常率領重兵登陸英格蘭東部的「丹麥法區」（即當年阿爾弗雷德劃給斯堪的納維亞人的居住地），到英格蘭城鎮裏搶掠一通，如果埃塞雷德不給他錢，他就賴著不走。埃塞雷德像個可憐蟲，勒緊褲腰帶送給斯韋恩一筆又一筆鉅款，以期換得短暫和平。

人的欲望是無止境的，埃塞雷德意識到斯韋恩不會放過自己，便向法蘭西諾曼第公爵理查的妹妹艾瑪大獻殷勤，成功迎娶了這個「諾曼第之花」。有道是背靠大樹好乘涼，埃塞雷德以為有了靠山，自信心沒來由地膨脹。一天，他偷偷下令所有的英格蘭人於1002年11月13日舉起屠刀，殺掉身邊所有斯堪的納維亞人。

那是英國史上最血腥的一天，幾乎所有在不列顛生活的斯堪的納維亞人都被砍死了，包括老人、婦女及孩子。固然斯堪的納維亞人當中不乏劫掠者，對英格蘭犯下不可磨滅的罪行，但是他們還有很多已經將這裏當成了家，而且與當地人結婚生子，理應算是英格蘭子民。而埃塞雷德一竿子打翻一船人的做法實在太殘忍冷酷，對自己的子民都不放過。遠在丹麥的斯韋恩聞此消息惱羞成怒，埃塞雷德實在欺人太甚！

不日，斯韋恩的海盜船隊浩浩蕩蕩渡過北海，將英格蘭海域圍個水洩不通。丹麥船隻上繡著各種動物圖案的戰旗迎風獵獵，在英格蘭百

BC

耶穌基督出生　0—

君士坦丁統一羅馬

羅馬帝國分成兩部

波斯帝國　500—

回教建立

凡爾登條約

神聖羅馬帝國建立
　　　　1000—

十字軍東征

蒙古第一次西征

英法百年戰爭開始

哥倫布發現新大陸
　　　　1500—

英國大破無敵艦隊

發明蒸汽機

美國獨立

美國南北戰爭開始

第一次世界大戰
第二次世界大戰

　　　　2000—

姓耳中如同喪鐘。斯韋恩的軍隊從埃克塞特②登陸英格蘭，一路所向披靡，勢不可當，所經之處雞犬不留。他們白天四處燒殺，晚上大口吃肉、大口喝酒，然後辱罵英格蘭人；一旦遇到不順心的，看到英格蘭的婦女和小孩也不放過，對信仰虔誠的教士們同樣舉起屠刀，犯下無數殺孽。

英格蘭人與丹麥人之間的戰爭持續了整整6年，昔日的城鎮化作殘垣廢墟，富饒的田地徒留焦土，哀鴻遍野。英格蘭國王埃塞雷德無力反擊，屁滾尿流地逃出王宮遠渡諾曼第，途中還被自己的大臣出賣，以致隨行的英格蘭軍隊差不多全軍覆沒。

水深火熱當中的英格蘭人民不知如何是好，只能任由斯韋恩登上一國之主的位置。1016年，才當上英格蘭國王不足兩年的斯韋恩突然逝世，可怕的王位之戰再次展開。英格蘭人當然希望逃亡海外的埃塞雷德或者其繼承人回來當國王，斯堪的納維亞人卻想推舉斯韋恩的兒子克努特。

王權爭霸的腥風血雨侵襲整個英格蘭長達3年時間，蒼茫大地，誰主沉浮？結局在意料之外，又在情理之中。短腿克努特以刀劍贏得了王位之戰的勝利，榮登英王王位，同時又贏得丹麥國內的王權戰，得到丹麥王位，成為兩國國主。

權力之爭當中，有勇有謀未必是決勝的關鍵，唯有足夠狠的人才能戰至最後一刻。克努特可以成為王者，其勇武是一方面，其手段更加高竿，暗殺、陷害、反間計差不多都用了，他更有一句名言，血淋淋又叫人記憶深刻：「誰為我獻來敵人的頭顱，我待誰親如手足。」

【相關連結】

克努特雖然是個鐵血國王，但不失英明。1027年他遠征蘇格蘭，取得蘇格蘭3個國王的認可，使整個英國包括英格蘭、蘇格蘭以及「丹麥法

區」合而為一，成為「真正統一英國的第一位統治者」，所以有些史學家稱他為「克努特大帝」。

在王位爭奪戰中克努特雖然表現得凶狠殘忍，但在以後統治國家的時候處事寬容，表現出政治家的才能。不僅如此，他非常討厭大臣的阿諛奉承。有一次，他叫人把椅子搬到海邊，假裝對大海發號施令：「這是我的地盤，你在漲潮的時候不許浸濕我的袍子！」大臣們紛紛附和他，並且誇他擁有無上的力量。

這時，一個大浪過來打濕了克努特的衣角，大臣們啞口無言。克努特心裏偷笑，臉上卻一副嚴肅的表情，回頭對大臣們喝斥道：「只有造物主才能命令大海，對它說：『到此為止，不許越界！』跟他的力量比起來，我這個人間的國王算得了什麼？」

「到此為止，不許越界」是自然不可違背的真理，在它面前，無論是誰都不可僭越分毫。

【注釋】

①姐姐，指阿爾弗雷德大帝的長女埃塞弗萊德，她的丈夫是麥西亞國王埃塞雷德（與韋塞克斯的埃塞雷德不是同一人）。

②埃克塞特，英國的歷史文化名城，也是德文郡郡治，德文郡議會也位於該城。坐落於埃克斯河畔，是英國西南部重要的商業、文化中心；同時，城內有眾多歷史名勝、旅遊景點和宗教建築，是英國著名的旅遊城市和最佳人居城市之一。

【專題】巨石陣上的小夥伴

誰是英國的第一位居民呢？這裏當然不是說一隻蝴蝶，一抹蜉蝣，而是最早有智慧的人類。這個問題困擾了英國人整整3個世紀，直到1935年才有定論。

BC　上古時期

漢

—0　羅馬時代

—

—

三國

晉

—

—

南北朝　盎格魯時代

—500

隋朝

唐朝

—

—

—　英格蘭統一

五代十國

—

宋朝

—1000

諾曼王朝

—

金雀花王朝

—

元朝

—

百年戰爭

明朝

—

薔薇戰爭

都鐸王朝

—1500

—

斯圖亞特王朝

清朝

光榮革命

大不列顛成立

—

維多利亞女王

—

中華民國

伊莉莎白二世

—2000

這一年的夏天，工人們在肯特郡斯旺斯科姆的全聖教堂附近泰晤士階地施工，正當他們熱火朝天地工作時，被挖得很深的礫石坑中出現了一堆奇怪的骨骼。工人們急忙上報工頭，很快肯特郡的官員派出研究員到現場挖掘。就這樣，英國最早的人類居民被發現了。

礫石坑中的骨骼化石是歐洲大約20萬年前的早期智人化石，由於是在斯旺斯科姆發現，所以又被稱為「斯旺斯科姆人」。化石中包括一塊枕骨、一塊左頂骨（1936年發現）和一塊石頂骨（1955年發現），來自一位青年女性。這幾塊骨骼的形狀似現代人，又不能說完全是現代人類，由於其頂骨特別厚，應該處於直立猿人到早期智人的過渡階段，所以被稱為「前智人」。他們從亞歐大陸漂洋過海來到不列顛群島上，這實在是一項長征，不知道是什麼契機令他們得以在不列顛居住下來。

斯旺斯科姆人顯示了早期北歐人的許多特點，所以被稱為「不列顛始祖」並不為過。這些人住在天然的山洞之中，食不果腹，衣不蔽體，因而死亡率極高。尤其是當時全球氣候處於低溫時期，絕大多數原始斯旺斯科姆人死於嚴寒。直到一萬年以前全球氣候變暖，隨著新世界的到來，進化中的斯旺斯科姆人才得以安然生存。恰恰是在這段時間，古希臘哲學家柏拉圖在《對話錄》中記述的文明古國亞特蘭提斯消失在大西洋之中，不知道當時的不列顛原始人是否與亞特蘭提斯人有過一面之緣。

凡爾登條約

神聖羅馬帝國建立
　　　　1000—

十字軍東征

蒙古第一次西征

英法百年戰爭開始

大約5500—6000年前，不列顛進入新石器時代，這個時間遠遠晚於亞歐大陸的人類，很可能是島嶼閉塞的原因。這一時期來自大陸的居民登陸不列顛島嶼，把農耕技術和畜牧技術帶給了島上居民，使島民的生活有了質的飛躍。

哥倫布發現新大陸
　　　　1500—

英國大破無敵艦隊

發明蒸汽機

美國獨立

美國南北戰爭開始

第一次世界大戰
第二次世界大戰

　　　　2000—

| 第二章 | 來自諾曼的征服

蘇格蘭

北愛爾蘭

英格蘭

威爾斯

倫敦

BC

耶穌基督出生　0—

君士坦丁統一羅馬

羅馬帝國分成兩部

波斯帝國　500—

回教建立

凡爾登條約

神聖羅馬帝國建立
1000—

十字軍東征

蒙古第一次西征

英法百年戰爭開始

哥倫布發現新大陸
1500—

英國大破無敵艦隊

發明蒸汽機

美國獨立

美國南北戰爭開始

第一次世界大戰
第二次世界大戰

2000—

英王寶座爭奪戰

如果一個家族的龐大遺產只有一個繼承者，那麼順理成章這個家族可以良性發展，即便繼承者是個蠢貨；但是如果有一大堆繼承者，狗咬狗的局面就不可避免了，有的人很可能在你死我活的財產爭奪戰中屍骨無存。

克努特當了18年英格蘭國王，好歹把國家重建得不錯，但是敗就敗在他有好幾個兒子，死的時候又沒有確定繼任者，這下子問題大了。

在說這場王位之爭前，必須先講講「諾曼第之花」艾瑪。艾瑪一生嫁過兩個國王，還都是國王的二婚妻子。她的第一任丈夫就是投靠諾曼第的英格蘭國王埃塞雷德，第二任丈夫是克努特大帝。稀奇的是，從頭至尾她始終保住了王后的寶座。

艾瑪給埃塞雷德生了兩個兒子——愛德華和阿爾弗雷德；給克努特大帝則生了兒子哈德克努特。在克努特大帝沒有坐上英王寶座時，愛德華曾奉父親之命回英格蘭與克努特爭王位，可惜失敗了，便流亡在外。克努特大帝死後的英王爭奪戰中再次浮現了愛德華的身影，這一次命運有了奇妙的變化。

回過頭來再說克努特大帝的兒子，除了哈德克努特外，他還有兩個兒子斯韋恩與哈樂德。克努特大帝臨死前怕兒子們為了王位打得你死我活，就想把國家一分為三，讓比較聰慧的哈樂德繼承英格蘭。但是，該決定遭到韋克塞斯伯爵戈德溫的反對，他是克努特倚重的人，又與艾瑪關係親密，便一心擁護哈德克努特。

眼看一場兄弟鬩牆事件就要發生了，議會跑出來打破僵局。透過議會的斡旋，哈德克努特與哈樂德達成協定將英格蘭一分為二，前者繼承

泰晤士河南部，後者坐鎮泰晤士河北部。

兩兄弟王位還沒坐熱，流亡在外的愛德華橫空出世，他的弟弟、艾瑪的兒子阿爾弗雷德也露面了。艾瑪受夠了躲在諾曼第的那段日子，對自己給埃塞雷德生的兒子一點也不喜歡，所以她寫了一封甜言蜜語的信給這兩個兒子，打算把他們騙來英格蘭殺了。

愛德華早看透母親偽善的嘴臉，根本沒搭理艾瑪；但是阿爾弗雷德對母親非常想念，他立刻起程，帶著一小隊人馬趕去英格蘭。倒楣的阿爾弗雷德中了戈德溫伯爵的圈套，在吃過一頓鴻門宴後的當天晚上，他的軍隊就被戈德溫伯爵全部俘虜，自己也被挖去雙眼，渾身赤裸地被拴在一匹馬後，一路走到了伊利島①，慘死當地。他死的時候，哥哥愛德華早就跑得沒了蹤影。

天上掉餡餅不是每個人都能消受得起，阿爾弗雷德死了，下一個輪到哈樂德。他本來佔據了倫敦，應當算名副其實的英格蘭國王。但醉生夢死的生活拖垮了他的身體，才幾年的工夫就去見了上帝。哈德克努特與艾瑪立刻準備興兵英格蘭北部，把國家統一到自己手上。

為了避免不必要的戰爭，議會決定直接讓哈德克努特當國王。哈德克努特欣喜若狂，終日飲酒作樂，身體透支得厲害。他在參加自己的護旗手托威德的婚禮時酩酊大醉，一頭栽倒地上就那麼醉死了。一個國王竟然以醉死為結局，也算是奇葩一枚。

哈德克努特的死讓愛德華撿了個大便宜。那時的愛德華已經被哈德克努特接到王宮好生供養，畢竟兩人是同母異父的兄弟。從這一點可以看出哈德克努特還算有點人情味。哈德克努特死後，愛德華名正言順成為繼任者，他登上王位後做的第一件事情就是軟禁母親艾瑪，讓她在鄉下度過餘生。想到殺死弟弟的戈德溫伯爵還在逍遙自在，愛德華恨得牙癢癢，可是又不能不與對方虛與委蛇，因為是戈德溫以財力和勢力做支撐幫他當上國王。

BC　上古時期

漢

—0　羅馬時代

—

三國
晉
—

南北朝　盎格魯時代
—500

隋朝
—
唐朝
—

—

英格蘭統一
五代十國
—
宋朝
—1000

—

諾曼王朝
—

金雀花王朝
—

元朝
—

百年戰爭
明朝
—

薔薇戰爭
都鐸王朝
—1500

—

斯圖亞特王朝
—

清朝
光榮革命
大不列顛成立
—

—

維多利亞女王
—

中華民國
—

伊莉莎白二世
—2000

為了讓愛德華不脫離掌控，戈德溫伯爵把自己的女兒伊蒂絲嫁給了他。儘管伊蒂絲擁有所有女性都欽羨的美德和外貌，愛德華卻不願意多看她一眼，他把心思全用在治理國家方面，並且非常青睞諾曼第人。畢竟愛德華是在諾曼第長大，所以他身邊的大主教、近臣以及寵奴均是諾曼第人，他的生活習慣也均與諾曼第人無異，以致臣民們以為這個國王不喜歡英格蘭。

戈德溫伯爵當然不願意自己的權力被架空，他到處收攏勢力，剷除異己，還以愛德華寵信諾曼第人為藉口，企圖尋釁挑戰國王。不過到底是胳膊擰不過大腿，在這場鬥爭中戈德溫輸了，他帶著一部分家人和大筆財產渡海逃往佛蘭德②，他的大兒子哈樂德逃去了愛爾蘭。美麗的王后伊蒂絲被愛德華關進了牢裏，過著食不果腹的悲慘生活。

遠在海外的戈德溫聽聞這個消息心都在滴血，看著愛德華越發寵愛諾曼第人，還把諾曼第的公爵威廉請來常住英格蘭宮廷，他深知英格蘭可能就此易主。左思右想，他決定殺回英格蘭重奪權力。戈德溫徵集了大批軍隊，開著戰船抵達維特島③與兒子哈樂德會師，轉而從泰晤士入海口溯水而上，一路殺至倫敦王宮，把諾曼第人統統趕走。

戈德溫伯爵又拿回了屬於自己的權力和財富，他的女兒伊蒂絲也被釋放出來，重新戴上王后的桂冠。

愛德華每天面對著這些不喜歡的人，鬱悶得幾乎吐血，鬱鬱寡歡之下身體日漸衰微，於是開始琢磨繼承人的問題。到目前為止，他的王后一個兒子也沒生過，他找誰呢？前思後想，還是他的好兄弟威廉公爵最適合，比起野心勃勃的哈樂德，怕是唯有威廉鎮得住了。

大概是愛德華跟威廉打過招呼，所以後者對英格蘭的王位志在必得，而唯一的攔路虎便是戈德溫的兒子哈樂德。算起來，威廉與哈樂德以前還有點淵源。有一次哈樂德出海做生意，遭遇風暴被吹到了法蘭西的蓬提厄④，那裏的蓋伊伯爵把他的船扣下來，打算敲他一筆。哈樂德

耶穌基督出生　0—

君士坦丁統一羅馬

羅馬帝國分成兩部

波斯帝國　500—

回教建立

凡爾登條約

神聖羅馬帝國建立
　　　　　1000—

十字軍東征

蒙古第一次西征

英法百年戰爭開始

哥倫布發現新大陸　1500—

英國大破無敵艦隊

發明蒸汽機

美國獨立

美國南北戰爭開始

第一次世界大戰
第二次世界大戰
　　　　　2000—

立刻寫信給威廉求助。威廉馬上派人把哈樂德救了出來，好生款待一番。兩人因有了這些前緣，所以在英格蘭王位爭奪方面，就彼此客氣了一點。

諾曼第公爵威廉恩威並施，對哈樂德明言愛德華已立遺囑傳位於自己，叫哈樂德好自為之。哈樂德心想自己羽翼未豐，還是先退避三舍以期圖謀未來，乖乖發誓效忠威廉。

現在，只剩下老愛德華在彌留之際望著閃爍的燭火，懷念在諾曼第那段無憂無慮的日子，還有開朗善良的弟弟阿爾弗雷德的音容笑貌。以後的王位之爭，大概真的與他半點關係再沒有了。

【相關連結】

一次，愛德華的妹夫、諾曼第布洛涅伯爵尤斯塔斯到英格蘭訪問，回鄉途中旅居多佛。多佛是個平靜的小鎮，位於戈德溫伯爵的管轄地。尤斯塔斯的士兵氣焰囂張，在小鎮裏霸佔房屋，白吃白喝，弄得多佛人怨聲載道。

小鎮的一個居民忍無可忍，跳出來阻擋尤斯塔斯的士兵亂闖。士兵一看他不識抬舉，立刻拔劍恐嚇他，沒想到被對方給殺了。此舉立刻傳遍多佛，尤斯塔斯聞訊趕來，命令親兵把那個居民的房子團團包圍，並將此人亂刀砍死，還將附近街上的路人和居民盡數砍殺。

怒不可遏的多佛人操起家中的刀劍圍堵尤斯塔斯及其士兵，殺了十幾個諾曼第人。尤斯塔斯倉皇逃至倫敦向愛德華告狀。愛德華忙找戈德溫伯爵理論，戈德溫伯爵卻眉毛一挑，「聽證會都沒有開，您就要懲罰您發誓保護的人民嗎？我不會服從這條命令！」

愛德華本就討厭戈德溫的嘴臉，便讓他替多佛人到法庭去辯護，如果戈德溫輸了，就必須交出財產和土地。戈德溫當然不可能照做，便以愛德華盲目寵信諾曼人為藉口，向倫敦發起了攻勢。正是因為「多佛事

BC　上古時期
漢
— 0　羅馬時代
三國
晉
南北朝　盤格魯時代
— 500
隋朝
唐朝
英格蘭統一
五代十國
宋朝
— 1000　諾曼王朝
金雀花王朝
元朝
百年戰爭
明朝
薔薇戰爭
都鐸王朝
— 1500
斯圖亞特王朝
清朝
光榮革命
大不列顛成立
維多利亞女王
中華民國
伊莉莎白二世
— 2000

件」，國王愛德華與戈德溫伯爵正式決裂。

【注釋】

①伊利島，位於劍橋郡伊利的古城區，因早年被沼澤圍繞而被稱作「島」。

②佛蘭德，歐洲歷史地名，位於中歐低地西部、北海沿岸，包括今比利時的東佛蘭德省和西佛蘭德省、法國的加萊海峽省和北方省、荷蘭的澤蘭省。

③維特島，大不列顛南岸島嶼，坐落於英格蘭海峽之中，英格蘭最大的島嶼。

④蓬提厄，位於法國北部，後與5個伯爵領地共同組成皮卡迪大區。

血染赫斯廷斯

歐洲的哲學家認為，沒有一種罪惡比虛偽和背義更可恥了。不過信用就像是一種教條，生來便是被人打破的，在權力者面前尤甚。哈樂德雖然宣誓對諾曼第公爵威廉效忠，還蓋了章按了手印，可是老愛德華才下葬，他就迫不及待坐上英王王位，將之前的誓言忘得一乾二淨，所謂「效忠」根本是個笑話。此事還引起了國內教會和議會的非議。要知道，撒克遜人視誠信如命。

遠在法國的貴族當然不肯善罷甘休，在威廉公爵的集結下準備揮軍英格蘭。為了更理所當然地入主英格蘭，威廉藉著協助哈樂德的弟弟托斯蒂格·戈溫森之名義發動進攻。

托斯蒂格早就不滿哥哥獨吞英格蘭的行為，一早勾結了挪威王哈樂

耶穌基督出生　0—

君士坦丁統一羅馬

羅馬帝國分成兩部

波斯帝國　500—

回教建立

凡爾登條約

神聖羅馬帝國建立
　　　1000—

十字軍東征

蒙古第一次西征

英法百年戰爭開始

哥倫布發現新大陸
　　　1500—

英國大破無敵艦隊

發明蒸汽機

美國獨立

美國南北戰爭開始

第一次世界大戰
第二次世界大戰

　　　2000—

德‧哈德拉達，對於威廉的「協助」當然舉雙手贊成。但他似乎被即將得到英格蘭這件喜事沖昏了頭腦，沒有意識到自己被利用。螳螂捕蟬，黃雀在後。托斯蒂格在前線向哥哥叫囂時，威廉公爵的軍隊已準備好撿果實了。

　　一開始托斯蒂格的確占了上風，贏取兩場小戰勝利。哈樂德覺得是時候教訓這個不知天高地厚的弟弟，領軍北上，在德溫特河上的斯坦姆福德大橋遭遇托斯蒂格軍隊。雙方於橋的兩側列陣對峙。

　　哈樂德雙眼微眯，一眼鎖住對面軍中身穿藍色大氅的男子。男子的馬躁動不安，突然將他摔了下去。哈樂德問身邊的副官：「那個摔下馬的人是誰？」

　　「挪威王哈德拉達。」副官說。

　　哈樂德冷笑，「一位莊重的國王竟然陣前落馬，他的大限將至。」他對副官說，「你去告訴挪威王和托斯蒂格，現在投降還來得及，若是執迷不悟，我就不客氣了！」

　　副官趕忙催馬到敵營遊說，卻被對方罵了回來。

　　哈樂德不再猶豫，大手一揮，大戰開始。他一語成讖，挪威王果然節節敗退，戰死沙場，托斯蒂格也未能保命，葬身德溫特河。

　　為了犒賞軍士，哈樂德舉行了一場盛大的宴會，正當所有人歡歌樂舞、酒酣耳熱之際，「黃雀在後」的諾曼第大軍登陸英格蘭，在赫斯廷斯[①]安營紮寨，準備給哈樂德軍隊致命之擊。

　　哈樂德顧不得慶功宴，快馬加鞭回到倫敦重整軍隊，向赫斯廷斯進發。探子回報諾曼第大軍把鬍子刮得溜光，如同僧侶一般，惹得哈樂德大笑不已，直呼諾曼第人不足為懼。不過，這一次他的預言未能應驗，反而因輕敵命喪黃泉。

　　當時，兩軍在森拉克山[②]脊兩側隔山對陣，英格蘭騎兵步伐整齊地行至山頂一字拉開。他們一手盾牌一手劍斧，逆著陽光的陰影不可撼

BC

耶穌基督出生　0—

君士坦丁統一羅馬

羅馬帝國分成兩部

波斯帝國　500—

回教建立

凡爾登條約

神聖羅馬帝國建立
　1000—

十字軍東征

蒙古第一次西征

英法百年戰爭開始

哥倫布發現新大陸
　1500—

英國大破無敵艦隊

發明蒸汽機

美國獨立

美國南北戰爭開始

第一次世界大戰
第二次世界大戰
　2000—

動，帶著森森的凜冽之氣。山下的諾曼第軍隊則分列3隊，分別為弓箭手、步兵、騎兵，最先發動進攻的便是弓箭手。

英格蘭軍隊勇猛彪悍地衝下山坡，無視漫天箭雨衝入敵陣，迎接他們的是諾曼第軍隊寒光爍爍的劍。撒克遜人充分發揮了不怕死的海盜精神，死去一波再湧上一波，幾次被諾曼第軍隊截斷陣形又重新補上。

大戰持續了一天一夜，黑夜抹去了天地間血流成河的紅，一支長箭射穿了哈樂德的眼睛，導致他幾乎失明。月光下，斑駁的傷痕布滿了撒克遜人臉上、身上，國王也未能倖免，全身汩汩地冒著鮮血。縱然有心衛國，可惜無力回天，哈樂德終究還是倒在血泊裏死去了。就在他屍身的不遠處，威廉公爵露出了得勝的笑容。

成者為王敗者為寇，這是自古不變的道理。這場戰爭以諾曼第人的勝利告終。

國王之死導致國家陷入混亂，威廉公爵乘機入侵多個城鎮，再沿著泰晤士河西進，以「三光」政策對待英格蘭的百姓，直到對方伏地投降，宣誓效忠。最後倫敦不戰而降，在坎特伯里③大主教帶領下，教士和百姓代表向威廉公爵投降。

這以後的4年時間，威廉公爵的諾曼第軍隊一直到處討伐試圖反抗的撒克遜貴族，直至他們再無任何抵抗之力。諾曼第人對英格蘭的征服終於在1071年結束。

那年的耶誕節，外面下著大雪，寒冷的海風正肆虐著威斯敏斯特教堂④，這裏燈火通明，人們莊重嚴肅，等待大主教為新王威廉加冕。而在赫斯廷斯的荒丘上，哈樂德未息的靈魂還在為自己的失敗而憤怒時，並未真正意識到自己敗於失信。禍，莫大於無信。

【相關連結】

1066年是英國小學生都記得的一個年份。這一年，諾曼第人極其

巧妙地採取戰略和戰術贏得了赫斯廷斯之戰，並迅速攻佔全國，征服了英格蘭。這場戰役是世界歷史上其他民族最後一次對英國成功的軍事入侵，自那以後再也沒有人能成功征服英國，一如拿破崙這樣的軍事大師亦未能打破英格蘭的大門。

恰恰也是因為這場戰爭，英國未來的歷史走向改變了。諾曼第人的古法語成為英國統治階級的語言近300年，並影響了現代英語的許多辭彙，而英法關係也是從這以後變得撲朔迷離。由於英國國王同時擁有法國貴族的身分，導致英國國王也有權爭取法國王位，以致成為後來英法百年戰爭的歷史源頭之一。

【注釋】

①赫斯廷斯，英格蘭東南部的港市，瀕臨多佛海峽。因1066年10月的戰役而著名。當時，國王哈樂德和威廉公爵在這裏進行了一場激烈的戰鬥，從此，這裏因這場著名的戰役而聞名於世。在戰役之前赫斯廷斯是一個繁榮的漁港，而今為著名的遊覽城市，是夏季避暑勝地。

②森拉克山，位於赫斯廷斯鎮外，最早被稱為「Santlache」，意為「沙河」，後來被諾曼人諧音為「Sanguelac」，意為「血泊」。

③坎特伯里，位於英國東南部的非都市城市。漫步於坎特伯里的古老街道和散步道上，到處可見琳琅滿目的手工藝品店、舊書店、英國傳統酒館以及餐館。坎特伯里大主教，又稱為坎特伯里聖座，繼承了聖奧古斯丁的使徒統系，為全英格蘭的牧首。坎特伯里大主教的權威，不但是承受了他的歷史事實，更是在大公教會中的聖禮事保持者，是全英國教會的主教長。

④威斯敏斯特教堂，坐落在倫敦泰晤士河北岸，原是一座本篤會隱修院，始建於960年，1045年進行了擴建，1065年建成，1220—1517年進行了重建。1540年之後，一直是倫敦的國家級聖公會教堂。

BC　上古時期

漢

—　0　羅馬時代

三國
晉

南北朝　盎格魯時代

—　500

隋朝

唐朝

英格蘭統一

五代十國

宋朝

—　1000

諾曼王朝

金雀花王朝

元朝

百年戰爭

明朝

薔薇戰爭
都鐸王朝

—　1500

斯圖亞特王朝

清朝

光榮革命

大不列顛成立

維多利亞女王

中華民國

伊莉莎白二世

—　2000

紅髮國王的厄運

BC

耶穌基督出生　0—

君士坦丁統一羅馬

羅馬帝國分成兩部

波斯帝國　500—

回教建立

凡爾登條約

神聖羅馬帝國建立
　　　　1000—

十字軍東征

蒙古第一次西征

英法百年戰爭開始

哥倫布發現新大陸
　　　　1500—

英國大破無敵艦隊

發明蒸汽機

美國獨立

美國南北戰爭開始

第一次世界大戰
第二次世界大戰
　　　　2000—

　　控制欲是人類原始的本能，每一個人或多或少都想要控制身邊的事物或人。一個人內心越強大，控制欲望越小，內心的不安感越強烈，控制欲望越大，尤其是謹小慎微、追求完美、心裏總不踏實的人更希望控制別人，這其實是一種恐懼的表現。如果以後人的角度看威廉公爵，他是個徹頭徹尾的征服者，理所應當勇武無敵，但事實上他內心是極度不安的。

　　很明顯，威廉在英格蘭和蘇格蘭大獲全勝，不但肅清了所有的叛亂者，實行宵禁政策以保證隨時恢復戰爭狀態；還讓諾曼貴族入主英格蘭，把英格蘭人降為僕人，這些仍不足以使他安心。他甚至撤換了英格蘭主教，把職位分給諾曼人才善罷甘休。他不斷要求身邊的人稱他為「征服者」，這種強調充分說明他內心的虛弱。

　　也許是精神壓力過大的原因，威廉公爵中年開始瘋狂發福，成為一個大胖子。法蘭西國王看到他的體形之後笑得前仰後合，以後每次在公開場合都以此取樂。威廉聽說法蘭西國王如此態度，不禁惱羞成怒，發誓一定要對方好看。他集結軍隊大舉入侵法蘭西，把沿途所見均付之一炬。

　　或許是太胖的緣故，行軍途中馬匹不堪重負，一個踉蹌把他拋起來，緊接著撞到了馬鞍上，斷了幾根肋骨。就這麼一點傷對威廉來說卻是致命的，或許在那個年代他已經患有「三高」症，至少肝臟絕對有大問題，因此自癒能力很差。在一處修道院裏養傷數日病情也不見好轉，反而更加嚴重。

　　威廉感覺到自己要死了，叫來副官寫下遺囑，將英格蘭給他的兒子

「紅髮」威廉，把諾曼第留給另一個兒子「短襪」羅伯特，至於剩下的小兒子亨利則僅僅得到了5,000鎊。雖然亨利得到的利益比起哥哥們來差了很多，不過說實話，5,000鎊足以讓他一輩子生活充裕。

老威廉交代完身後事便撒手人寰，他身邊的人忙著去爭搶他的財產，根本沒人為他準備身後事，而他的兒子羅伯特正躲在法蘭西的某個角落和樂師、賭徒們廝混，亨利則帶著錢遠走高飛，「紅髮」威廉更是迫不及待奔赴英格蘭準備接手英王王位，根本顧不上老威廉的葬禮。

作為「征服者」的老威廉大概做夢也想不到，死後連個給自己送終的人都沒有。可見他雖然征服了所有人，卻並沒有人真正甘心效忠於他。

「紅髮」威廉一路飛奔至倫敦，重金賄賂坎特伯里大主教為他加冕，成為英格蘭國王威廉二世。

對於威廉二世而言，當國王還有很大的隱患，就是一些主教在諾曼第還有親緣關係。這些主教希望英格蘭與諾曼第能在一個統治者管轄之下，而他們更傾向凡事三不管的羅伯特。威廉二世怕這些人把英格蘭弄成諾曼第管轄的附屬地，便轉而討好英格蘭人，與他們聯合起來驅趕諾曼第在英勢力。

等到不服者被驅逐出英格蘭之後，威廉二世帶兵渡海抵達諾曼第，以閃電戰奪取羅伯特的領地。羅伯特當然不肯善罷甘休，準備跟自己的弟弟決一死戰。眼看兄弟之間的血戰即將爆發，來自英格蘭和諾曼第的貴族們慌忙跑出來阻止，他們已經受夠連年的征戰，好不容易在老威廉統治時期喘口氣，難不成這會兒又要內亂了嗎？

威廉二世和羅伯特被他們一遊說，覺得的確沒什麼意思，所以悻悻然地握手言和，又開始玩起「兄友弟恭」的遊戲。可是還有一個人不服氣，那就是亨利。比起兩個哥哥的富裕和權力，他不過就是個拿著5,000鎊的小地主，在諾曼第邊緣買了塊屬於自己的地方。若是兩個哥哥打得

BC

耶穌基督出生 0—

君士坦丁統一羅馬

羅馬帝國分成兩部

波斯帝國 500—

回教建立

凡爾登條約

神聖羅馬帝國建立
1000—

十字軍東征

蒙古第一次西征

英法百年戰爭開始

哥倫布發現新大陸
1500—

英國大破無敵艦隊

發明蒸汽機

美國獨立

美國南北戰爭開始

第一次世界大戰
第二次世界大戰

2000—

你死我活，他或許能從中漁利，偏偏那兩個人只是耍耍嘴皮子，沒有絲毫動手的意思。

一時間，亨利按捺不住了，秘密地集結軍隊，就算不能圖謀什麼，至少要有自保之力。這件事讓敏感的威廉二世和羅伯特知道了，兩人一合計，覺得亨利肯定是個威脅，便聯手進軍聖蜜雪兒山①，把亨利困在了大山與海灣之間。看到弟弟進退為難，兩位兄長還是起了惻隱之心，決定只是威脅小兄弟一把。亨利見自己的確不是兩個兄長的對手，唯有放棄自己的地盤，解散軍隊，帶著為數不多的盤纏四處流浪去了。

解決了亨利的問題，英格蘭那邊傳來蘇格蘭動亂的消息，緊接著是威爾斯叛亂，威廉二世急著趕回去平息戰事。他才剛解決了軍事問題，諾森伯蘭伯爵莫布雷②秘密勾結他的表弟、老威廉的外甥斯提芬·愛穆勒③企圖謀反。

前有狼，後有虎，威廉二世被弄得焦頭爛額。不過他一早安排的探子發揮了作用，及時向他彙報莫布雷和斯提芬的動向，讓他占了先機，提前一步粉碎對方的謀反行動。若是謀反發生在中國的古代王朝，謀反者必定會被誅九族，但在英國就不同了。威廉二世僅僅剝奪了莫布雷的封地，將他和斯提芬丟入溫莎堡④的地牢裏。莫布雷在暗無天日的地牢中度過了漫長的30年，老死獄中；斯提芬卻買通了獄卒，逃出英格蘭。

就目前看來，威廉二世大獲全勝，也得到了整個英格蘭。但是他顯然不懂「生於憂患，死於安樂」的道理，由於過分寵愛佞臣拉爾夫，又喜好增加苛捐雜稅來斂財，導致民怨沸騰，對他不滿的貴族也漸漸多了起來。1100年的冬日，他死在了一場陰謀之中，連個好的葬身地都沒撈著，跟他的父親老威廉一般，孤零零地埋骨荒野。

【相關連結】

一天，紅髮國王威廉二世帶著親信沃爾特·蒂勒爾爵士去新森林打

獵。新森林是「征服者」威廉鍾愛的打獵之地，現在成了他兒子縱情玩樂的地方。這次打獵威廉二世還帶了他的弟弟亨利，此時此刻他們早已「冰釋前嫌」。

打獵隊伍分成了幾隊從不同的方向圍捕獵物，威廉二世的身邊只跟著沃爾特一個人，畢竟後者是出名的獵手，基本箭無虛發。兩人領著獵狗深入森林，卻就此一去不復返。

深夜，人們還是沒有看到紅髮國王歸來的身影。直到一個農民經過密林，發現雪地裏有一具孤零零的屍體，便用牛車把屍體運出了森林。這時候人們才發現，那可憐的、衣服被掛得亂七八糟的屍體就是他們的國王威廉二世，而沃爾特早就不知道跑去了哪裡。

有人說，是沃爾特打獵時不小心射中了國王，因為害怕擔上謀害國王的罪名而逃跑；也有人說，這是亨利的陰謀。不過，由於威廉二世在任期間樹敵無數，沒人能說清到底是誰殺了他。一輩子風光無限的國王就這麼被棄屍荒野。

【注釋】

①聖蜜雪兒山，法國著名古蹟和基督教聖地，位於芒什省一小島上，距海岸僅兩公里。小島呈圓錐形，周長900米，由聳立的花崗石構成。海拔88公尺，經常被大片沙岸包圍，僅漲潮時才成島。

②諾森伯蘭伯爵莫布雷，羅伯特・德・莫布雷，諾曼人，於1086年成為諾森伯蘭伯爵。1088年，在威廉二世與諾曼第羅伯特之爭時支援羅伯特，但最終威廉二世允許其保住爵位；1096年策劃謀反失敗，最終被剝奪全部財產、褫奪封號打入溫莎堡監牢。

③斯提芬・愛穆勒，其母阿德萊德是「征服者」威廉的妹妹。

④溫莎堡，溫莎城堡（Windsor Castle），位於英國英格蘭東南部區域伯克郡溫莎・梅登黑德皇家自治市鎮溫莎，目前是英國王室溫莎王朝

BC　上古時期

漢

羅馬時代

0

三國
晉

南北朝　盎格魯時代

500

隋朝
唐朝

英格蘭統一

五代十國
宋朝

1000

諾曼王朝

金雀花王朝

元朝
百年戰爭
明朝
薔薇戰爭
都鐸王朝

1500

斯圖亞特王朝
清朝
光榮革命
大不列顛成立

維多利亞女王

中華民國
伊莉莎白二世

2000

BC

耶穌基督出生　0—

君士坦丁統一羅馬

羅馬帝國分成兩部

波斯帝國　500—

回教建立

凡爾登條約

神聖羅馬帝國建立
1000—

十字軍東征

蒙古第一次西征

英法百年戰爭開始

哥倫布發現新大陸
1500—

英國大破無敵艦隊

發明蒸汽機

美國獨立

美國南北戰爭開始

第一次世界大戰
第二次世界大戰

2000—

的家族城堡，也是現今世界上有人居住的城堡中最大的一個。部分城堡由「征服者」威廉一世所建。

背信棄義的樂趣

「征服者」老威廉的小兒子、「紅髮」威廉的弟弟亨利曾經被稱為「好學者」，因為至少在父親面前他表現出好學求知的一面。古話說，「父母愛么兒」，老威廉既沒有把英格蘭留給這個小兒子，也沒有讓他繼承諾曼第，而是給了他一大筆錢讓他遠離權力旋渦，安享生活。然而，老威廉的周全考慮並沒有使亨利領悟，他對權力的渴望一刻不曾停歇。

哥哥「紅髮」威廉二世才剛剛過世，他便使出了家族慣用手段：賄賂、收買及開空頭支票給貴族和教會，讓他們支持自己登上了英王王位。如果說之前威廉二世的意外之死與他無關，恐怕沒人會相信。

比起父親和哥哥而言，亨利有著很大的優勢，他有英格蘭血統，所以在民間有很高的聲望。為了獲得更多的支持，他開始追求蘇格蘭公主瑪蒂爾德，並成功贏得美女芳心，讓她成為英格蘭王后。

這僅僅是亨利權力之路的開始。他不但要得到威廉二世所得的一切，還要哥哥諾曼第公爵羅伯特的一切。當年他被圍困在聖蜜雪兒山時，一度差點因缺水而死，是羅伯特念兄弟之情給他送水，並遊說威廉二世饒過這個小弟弟，亨利才得以保命。但亨利顯然沒領這份恩情，他迫不及待地想把羅伯特拉下馬。

當時羅伯特正在耶路撒冷遊玩，亨利叫人散布消息說羅伯特不打算再回諾曼第，而是做了東方的國王。此消息一出，諾曼第頓時陷入無主的混亂之中。幸好羅伯特帶著在義大利娶的老婆及時趕回來，勉強安撫

了諾曼第。

這時，受威廉二世青睞的特勒姆主教達爾夫從亨利手中逃脫，躲在了諾曼第，他遊說羅伯特趁早對付亨利，不然肯定會被對方先下手為強。羅伯特心想亨利的確不太厚道，打算出兵教訓教訓他。

戰爭並沒有如期而至，就像以往的情況一樣，坎特伯里大主教出面斡旋此事，讓亨利和羅伯特雙方各退一步，簽訂互不侵犯的和平條約。羅伯特其實打心眼裏沒想把弟弟如何，便痛快地簽了協約。亨利卻露出慣有的嘴臉，表面同意，背地裏則暗暗收拾掉那些支持羅伯特的人。

臥榻之側，豈容他人鼾睡。亨利肅清所有威脅自己的人，那些曾經威脅自己卻無法被肅清的，他就採取重金收買策略。不管怎樣，他要身邊所有人都聽令於他。為此他加重賦稅，橫徵暴斂，成為一個不折不扣的貪婪暴君。

對付羅伯特的路還沒有走完，亨利派了不少間諜到哥哥身邊，導致羅伯特在英格蘭的勢力徹底瓦解，只好退回諾曼第。亨利毫不放鬆，命人在諾曼第詆毀羅伯特，說後者是個不祥之人。恰逢羅伯特的愛妻死了，留下孤零零的兒子給他撫養，諾曼第府邸的僕人們便落井下石，偷偷地瓜分羅伯特的財產。據說有一次羅伯特不得不待在床上一整天，因為赤身裸體不能出屋子，原因是他的乾淨衣服都被僕人偷光了。

堂堂公爵，諾曼第領主，羅伯特面對如此窘況，實在可憐。他的好弟弟亨利卻沒有一刻放鬆，將羅伯特抓到一個皇家城堡軟禁起來。在那裏，羅伯特失去了雙目，被亨利用烙鐵毀掉的眼睛布滿了可怖的疤痕，嚇得獄卒們躲得遠遠的，甚至沒有人願意為他送飯。每每思及自己的下場，羅伯特號啕痛哭，後悔輕信了那個卑鄙無恥的弟弟。

實話實說，羅伯特的確有眼無珠，他多次憐憫和放過亨利，亨利卻多次背棄契約，他就應該意識到弟弟是個狼心狗肺的人。若是他早點警惕起來，也不會落得今日的下場。

BC

耶穌基督出生　0—

君士坦丁統一羅馬

羅馬帝國分成兩部

波斯帝國　500—

回教建立

凡爾登條約

神聖羅馬帝國建立
1000—

十字軍東征

蒙古第一次西征

英法百年戰爭開始

哥倫布發現新大陸
1500—

英國大破無敵艦隊

發明蒸汽機

美國獨立

美國南北戰爭開始

第一次世界大戰
第二次世界大戰

2000—

雖說亨利一世的人品不怎麼樣，但他在政治體制方面還是有貢獻的。由於大貴族多次叛亂讓他嘗到了苦頭，他對中央政府機構進行改革，擢升那些沒有地位的小貴族和平民進入政府辦事，在地方政府中實行行政、司法獨立，所以舊貴族勢力得到極大的遏制。

此外，他讓地方官員調換任區，防止他們在一個地方結黨營私、糾集反對勢力；指派王室法官巡迴審判，監察地方官工作，相當於中國的巡撫角色。亨利還將北部邊遠地區劃分為5個國王直轄區，委派軍政長官去直接管理。這一系列政策保證了英國30年的穩定局面，至少讓英格蘭人把他真正作為一國之主去對待，而不是像對老威廉和「紅髮」威廉那樣，視之為侵略者。自此，英格蘭—諾曼第王國正式確立了。

【相關連結】

羅伯特被軟禁在皇家城堡的時候，起初亨利還允許他到處溜達。一天，他帶著幾個人在城堡附近打獵，趁著士兵不注意，他騎馬狂奔逃走。哪知道前方正好有一片沼澤地，他一頭栽進沼澤，身體陷進去了一半。

士兵們找到他之後，把他從沼澤裡拉出來押送回城堡。亨利對此非常憤怒，命人用烙鐵將他的眼睛毀掉。雙目失明的羅伯特蜷縮在城堡監獄的角落裏，往事一幕幕浮現在眼前。多年以前，父親帶著三兄弟去打獵，他總是最活躍、最開心的一個，也是收穫獵物最多的一個。父親把諾曼第賜給他以後，他只顧著玩樂，年華如水，匆匆逝去，到頭來一無所有，失去了愛人，失去了兒子，他實在太失敗了。

羅伯特在城堡中度過了數十年的黑暗時光，孑然一身，孤苦伶仃。直到80歲那一年斜倚著窗邊，灰白且疤痕縱橫的失明雙目彷彿看到了遠方夕陽最後的光線，就這樣結束了可悲的一生。

權力的魅力

英國詩人、劇作家哥爾德斯密斯說：「過分喜歡權力就會不擇手段。」這句話用來形容亨利一世再貼切不過。為了爭奪權力，他從只擁有5,000鎊的流浪王子變成了「跨海而治」英格蘭—諾曼第王國的國主，所有能想到的卑鄙手段他皆用過。

為了鞏固權力，他將自己8歲的女兒小瑪蒂爾德嫁給了神聖羅馬帝國皇帝亨利五世，得到了亨利五世的支持，這使得他在英格蘭擁有了更穩固的地位。

本以為終於可以高枕無憂地當國王了，沒過幾年，一個突如其來的噩耗打斷了他的美夢。他的兒子威廉王子掉進海裏淹死了。亨利一生只有兩個合法繼承者，瑪蒂爾德和威廉，他對威廉寄予厚望，不但想要這個小兒子繼承英格蘭，還要讓他成為諾曼第的合法繼承人。偏偏天公不作美，中年喪子。這個時候亨利的妻子——蘇格蘭公主瑪蒂爾德已經去世，如果不趕快再娶個女人生繼承人，亨利怕是要絕後了。

1121年，勒芬伯爵、洛林公國公爵的女兒阿德萊嫁給了亨利一世，成為新任英格蘭王后。幾年過去了，阿德萊一直無所出，亨利意識到自己的身體也快不行了，思慮再三決定把遠嫁德國的女兒瑪蒂爾德作為合法繼承人。正好瑪蒂爾德新寡，被他接回來是理所當然的。

亨利千挑萬選，為瑪蒂爾德又找了個丈夫，這便是安茹公爵的長子傑佛瑞。傑佛瑞的姓氏非常有趣，叫「金雀花」，大概是因為他總喜歡把一朵盛放的小花戴在帽子上。

瑪蒂爾德給傑佛瑞生了3個健康的男孩。亨利總算鬆了口氣，因為他的外孫完全可以成為王朝的繼承人。大概汲取了之前的教訓，他很緊

BC　上古時期

漢

—0　羅馬時代

三國
蜀

南北朝　盎格魯時代
—500

隋朝
唐朝

英格蘭統一
五代十國
宋朝
—1000

諾曼王朝

金雀花王朝

元朝
百年戰爭
明朝

薔薇戰爭
都鐸王朝
—1500

斯圖亞特王朝
清朝
光榮革命
大不列顛成立

維多利亞女王

中華民國
伊莉莎白二世
—2000

BC

耶穌基督出生　0—

君士坦丁統一羅馬

羅馬帝國分成兩部

波斯帝國　500—

回教建立

凡爾登條約

神聖羅馬帝國建立
　　　1000—

十字軍東征

蒙古第一次西征

英法百年戰爭開始

哥倫布發現新大陸
　　　1500—

英國大破無敵艦隊

發明蒸汽機

美國獨立

美國南北戰爭開始

第一次世界大戰
第二次世界大戰

　　　2000—

張這3個孩子，為了看護外孫們平安長大，晚年的亨利絕大多數時間逗留在諾曼第，連英格蘭也很少回去。

可是，亨利到底還是失算了。

千防萬防，家賊難防。亨利警惕了一輩子，死後卻被自己最信任的外甥斯提芬擺了一道。斯提芬是亨利一世的姐姐阿德拉的兒子，阿德拉被老威廉許配給了布盧瓦伯爵。亨利對布盧瓦公爵一家可謂仁至義盡，拿出一大筆財富給斯提芬找了個有錢有勢的老婆，又讓斯提芬的兄弟小亨利做了溫徹斯特主教。即便如此恩惠，亦不足以滿足斯提芬的野心。他賄賂書記官謊稱亨利臨死前確定自己為繼承人，欺騙坎特伯里大主教為他加冕。

實話說，按照中國古代的繼承傳統，至少應該有人確認下一任皇帝的合法繼承權，可是在英格蘭，斯提芬卻可以如此冠冕堂皇走上王位，實在叫人不敢相信。

遠在諾曼第的瑪蒂爾德聞訊氣極，父親多年前分明確定了自己的合法繼承權，斯提芬怎麼敢乘虛而入？她立刻聯絡了自己的異母哥哥、亨利一世的私生子羅貝爾·費茲·羅伊[1]，請他幫忙奪回王位。

兩兄妹帶領一支強大的軍隊進攻英格蘭，幾乎不費吹灰之力就將斯提芬拉下王位。畢竟非合法的總是心虛，即便斯提芬拼盡全力，仍舊逃不脫被俘虜的下場。

瑪蒂爾德終於奪回了屬於自己的王位，但高傲如她太小看子民的反應。英格蘭人怎麼肯允許一個女人在他們面前耀武揚威，還不如讓斯提芬統治呢，至少斯提芬流著英格蘭人的血，當國王未嘗不可。

瑪蒂爾德本以為有羅貝爾可以依仗，但架不住貴族和斯提芬舊部的聯手脅迫，只好放出斯提芬。就這樣，雙方又展開了曠日持久的王位爭奪戰。好景不長，羅貝爾因多次戰爭負傷而亡，瑪蒂爾德再無依靠，帶著細軟偷偷逃回了諾曼第。

斯提芬總算保住了王位，可是他與貴族的合作關係破裂了，這意味著君主集權制的瓦解。大多數貴族恢復了獨立的法律裁判權，脫離中央行政管制，對自己的管轄地進行殘酷的剝削，不遺餘力地豐富自己的腰包，視王室於無物。斯提芬國王苦苦支撐這樣的國家整整10年，仍沒有改變國家動亂的現狀。於是，這段黑暗時期史稱為「大動亂」，是名副其實的恐怖時代，自此以前和自此以後，英格蘭人民再沒有像這段時間一樣，受盡了苦難與折磨。

【相關連結】

亨利一世帶著愛子威廉王子蒞臨諾曼第，向所有人顯示兒子擁有諾曼第的合法繼承權之後，便準備回英格蘭。

1120年11月25日，風和日麗，亨利一世的隊伍在巴夫勒爾港②登船，一個名叫費茲·史蒂芬的船長走到他面前行禮道：「親愛的陛下，我的父親一生都在海上效忠您的父親，我也願意盡畢生之力效忠於您。我有一艘很棒的船停在港灣裏，叫『白舟』，相信您一定會喜歡上它，所以請允許我送您回英格蘭吧。」

亨利一世笑道：「非常感謝你的盛情邀請，不過我已經雇了船，不如讓王子和他的隨從坐你的船吧。」於是他帶著隨從上了船，讓威廉跟著費茲登上「白舟」。

亨利一世的船開走了整整一天，「白舟」還沒有出發，原因是威廉王子還迷戀岸上的那些風流小姐，他把她們和一些貴族叫到船上鬼混，不知今夕是何夕。費茲心下著急，多次上前勸說威廉儘快出發，威廉終於同意於第二日凌晨起航。

當船終於駛出港口時，水手們差不多醉得不省人事，除了費茲和幾個船工還算清醒。

「轟隆」一聲巨響傳來，整艘船猛地傾斜，接著發出刺耳的龜裂

BC

耶穌基督出生　0—

君士坦丁統一羅馬

羅馬帝國分成兩部

波斯帝國　500—

回教建立

凡爾登條約

神聖羅馬帝國建立
　　1000—

十字軍東征

蒙古第一次西征

英法百年戰爭開始

哥倫布發現新大陸
　　1500—

英國大破無敵艦隊

發明蒸汽機

美國獨立

美國南北戰爭開始

第一次世界大戰
第二次世界大戰
　　2000—

聲。

「觸礁了！」不知誰大喊一聲，豪華的「白舟」就這麼向大海傾斜下去，船底的大窟窿使冰冷的海水瞬間吞沒了船隻，所有人跌進大海。費茲和船工費勁地把王子和幾個隨從弄上小舟讓他們儘快離開。

小舟行駛沒多遠，威廉王子聽到妹妹瑪麗‧佩爾的呼救聲，便趕回去救她。沒想到落水的人爭先恐後爬上小舟，弄得小舟徹底翻船，不會游泳的威廉王子一下子溺水，沉到了海底。

費茲游到近處時已不見王子的身影，他無顏面對亨利一世的囑託，只能自沉以謝罪。最後，整場海難唯一的倖存者是個「白舟」後廚屠夫，他將這件事告訴了所有人。

3天過去了，在英格蘭焦急等待的亨利一世收到了這個噩耗，像死人一樣癱倒在地上。

【注釋】

①羅貝爾‧費茲‧羅伊，亨利一世的私生子之一，第一任格洛斯特伯爵。私生子並不具有合法的王位繼承權，所以亨利才沒有選他作為繼承人。

②巴夫勒爾港，位於法國西北部下諾曼第大區，在中世紀時是去往英格蘭的重要港口。

【專題】英雄大戰飛天大怪獸

盎格魯—撒克遜文學是英國文學的起源，主要內容是詩歌與散文，尤以英雄史詩分量最重。其中，能夠反映當時文學最高成就的就是長篇史詩《貝奧武夫》。這首詩是由歐洲地方語言寫成，約3182行，洋洋灑灑地記錄了6世紀盎格魯人的生活，主角是英雄貝奧武夫。

故事從丹麥展開。那時的丹麥有一位偉大的國王齊爾德‧謝馮，他

以征服敵人的能力而聞名，他的曾孫荷羅斯加和他的曾祖父一樣，也是一位英明的君王，而貝奧武夫就生在荷羅斯加的時代。

有一天，荷羅斯加準備建造一座希奧羅特大殿來慶賀他的英明統治。大殿建成之後，荷羅斯加舉行了盛大的慶典，卻因此引來了怪獸哥倫多的襲擊，很多武士因此而亡。從此，丹麥與哥倫多開始了長達12年的戰爭。

斯堪的納維亞一個名為耶阿特的部落聽聞丹麥總是遭到襲擊的事情，他們的一個領主貝奧武夫決定出手援助。他帶領一批勇士來到丹麥，荷羅斯加欣然接待了他，並舉行慶典向他表示敬意。荷羅斯加還承諾，如果貝奧武夫可以打敗哥倫多，他將賜給貝奧武夫所有的一切。貝奧武夫沒有一口答應，只是說盡力而為。

不久，怪獸哥倫多像以前一樣殺到希奧羅特，準備肆無忌憚地吃人。貝奧武夫留心觀察哥倫多的弱點，將哥倫多的手臂砍了下來。怪獸負傷逃跑，回到它在野外的巢穴，在哀號中死去。自此以後，丹麥人把貝奧武夫視為歷史上最偉大的英雄，對他極盡讚美。荷羅斯加也兌現承諾賜予貝奧武夫無盡的財富。幾天後，貝奧武夫按照荷羅斯加的敘述找到了荒原的沼澤之地，在水中尋到怪獸哥倫多的母親，將這隻母獸殺死。至此，丹麥人再也沒有天敵了。

貝奧武夫回到家鄉以後，耶阿特的國王剛好去世，他順理成章地成為國家的管理者。在他統治期間，一隻怪獸和一條噴火巨龍相繼對耶阿特人產生威脅。在貝奧武夫英勇的領導下，耶阿特人戰勝了怪獸與巨龍，拯救了整個王國。不過，貝奧武夫在與巨龍的戰鬥中身負重傷，巨龍牙齒裏的毒液流入他的體內，導致他一病不起。貝奧武夫臨死前將王權交予親屬威格拉夫，帶著對耶阿特的不捨離開了人世。

威格拉夫和領主們將巨龍的屍體投入大海，並把這些年貝奧武夫戰鬥得來的寶藏放入他的墓塚當中，一齊哀悼這位偉大君王。

BC　上古時期

漢

— 0　羅馬時代

三國
晉

南北朝　盎格魯時代

— 500

隋朝
唐朝

英格蘭統一
五代十國

宋朝
— 1000

諾曼王朝

金雀花王朝

元朝
百年戰爭
明朝

薔薇戰爭
都鐸王朝
— 1500

斯圖亞特王朝

清朝
光榮革命
大不列顛成立

維多利亞女王

中華民國
伊莉莎白二世
— 2000

《貝奧武夫》不只是一個單純的冒險故事，還是一個充滿宗教色彩的斬妖除魔的故事。哥倫多是亞當第一個兒子該隱的後代，該隱象徵「惡」，所以哥倫多和它的水怪母親代表邪惡。貝奧武夫戰勝了它們，象徵著善戰勝了惡。火龍在教會的寓言裏象徵撒旦。貝奧武夫戰勝了火龍意味著戰勝了撒旦，他的身上充滿了救世主精神。

不管怎樣，《貝奧武夫》都是一部難得之作，後世把它與法國的《羅蘭之歌》、德國的《尼伯龍根之歌》並稱為歐洲文學的三大英雄史詩。它的唯一手抄本是用10世紀古英語西撒克遜方言書寫。這一手抄本現保存於倫敦英國博物館中，是非常重要的古代文物。

BC

耶穌基督出生　0—

君士坦丁統一羅馬

羅馬帝國分成兩部

波斯帝國　500—

回教建立

凡爾登條約

神聖羅馬帝國建立
1000—

十字軍東征

蒙古第一次西征

英法百年戰爭開始

哥倫布發現新大陸
1500—

英國大破無敵艦隊

發明蒸汽機

美國獨立

美國南北戰爭開始

第一次世界大戰
第二次世界大戰

2000—

| 第三章 | 燦爛的金雀花

蘇格蘭

北愛爾蘭

英格蘭

威爾斯

倫敦

金雀花之光

耶穌基督出生　0—

君士坦丁統一羅馬

羅馬帝國分成兩部

波斯帝國　500—

回教建立

凡爾登條約

神聖羅馬帝國建立
1000—

十字軍東征

蒙古第一次西征

英法百年戰爭開始

哥倫布發現新大陸
1500—

英國大破無敵艦隊

發明蒸汽機

美國獨立

美國南北戰爭開始

第一次世界大戰
第二次世界大戰

2000—

　　眾所周知，倫敦是英國的首都，並且在以往的歷史資料中，我們總是可以看到「倫敦」的字眼。然而，世人並不知道，在英格蘭王國時代人們將首都遷往倫敦之前，溫徹斯特曾是英格蘭的政治中心，阿爾弗雷德大帝就葬在這座位於南唐斯丘陵邊緣的小城。這裏充滿了英格蘭風情，號稱「全英的美食之鄉」，又以教堂眾多著稱，堪為教堂城市。而在這個地方，曾發生過許多重大的歷史事件，正如英國輝煌300多年的金雀花王朝，即是從溫徹斯特開始建起。

　　1153年，亨利·金雀花帶著他的諾曼第軍隊登陸英格蘭，與英格蘭國王斯提芬重新開始了王位爭奪戰。這一次，斯提芬並沒有那麼幸運地把亨利這個正統繼承人趕走，當然，雙方也無法奈何彼此，他們只有在溫徹斯特達成協定：斯提芬答應死後將王位還給亨利。

　　一年以後，斯提芬去世，從「征服者」威廉至斯提芬這短暫不到100年的諾曼王朝正式宣告結束，亨利·金雀花理所當然地登基為英王，是為亨利二世，開啟了新的時代。

　　亨利在溫徹斯特的加冕禮恢宏熱鬧，長街行來，儀仗隆重，百姓歡欣鼓舞。究其原因，大抵因為他是正統繼承人，他的繼位迎合了英格蘭權貴的希望，至少可能改變英格蘭的動亂現狀。

　　所幸，亨利二世的確是個才華卓著、出類拔萃的帝王之才。他一登位，就一掃前朝陰霾，收回中央對地方的司法行政權力，奪回戰爭中被大貴族占去的王室財產，焚燒1,100餘座大貴族的城堡，勒令貴族向中央繳納稅款；另外，他廣納人才，重用賢能，提拔了不少新貴。在銳意改革、吐故納新的同時，他重新整理了自己的王土。事實上，這時候的金

雀花王朝疆土已經非常廣大，儼然有超過法蘭西王國的趨勢。

　　亨利二世擁有的土地除了英格蘭，還包括從母親那裏繼承的諾曼第、從父親處繼承的安茹、曼恩、布列塔尼，以及妻子埃莉諾[①]女大公的土地阿奎丹、波瓦圖和加斯科尼。他的妻子埃莉諾不算是個好女人，但擁有很高的地位，兩個人的結合至少讓亨利獲得了足夠的利益。

　　管理如此龐大的帝國，亨利二世當然費盡心力，畢竟這個國家從英格蘭到庇里牛斯山[②]，橫跨了西歐，註定他必須要把大把時間花費在西歐大陸上而非英格蘭。所以人們經常可以看到一個年輕的國王在西歐大陸匆匆奔忙的身影，因為他要處理很多地方的事情，所以辦公地點太多了。

　　對英格蘭的疏於管制，也導致一些人產生了趁火打劫的念頭，這其中給亨利二世帶來麻煩最多的就是他曾經的親信——大法官兼上議院議長湯瑪斯‧貝克特。本來湯瑪斯和亨利一直亦臣亦友，為了遏制教會勢力，等坎特伯里大主教一死，亨利就把湯瑪斯任命為大主教，以便於國王掌握教會的勢力。

　　不過，過大的權力往往能迅速腐蝕一個人的內心。湯瑪斯‧貝克特很快就有了自己的主張。他一改往日奢華的生活習慣，開始勤儉節約，顯出一副合格大主教的姿態，贏得了教會和百姓的喜愛。然後他向世人聲稱，貴族們的所有地產都是教會的正當財產，所以國王必須交出羅切斯特城堡[③]和羅切斯特城。

　　亨利二世沒料到搬起石頭砸自己的腳，自己給自己樹了個敵人，他對湯瑪斯簡直恨得咬牙切齒。

　　不但如此，湯瑪斯很懂火上澆油。他又下令在英格蘭境內除了大主教以外，無人有權任命教士。肯特的一個紳士任命了個教士，被湯瑪斯逐出教會，以致生活變得非常不幸[④]。亨利二世要求湯瑪斯收回命令，後者拒不受命。此後，很多事情上，湯瑪斯都在與亨利二世作對，要求

教士們視國王的命令於無物，終於惹得亨利二世不得不出兵威嚇他，才令湯瑪斯消停了一段時間。

由於湯瑪斯堅持不向亨利二世妥協，亨利二世便有除他之心，他心慌之餘逃到比利時與法國的交界佛蘭德⑤，教皇和法蘭西國王路易都出面庇護他。亨利二世能做的就是把湯瑪斯在英格蘭教會的勢力剪除，卻對在國外的本人不能伸手，實在憋悶。他偷偷派人賄賂教皇，給法王路易去了信，望他們別再庇護湯瑪斯。

在路易國王的協調下，亨利二世總算見到了湯瑪斯，他輕蔑地看著湯瑪斯，希望湯瑪斯能跪在自己面前懺悔。湯瑪斯當然不肯，驕傲如他，至少他自認為有一副傲骨和足夠與亨利抗衡的資本，所以即便跪了，從前之事也絕對沒有做錯。亨利不大滿意地離開了英格蘭，湯瑪斯又開始自己的反對大業。

凡爾登條約

神聖羅馬帝國建立
1000—

十字軍東征

蒙古第一次西征

英法百年戰爭開始

不久，英格蘭傳來亨利二世為避免王位被免，就叫約克郡大主教為自己的兒子亨利王子加冕。國王怎麼有權指揮別的大主教給自己的兒子加冕呢？這不是無視坎特伯里大主教的存在嗎？湯瑪斯·貝克特當然不允許這件事發生，他說服教皇免去約克郡大主教的神職，還把協助此事的教會人員都趕出了教會，然後他自己冠冕堂皇地登上了英格蘭的土地，打算繼續執行大主教的權力。

哥倫布發現新大陸
1500—

英國大破無敵艦隊

發明蒸汽機

美國獨立

美國南北戰爭開始

第一次世界大戰
第二次世界大戰
2000—

亨利二世對這個老頑固實在忍無可忍，他對身邊的騎士說，要是誰能幹掉那個老頑固就好了！騎士們心知肚明「老頑固」指的是誰。於是，一天夜晚，雷金納德·菲茨烏爾塞、威廉·德·特雷西、休·得·莫維爾和理查·布里托四騎士暗中刺殺了湯瑪斯·貝克特。當時，貝克特還在祈禱平安度過這一劫，直到騎士之劍架到了脖子上，他才知道根本沒人會救他。

亨利二世的世界終於清靜了，他又可以繼續在英格蘭和西歐大陸上奔走視察，給他統轄的所有地區來個恩威並施，以維護臣民對他的忠

心，直到千秋萬載。

然而，世界上沒有什麼事物恆久不變，尤其是人心，更愛朝令夕改，且這種人心中帶著野心，變得就更快了。

【相關連結】

很久以前，有個叫吉伯特·貝克特的倫敦商人到北非做生意，被當地一個撒拉遜貴族俘虜。貴族有個漂亮的女兒愛上了貝克特，打算跟他私奔。不過貝克特在逃走的時候並沒有帶上這個漂亮的撒拉遜女子。雖然被拋棄了，女子卻偷偷離開家跑到了碼頭，想要追隨貝克特的腳步。她跟當地的智者只學會了兩個英文單詞，一個詞是「倫敦」，一個詞是「吉伯特」。

女子來到碼頭，對著船工們說了「倫敦」一詞。船工們知道她要去倫敦，便把她送上去倫敦的商船。到了倫敦以後，她走在大街上逢人就叫「吉伯特」的名字。兩天過去了，消息傳到吉伯特耳中，他叫人把女子帶來，一看竟然是自己在北非的情人。兩人到底還是有感情，吉伯特娶了女子，還和她生了個健康的孩子，這個孩子就是英格蘭國王亨利二世的大法官兼上議院議長、後來的坎特伯里大主教湯瑪斯·貝克特。

【注釋】

①埃莉諾，阿基坦女公爵，1137—1152年是法蘭西王后，1154—1189年成為英格蘭王后，比亨利二世大了9歲。

②庇里牛斯山，位於歐洲西南部，山脈東起於地中海，西止於大西洋，分隔歐洲大陸與伊比利半島，也是法國與西班牙的天然國界，山中有小國安道爾。

③羅切斯特城堡，英國最古老的城堡之一，據記載，始建於1086年，由法國諾曼第征服者建造。由「征服者」威廉的建築師岡多夫主教

BC　上古時期

漢

羅馬時代

0

三國
晉

南北朝　盎格魯時代

500

隋朝
唐朝

英格蘭統一
五代十國

宋朝
1000

諾曼王朝

金雀花王朝

元朝
百年戰爭
明朝
薔薇戰爭
都鐸王朝
1500
斯圖亞特王朝
清朝
光榮革命
大不列顛成立

維多利亞女王

中華民國
伊莉莎白二世
2000

於1080年左右主持修建的羅切斯特城堡中，曾發生許許多多的戰爭、對立、衝突和圍困。

④在當時，如果一個人被逐出教會，不管是坐臥行跑，哪怕是擠眉弄眼、噴嚏哈欠都受到詛咒，他周圍的人會疏遠他，以免受到詛咒的牽連。因此被教會驅逐的人自然會變得孤苦不幸。

⑤佛蘭德，歐洲歷史地名，位於中歐低地西部、北海沿岸，包括今比利時的東佛蘭德省和西佛蘭德省、法國的加萊海峽省和北方省、荷蘭的澤蘭省。

「我心愛的孩子啊！你竟然也出賣我！」

這是一個翡翠島國，漫步美麗的利菲河邊，攝人心魄的自然美景如壁畫一般呈現在眼前，它有不失現代都市的熱鬧繁華，風風雨雨的曲折歷史，從歷經滄桑的大河之舞到激情流淌的流行音樂，整個島嶼處處彌漫著藝術氣息。在愛爾蘭感受藝術的震顫那一刻，時光逆轉，再回顧800多年前，這裏還不曾擁有任何開化的文明與藝術的優雅，而是充斥著野蠻、血腥。

對於那時的愛爾蘭人而言，打架是生活的必需品，姦淫擄掠是家常便飯。英格蘭視愛爾蘭幾乎為蠻夷，對這個地方卻也有著統御之心。亨利二世在擁有廣袤疆土的同時，對近在咫尺的愛爾蘭不能不說存有覬覦之心。在貝克特事件發生之後，他開始有了侵略愛爾蘭的心意，但並沒有找到很好的藉口。這時候，一個名叫德爾蒙·麥克莫羅的人將機會送到了他的面前。

德爾蒙是愛爾蘭五王國①倫斯特的國王，他搶了一個朋友的妻子，遭到那人的報復被趕出愛爾蘭。德爾蒙不服氣，便遠渡英格蘭向亨利二

耶穌基督出生 0—

君士坦丁統一羅馬

羅馬帝國分成兩部

波斯帝國 500—

回教建立

凡爾登條約

神聖羅馬帝國建立
1000—

十字軍東征

蒙古第一次西征

英法百年戰爭開始

哥倫布發現新大陸
1500—

英國大破無敵艦隊

發明蒸汽機

美國獨立

美國南北戰爭開始

第一次世界大戰
第二次世界大戰
2000—

世訴苦，並承諾如果亨利二世幫自己奪回王國並統一愛爾蘭，就向亨利二世稱臣。此舉正中亨利二世的下懷。

如德爾蒙所願，亨利二世給了他一隊英格蘭騎兵。面對英格蘭的精英軍隊，愛爾蘭的軍隊土崩瓦解，很快德爾蒙便得償所願。大概是德爾蒙興奮過頭，高興得患了心肌梗塞，數分鐘便去見了死神，還沒坐穩的王位落在他的女婿「強弩」理查‧德‧克雷爾伯爵手中。

史書中的理查實在不是塊當皇帝的料子，除了有錢就一無是處了。亨利二世認定這個笨蛋不能繼承大統，便堂而皇之地來到愛爾蘭搶了理查的王位，給了他一大筆錢作為補償。這下大家都滿足了，理查更愛錢，亨利二世更愛愛爾蘭的王位。

正當亨利二世認為他的帝國之路一片光明之時，家族內部的鬥爭給這個「金雀花之光」以沉重的打擊。所謂內部鬥爭，無非就是幾個兒子為了將來的王位繼承權而進行的明爭暗鬥。

古人生的孩子太多，尤其是兒子多了，爭家產的事情就屢見不鮮。小家小戶尚且如此，更不要說帝王之家。

中國清代康熙皇帝生了30多個兒子，活到成年的有20個，最後他駕崩之前出現了九子奪嫡的大事。像英格蘭國王亨利二世這種，去掉那些私生子，嫡親的兒子有4個——亨利王子、理查、傑佛瑞和小兒子約翰。4個兒子爭偌大的王朝疆土足以掀起翻天覆地的鬥爭了。

本來亨利王子擁有順位繼承權，至少他可以繼承英格蘭國王、諾曼第公爵、安茹伯爵和曼恩伯爵，不過要等到亨利二世作古之後才可以。但是亨利王子等不及了，在母親埃莉諾的慫恿下，他要求亨利二世先把自己的妻子——法蘭西公主瑪格麗特加冕成王子妃，還要父親馬上把他該繼承的一些領土直接劃給他。

以上要求等於是分割亨利二世的王權，亨利二世當然不肯了。亨利王子一見父親不答應，乾脆跑去投靠岳父法蘭西國王。緊接著理查和傑

BC　上古時期

漢

羅馬時代

— 0

三國
晉

南北朝　盎格魯時代
— 500

隋朝
唐朝

英格蘭統一
五代十國
宋朝
— 1000

諾曼王朝

金雀花王朝

元朝
百年戰爭
明朝

薔薇戰爭
都鐸王朝
— 1500

斯圖亞特王朝
清朝
光榮革命
大不列顛成立

維多利亞女王

中華民國
伊莉莎白二世
— 2000

佛瑞也跟著投奔過去，還帶了不少貴族跟著投奔。

心智堅韌如亨利二世，面對兒子們的背叛絲毫沒有手軟，他出兵法蘭西，給了3個兒子狠狠的教訓。法蘭西國王路易見勢不妙，膽小如鼠的他慌忙出面調停，以免戰爭殃及自己。正巧蘇格蘭在此時入侵英格蘭，亨利二世帶兵趕回英格蘭應戰，暫時先饒了他那3個不爭氣的兒子。

蘇格蘭的軍隊被擊敗不久，亨利王子帶著理查、傑佛瑞又開始跟父親對戰，亨利二世將3個小子打得屁滾尿流、丟盔棄甲。

老子教訓兒子，那是天經地義。不過亨利二世絕不是個絕情的人，他原諒了亨利王子等人，希望兒子們能爭氣點，自己死了，整個跨海王朝還不是他們的囊中之物！

可憐老父用心良苦，兒子卻不懂領情。此後十來年，亨利王子和另外兩個小子三番四次發動叛變，預謀奪位，每一次亨利二世都以慈父之心原諒他們。直到亨利王子客死異鄉、傑佛瑞落馬而死，「兒子叛老子」的戲碼才勉強告一段落。

不久，賊心不死的理查勾結法蘭西國王腓力二世[2]，連續兩次向老父發出挑戰，試圖奪取英格蘭王位。心力交瘁的老亨利無力再跟兒子鬥下去，於是請教皇來斡旋，最終和理查暫時講和。

這天，垂垂老矣的亨利二世躺在床上，他生病了，幾乎感覺到死神即將降臨。他的親信拿來一封信箋，那上面有密探留下的所有近期參與叛變的人的名單。他顫抖地打開信，第一個名字就令他痛呼失聲。

那是小約翰，他最疼愛的么兒，他始終如一信任並堅信不會背叛自己的小兒子。

「我心愛的孩子啊！你竟然也出賣我！」老亨利心魂欲裂、痛苦難當，捏著信紙的手因為過於用力而發白。

「算了，隨他去吧！」一瞬間，老亨利像是想開了，他命令僕人為他整裝，來到了法蘭西小鎮希農，一處風光宜人的鄉鎮。他坐在窗邊的

椅子旁，望著外面秀麗恬靜的景色，黯然地閉上雙目，從此再也沒有睜開眼睛。

1189年，「金雀花」帶著遺憾死在了希農小鎮，享年57歲。他輝煌的一生就此戛然而止，不是止於開疆闢土的干戈，而是來自家族的內耗。原來，無論在任何時候、任何地點，人類都喜歡把經歷更多地投入內耗之上，而非向外開闢新的世界。

【相關連結】

假如一個國王有個魔鬼般的皇后，肯定還有個天使般的前妻或情人，這在亨利二世身上也應驗了。他的妻子——大他9歲的埃莉諾皇后就是個老妖婆，所幸他還有個美麗溫柔的情人羅莎曼德。

羅莎曼德實為不可多得的可愛女子，亨利二世甚至為她修建了一座宮殿以便金屋藏嬌，並在自己的王宮和羅莎曼德的閨房之間修了條密道，方便隨時去約會自己的情人。

然而，這件事被埃莉諾皇后知道了。

皇后心中嫉妒萬分，又不表現出來，而是找了個亨利不在英格蘭的時候，闖入羅莎曼德的宮殿，將一把匕首和一瓶毒藥擺在對方面前，叫她選擇一種方式自殺。羅莎曼德當然不肯，她本想拖延時間直到亨利到來，可是上天並沒有眷顧她。任她苦苦哀求，埃莉諾絲毫不為所動。直到羅莎曼德飲鴆自盡，倒在富麗堂皇的殿宇之中。

這段亨利二世的風流史只在英國的野史當中有所記載，即便不是真的，也為後人讀史增添了不少意趣。

【注釋】

①愛爾蘭五王國，包括德斯蒙德、托蒙德、康諾特、阿爾斯特和倫斯特。

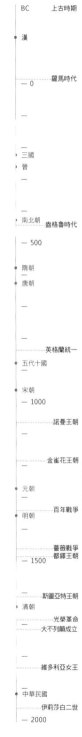

BC　上古時期

漢

—0　羅馬時代

—

三國
晉

南北朝　盎格魯時代
—500

隋朝
唐朝

—

英格蘭統一
五代十國
—
宋朝
—1000
諾曼王朝
—
金雀花王朝
元朝
—
明朝　百年戰爭
—
薔薇戰爭
都鐸王朝
—1500
—
斯圖亞特王朝
清朝
光榮革命
大不列顛成立
—
維多利亞女王
—
中華民國
伊莉莎白二世
—2000

②腓力二世，法蘭西卡佩王朝國王，1180—1223年在位。

「獅心」理查

　　有人給逼死老父的理查取了個外號——「獅心」，本來是說他有一顆獅子般的雄心和野心，不過恰恰也說明了他的狠心。這個外號與他可謂天造地設的一對，也帶著濃厚的諷刺意味。在父親面前，他曾是個虛心的少年，在外人面前卻鋒芒畢露，他的偽善欺騙了最親近的人，如果不是追隨亨利王子作亂，怕是亨利二世到死都不知道這個兒子的真面目。

　　理查在威斯敏斯特舉行了盛大的加冕儀式，向世人證明他的王位來得多麼正統。接著迫不及待地將父親所有的財產收歸己有，目的是為了擴充軍隊，對他妄想已久的東方國家發動戰爭。那時候不少猶太人都死在了理查軍隊的鐵蹄之下。

　　由於去東方打仗是個長久的事情，而且耗資巨大，所以理查很擔心英格蘭中央權力失控，於是給了弟弟小約翰一大筆錢，並讓其當上攝政王，代替自己發布一些國策。

　　小約翰本來也是個偽善的人，對於當攝政王更是喜聞樂見，尤其是心裏期盼著出去打仗的理查早點戰死沙場，這樣自己就可以順理成章地繼承王位了。理查暫時放下心來，和法蘭西國王和神聖羅馬帝國皇帝組成了一股強大的軍隊遠征中東和北非之地。經過數年的征戰，他們在耶路撒冷踢到了鐵板，無奈唯有返程。

　　回來的路上，理查的船在亞得里亞海失事，逃出生天的國王喬裝打扮一番經過奧地利的境內。他為什麼要喬裝呢？原來之前多國同盟裏本來曾有奧地利公爵，但是理查很不喜歡他，就把他踢出了隊伍。奧地

BC

耶穌基督出生　0—

君士坦丁統一羅馬

羅馬帝國分成兩部

波斯帝國　500—

回教建立

凡爾登條約

神聖羅馬帝國建立
　　　1000—

十字軍東征

蒙古第一次西征

英法百年戰爭開始

哥倫布發現新大陸
　　　1500—

英國大破無敵艦隊

發明蒸汽機

美國獨立

美國南北戰爭開始

第一次世界大戰
第二次世界大戰

　　　2000—

利公爵對此深感憤怒，又無力發作。理查猜到自己這次狼狽回來經過奧地利可能會被此人刁難，所以才選擇喬裝一番，不料他的蹤跡還是被奧地利公爵的人發現了。沒幾天，他就被奧地利公爵軟禁在一個小旅店當中。

理查天真地以為他的盟友會施以援手，尤其是法蘭西國王腓力二世，那可是自己的好朋友。不過，但凡因利益結合的友誼從來都是最脆弱的。腓力二世早就對英格蘭在歐洲大陸上的領土垂涎三尺了，他怎麼能不藉此機會訛詐理查呢？

腓力二世謊稱理查在遠征路上打算毒死自己，導致理查在德意志受到法庭審判。幸好理查的母親埃莉諾還有點手段，她帶著大筆的錢財跑到德意志，對所有能賄賂的人賄賂了一遍，還表現出一位愛子之母的楚楚可憐，到底是把神聖羅馬帝國皇帝打動，放了理查。

就在同一時間，英格蘭的約翰親王收到一封來自腓力二世的密信，上面寫道：「獅子的枷鎖被打開了。」

約翰心中一驚，看樣子理查逃過一難，自己要怎麼才能順利把王位搶到手呢？在他還沒想好怎麼動手的時候，理查自己找死去了。

起因當然是腓力二世的背信棄義。此前理查將腓力二世當成兄弟，但他顯然沒想過，他連自己的親兄弟都不信任，又何以信任一個外人。在腓力二世對自己做出種種背叛行為之後，理查認為是時候報復他了。

才一回國，理查就迫不及待地糾集軍隊，對法蘭西發動戰爭。由於多年的窮兵黷武，國內賦稅沉重，民不聊生，所以一些秘密的造反團體越加壯大，對政府軍隊不斷發生挑釁。對法戰爭期間，理查也在忙於應付國內揭竿而起的叛軍。

漸漸的，一首吟遊者唱的歌在英格蘭民間流傳起來，歌中說，國王會被一支來自利摩日的箭射死。理查對此不屑一顧，在經歷那麼多磨難之後，他堅信自己不可能輕易死去。

BC 上古時期
漢
羅馬時代
— 0
三國
晉
南北朝 盎格魯時代
— 500
隋朝
唐朝
英格蘭統一
五代十國
宋朝
— 1000
諾曼王朝
金雀花王朝
元朝
百年戰爭
明朝
薔薇戰爭
都鐸王朝
— 1500
斯圖亞特王朝
清朝
光榮革命
大不列顛成立
維多利亞女王
中華民國
伊莉莎白二世
— 2000

BC

耶穌基督出生　0—

君士坦丁統一羅馬

羅馬帝國分成兩部

波斯帝國　500—

回教建立

凡爾登條約

神聖羅馬帝國建立
　　　1000—

十字軍東征

蒙古第一次西征

英法百年戰爭開始

哥倫布發現新大陸
　　　1500—

英國大破無敵艦隊

發明蒸汽機

美國獨立

美國南北戰爭開始

第一次世界大戰
第二次世界大戰
　　　2000—

這天，他帶著軍隊路經利摩日，天漸漸黑了下去，風刮了起來。忽然，不知從哪裡飛來一支長箭，一下子貫穿了國王的肩膀。理查捂著肩頭摔下了馬，被士兵們抬進帳篷裏。本來這點傷勢不足為慮，但是偏偏在利摩日發生。此處的醫療條件特別差，當天晚上，理查就感染發燒了。

英格蘭王宮的御醫快馬加鞭趕到利摩日的時候，理查早已昏迷不醒，不日便咽氣了，終年僅僅42歲。而那個射箭的年輕人，被理查身邊的軍官活活剝皮而死。事實上，理查在昏迷之前已經寬恕這個年輕人，因為年輕人的父親和兄長曾經參加叛軍，被理查的軍隊絞殺，年輕人僅僅是為了報仇而已。理查感到自己命不久矣，一生所做的好事實在不多，因此決定臨死前饒恕年輕人。可惜，他的從事官未能理解國王的深意，在其死後，又為他添了一項罪孽。或許，世間的好事真的與「獅心」國王無緣。

【相關連結】

理查國王東征的途中，路過西西里島，突然想起自己的妹妹瓊——西西里皇后新寡在室，便打算去看看她。誰知他剛進入西西里，就發現國王的位置已經被瓊的丈夫古列爾摩二世的舅舅坦克雷德篡奪了，瓊也被坦克雷德投入監獄。

作為兄長，而且是極有地位的男人，怎麼能容忍妹妹任人欺凌。理查立刻帶著軍隊準備進軍西西里。坦克雷德聽聞這個消息，心知絕對不可能打得過勢頭正盛的理查，於是主動提出和平條約，願意歸還自己霸佔的瓊的財產，並上交一部分財務作為賠償。

兵不血刃就取得勝利並接回妹妹的理查覺得很無聊，便在西西里島四處閒逛，沒想到就在這裏遇到了自己的真愛貝倫加麗婭——那瓦勒王國[①]長公主。理查對貝倫加麗婭一見鍾情，幾乎移不開腳。回到軍營之

後，他快要患上相思病了。

　　善解人意的瓊對理查說：「為什麼不把她帶回去做你的王后呢？或者情人也可以啊！」國王的情人，只要不遭遇像他們的母親那樣善妒的皇后，肯定能安枕無憂。

　　理查暗想自己的地位卓絕，娶貝倫加麗婭還是綽綽有餘的，就給母親埃莉諾寫了一封信，然後離開了西西里。沒過多久，埃莉諾親自到西西里，打量這個兒媳婦一番，欣然將其帶回了英格蘭。

【注釋】

　　①那瓦勒王國，原名潘普洛納王國，是一個控制庇里牛斯山脈大西洋沿岸土地的歐洲王國。那瓦勒王國成立時，當地的巴斯克地區領導人伊尼戈阿里斯塔加冕為潘普洛納國王，並領導了反抗法蘭克區域政權的鬥爭。南部的王國在1513年被卡斯蒂利亞征服，從而成為西班牙統一王國的一部分。北部部分保持獨立的王國，但它在1589年與法國亨利四世聯盟，1620年被併入法國。

約翰的陰謀

　　人類的一切智慧都包含在這4個字裏面：「等待」「希望」。在你做好萬全的準備時，急功近利不一定能達到目的，就像心急吃不了熱豆腐的道理一樣。此時此刻，你需要的是「等」，等著機會降臨。約翰親王在這方面可以說是沉得住氣的，奪取王位，似乎沒有太大的希望，那麼就等著哥哥作死，王位順理成章地進入腰包。

　　果然，理查國王死後的一個月，他就在威斯敏斯特加冕成英格蘭國王，佔有了哥哥的一切。

BC　上古時期
漢
— 0
羅馬時代
三國
晉
南北朝　盎格魯時代
— 500
隋朝
唐朝
英格蘭統一
五代十國
宋朝
— 1000
諾曼王朝
金雀花王朝
元朝
百年戰爭
明朝
薔薇戰爭
都鐸王朝
— 1500
斯圖亞特王朝
清朝
光榮革命
大不列顛成立
維多利亞女王
中華民國
伊莉莎白二世
— 2000

法蘭西國王腓力二世首先站出來反對，他擺出一副冠冕堂皇的樣子，對世人說，理查的兒子小亞瑟還活蹦亂跳呢，小傢伙才是順位繼承人，約翰有什麼資格成為英王。他似乎忘記自己才是背叛理查的人，根本沒資格說話。但他還是以此為藉口，與約翰國王開戰了。

小亞瑟這時才12歲，少不更事，不過是腓力二世對付約翰的藉口而已。腓力二世誘惑亞瑟，聲稱為他準備軍隊，讓他去對付約翰，只要將來他成為英格蘭國王之後，承認英格蘭為法蘭西的附屬國。

亞瑟被喜悅沖昏了頭腦，答應腓力二世的條件，還傻瓜一樣地簽了合約蓋手印。

腓力二世滿意地拿著條約，派了大概500騎兵和5,000步兵給亞瑟。

亞瑟從未想過自己就是個炮灰，歡天喜地地向著英國進發。他那點小隊伍對約翰而言還不夠塞牙縫。年幼無知的亞瑟一步步掉入了叔叔設計的陷阱，最終被約翰所擒獲，關入壁壘森嚴的城堡中。

在一個月黑風高的夜晚，城堡的樓梯陰森漆黑，河水撲面而來的腥氣穿透了城堡的窗戶。正當亞瑟在寒風中瑟瑟而睡時，口鼻一下子被捂住，幾個大漢將他從城堡拖了出來，帶到一艘小船上。

小船緩緩駛向大河中央，另一艘船就等在那裏，上面坐著一個熟悉的身影。

是約翰國王。

亞瑟看清了自己的叔叔，嚇得跪在船上，哀聲請求對方不要殺自己。然而，他並未感動鐵石心腸的約翰。約翰命人將石頭綁在亞瑟身

上，眼睜睜看著他的侄子沉入河底淹死。也有人說，約翰並沒有殺亞瑟，而是對他進行了閹割，這樣亞瑟就再也沒有繼承權了。

無論怎樣，約翰對侄子的所作所為都足以激起民憤，尤其是惹得許

多貴族對他心懷不滿。如此殘忍之人怎麼配成為一國之主呢？尤其是統

領如此多的土地。

遠在法蘭西的腓力二世要的就是這個結果，只有約翰激起民怨，他才有理由拿回約翰在法蘭西擁有的領地。3天之後，腓力二世宣布取締約翰對法蘭西領地的擁有權，並對約翰發動了戰爭。

約翰本來就不是個善於治國的人，跟他的哥哥們有天壤之別。他一邊打仗，一邊飲酒作樂，怎麼可能不失敗。沒過多久，歐洲大陸上那些屬於英格蘭的領地陸續脫離管制，包括諾曼第、安茹、曼恩和波瓦圖等。

不但如此，教皇那邊也有所動作，他把約翰逐出了教會，禁止他參加一切常規儀式。一個國王被逐出教會，意味著不具有正統的統治權。約翰聽聞消息，眼前一黑，更多的是憤怒，為什麼他的臣民、貴族，甚至連教會也要與他背道而馳？無奈之下，約翰偷偷派人去土耳其那邊求助，如果土耳其人願意幫助他，他會把歐洲的一部分土地讓給對方。土耳其人深知約翰的狡猾，拒絕幫助他，以致約翰認為自己已經眾叛親離了。

其實，他離眾叛親離不遠了。教皇甚至直接下令革除他的王位，並准許腓力二世對英格蘭動武而無須負任何責任。

腓力二世做夢都想得到英格蘭，好機會擺在面前，怎能不驚喜萬分。他立刻指揮軍隊掃蕩英國在歐洲大陸的所有領地，並直接侵入不列顛群島。

約翰一見再無回天之力，能救他的唯有教皇。他命人把自己捆起來送到教皇面前，一副負荊請罪的模樣，承諾只要教皇肯救他，英格蘭就屬於教皇，每一年還為教會提供大量的資金。

教皇看在約翰還算有誠意的分上，決定再庇護他一次，派人通知腓力二世不得再入侵英格蘭。腓力二世當然不願善罷甘休，他的艦隊繼續一波又一波地湧上英格蘭。好在英格蘭似有祖先庇佑，在索爾茲伯里伯爵的帶領下，在海上殲滅了所有法蘭西軍艦。

BC　上古時期
漢
　　　　羅馬時代
— 0

三國
晉
　　　　南北朝　盎格魯時代
— 500
隋朝
唐朝

　　　　英格蘭統一
五代十國
宋朝
— 1000
　　　　諾曼王朝

　　　　金雀花王朝
元朝
　　　　百年戰爭
明朝

　　　　薔薇戰爭
　　　　都鐸王朝
— 1500
　　　　斯圖亞特王朝
清朝
　　　　光榮革命
　　　　大不列顛成立

　　　　維多利亞女王

中華民國
　　　　伊莉莎白二世
— 2000

BC

耶穌基督出生　0—

君士坦丁統一羅馬

羅馬帝國分成兩部

波斯帝國　500—

回教建立

凡爾登條約

神聖羅馬帝國建立
1000—

十字軍東征

蒙古第一次西征

英法百年戰爭開始

哥倫布發現新大陸
1500—

英國大破無敵艦隊

發明蒸汽機

美國獨立

美國南北戰爭開始

第一次世界大戰
第二次世界大戰

2000—

　　教會對英格蘭的處罰總算被收回了，約翰在教皇的助手史蒂芬・蘭頓的監視下回到英格蘭，過起了他認為一生當中最鬱悶惆悵的日子，處處受人約束，幾乎連上個廁所也有人監視。這一次，不忍辱負重恐怕也不行，不念親情的代價他終於領會到了。

【相關連結】

　　在英格蘭經歷20年權力爭奪戰後，亨利二世立志「恢復外祖父時期的情況」，他在加冕憲章中承諾讓他的整個王國──神聖教會和所有伯爵、男爵以及封臣，如同在他的外祖父時期一樣，「完全地、和平地、自由地」保有「他們的習俗、獲得的權利以及自由」。也就是說，他將要對國家進行一場徹底的改革。在籌謀數十年之後，這場改革轟轟烈烈地進行了，其中影響最大的就是司法改革。

　　亨利二世司法改革作為英國法制史上一次影響深遠的歷史變革，不但引領英國走上了一條獨特的普通法之路，更重要的是開啟了英國現代法治體制。司法改革最主要幾個方面如下：第一，建立完備而固定的司法系統，由王座法庭、普通訴訟法庭、財政署和各地的巡迴法庭組成；第二，發展令狀制度，以國王頒發令狀的方式進行了地產、債務等方面的立法；第三，確立刑事審判程序，建立陪審團制度，取消了「神裁法」，代之以重視證據的司法精神。

　　這3項改革扭轉了英國的政治格局和司法格局，尤其是第三條陪審團制度體現的公正公平原則，現代司法制度一直在沿用。作為一位偉大的國王，無論亨利二世一生犯了何種錯誤，他的舉世卓著之行皆能彌補。

影響深遠的《大憲章》

妄自尊大與蠢材只有一線之隔，比如英格蘭國王約翰這種，自以為可以掌控一切，讓別人聽命於自己，卻沒有意識到真正受束的是自己。起初他因藐視教皇而差點使國家傾覆，在意識到這麼做似乎有點不對的時候，他重新抱了教皇的大腿。

可是，他已經養成養尊處優的習慣，一點也不想受到教皇派來的人史蒂芬·蘭頓的約束。

在此前事件平息之後，他又開始橫徵暴斂，對腓力二世動武。這次戰爭大敗而歸，還被迫與腓力二世簽訂了5年停戰協議。心情極差的約翰把脾氣撒在國內的貴族和百姓身上，因為這些人不願意為他出戰。他將他們的財物和城堡燒毀，引起了貴族們的極大反彈。貴族們紛紛向史蒂芬告狀，還帶著自己的私兵將國王的城堡團團包圍。

約翰眼見四面受敵，覺得自己應該至少顯示出一點悔意，敷衍一下貴族。不過他的態度太不誠懇，不但貴族們不受用，連史蒂芬也看不下去。史蒂芬給教皇寫了一封信，希望教皇可以懲罰約翰，但是教皇那邊考慮到英格蘭答應附屬於自己，至少該給約翰點薄面，就回覆史蒂芬，讓他暫時不要管貴族們的要求，幫幫約翰。

史蒂芬沒料到教皇會包庇約翰，看到貴族們苦苦哀求的面孔，他手一揮，決定暫不干預，讓貴族們自己想辦法解決。他的態度讓貴族們心中一喜，不干預就是放手讓他們大幹，這個更好啊！

1215年的復活節這天，貴族們聚集在林肯郡的斯坦福德①，排成長長的請願隊伍，浩浩蕩蕩地向身處牛津的約翰國王那裏進發。他們將一份申請列表交給史蒂芬，希望國王能答應他們的要求，賜予他們公平的

BC

耶穌基督出生 0—

君士坦丁統一羅馬

羅馬帝國分成兩部

波斯帝國 500—

回教建立

凡爾登條約

神聖羅馬帝國建立
1000—

十字軍東征

蒙古第一次西征

英法百年戰爭開始

哥倫布發現新大陸
1500—

英國大破無敵艦隊

發明蒸汽機

美國獨立

美國南北戰爭開始

第一次世界大戰
第二次世界大戰
2000—

權利。

　　約翰聞訊驚慌失措，趕忙給周圍的親信遞消息，竟發現只有7個貴族騎士支持自己，其他人都跑去參加運動了。約翰無奈，只得派出彭布羅克伯爵去遊說貴族，讓他們暫緩運動。最後，雙方定於6月15日在泰晤士河的蘭尼米德草地相見。

　　6月15日一大早，泰晤士河靜靜地流淌著，見證了國王與24名各界名流的會議。眾目睽睽之下，約翰在英格蘭《大憲章》法案上蓋上了王室的印章。

　　《大憲章》的主要內容包括以下幾方面：

　　第一，保證教會權力。英國教會當享有自由，其權力將不受干擾，其自由將不受侵犯。

　　第二，為貴族減負。免除貴族作為臣子對國王應盡的沉重義務，貴族應當相應減輕子民的負擔。

　　第三，權利共用。整個法案中多次提及立法、徵稅時，應「昭告全國」「與全國人民普遍協商」「以期獲得全國公意」。比如第14條：「余等如欲徵收貢金與免役稅，應用加蓋印信之詔書致送各大主教、主教、伯爵與男爵指明時間與地點召集會議，以期獲得全國公意。」

　　第四，強調自由。要求國王尊重倫敦及所有其他城市的自由權。

　　另外，國王還要保障商人、農民乃至罪犯應有的權利。

　　《大憲章》所限制的權利絕大多數屬於國王原有的，如今全被剝奪，約翰的心裏自然不是滋味。蓋完章以後，他很想保持國王的優雅，但是嘴角的抽搐已經暴露了他的憤怒。他回到溫莎城堡之後，將屋子裏所能看到的東西都砸了，以宣洩憤怒。

　　在這以後，約翰多次企圖將《大憲章》廢黜，為此還引發了內戰。他在海外募集士兵，準備在貴族們慶祝法案簽訂的宴會上動手，將這群人殺掉。

不想行動暴露，陰謀未能得逞。他立刻逃出倫敦，在外如老鷹般盤桓。他命令索爾茲伯里伯爵帶軍去英格蘭東部實行暴政，自己則在北部荼毒百姓，所作所為根本不是一國之王應為，完全是為了發洩自己不滿的情緒。

國王不堪至此，教皇也保不住了。一些貴族跑到法蘭西把腓力二世的兒子路易請來英格蘭，希望他能成為英格蘭的國王。路易的野心如他的父親一樣，儘管他的繼承權並沒有得到教皇的承認，他還是執意吞併英格蘭。

另外一些英國貴族看到路易的野心，怕英格蘭就此成為法蘭西的附屬，搖擺不定之下又想起了在外面逃竄的約翰。

約翰聽說貴族們又有投靠自己的可能，頓時來了精神，開始收復一些城市。但是很顯然命運不打算眷顧他，他的軍隊和物資遭遇一處流沙地帶的吞噬，損兵折將。約翰差點沒氣死，帶著剩餘的殘兵和東西在一處修道院修整，那裏的修士為他奉上許多水果和蔬菜。

很久沒有大快朵頤的約翰不管不顧地吃了起來，卻沒意識到菜裏會不會被下毒。

當天晚上，他發起了高燒，第二天早上便不治身亡。沒有人搞清楚約翰到底是病死的還是被毒死的，畢竟軍醫的水準有限。

約翰之死宣告內戰結束。貴族們開始總結教訓，為了保障權利，他們迫使新君亨利三世再次頒布和確認《大憲章》。以後的數百年間，《大憲章》被多次確立和重申。直至英國資產階級革命，資產階級賦予《大憲章》以新的意義，用以反對封建專制王權。今天，《大憲章》仍舊是英國憲法的重要組成部分並影響深遠，連美國的聯邦憲法和各州憲法也都包含《大憲章》的思想。

BC　上古時期
漢
— 0　羅馬時代
三國
晉
南北朝　盎格魯時代
— 500
隋朝
唐朝
英格蘭統一
五代十國
宋朝
— 1000
諾曼王朝
金雀花王朝
元朝
百年戰爭
明朝
薔薇戰爭
都鐸王朝
— 1500
斯圖亞特王朝
清朝
光榮革命
大不列顛成立
維多利亞女王
中華民國
伊莉莎白二世
— 2000

【相關連結】

　　1216年，法蘭西的王子路易應英國貴族的請求去了英格蘭。當時的路易並沒有得到教皇的許可，更沒有坎特伯里大主教的支持，因此他無權繼承英格蘭的任何土地。一旦他登上英格蘭的土地，意味著將被逐出教會。不過，他的父親腓力二世尚且無視教皇的命令，他又怕什麼。

　　路易在桑威奇②登陸，帶著他的軍隊向倫敦進軍。剛一上路就遭遇了約翰國王。可是雙方還沒正式交火，約翰就偷偷跑了，弄得路易哭笑不得。進軍倫敦的過程中他贏了幾次戰役的勝利，史稱「第一次男爵戰爭」。

　　約翰死後，路易又反對他的繼承人亨利三世。不過，路易在1217年的多佛戰役中失敗，便與亨利三世簽訂了「蘭貝思條約」，放棄對英國王位的要求返回法國，並於1223年即法國王位，史稱路易八世。

　　至此，路易在英格蘭的奪位戰爭算是告一段落。

【注釋】

　　①斯坦福德，位於英格蘭中部，全名是「埃翁河上的斯坦福德鎮」。

　　②桑威奇，位於英格蘭東部的肯特郡。

大權旁落

　　屬於你的東西，別人無論如何也搶不走，別人能搶走的，就代表這個東西不屬於你。這應該算是人生的絕對真理了。不管路易王子用了何種手段，發動了多少次戰爭，仍舊沒有順利成為英格蘭國王，只好輾轉退至倫敦地區，以謀劃下一步的行動。而已故約翰國王的長子亨利，年

耶穌基督出生 0—

君士坦丁統一羅馬

羅馬帝國分成兩部

波斯帝國 500—

回教建立

凡爾登條約

神聖羅馬帝國建立 1000—

十字軍東征

蒙古第一次西征

英法百年戰爭開始

哥倫布發現新大陸 1500—

英國大破無敵艦隊

發明蒸汽機

美國獨立

美國南北戰爭開始

第一次世界大戰
第二次世界大戰 2000—

僅10歲就毫無懸念地被加冕成為英王，史稱「亨利三世」。亨利三世作為彭布羅克伯爵的「傀儡」，「統治」英格蘭剩下的領土。解決了繼承人的問題，接下來彭布羅克需要做的就是將路易王子留在英格蘭的勢力連根拔起。

當時，英格蘭很多貴族依然對路易王子抱持支持的態度，尤其是倫敦的貴族。有了強有力的後臺，路易帶著他的法蘭西軍隊攻城掠地，一路打至林肯，在這裏遭到了彭布羅克和當地武裝勢力的頑強抵抗。本來是路易的實力略佔優勢，可是架不住當地百姓的抵抗。最終，他的不少騎兵都被彭布羅克俘虜，路易自己也遭到圍困。

路易王子在法蘭西的妻子布蘭切①聞訊，慌忙準備了一個艦隊去英格蘭營救路易，卻在泰晤士河河口遭到英格蘭艦隊的狙擊，不少船艦沉入河底。法蘭西艦隊的慘敗讓路易徹底認清自己在英格蘭已無勝算，何況他的軍費開支太大，這會兒已經沒什麼錢來養兵，不回法蘭西也不行了。

於是，路易王子和彭布羅克簽訂了停戰條約，向倫敦貴族借了一筆錢才籌夠路費，帶著妻子狼狽地返回法蘭西。這次慘痛的入侵經歷使路易一直懷恨在心，他回到法蘭西之後，趁著英格蘭無力顧及歐洲大陸的領土之際，陸續將普瓦圖、利穆贊、佩里格及其他英格蘭王室在法國的領地收入囊中。

1224年，即位為法蘭西國王的路易八世下令禁止英格蘭商人在法國進行貿易，還將法國西南部的英國王室領地轉封給卡佩王朝②的王族。

回過頭來再看彭布羅克伯爵，此人是個八面玲瓏的角色，在他的斡旋下，那些曾經在約翰國王時期反目成仇的貴族們成為朋友，齊心協力幫他重建英格蘭。《大憲章》在此時期被多次修訂和推行，使國家逐漸穩定下來。

攝政王的角色並不是每個人都能當好。那些有野心的，可能會漸漸

BC　上古時期
漢
— 0　羅馬時代
三國
晉
南北朝　盎格魯時代
— 500
隋朝
唐朝
英格蘭統一
五代十國
宋朝
— 1000
諾曼王朝
金雀花王朝
元朝
百年戰爭
明朝
薔薇戰爭
都鐸王朝
— 1500
斯圖亞特王朝
清朝
光榮革命
大不列顛成立
維多利亞女王
中華民國
伊莉莎白二世
— 2000

BC

耶穌基督出生　0—

君士坦丁統一羅馬

羅馬帝國分成兩部

波斯帝國　500—

回教建立

凡爾登條約

神聖羅馬帝國建立
　　　　1000—

十字軍東征

蒙古第一次西征

英法百年戰爭開始

哥倫布發現新大陸
　　　　1500—

英國大破無敵艦隊

發明蒸汽機

美國獨立

美國南北戰爭開始

第一次世界大戰
第二次世界大戰
　　　　2000—

蠶食國家的權力，繼而自己黃袍加身；那些沒有野心的，遲早會被人以各種名義詬病。不過，彭布羅克伯爵這兩樣都未等到。亨利三世13歲的時候，彭布羅克一病不起，撒手人寰，留下幼王和無人照看的江山。這樣一來，等待亨利三世的就是王權再一次被瓜分。

此次瓜分王權的有溫徹斯特主教彼得‧德‧羅什和肯特伯爵、英格蘭大法官休伯特‧德‧伯格伯爵。約翰國王臨死前曾託付主教彼得照看王子，而休伯特則本身就具有行使王權的權力。這兩人互相看不順眼，在彭布羅克執政期間已經不對盤，待彭布羅克一死，關係就變得更加惡劣。

彼得見休伯特漸漸獨攬大權，儼然不把國王放在眼裏，無力阻止之下一怒而辭職。他離開英格蘭整整10年，亨利三世已成為成熟青年。不過，這個國王和他的父親一樣懦弱善變，毫無主見。

所幸，亨利三世對休伯特也很反感，多年來一直沒有給後者好臉色，大概是意識到休伯特的野心。

也許有人會質疑，為什麼休伯特不曾篡位，卻還要看亨利三世的臉色？這是因為英格蘭國王的加冕需要教會來主持，沒有教會的承認，即使篡位也會被迅速推翻。所以，即便休伯特擁有軍政大權，遲早也得還給亨利三世。

主教彼得回到英格蘭之後，亨利三世更加疏遠休伯特，對彼得重新重用起來。彼得藉此機會對亨利三世進言，指責休伯特侵佔國家財產，並要求其將財產吐出來。亨利三世當然舉雙手贊成他的意見。

其實，此時無論休伯特是否侵佔了國家財產，都已百口莫辯。他覺得萬分委屈，跑到埃塞克斯的一個小鎮上躲了起來。一群黑幫團夥（據說是亨利三世派出的人）將休伯特從鎮上翻了出來，將他拉去倫敦塔接受審問。

審訊過程中，休伯特被強迫放棄所有財產，並遭到監禁。幾天之

後，在威爾斯糾集的一些貴族密謀反抗國王，派出一小隊人馬暗中救出了休伯特，並打算與亨利三世徹底撕破臉。可是，休伯特舉起反對的旗幟，在他看來，現在的英格蘭不適合再打仗了，尤其是遠在法蘭西的路易王子還覬覦著英格蘭，萬一英格蘭內戰，豈不是又給了敵人可乘之機。

休伯特的明智抉擇讓英格蘭避免了一場災厄，他偕同其他貴族向亨利三世提出一份申請書，只要恢復他原本的封地，那麼他將從此不涉政事，隱居田園。大概亨利三世原本也沒想殺休伯特，所以沒有絲毫猶豫便應允了休伯特的要求。

【相關連結】

1215年，《大憲章》事件發生時，亨利三世才9歲。他親眼看到父親約翰國王對簽訂《大憲章》一事是多麼牴觸且憤怒，即位以後，他也因此非常討厭《大憲章》。溫徹斯特主教彼得發現亨利三世這一情緒，便支持他反對《大憲章》所有條款。不僅如此，彼得更宣揚法蘭西貴族的地位高於英格蘭貴族。

作為英格蘭的溫徹斯特主教，彼得喜歡法蘭西人的行為使亨利三世警惕起來，畢竟如果主教支持法蘭西，意味著路易王子又有了入主英格蘭的機會，那麼他的地位將會受到威脅，乃至失去王位。意識到不妙的亨利三世開始禁止法蘭西人進入英格蘭，並把彼得和他的親信遣離。

不久，亨利三世娶了法蘭西普羅旺斯伯爵的女兒埃莉諾。雖然埃莉諾對亨利三世言聽計從，不過她也給他引薦了很多法蘭西貴族，使得亨利三世對法蘭西人又產生好感。

法蘭西人乘機在英格蘭作威作福，無視英格蘭貴族的抗議，並視《大憲章》法案的條例於無物。法蘭西人亦由此招來英格蘭貴族和百姓的痛恨，並直接導致1234年英國大貴族叛亂。

BC　上古時期

漢

羅馬時代

—0

三國
晉

南北朝　盎格魯時代

—500

隋朝
唐朝

英格蘭統一
五代十國

宋朝
—1000

諾曼王朝

金雀花王朝

元朝

百年戰爭
明朝

薔薇戰爭
都鐸王朝
—1500

斯圖亞特王朝
清朝
光榮革命
大不列顛成立

維多利亞女王

中華民國
伊莉莎白二世
—2000

BC

耶穌基督出生　0—

君士坦丁統一羅馬

羅馬帝國分成兩部

波斯帝國　500—

回教建立

凡爾登條約

神聖羅馬帝國建立
　　　1000—

十字軍東征

蒙古第一次西征

英法百年戰爭開始

哥倫布發現新大陸
　　　1500—

英國大破無敵艦隊

發明蒸汽機

美國獨立

美國南北戰爭開始

第一次世界大戰
第二次世界大戰

　　　2000—

作為國王的亨利三世，立場如此搖擺不定，加之他軟弱優柔的個性，金雀花王朝在其手中終將走向一條不可折返的下坡路。

【注釋】

①布蘭切，西班牙卡斯蒂利亞國王阿方索八世的女兒，英格蘭國王亨利二世與阿基坦的埃莉諾的外孫女，於1223年加冕為法蘭西王后。

②卡佩王朝（987—1328），因建立者雨果・卡佩（987—996年在位）的姓而得名。雨果・卡佩在西法蘭克王國國王路易五世去世後被選為西法蘭克國王，開創了法國的卡佩王朝。

找死的國王

亨利三世為王權奮力鬥爭時，正值法蘭西王國的腓力二世駕崩，路易王子即位為路易八世。

路易八世奪取英格蘭在法蘭西的領地之後不久便去世了，他的兒子路易九世登基為王。路易九世的性格與祖父和父親截然不同，他溫吞有理，是個翩翩君子。亨利三世認定了他是個軟柿子，在母親伊莎貝拉的慫恿下，決定與路易九世開戰，收回屬於自己的土地和財產。但他明顯錯估了路易九世的實力，在接連輸了幾場大仗之後，灰心喪氣地回到英國。

英格蘭貴族對亨利三世浪費財產於無意義的軍事行動這件事非常不滿，召開議會群起而批之，還要剝奪國王動用府庫的權力。亨利三世一怒之下將貴族們關了起來，結果引起教會的不滿。

1258年，透過坎特伯里大主教的協商，貴族們組成的議會同意每年撥一部分款給國王以滿足軍費開支，但是國王也要發誓遵循《大憲章》

的條例。亨利三世在牛津的教會監督下，信誓旦旦地向貴族們承諾遵守《大憲章》，並簽下《牛津條例》，內容主要是限制王權。

可是，亨利三世從小就對讓他父親難堪至極的《大憲章》深惡痛絕，又怎麼會輕易妥協？

不過數日，他便故態復萌，從國內的貴族那裏拿不到更多的錢，他就到國外四處借，以致外債多達數十萬英鎊，連國王的弟弟、羅馬國王理查都不願意再理睬這個只認錢的哥哥。

這時，有一個貴族站了出來，領導所有的貴族遏制國王的無恥行徑，此人就是娶了亨利三世姐姐的萊斯特伯爵——西蒙‧德‧孟福爾。

萊斯特伯爵性格略有些刻薄，卻不失為好的臣子。他是諾曼貴族，卻大力反對亨利三世寵信外國臣子的行徑。1262年，亨利三世下令取消《牛津條例》等成文法。萊斯特立刻組織貴族的軍隊來到國王面前示威。亨利三世對他毫無辦法，只得允許他組建一個24人組成的政府委員會。從那以後，國王的權力基本被架空，萊斯特伯爵成為英格蘭的實際統治者。

幾年過去了，政府委員會並沒有給這個國家帶來轉機，而萊斯特伯爵剛好遠赴他鄉，亨利三世認為老天打算再幫他一次，他可以藉口委員會毫無建樹而將其廢除。一開始他還有點膽怯，恰巧他的弟弟理查到英格蘭，表示支持他。

亨利三世頓時膽大起來，他向全民發出一封信，宣布取消政府委員會，聲稱這一舉動得到了教皇的允許；緊接著帶走了一大筆錢，和長子「長腿」愛德華（因其腿長而得名）躲進了倫敦塔。此事立刻招致反對，萊斯特伯爵重歸英格蘭，和其他貴族聯合起來組成武裝力量，與亨利三世展開了戰爭。

這場戰爭的結果是國王亨利三世、羅馬國王理查及小愛德華全部被俘，5,000名英格蘭士兵橫死沙場。

BC　上古時期
漢
—0　羅馬時代
—
三國
晉
南北朝　盎格魯時代
—500
隋朝
唐朝
—
英格蘭統一
五代十國
—
宋朝
—1000
諾曼王朝
—
金雀花王朝
元朝
—
百年戰爭
明朝
—
薔薇戰爭
都鐸王朝
—1500
—
斯圖亞特王朝
清朝
光榮革命
大不列顛成立
—
維多利亞女王
—
中華民國
伊莉莎白二世
—2000

教皇聞訊，認為萊斯特伯爵作為非法，下令將他逐出教會。然而，這一舉動並沒有使萊斯特失去民心，因為人民的眼睛是雪亮的，亨利三世的行為已叫他的臣民大失所望。民心所向就等於擁有實權，萊斯特伯爵明顯已是無冕之王。

1265年1月，萊斯特在倫敦召開議會，除了通知部分貴族和各郡騎士之外，還要求各市選派兩名市民代表參加，其中包括商人、手工業者。此舉讓英格蘭人民第一次真正享有選舉權，這為他又一次贏得了人民的喜愛。

與萊斯特伯爵合作的眾多貴族之中，有一個與他亦敵亦友的人，即格洛斯特伯爵。在萊斯特越來越受人民愛戴後，格洛斯特深深地嫉妒他，暗中偷偷地扶持王子愛德華，密謀反對萊斯特伯爵。

6月底，夏日驕陽正豔，愛德華逃出生天，和格洛斯特秘密糾集一支軍隊。那時的萊斯特伯爵帶著老國王和軍隊，準備在赫里福德①與他的兒子小西蒙·德·孟福爾會師。愛德華帶領軍隊偷襲小西蒙的軍隊，殺了小西蒙，還把其旗幟搶了過來，冒充小西蒙的軍隊前往赫里福德。

萊斯特伯爵遠遠看到兒子的旗幟時還欣喜若狂，離近一看，心裏咯噔一聲，暗叫不妙。他心知兒子凶多吉少，但仍沒有屈服，而是拿起刀劍與愛德華決一死戰。無奈，愛德華與格洛斯特聯手實在太厲害，萊斯特伯爵所有的戰友、親戚全在這場戰鬥中死去，而他也被愛德華碎屍萬段，死無全屍。

或許，在愛德華眼裏，萊斯特伯爵是竊國者，但是於英格蘭人民而言，萊斯特伯爵是「正義的爵士」。有些人活著，如同行屍走肉，例如一事無成的國王亨利三世；有些人死了，卻精神常在，例如萊斯特伯爵。天壤之別，也不過如此了。

耶穌基督出生　0

君士坦丁統一羅馬

羅馬帝國分成兩部

波斯帝國　500

回教建立

凡爾登條約

神聖羅馬帝國建立　1000

十字軍東征

蒙古第一次西征

英法百年戰爭開始

哥倫布發現新大陸　1500

英國大破無敵艦隊

發明蒸汽機

美國獨立

美國南北戰爭開始

第一次世界大戰
第二次世界大戰

2000

【相關連結】

約翰國王在世時，為了確立《大憲章》而召開的大會議，就是「議會」的前身。亨利三世即位之後，由於幼主無法治理國事，大議會連年未開。1227年，亨利三世親政，由於其格外抵觸《大憲章》，所以只有國家下達徵稅政策才舉行大會議。此後多年，貴族們與亨利三世多次角力，大會議被屢屢提及，但召開較少。

直至1242年，大會議否決了亨利三世為進行對法戰爭而徵收新稅的要求，並就外交政策反覆討論，大會議的政治性能漸漸得到擴充，貴族勢力逐步增長，人們開始習慣於叫大會議為「議會」。

1265年，萊斯特伯爵召開議會，首次要求各市選派兩名市民參加議會的舉動，讓英格蘭人民第一次真正享有選舉權。這次會議標誌著英國議會的誕生。從此，英國持續不斷的議會實踐至今已逾700年，僅就歷史之長而言，世界上還沒有哪一個國家的議會能望其項背。

【注釋】

①赫里福德，英國英格蘭西米德蘭茲的名譽郡、單一管理區，西接威爾斯的邊界。

【專題】騎士的光榮與夢想

在英國凱爾特神話中，記載著不列顛國王亞瑟王和圓桌騎士的故事，那段謎一樣的古老傳說將「騎士」這一角色帶入了我們的現實生活。許多歐美影視劇都將騎士描繪得勇敢、忠誠、正直。例如圓桌騎士中的加拉哈德，他是純潔的象徵，在亞瑟王的眾多騎士當中，他是唯一一個能捧起聖杯的騎士，同時也說明，他是所有圓桌騎士中武力最強之人。

加拉哈德剛到亞瑟王的宮殿時，坐在了圓桌中最危險的座位，只有

羅馬時代

— 0

三國
晉

南北朝　盎格魯時代

— 500

隋朝
唐朝

英格蘭統一
五代十國

宋朝
— 1000

諾曼王朝

金雀花王朝

元朝

百年戰爭
明朝

薔薇戰爭
都鐸王朝
— 1500

斯圖亞特王朝
清朝
光榮革命
大不列顛成立

維多利亞王

中華民國
伊莉莎白二世
— 2000

坐在這裏的騎士才可以找到聖杯。

所謂聖杯，相傳是耶穌與十二門徒進最後晚餐的時候所使用的酒杯。得到聖杯，就具有統一英格蘭的力量。最終，找到聖杯的是3位騎士：甘尼斯的鮑斯、加里士的帕西法爾和加拉哈德。當3個人同時去拿聖杯時，真正能夠捧起的只有加拉哈德。在那一剎那，聖杯閃耀出無數光輝，光輝中天使降臨，將加拉哈德的靈魂迎入天堂，他的肉身隨之死去。

傳說中的加拉哈德，其純潔性格被描繪得淋漓盡致。然而，真實的騎士是否也是如此呢？這當然有很大的區別。事實上，不列顛的騎士制度是諾曼征服之後在英國生根的一種貴族制度。廣義的「騎士」也將伯爵、男爵等高級貴族籠統地包含在內。狹義地解釋，騎士是底層貴族，不是世襲制而來。

中世紀時，騎士在領主軍隊中服役並獲得封地。同時，在領主之間發生鬥爭時，他們要出面迎戰，以實現自己的價值。在騎士文學中，騎士往往是勇敢、忠誠的象徵，他們的口號是「忠誠」、「榮耀」、「信仰」、「勇氣」等。

騎士應盡的義務是效忠領主，保護教會及婦孺；面對戰爭時勇敢殺敵，建功立業。尤其是保護教會的責任重大。在當時，所有騎士必須是虔誠的基督徒。信仰基督教既是品質，也是資格，對騎士有了規定和約束；騎士的裝備也代表著教義，劍是十字架的象徵，盾代表著保護教會的職責，雙刃劍則代表了正義的一面和殺敵，騎士們必須成為保護教會的衛士，不可懈怠。

供養騎士的領主為了讓騎士更加無敵，為他們準備的鎧甲幾乎密不透風，可以將他們的全身都保護起來，有時一場戰爭下來，騎士軍團無一損傷，堪稱移動堡壘。

哥倫布發現新大陸
1500—

英國大破無敵艦隊

發明蒸汽機

美國獨立

美國南北戰爭開始

第一次世界大戰
第二次世界大戰

2000—

正是因為承擔多重任務，騎士的薪資頗高。他們雖然不如一般的貴

族收入達到每年幾百至數千英鎊，卻也可以獲得每年20～100英鎊的高薪，足以請得起幾個僕人（僕人的年薪是2～5英鎊）養尊處優地生活。

不少貴族好戰的性格也源於「騎士教育」。許多貴族弟子也想成為英勇的騎士，所以他們經常會去觀摩騎士訓練，並參與鍛煉，學習武技和實戰技巧。等到見習階段結束以後，學生們開始接受正規騎士訓練，還要參加宣誓儀式和授銜儀式。

獲得領主賜予的金馬刺，才意味著得到騎士的頭銜。此時騎士們就可以走入比武場比試，比試中將敵人順利刺下馬匹是為贏取勝利，可以得到領主甚至國王的賞賜。騎士們視之為無上榮耀。不過，這種比試往往也有搏命的時候。

最初的騎士切磋始於10世紀，由於行為過於輕佻而容易發生鬥毆身死事件，被禁止了一段時間，後來慢慢演變成競技場的競技賽，儼然有「運動會」的架勢。歐美不少反映騎士生活的電影電視中都有這樣的場景，一個巨大的競技場，兩側設置觀眾看臺與參賽者的帳篷。騎士以個人參賽或組隊參賽。他們使用不同的武器來與對手決鬥，最多的是劍術比賽和馬上長槍比賽。

馬上長槍比賽是由兩邊騎士以長矛作戰，從競技場兩側互相對沖，將對方刺下馬。因為衝撞的力量過於強大，不少騎士因此而喪命，白白把生命浪費在競技賽上。但是這也是勇敢的一個方面，許多騎士把馬上長槍比賽視為贏取女性青睞的一大要事，通過比賽還可以從低級騎士慢慢熬成高級騎士。

騎士本應該具備的寬宏大度、誠實公正的精神，在長久的征戰與殺戮中被消磨殆盡，而競技鬥狠的行為也讓他們變得殘忍和自私。固然有一些騎士能保有高貴的精神，但有些騎士做不到。他們凶狠殘忍、欺凌弱小、風流成性，以「英雄救美」的名義對婦女大動手腳，在社會上造成不好的影響，被底層人民所懼怕和憎恨。

BC　上古時期

漢

羅馬時代

— 0

三國
晉

南北朝　盎格魯時代

— 500

隋朝
唐朝

英格蘭統一
五代十國

宋朝
— 1000

諾曼王朝

金雀花王朝

元朝
百年戰爭
明朝

薔薇戰爭
都鐸王朝
— 1500

斯圖亞特王朝
清朝
光榮革命
大不列顛成立

維多利亞女王

中華民國
伊莉莎白二世
— 2000

　　儘管我們嚮往文學中演繹的種種騎士傳說和騎士形象，但也要認清騎士制度是建立在封建體制基礎上的。正是封建社會所宣導的騎士道德精神及其封建義務和權利，使其在紛爭不斷、戰火紛飛的歐洲中世紀站穩腳跟。看透了騎士制度的本質，我們才能看清騎士制度的黑暗面和現實性。

耶穌基督出生　0—

君士坦丁統一羅馬

羅馬帝國分成兩部

波斯帝國　500—

回教建立

凡爾登條約

神聖羅馬帝國建立　1000—

十字軍東征

蒙古第一次西征

英法百年戰爭開始

哥倫布發現新大陸　1500—

英國大破無敵艦隊

發明蒸汽機

美國獨立

美國南北戰爭開始

第一次世界大戰
第二次世界大戰

2000—

| 第四章 | 百年硝煙

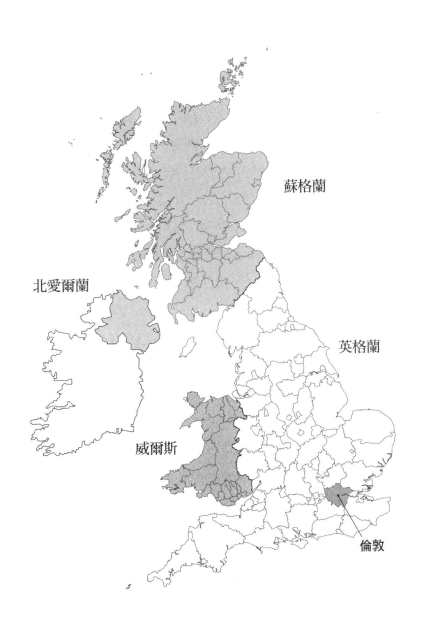

蘇格蘭

北愛爾蘭

英格蘭

威爾斯

倫敦

BC

耶穌基督出生　0—

君士坦丁統一羅馬

羅馬帝國分成兩部

波斯帝國　500—

回教建立

凡爾登條約

神聖羅馬帝國建立
　　　　　1000—

十字軍東征

蒙古第一次西征

英法百年戰爭開始

哥倫布發現新大陸
　　　　　1500—

英國大破無敵艦隊

發明蒸汽機

美國獨立

美國南北戰爭開始

第一次世界大戰
第二次世界大戰

　　　　　2000—

永不止步

　　當戰火燃起的硝煙漸漸塵埃落定以後，千瘡百孔的英格蘭有了須臾的安寧，它即將迎來一場持續百年的腥風血雨，而這一刻，僅僅是暴風雨前的寧靜，孕育著滾滾雷鳴。

　　老國王亨利三世在病榻上悄然而逝，他的葬禮也如他的人生一樣平庸無奇。這也是理所當然的，一介國王，甚至不如他的臣子萊斯特伯爵那樣受到愛戴，人們又怎麼會認真對待他的葬禮呢？這時候，遠在東征途中的「長腿」王子愛德華陷入與蘇丹之間的苦戰中，直到簽訂停戰條約，才施施然地取道義大利，返回英格蘭。

　　在義大利的時候，亨利三世逝世的消息傳來，「長腿」愛德華並未感到如何傷心，大概王子對父王的死素來是漠視或者欣喜的吧。聽說英格蘭國內並未發生混亂，而自己也已經被推舉為英王，愛德華不再憂心，改道去拜訪羅馬教皇。他在義大利的各處城鎮受到熱烈歡迎，充分享受到作為英格蘭國王的待遇。直至1247年，姍姍而歸的愛德華在多佛登陸英格蘭，在威斯敏斯特教堂與他的王后一起接受加冕。

　　成為一國之主後，愛德華不像亨利三世那樣，一開始便將矛頭指向法蘭西，而是對威爾斯和蘇格蘭產生興趣。他對臣子們提出一個大膽的設想：統一英格蘭、蘇格蘭和威爾斯。首要的便是威爾斯。

　　威爾斯的國王年老體衰，又毫無建樹，國家的權力掌握在親王盧埃林手中。愛德華多次給盧埃林寫信，希望他能向自己宣誓效忠，都被盧埃林婉拒了。幾年之後，盧埃林娶了英格蘭孟福爾家族（萊斯特伯爵的家族）的女孩埃莉諾。在埃莉諾坐船去威爾斯的路上，愛德華的軍隊將埃莉諾扣住了，以此要脅盧埃林。

英雄氣短，兒女情長。深愛埃莉諾的盧埃林帶著軍隊與愛德華軍隊發生衝突。愛德華仗著人多勢眾而取得勝利。無奈的盧埃林向愛德華表示歉意，並與其簽訂和平協定，答應對戰爭進行賠款。愛德華一看目的達到了，看樣子收服威爾斯也沒那麼難，便欣然應允了盧埃林的婚事。

事實上，威爾斯人並不是發自內心去服從英格蘭人，畢竟在偏遠地區的人甚至不知道愛德華與盧埃林之間發生過衝突。在威爾斯有一個傳說，梅林大法師消失之前曾做預言，如果哪一天英格蘭的錢幣變成圓的，威爾斯人就將成為英格蘭的國王。恰巧愛德華正在對英格蘭貨幣進行改制，威爾斯人認為梅林的預言即將成真，開始揭竿起義。盧埃林也開始了他的報復。

然而，很顯然預言成了謬誤，威爾斯人大敗，盧埃林的頭顱也被割了下來，掛在倫敦塔上警示那些敢於反對愛德華的人。

愛德華國王雖然不是什麼大善人，不過至少算是英明的君王，在統一領土方面的手段不容忽視。征服威爾斯以後，愛德華將自己的長子封為威爾斯親王，並宣布從此之後英格蘭王室繼承人都享有這個稱謂。

下一個目標，愛德華本來定在了蘇格蘭。可是偏偏出了差錯，像是宿命的牽引，將愛德華引向了法蘭西。

愛德華不但改善了英格蘭的法律和國內政治經濟情況，也將威爾斯治理得井井有條，故而享譽國外。時值法蘭西與比利時等國發生糾紛，愛德華受邀前往法蘭西進行仲裁，被賜予加納公爵，在那裏一待就是3年。

3年裏會發生很多事，甚至一些事會改變歷史。事情是從英格蘭和諾曼第雙方因一艘船的停泊問題而白熱化的。按捺不住的英格蘭艦隊將一支200艘船的諾曼第艦隊打得潰不成軍，法蘭西國王腓力四世①聞訊震驚不已，忙召見愛德華，要他為此事道歉並賠款。愛德華當然不肯束手待命，畢竟他與腓力國王是平起平坐的，就讓自己弟弟艾德蒙去解決。

BC

耶穌基督出生　0—

君士坦丁統一羅馬

羅馬帝國分成兩部

波斯帝國　500—

回教建立

凡爾登條約

神聖羅馬帝國建立
　　　　1000—

十字軍東征

蒙古第一次西征

英法百年戰爭開始

哥倫布發現新大陸
　　　　1500—

英國大破無敵艦隊

發明蒸汽機

美國獨立

美國南北戰爭開始

第一次世界大戰
第二次世界大戰
　　　　2000—

沒想到腓力國王不但欺騙了艾德蒙，還暗中毒死了他。

愛德華驚訝於腓力國王的愚蠢，正愁找不到藉口討伐法蘭西，看樣子註定是要他給對方點顏色看看了。正當他籌集一支大軍準備進攻法蘭西時，羅馬教皇又露面開始調停了。在羅馬教皇以及教會的調停下，整個歐洲避免了很多無謂的戰爭，這也算是一件好事。

其實，愛德華自己也感覺有些騎虎難下，因為他的軍費開支太大，財政已經支撐不住長久的打仗，教皇的調停算是給了他一個臺階下。於是，他故作不滿意地在和平協定上簽字，娶了法蘭西國王的妹妹瑪格麗特，回到英格蘭。

軍費開支的問題被愛德華提上日程，他想了很多辦法從貴族和教會那裏拿錢，卻無異於公雞身上拔毛，太難。這邊弄不來錢，他又想辦法增加稅種，但稅種必須要議會同意。愛德華像他的祖父和父親一樣討厭《大憲章》，畢竟這是限制王權的法案，沒有國王能喜歡得起來。但是，若要得到更多的財政支持，增加稅種，愛德華就必須聽從貴族和教會的指示，嚴格執行《大憲章》的有關規定。

愛德華國王迫於無奈，唯有答應了貴族們和教會的條件，重新以書面形式確立《大憲章》，並遵守除議會外任何人無權向英格蘭人民徵稅的規定。

軍費問題終於得以解決，愛德華的心頭大患無疑就是蘇格蘭。然而，蘇格蘭這塊鐵板並沒有那麼容易被踢倒，反而讓愛德華大受挫折。

1286年，蘇格蘭的國王亞歷山大墜馬身亡，他的繼承者「挪威少女」瑪格麗特才8歲，沒幾天就感染疫病而死，於是宣布自己具有繼承權的人如雨後春筍般冒出來，總共有13位。

這13人打得不可開交，又沒有很好的解決辦法，就請愛德華國王來仲裁。愛德華藉勢來到蘇格蘭，聲稱自己可以指定下一位繼任者，但前提是蘇格蘭必須承認愛德華是最高統治者。蘇格蘭的權貴們商量了一

下，答應了愛德華的要求。一年以後，愛德華選擇了約翰‧貝里奧為蘇格蘭國王，在確認自己擁有蘇格蘭的絕對統治權之後，愛德華滿意地回去了。

愛德華認定蘇格蘭不會反對他的統治，卻沒料到蘇格蘭人的反抗甚至比威爾斯有過之而無不及，其中最有名的就是威廉‧華萊士領導的起義。

可是，華萊士終究還是失敗了，他的屍體慘遭分解，被愛德華放到了蘇格蘭、英格蘭的不同地方，永遠也不能聚首。然而，無論愛德華如何對待華萊士，依舊無法阻止蘇格蘭人懷念這位英雄。

華萊士死後，羅伯特‧布魯斯自己加冕為蘇格蘭國王。很多人認為，羅伯特是個極其自私的人，華萊士很可能因他出賣而死。但畢竟這個人成了國王，至少他算是蘇格蘭獨立戰爭的領袖。

愛德華對羅伯特‧布魯斯的行為深惡痛絕，他告訴自己的兒子威爾斯親王，除非是完全征服了蘇格蘭，否則永生永世不能停歇征服的腳步。

偉大的「長腿」愛德華國王在遺憾中離開人世，卻未能瞑目，他做夢都在設想英格蘭統一的情景，在這樣的宏願中，生命的燈火緩緩熄滅。

【相關連結】

威廉‧華萊士，一個充滿傳奇色彩的歷史人物，在英國史上幾乎找不到他的筆墨，或者偶一句涉及，淺嘗輒止。不過，這並不妨礙他是歷史上蘇格蘭人民心中的英雄人物。傳奇中的華萊士武藝高強，雖不至於百萬軍中取上將之首級，卻依然可以力敵數十人。他有豐富的叢林作戰經驗和游擊戰術，深諳利用天時、地利、人和等優勢和敵人周旋，正因如此，才能扛住英格蘭軍隊的進攻，時時出奇制勝。

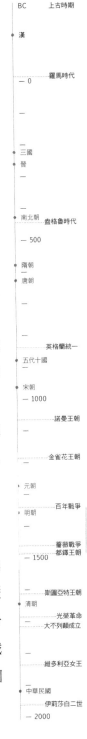

BC　上古時期

漢

—0　　羅馬時代

三國
晉

南北朝　盎格魯時代
—500

隋朝
唐朝

英格蘭統一
五代十國

宋朝
—1000

諾曼王朝

金雀花王朝

元朝

百年戰爭
明朝

薔薇戰爭
都鐸王朝
—1500

斯圖亞特王朝
清朝
光榮革命
大不列顛成立

維多利亞女王

中華民國
伊莉莎白二世
—2000

BC

耶穌基督出生　0—

君士坦丁統一羅馬

羅馬帝國分成兩部

波斯帝國　500—

回教建立

凡爾登條約

神聖羅馬帝國建立

　　　1000—

十字軍東征

蒙古第一次西征

英法百年戰爭開始

哥倫布發現新大陸
　　　1500—

英國大破無敵艦隊

發明蒸汽機

美國獨立

美國南北戰爭開始

第一次世界大戰
第二次世界大戰

　　　2000—

「拉那克之戰」是華萊士命運的轉捩點，也是引起愛德華憤怒的因由。華萊士斬殺了240多名英軍，聲名大振，起義隊伍因而迅速擴大，成為真正意義上的軍隊。在那之後起義軍連續攻城拆堡，席捲蘇格蘭北部高地，接連殺死數千名英軍。

斯特靈一役，是英蘇大戰的核心。這座城市位於福斯河河灣和沖積平原之中，依山傍水，很難想到在700多年以前這裏發生過血流成河的戰爭。

1297年9月10日，蘇格蘭義軍先趕到福斯河北岸，佔據了奧奇爾山上的有利地形。一時間，山河遍地都是飛揚的旌旗和嘶鳴的戰馬。

9月11日早上，整裝的英軍列隊河對岸，緩緩跨過木橋，與蘇格蘭義軍拉開陣仗。日上中天，一聲號角響起，蘇格蘭義軍的三角隊形從山頂上衝下來，直插英軍隊伍中央。

英軍陣形大亂，受到河谷遍地沼澤和泥塘的制約，笨拙地原地掙扎，被熟悉地理環境的蘇軍殺得措手不及。

正午時分，戰鬥接近尾聲，魂飛魄散的英軍剩餘兵馬狼狽撤退，得勝的蘇格蘭義軍沿著淺灘涉水追逐，一直打到英軍四散逃竄沒了蹤影才鳴金收兵。

斯特靈橋之戰贏得相當精彩漂亮，如果不是後來有人背叛華萊士致使他被抓，相信蘇格蘭的獨立指日可待。

【注釋】

①腓力四世，法蘭西國王路易九世的孫子，1285年登基。

毀滅源於寵臣

「青山有幸埋忠骨，白鐵無辜鑄佞臣。」關於忠臣和佞臣在歷史上的鬥爭事件，從來未曾歇止。世上本來就是有好有壞、有黑有白，人們在記住流芳百世的忠臣良將時，難免對佞臣的印象更加深刻，有時甚至佞臣的事蹟比忠臣的事蹟還多，倒不免讓人聯想，或許佞臣遺臭萬年也能叫人記憶猶新。英國史上也不乏佞臣，其中之一便是愛德華二世身邊的嘉威斯頓。

愛德華一世在位的時候，就把嘉威斯頓逐出英格蘭，因為其與小愛德華的關係太曖昧，未免影響繼承人的聲譽。小愛德華即位之後，對嘉威斯頓念念不忘，力排眾議又把他招了回來，賜封康沃爾伯爵，可謂百般呵護。

嘉威斯頓到底有什麼魅力能讓愛德華二世如此喜愛呢？大概是因為長得太俊美了。美男子會得到更多的人矚目，愛德華二世對他的寵愛到了令人咋舌的地步。當時，愛德華二世已娶了腓力四世的女兒伊莎貝拉，對這位堪稱「世界第一美女」的嬌豔女子看也不看，迫不及待地去找嘉威斯頓，對後者又摟又抱又親。

事實上，嘉威斯頓除了長得帥，便一無是處，性格暴躁，粗俗無禮，也就是在國王面前才裝模作樣。伊莎貝拉對他和國王在一起那副嘴臉簡直噁心不已，乾脆閉門不出，眼不見為淨。

國王寵愛男子的事情，在歐洲皇室屢見不鮮，但不被教會所允許，14、15世紀更為人所詬病。不少貴族苦口婆心規勸愛德華二世：將嘉威斯頓放逐吧。愛德華二世靈機一動，讓嘉威斯頓去愛爾蘭當總督，一年後又將他召了回來。

不僅如此，在應付蘇格蘭戰事的時候，愛德華二世需要大筆的錢，

BC　上古時期

漢

—0　羅馬時代

三國
晉

南北朝　盎格魯時代
—500

隋朝
唐朝

英格蘭統一
五代十國

宋朝
—1000

諾曼王朝

金雀花王朝

元朝
百年戰爭
明朝

薔薇戰爭
都鐸王朝
—1500

斯圖亞特王朝
清朝
光榮革命
大不列顛成立

維多利亞女王

中華民國
伊莉莎白二世
—2000

BC

耶穌基督出生　0—

君士坦丁統一羅馬

羅馬帝國分成兩部

波斯帝國　500—

回教建立

凡爾登條約

神聖羅馬帝國建立
1000—

十字軍東征

蒙古第一次西征

英法百年戰爭開始

哥倫布發現新大陸
1500—

英國大破無敵艦隊

發明蒸汽機

美國獨立

美國南北戰爭開始

第一次世界大戰
第二次世界大戰

2000—

這些錢必須經過議會從民間獲得，或者由貴族們出資。貴族們要脅國王，除非將嘉威斯頓徹底逐出英國，否則絕對不會給國王一分錢。愛德華二世假意把嘉威斯頓送去蘇格蘭和英格蘭的交界處，那裏正是戰事吃緊、兵荒馬亂的地方，算是放逐的好去處。貴族們以為愛德華二世終於想通了，紛紛掏錢支援前線。誰知道錢財去了前線，愛德華二世也跑去了那裏，和「被放逐的」嘉威斯頓風花雪月、吃喝享樂，好一派舒爽時光。

看清真相的貴族們恨鐵不成鋼，認為除非嘉威斯頓死了，否則國王永遠不會醒悟。

國王的堂兄蘭開斯特伯爵帶領貴族們和軍隊準備去前線抓嘉威斯頓。一早聽到消息的愛德華二世匆忙把嘉威斯頓送去了斯卡布羅①城堡，讓他監視海上的軍事情況，自己則在英格蘭北部建立一支部隊抵抗貴族軍隊。

愛德華二世和寵臣分開的決策大概是他一生最愚蠢的決定了。蘭開斯特伯爵的勢力牽制了國王，而第二代彭布羅克伯爵艾梅・德・瓦朗斯則帶著自己的軍隊進攻斯卡布羅城堡。

斯卡布羅城堡作為監視海上情況的要塞尚可，卻不是一個適合做地面掩護戰的要塞。嘉威斯頓幾乎沒進行任何抵抗就投降了。

國王聽說他的寵臣被俘獲，向蘭開斯特伯爵苦苦哀求，聲淚俱下，希望貴族們能饒過嘉威斯頓，並舉手發誓，今生今世再也不見對方了。但是蘭開斯特伯爵已看透國王反覆無常的性格，再也不相信他的任何說辭。

幾天後，在埃文河畔的綠地上，河水潺潺而過，天朗氣清。空地上是圍觀的貴族們，中央是跪在那裏可憐兮兮的嘉威斯頓，劊子手挪動著沉重的腳步，砍頭的斧子在地上拖出長長的深痕。

嘉威斯頓撲到了蘭開斯特伯爵腳下，哀求對方饒了自己，這時候什

麼面子也顧不上了，只要讓他活著就行。

蘭開斯特伯爵一腳將他蹬開，示意劊子手把他拖走。就這樣，嘉威斯頓的頭顱乾脆地滾到了草地上。

貴族們本以為佞臣之死終於可以令英格蘭恢復平靜，然而，來自蘇格蘭的反抗鬥爭還沒有結束。華萊士雖然死了，可是布魯斯還在領導起義，國王與英格蘭仍將面對一場惡戰。

愛德華二世收到斯特靈城堡告急的信箋，上面寫城堡正遭到布魯斯軍隊的圍攻。當地總督與布魯斯協商，如果10天之內無人解圍，就向布魯斯投降並效忠。愛德華二世給貴族們寫信求助，貴族們並沒有把信當成一回事。「狼來了」的故事在愛德華二世身上發生太多次，誰也不願搭理滿口謊言的國王。

然而，就是貴族們的忽視，讓國王面臨險情。愛德華的軍隊在期限的前一天抵達，與布魯斯的軍隊在班諾克本河岸發生激戰。英格蘭的軍隊原本無論是武器和盔甲都遠勝蘇格蘭義軍，但是布魯斯的戰略戰術卓越，他的軍隊又勇猛無畏，最終以閃電戰逼退英格蘭軍隊，迫使愛德華躲到後方。

愛德華二世的手下格洛斯特伯爵本欲發動最後一擊改寫歷史，卻誤入布魯斯的地面陷阱，1,000人的騎兵隊無一生還。

這場戰役被稱作「班諾克本之戰」，蘇格蘭義軍取得輝煌勝利，英格蘭軍隊完敗。愛德華二世徹底輸了，遭到國內貴族的激烈抨擊，加之英格蘭境內連年饑荒，天災人禍令愛德華二世焦頭爛額，再也顧不得父親的遺願，統一蘇格蘭了。

脆弱不堪的愛德華二世失去了嘉威斯頓，又不能管理好國家，他只好再次去找精神寄託——休·德斯潘塞，一個帥氣的男子，來自古老的貴族家族。德斯潘塞的父親也因此得到國王的喜愛，受到豐厚的賞賜。

德斯潘塞父子藉著國王的威名四處斂財，想著怎麼讓家底更豐厚，

BC

耶穌基督出生　0—

君士坦丁統一羅馬

羅馬帝國分成兩部

波斯帝國　500—

回教建立

凡爾登條約

神聖羅馬帝國建立
　　　　1000—

十字軍東征

蒙古第一次西征

英法百年戰爭開始

哥倫布發現新大陸
　　　　1500—

英國大破無敵艦隊

發明蒸汽機

美國獨立

美國南北戰爭開始

第一次世界大戰
第二次世界大戰

　　　　2000—

一點也沒顧忌那些極力反對國王寵愛男子的貴族。兩人明目張膽的行為被深宮中的伊莎貝拉所痛恨，伊莎貝拉藉口參加法蘭西國王查理四世的加冕禮，去了法國。實際上，她想從法國借兵，掉過頭來攻打英格蘭，讓愛德華二世和他的寵臣嘗嘗報復的滋味。

　　一年後，伊莎貝拉帶著2,000法蘭西士兵登岸英格蘭，聯合愛德華二世的兩個異母弟弟肯特伯爵與諾福克伯爵以及其他貴族，圍攻倫敦。

　　愛德華二世驚慌失措地帶著德斯潘塞父子逃到布里斯托爾。伊莎貝拉軍隊緊隨而至，先將90多歲的老德斯潘塞抓住碎屍萬段，接著將小德斯潘塞吊死在城堡上方示眾。四處逃竄的國王也被王后抓到，關進了凱尼爾沃思城堡②，很快，他的王位也被教會宣布取締。

　　此時此刻，愛德華的內心想必是無比複雜的，他趴在凱尼爾沃思城堡的窗戶上，望著外面人們在集市上匆匆來去的身影，悼念他那失去的自由。

【相關連結】

　　作為歐洲大陸上最美的女人伊莎貝拉，面對丈夫無恥的背叛，她尋找到了自己的心靈慰藉，這個人便是羅傑・莫蒂默。

　　羅傑・莫蒂默是第七代威格莫爾男爵艾德蒙・莫蒂默的長子，1316年成為愛爾蘭總督。一直以來，他是愛德華的忠實追隨者。1316年至1321年，羅伯特・布魯斯進軍愛爾蘭，莫蒂默失利而丟掉了愛爾蘭，被愛德華二世放逐。

　　莫蒂默回到英格蘭之後，見愛德華二世對德斯潘塞父子寵愛有加，不顧朝政，便轉而投靠了其他貴族，專門與愛德華二世做對。1322年，愛德華二世抓住了莫蒂默，將他判處死刑，並關到倫敦塔中嚴加看管。貴族們的奸細在監獄看守酒中下了迷藥，將莫蒂默從獄中救出去。莫蒂默一路逃亡至法蘭西，成為查理四世的幕僚，就是在那裏，美麗的伊莎

貝拉對他一見鍾情。

伊莎貝拉和她的情夫經過一系列設計，終於將愛德華從他的王位上推了下去，並得到了馬奇伯爵的頭銜和大量封地，開始作威作福。作為王后的情夫和寵臣，他掌握了英格蘭的實際政權，直到1330年愛德華三世親政，才將莫蒂默絞死，結束了金雀花王朝寵臣當道的日子。

【注釋】

①斯卡布羅，位於英格蘭北約克郡的北海沿岸。舊市區主要集中在港口附近。斯卡布羅的經濟產業多樣化，並且是英格蘭東海岸的主要觀光目的地之一，因此有著「北方布里奇頓」之稱。

②凱尼爾沃思城堡，位於瓦立克郡的首邑瓦立克的中世紀風格建築，是英格蘭最壯觀的城堡之一，始建於1120年，距今已經快900年了。

硝煙剛剛升起

寵臣是絕對不會在歷史中找到自己的教訓，他們在得到權力時大動腦筋，但是在享盡榮華富貴之後，腦袋似乎也被麻醉了，以至於不知死期將近。新登位為英格蘭國王的愛德華三世在積蓄實力之後，將剷除羅傑・莫蒂默提上日程。

愛德華三世找來蒙塔丘特男爵威廉商議此事，兩人決定在諾丁漢①召開議會，莫蒂默必定前往，他們可以乘機發難。這件事謀劃得非常隱秘，被蒙在鼓裏的王太后伊莎貝拉對此一無所知。

議會召開的前夜，蒙塔丘特男爵的軍隊將莫蒂默一舉擒獲，猶自在夢中的伊莎貝拉被從床上拉下來，一起被拖走了。第二天，莫蒂默就接受了絞刑。伊莎貝拉被愛德華三世軟禁起來，度過了整整30年沒有自由

的人生後死去，為自己的行為付出了代價。

　　成為真正英王的愛德華三世重新將祖父征服蘇格蘭的宏願拾起。

這段時間，蘇格蘭的統治權落在貝里奧家族的愛德華手中，布魯斯家族暫時失去了蘇格蘭的王權。愛德華三世在議會和教會的支持下籠絡愛德華·貝里奧，將其加冕為蘇格蘭國王。貝里奧的橄欖枝立刻遞過來，宣誓效忠英格蘭。

　　蘇格蘭的問題得到暫時解決，愛德華三世又著手準備對付法蘭西。比起蘇格蘭這塊瘦肉而言，法蘭西才是真正肥得流油的美餐。為什麼愛

德華三世對法蘭西突然感興趣呢？一切要從他母親伊莎貝拉的身分說起。

　　伊莎貝拉是法王查理四世的妹妹，愛德華三世便有一半的法蘭西王室血統。1328年，查理四世生病而死，沒有留下子嗣，卡佩王朝絕嗣。作為查理四世的外甥，愛德華三世擁有繼承權，但法國貴族將王位拱手

給了腓力六世[②]。繼承權問題已經叫愛德華三世非常不滿，1336年又發

生了腓力六世下令懲治在佛蘭德英國商人事件，為了報復腓力六世的行

為，愛德華三世下令禁止向法國出口羊毛，並藉口挑起兩國的爭端。

　　1337年，愛德華三世宣布自己為法國國王，並帶領軍隊入侵法國，

開啟了長達一個世紀的英法「百年戰爭」。他的軍隊大抵都是烏合之

眾，不知道從哪裡徵召過來的，為此還欠下了30萬英鎊的巨債。

　　接下來一年的戰爭沒有給他帶來任何好處，直到在斯勒伊斯[③]港口

取得海戰的勝利，才嘗到一點點戰爭的甜頭。腓力六世決定親自率軍上

陣，向愛德華三世討教。

　　戰爭初期，雙方多次交手，打打和和，中間偶有停戰的時間。停

戰的原因估計是愛德華三世的破產危機。1344年，愛德華三世因財力

不支，無力持續作戰而宣布破產，由於還不上從羅馬借來的外債，直

接導致佛羅倫斯的兩家大銀行倒閉。軍費開支問題讓愛德華三世暫緩入

侵法國，經過兩年的修整，他捲土重來，組織艦隊穿越英吉利海峽直逼法國，這一次，一個戰爭新星閃耀而出，便是愛德華三世的兒子「黑太子」愛德華。

7月，溫暖的海風洗去了天氣的燥熱，英格蘭3萬人的軍隊從南安普敦④登船駛向法蘭西，於諾曼第登陸。一路勢如破竹，直接殺至塞納河左岸，逼近巴黎。8月26日清晨，英格蘭軍隊在名為克雷西的村莊後面高地上與法蘭西軍隊交戈，雙方展開了史無前例的激戰。

在此之前，法國從未被英國逼至如此境地，從來都是諾曼或法蘭西的軍隊在英格蘭土地上耀武揚威，這次也算得上是風水輪流轉了。

對比雙方兵力，愛德華所帶軍隊遠不及法蘭西。當時法軍兵力接近6萬，騎兵達12,000名，十字弩手6,000人。英軍僅僅有3萬人。

兵力懸殊沒有令愛德華絲毫膽怯，戰前他祈禱完畢之後，將隊伍排成6～8列的緊密縱隊，開始一個隊一個隊去做戰前動員。接著他命令長弓箭手在隊伍前方，與法軍的6,000十字弩手對陣。

英國的長弓手在整個戰役中產生了至關重要的作用。當法軍的弩手大喊「一二三」企圖震懾英軍時，英格蘭人絲毫不為所動，齊齊射出長箭，箭如雨下，將法軍的弩手盡數射死。

法軍慘況的發生是理所當然的，弩箭適合短程作戰，可是對陣時若兩軍距離較遠，長箭的優勢便很明顯。而且，英軍弓箭手換箭的速度明顯高於法軍弩手，戰時上失了先機。

法軍的決策失誤令他們至少損失了1/3的弩手，後方騎兵大亂陣腳，腓力六世也跟著色變。法軍的隊伍一亂，遭到誤射的騎兵就多了，紛紛跌倒在地。英軍中的威爾斯人和康沃爾人以個子矮速度快見稱，衝入敵軍迅速斬殺落馬騎兵。

這時，在前線的威爾斯親王——「黑太子」（因愛穿黑色鎧甲而得名）愛德華遭到法軍的猛烈攻擊，「黑太子」叫人向愛德華三世請求增

BC

耶穌基督出生　0—

君士坦丁統一羅馬

羅馬帝國分成兩部

波斯帝國　500—

回教建立

凡爾登條約

神聖羅馬帝國建立
1000—

十字軍東征

蒙古第一次西征

英法百年戰爭開始

哥倫布發現新大陸
1500—

英國大破無敵艦隊

發明蒸汽機

美國獨立

美國南北戰爭開始

第一次世界大戰
第二次世界大戰

2000—

援。愛德華三世對使者說：「只要他還能戰鬥，我就不會給他任何增援，我相信勝利屬於他！」

「黑太子」受到父親的激勵，重整旗鼓與腓力六世再決一死戰。

夜幕降臨，腓力六世的戰馬被射倒在地，國王狼狽地從地上爬起來，在親信的護衛下撤到亞眠城⑤。

克雷西之戰是歐洲戰爭史上著名的以少勝多的戰役，法蘭西死傷2萬多人，英軍僅僅200多人犧牲，差距百倍。法國就此一蹶不振，接下來的幾年一而再，再而三地輸給英格蘭軍隊。

1347年年底，愛德華三世攻佔法國重鎮加來，準備進軍巴黎加冕。第二年初，神聖羅馬帝國的皇帝對他發出邀請，想要從中調停，遭到了愛德華三世的拒絕。人力再也無法阻止愛德華的稱霸之路，自然卻在他風光無限的時候給了歐洲沉重的一擊——黑死病爆發。

法國的黑死病迅速蔓延，愛德華三世決定暫時讓英格蘭軍隊撤回，以躲避死亡率極高的傳染病，長久的戰爭在這一刻暫時畫上了句點。

與法國的戰爭，讓愛德華三世出盡風頭，同時也讓「黑太子」成名一時。人類史上群星閃耀的時刻，要麼是在戰爭中，要麼是在經濟躍邁繁榮的時代，可見，戰爭與金錢，無時無刻不受人追捧和追捧著人。

【相關連結】

克雷西之戰當中，取決勝因素的不只是長弓箭手，還有愛德華三世優秀的行軍布陣方法。與法軍對戰時，愛德華三世採取了V字形布陣以方便隨時改變隊形。在陣中設千人騎兵方陣作為陣牆，弓箭手則在側翼按梯隊的形式向前排列。

奇特的是，英軍方陣騎兵都是下馬作戰，這樣做的用意是讓前方弓箭手覺得：自己不會被自己的騎兵丟棄不管，我軍一定能夠頂住法國騎兵的衝鋒。

戰役中，法軍進行了16次衝鋒，每一次英軍的騎兵都能將側翼的弓箭手掩護在裏面，然後再讓準備好的弓箭手衝出來射箭。

一波波箭雨射出來，被弄得手忙腳亂的法軍當然潰不成軍了。儘管法軍原本的實力也不弱，且騎兵精良，架不住有個愚蠢的皇帝。有句話說得好，不怕神一樣的對手，就怕豬一樣的隊友，我方發揮如此之差，當然抵不住敵方一而再、再而三的進擊了。

【注釋】

①諾丁漢，位於英國英格蘭東米德蘭茲區域諾丁漢郡，英格蘭的單一管理區、城市、自治市鎮。英國英格蘭東米德蘭重要工業城市，諾丁漢郡首府，是英國僅次於倫敦的第二大貿易集散地。

②腓力六世，法國瓦盧瓦王朝的首位國王，卡佩王朝國王腓力三世的孫子，1328—1350年在位。

③斯勒伊斯，荷蘭城鎮，位於該國西南部，由澤蘭省負責管轄，面積308.41平方公里，主要經濟活動有農業和旅遊業。

④南安普敦，中世紀時就是重要港口，位於英格蘭南岸，瀕臨英吉利海峽中的索倫特峽，在泰斯特與伊欽兩河口灣之間，港闊水深，有維特島為屏障。

⑤亞眠城，法國北部城市，索姆省省會，是世界聞名的大學城。位於索姆河畔，南距巴黎116公里。

「黑太子」的餘威

667年前，一場人類史上巨大的災難在歐洲大陸上悄悄地蔓延，那就是黑死病的爆發，它是歐洲史上最恐怖的瘟疫。從1348年到1352年，

BC

耶穌基督出生　0—

君士坦丁統一羅馬

羅馬帝國分成兩部

波斯帝國　500—

回教建立

凡爾登條約

神聖羅馬帝國建立
　　　　1000—

十字軍東征

蒙古第一次西征

英法百年戰爭開始

哥倫布發現新大陸
　　　　1500—

英國大破無敵艦隊

發明蒸汽機

美國獨立

美國南北戰爭開始

第一次世界大戰
第二次世界大戰
　　　　2000—

歐洲2,500萬人落入它的死亡陷阱，每個患上黑死病的人，在掙扎不到72小時之後，走向了死神的懷抱。

　　天降的災難沒有隨著愛德華三世撤退的腳步而停歇，一路席捲了整個英格蘭，差不多一半的英格蘭人因此殞命。愛德華三世疲於應付不斷銳減的人口、瘟疫的蔓延以及與蘇格蘭之間的戰爭（布魯斯家族重新奪回蘇格蘭王權）。

　　整整8年過去了，瘟疫結束之後，所有的國家都在緩慢恢復生機，這個時候，「黑太子」向父親請命，是時候讓法蘭西回到英格蘭的懷抱。

　　兒子如此拼命，老子當然不能衰微。愛德華三世派給「黑太子」一萬英軍，令他進軍法蘭西。

　　大概是8年前的餘威還在，「黑太子」殺入法蘭西，一路暢通無阻，如入無人之境。這時的腓力六世已死，他的兒子約翰即位。「黑太子」的掠奪行為激起了約翰的反擊之心。

　　1356年9月18日，「黑太子」的萬人軍隊在普瓦捷遭遇約翰的6萬法軍。這又是一次兵力懸殊的戰鬥，但「黑太子」相信命運之神會再次眷顧英格蘭，他要將歷史重演。

　　「黑太子」之名源於他喜歡身穿黑色的鎧甲，同時也象徵了他的驍勇與冷酷，這位聰明睿智的太子殿下帶著他的軍隊，佔領一處窄巷作為要塞。法軍從窄巷的前頭攻入，迎面即遭到英格蘭弓箭手的襲擊，死傷無數，唯有暫時撤退。

　　歷史似乎真的重演了，法軍一波又一波地進攻，均被「黑太子」的長弓手一波波擊退，法軍開始亂了陣腳，卻沒有全軍撤退的意思。

　　「黑太子」大概領悟了約翰倔強的個性，覺得此戰必將對方俘虜，於是他衝到陣前，揮劍指著約翰國王喝道：「有膽量我們單獨較量！」

　　約翰果然受不了激，拔劍策馬出戰。兩人你來我往不過數招，身經

百戰的「黑太子」便一劍將約翰擊倒在地，趁勢俯身將其抓住退回英軍當中，法蘭西國王就這麼被俘虜了。

經過雙方幾日的談判，愛德華三世同意歸還英格蘭佔有的法蘭西領土，而約翰國王要交出300萬克朗的贖金，分6年還清，這就是著名的《和平條約》。事後約翰國王引咎退位，將王位給了自己的兒子查理五世。

英法兩國的和平持續的時間不長，在法國波爾多的「黑太子」惹上了麻煩，來自卡斯蒂利亞被廢位的前國王佩德羅。佩德羅花言巧語地欺騙「黑太子」幫自己重奪王位，並許諾給「黑太子」足夠的土地。

輕信了佩德羅的「黑太子」帶軍前往西班牙，果真幫其奪回了王位。但是心滿意足的佩德羅突然背信棄義，將「黑太子」趕回了法國。為了西班牙的戰爭，「黑太子」耗費了不少財產和人力，還從法國人那裏徵收了大量稅款，幾乎是負債累累，卻沒想到被人擺了一道，怎能不惱怒。他本想報復，但是查理五世對他在法國徵重稅一時耿耿於懷，在他剛一進入法國境內，就向他宣戰了。

腹背受敵的「黑太子」狼狽地回到英格蘭。當然，他還是受到百姓的夾道歡迎，畢竟他的戰績斐然。然而，無法開解的情懷僅僅令他露出勉強的微笑。沒幾天，他就病了，從此再也沒有從床上起來。

愛德華三世痛失愛子，鬱鬱寡歡，一個名叫愛麗絲・佩勒斯的美豔女人乘虛而入。老國王英明一世，晚年卻毀在這個妖女身上，他為愛麗絲神魂顛倒，將所有的財物都賜給了她，直到死去，也沒意識到溫柔鄉的可怕。

1377年，老愛德華去世，他的「黑太子」死於之前，他又沒有指定合適的繼承人，英格蘭國王的位置理所當然要由「黑太子」的兒子理查繼承，即理查二世。小國王當時只有11歲，對政事處於半懂不懂的狀態，所以他的一部分政權落在蘭開斯特公爵——國王的小叔叔身上。

BC

耶穌基督出生　0—

君士坦丁統一羅馬

羅馬帝國分成兩部

波斯帝國　500—

回教建立

凡爾登條約

神聖羅馬帝國建立
　　　　1000—

十字軍東征

蒙古第一次西征

英法百年戰爭開始

哥倫布發現新大陸
　　　　1500—

英國大破無敵艦隊

發明蒸汽機

美國獨立

美國南北戰爭開始

第一次世界大戰
第二次世界大戰

　　　　2000—

此時，與法蘭西的戰事還沒有結束，為了支撐前線巨額軍費開支，政府需要再增加稅收，故而民間的賦稅突然翻倍，頓時引發了民憤。

首先揭竿而起的是來自埃塞克斯郡的瓦匠沃特・泰勒，他帶著義軍衝入監獄將神父約翰・保爾救出來，這兩人很快成為起義軍領袖。來自三教九流的人陸陸續續加入到起義隊伍當中，短短一個月就組成數萬人義軍，首先佔領了肯特郡首府坎特伯里，然後對倫敦進行了圍攻。

義軍們焚燒了貴族的城堡，衝入法院燒毀檔案，殺死法官，還搗毀了倫敦的監獄。小國王理查二世瑟瑟發抖地躲在倫敦塔裡不敢出來，直到義軍揮舞著刀槍在塔外耀武揚威，他才被迫走出來與他們談判。

沃特・泰勒對國王提出了4點要求：第一，起義軍及其子女要脫離農奴身分；第二，土地租金限額；第三，確保起義者和自由民一樣擁有貿易自由權；第四，赦免所有起義者，對其罪責既往不咎。理查二世佯裝答應要求，還寫了一封冠冕堂皇的赦免書。可是當農民們再次與國王談判時，埋伏在側的軍隊捕獲了沃特，並將他就地處死。不僅如此，那些起義軍也被國王的騎兵盡數絞殺。一場轟轟烈烈的起義遭到血腥鎮壓。

年僅16歲的小國王理查二世竟如此狡猾，大概是跟他身邊那些虛偽的大臣和阿諛奉承的貴族有關。這些人使小國王完全不具備祖父和父親的雄韜偉略，終日沉迷聲色、揮霍無度。而他的那些大臣和貴族終日玩著鉤心鬥角、你爭我奪的遊戲，將國家攪得烏煙瘴氣。

就是在這樣的不良風氣之下，金雀花王朝露出了衰敗之勢。理查二世毫無自知，還以為江山穩固，任自己稱王稱霸。他四處斂財，不知道怎麼養成了貪婪的毛病，盡一切可能將他身邊所有的人得罪了。那些對他忠心耿耿的公爵、伯爵以及臣子，在他的打壓下掏光了家底，還被他設計冤枉放逐到國外而客死異鄉，就連他的親信也對他露出恐懼的神色，他們認為這個國王想錢想瘋了。

1399年春天，春暖花開，理查二世的心思也像萬物復甦一樣活絡起來，突發奇想決定遠征愛爾蘭。他將國家交給叔叔約克公爵管理，前腳剛走，後腳他的堂兄赫里福德公爵亨利就從法蘭西跑到倫敦，聯合諾森伯蘭②伯爵和威斯特摩蘭③伯爵，準備著手搶奪英格蘭王位。

也許理查太讓人失望了，攝政王約克公爵默許了亨利篡位的行為。當理查二世從愛爾蘭匆匆趕回來時，他的國徽已經變成亨利的玫瑰徽章，國家就這麼莫名其妙地丟失了。

可能理查二世做夢也沒想過王位丟得如此容易吧，就像他的王位突如其來一般，棄他而去同樣那麼乾脆。可能他光顧著如何發財了，卻不懂，越是貪婪的人，越得不到他想要的。

【相關連結】

黑死病是歷史上最為神秘的疾病。在短短10年之間，就將歐洲、中東、北非和印度地區變成了死神的樂園，當時大約1/3的人口因此而死亡。黑死病最早從中亞地區開始向西擴散。起初這種病被認為是隨著蒙古人西征步伐而擴散，但是由於蒙古人的宗教信仰導致不吃死物、不飲死水的習慣，在中國和中亞都沒有流行起來。

1346年，黑死病首次出現在黑海地區，接著一發不可收拾流行至地中海，漸漸蔓延了整個歐洲。最早詳細記載黑死病的是一位名叫博卡奇奧的佛羅倫斯人，他的筆記上寫道：最初症狀是腹股溝或腋下的淋巴腫塊，然後，胳膊上和大腿上以及身體其他部分會出現青黑色的皰疹。這就是黑死病得名的緣由。

黑死病，實際上就是我們今天所說的鼠疫，是一種烈性傳染病。患上這種病的人幾乎都會在3天之內死去，挽救的手段基本無效。至今為止，它都是人類很難征服的流行性瘟疫。但是，只要人們多注意衛生，不食用來源不明的食物和不潔食物，就能很容易地避免患上鼠疫。

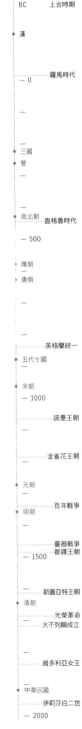

BC

耶穌基督出生 0—

君士坦丁統一羅馬
羅馬帝國分成兩部

波斯帝國 500—

回教建立

凡爾登條約

神聖羅馬帝國建立
1000—

十字軍東征

蒙古第一次西征

英法百年戰爭開始

哥倫布發現新大陸
1500—

英國大破無敵艦隊

發明蒸汽機

美國獨立

美國南北戰爭開始

第一次世界大戰
第二次世界大戰
2000—

【注釋】

①克朗是一個貨幣單位，其意思是「王冠」，也等同於英語的「crown」貨幣名稱和單位。

②諾森伯蘭，英格蘭最北部一郡，首府為紐卡斯爾。東臨北海，北接蘇格蘭。東部為沿海平原，西部有奔寧山脈，北部有切維厄特丘陵，南部是泰恩河谷。氣候溫涼，風光宜人。境內多羅馬時代建築遺跡，其中以哈德良長城最為著名。諾森伯蘭伯爵指亨利・珀西，第一代諾森伯蘭伯爵。

③威斯特摩蘭，英國的一個地區，位於西北英格蘭，是英格蘭的39個歷史上的郡之一。在1889—1974年，威斯特摩蘭曾經是一個正式的行政區劃，之後被併入新設立的坎布里亞郡。威斯特摩蘭伯爵指拉爾夫・德・內維爾，第一代威斯特摩蘭伯爵。

名不正，言不順

沒有一個國王不希望自己的王位來得名正言順，即使是篡位者，也一定要給自己找一個足夠的理由或血統支持。就血統而言，赫里福德公爵亨利具有繼承權，但不是順位的第一個。

首先，我們要認清亨利的身世。這位公爵是理查二世的小叔叔蘭開斯特公爵的長子，他曾支持理查二世鎮壓格洛斯特公爵叛亂，也就是說，他也是愛德華三世的孫子之一。不過，還有一個人的血統可能比他更親近王位，這個人便是克拉倫斯公爵的兒子馬奇伯爵小愛德華・莫蒂默。克拉倫斯公爵是愛德華三世的第三個兒子，而蘭開斯特公爵排行第四，這兩個人的兒子比起來，顯然前者的兒子更應該繼承英格蘭國王的位置。

亨利四世怕自己的王位被動搖，暗中軟禁了9歲的馬奇伯爵和他的小不點弟弟，讓被關押起來的廢王理查二世出來表態，宣稱他具有絕對的繼承權。

這時候理查二世才不管誰做國王，他在監獄裏連飯都吃不上，誰當國王對他來說又有什麼區別呢？他敷衍地說亨利四世就是國王，混亂的議會一時半會兒也拿不定主意。在大家左搖右擺的時候，理查二世到底被餓死了，留下年僅14歲的遺孀法蘭西公主伊莎貝拉。

伊莎貝拉的父親查理六世是個精神病人，聽說自己的小女兒被孤零零地扣在英國，瘋病發作，臥床不起，他的表親勃艮第公爵約翰和弟弟奧爾良公爵路易爭當攝政王，聲稱處理伊莎貝拉一事。

兩個公爵要求亨利四世將伊莎貝拉送回法蘭西，並歸還當初給的嫁妝——首飾以及20萬法郎。亨利四世答應了兩人的要求，把伊莎貝拉送回去，卻遲遲不肯交出那20萬法郎。原本勃艮第和奧爾良準備藉口進軍英格蘭，卻因為攝政王的位置內訌起來，正好給了亨利四世賴帳的機會。

趁著外患解除，亨利四世準備再次收服蘇格蘭和威爾斯。他先是在蘇格蘭那裏碰了釘子，一無所獲，還引發了曾經助他登上王位的諾森伯蘭伯爵極大反彈；接著又到了威爾斯那裏耀武揚威，一腳踢在了鐵板上。

所謂自食惡果，用在亨利四世身上再恰當不過。一個名叫歐文·葛蘭道爾的威爾斯人曾經在亨利四世手下工作，亨利四世卻貪圖他的財產，把他的家抄了，並將其趕回威爾斯。葛蘭道爾一怒之下，在威爾斯策劃了一場報復行動。他自封為「威爾斯國王」，將亨利四世的英軍打得落花流水，把格雷勳爵和艾德蒙·莫蒂默爵士關進監獄，允許其家人掏錢為其贖身。

格雷勳爵是威爾斯邊境長官，亨利四世為他交了巨額贖金，卻拒絕

贖回艾德蒙・莫蒂默。這是為什麼呢？原來艾德蒙・莫蒂默是馬奇伯爵小愛德華的堂叔，亨利四世既然軟禁了小愛德華，自然對艾德蒙的生死不管不顧。此舉引發了第二代諾森伯蘭公爵小亨利・珀西的惱羞成怒。

小亨利・珀西是出了名的火暴脾氣，他既是艾德蒙的姐夫，又是珀西家族的現任掌門人，正好諾森伯蘭與亨利四世剛剛交惡，既然如此，索性一不做二不休，珀西家族徹底造反吧！小亨利・珀西向歐文・葛蘭道爾遞出了橄欖枝，雙方愉快地形成了統一戰線，一同將矛頭指向了亨利四世。

緊接著，約克大主教斯科洛普和蘇格蘭貴族道格拉斯伯爵也加入葛蘭道爾陣營，轉而向亨利四世發動了進攻。

亨利四世對此立刻做出反應，率軍向威爾斯進擊，雙方在什魯斯伯里①發生遭遇戰。

雙方兵力均不足兩萬人，所以基本上勢均力敵。但是由於葛蘭道爾那邊基本等於烏合之眾，所以不少人死於亂箭之下。不到兩個小時，葛蘭道爾的臉便受傷了，但他仍然揮舞長劍衝入敵陣，試圖挽回頹敗局面。然而，小亨利・珀西被一箭射穿頭顱而死成了壓倒葛蘭道爾軍的最後一根稻草，叛軍以水瀉般的姿態投降認輸，國王軍大獲全勝。

贏得勝利的國王在未來的日子裏並不開心，儘管沒有邊境的糟心事，卻有個糟心的兒子——威爾斯親王亨利。威爾斯親王長得非常帥氣，而且孔武有力，不過就是脾氣暴躁，經常在民間惹是生非，弄得亨利四世對他毫無辦法。

對兒子無力管教的亨利四世開始覺得力不從心，他患上了一種紅瘡病，臉上長滿了紅色的疹子，可能是現代所說的紅斑性狼瘡。此後突然又得了癲癇，控制不了自己的行動。

1413年3月20日，亨利四世去威斯敏斯特教堂禱告，癲癇病突然發作，在無人救治的情況下，咬斷了自己的舌頭窒息而死，年僅47歲。

作為一個國王，亨利四世是頗有建樹的。可是由於他一生遭逢貴族叛亂和疾病纏身，屢屢從議會徵稅又得不到財政支持，導致無法發動對外戰事，所以對法戰爭在他執政期間偃旗息鼓了一段時間。莎士比亞筆下的亨利四世是受到譴責的，因為他的統治沒有成果，未曾建樹，也正是因為這些原因，作為一個有理想的國王，亨利四世終生過得都不快樂。不僅如此，他的兒子威爾斯親王也來添麻煩。

在莎士比亞的戲劇中，曾描述威爾斯親王趁著父親睡著的時候把王冠偷出來戴在了自己的頭上。有這樣的兒子，亨利四世怕是死也不瞑目。

當然，戲劇是戲劇，現實是現實，威爾斯親王，也就是後來的亨利五世，將父親一直未完的願望徹底貫徹了下去，終其一生都在為打敗法蘭西而奮鬥，取得了輝煌的戰績。

【相關連結】

格洛斯特公爵湯瑪斯是愛德華三世的第十三個兒子，與蘭開斯特公爵是親兄弟。但事實上，兩兄弟之間從來沒有和睦相處過。蘭開斯特公爵在宮中呼風喚雨、結黨營私的時候，理查二世只知玩樂，視而不見，格洛斯特公爵實在看不下去，於是組織了13個貴族組成「貴族上訴團」，要求國王「清君側」，正視國事。

但是，理查二世對此不以為然。於是，格洛斯特利用「貴族上訴團」的力量和議會來強迫理查二世清理身邊那些烏煙瘴氣。理查二世眼睜睜看著自己的寵臣和親信被毒死、砍頭，內心滴血，面上卻做出一副任君處理的樣子。他暗暗謀劃著，遲早有一天要讓格洛斯特付出血的代價。

1388年8月，格洛斯特的貴族集團因內部利益土崩瓦解，對國王的威懾力已無，理查二世順利重拾王權，聯合赫里福德公爵亨利的力量，

BC　上古時期

漢

羅馬時代

— 0

—

三國
晉
—

南北朝　盎格魯時代

— 500

隋朝
—
唐朝

—

英格蘭統一
五代十國
—
宋朝
— 1000

諾曼王朝

金雀花王朝

元朝

百年戰爭
明朝

薔薇戰爭
都鐸王朝
— 1500

斯圖亞特王朝
清朝
光榮革命
大不列顛成立

—

維多利亞女王

中華民國
伊莉莎白二世
— 2000

著手對付格洛斯特。

　　適逢皇后安妮公主（來自波希米亞）去世，理查二世準備續弦，要娶法蘭西的伊莎貝拉公主。由於英法兩國還處於關係僵硬時期，英格蘭百姓對這場婚事充滿惡意，格洛斯特就此極力反對，想要取得民心。

　　這一切都給了理查反撲的決心。這天，國王帶著親信來到格洛斯特的普萊舍城堡，假裝與公爵夫人熱絡地交談，卻讓秘密部隊潛入城堡將格洛斯特偷偷地抓了起來。緊接著，以迅雷不及掩耳之勢抓住了格洛斯特的貴族集團成員阿倫德爾和瓦立克伯爵。

　　不到3天，阿倫德爾和瓦立克相繼被殺，而格洛斯特也以叛國罪被沒收全部財產，收押入監牢，準備被執行死刑。

　　當法官即將提審格洛斯特，讓他在認罪書上蓋章時，監獄裏傳來公爵死去的消息。一代名爵默默無聞地死在了牢中，沒有人知道他是怎麼死的，或許是自殺，也或許是年輕的國王狠下辣手，不管怎樣，關於格洛斯特公爵的故事就此結束了。

【注釋】

　　①什魯斯伯里，又名「舒茲伯利」，英國什羅普郡的郡治，位於西密德蘭區域的塞文河畔，為該非都會郡最多的第一大城鎮。什魯斯伯里早期是一座市集鎮，其城鎮中心至今仍保有許多中世紀時期所規劃的街道。城中共有超過660座歷史保護建築，包括一些15世紀到16世紀間的木骨架建物。

血染阿讓庫爾

　　莎士比亞的戲劇來源於生活，卻也總是將生活無限誇張。不過，若

BC

耶穌基督出生　0

君士坦丁統一羅馬

羅馬帝國分成兩部

波斯帝國　500

回教建立

凡爾登條約

神聖羅馬帝國建立　1000

十字軍東征

蒙古第一次西征

英法百年戰爭開始

哥倫布發現新大陸　1500

英國大破無敵艦隊

發明蒸汽機

美國獨立

美國南北戰爭開始

第一次世界大戰
第二次世界大戰　2000

是沒有誇張的表現，又怎能顯現戲劇的樂趣，繼而娛樂生活。雖然威爾斯親王不像莎士比亞筆下所寫的那麼乖張，但他也是個特立獨行的人。繼承亨利四世為英格蘭國王之後，威爾斯親王——亨利五世表現出的仁慈史無前例，他釋放了馬奇伯爵，恢復珀西家族的名譽，還為被亨利四世篡位的理查二世舉行了隆重的葬禮。他這麼做的目的，大概是想讓國內暫時和平一段時間，方便他執行更大的計畫。

在肅清內患之後，亨利五世將目光投向了法蘭西。自諾曼征服起，英國王室和法國王室在血統上總有些說不清道不明的關係，所以互相擁有王室的繼承權，這也正是英法百年戰爭的根源。亨利四世在世前一直想要得到法國的土地，卻被貴族內患和財政問題困擾，待到亨利五世時期，各方面條件日趨成熟，入侵法蘭西成了勢在必行之事。

前文提到，奧爾良公爵和勃艮第公爵曾為攝政王之位交惡，此時的鬥爭已經白熱化，加上王太子路易①的支持者，三方角力之下弄得法國四分五裂。這是最好趁火打劫的時刻，亨利五世迫不及待地準備與法蘭西開戰。

一開始，亨利五世要求法國割讓一部分領土給他，並將查理六世的女兒凱薩琳公主嫁給他，還要帶200萬克朗的嫁妝。法蘭西最初拒絕獻出美麗的公主，答應給亨利五世的土地也少得可憐。在亨利五世多次威脅下，法蘭西才同意讓公主出嫁，不過嫁妝只給80萬克朗。

亨利五世覺得法蘭西太沒有誠意了，就在1415年8月帶著他的軍隊在塞納河口登陸，沿著河岸向巴黎進軍。一路上，只要當地百姓承諾效忠英格蘭國王，那麼英格蘭軍隊就保證不動百姓一分一毫。在贏得幾場勝仗之後，英軍抵達索姆河，尋找可渡河的地方。

由於索姆河有法軍堡壘堅守，所有的橋也被法軍破壞，英軍只能沿河遊走，束手無策。這時的英軍已從3萬銳減到1.5萬人左右，亨利五世的謀臣勸他最好先撤兵整頓，以免深入法國時遭到敵方的圍攻。但亨利

五世堅持打鐵趁熱，終於在索姆河的一處淺灘得以渡河。

敵人就在眼前，才意識到火燒眉毛的法蘭西人臨時在盧昂召開緊急軍事會議，商討對策。而對於亨利五世而言，時至深秋，馬上就快入冬了，待到冬季仗就難打了，他可沒工夫等著跟法軍來場轟轟烈烈的正面交戰。於是，他決定速戰速決，直奔巴黎，採取且打且退的迂迴方式引誘法軍與他進行決戰。如此做，避免了跟死守的法軍打消耗戰，也可以有效分散法軍的兵力。

10月24日，阿讓庫爾[2]，入夜時分，法軍還在軍營裏開懷暢飲的時候，英軍陣營中卻一派肅殺之氣。成敗在此一舉，明日即有分曉。英格蘭弓箭手們抱著自己的弓箭倒在床上，明天就是他們大顯身手的日子了。亨利五世則坐在自己的大營裏，一夜未眠，他既憂心又興奮，直至月落天明。

25日一早，兩軍的馬嘶號鳴響徹天際。亨利五世像當年的愛德華三世一樣，策馬從英軍前方的陣營奔過，一邊吶喊動員，一邊巡視全軍。他頭上的王冠在太陽下熠熠生輝，鼓舞著所有英格蘭士兵。他對所有人說，這一次不死不休，不是凱旋，就是客死異鄉，即便被俘虜，也不要英格蘭拿錢來贖他，堪可謂破釜沉舟。

他的果敢激勵了英軍，頓時全軍發出大聲嘶吼來應諾。法軍被英軍的氣勢嚇破了膽，尚未開戰已輸了一截。

由於深秋進入雨季，路面非常泥濘，儘管法軍人多勢眾，但均是重裝出行，而英軍則是輕裝簡行，一隊3人，將戰線拉得極開。所以雙方才一短兵相接，法軍的弱勢即暴露出來，英軍的游擊式戰略取得明顯優勢。

哥倫布發現新大陸　1500—

英國大破無敵艦隊

發明蒸汽機

美國獨立

美國南北戰爭開始

第一次世界大戰
第二次世界大戰

　2000—

再者，英軍的長弓手又一次發揮了優勢，採取遠距離射殺密集前進的法軍。同時，他們將削得尖銳的木樁斜插在地面上，讓尖頭對準法軍陣營。這些弓箭手站在樁子中間，每射幾波箭就回撤。法國騎兵策馬追

上來時，撞上尖刺木樁，許多馬被刺翻在地，騎兵們就掉落在地上。這時候，英國的騎兵就從後方殺出來砍下那些落地法軍的頭顱。

法軍一片一片地倒了下去，一片又一片湧上來，幾乎是在盲目地進攻。

大攤的血跡染紅了泥地，形成了一個個血泊，整個阿讓庫爾被血染成了紅色。

目睹如此慘狀，法軍的阿朗松公爵讓身後的士兵隨他發起最後的進攻，他本人衝在最前端，直衝英軍的旗幟而去。亨利五世上前迎戰，王冠甚至被阿朗松公爵削掉了一半。然而，阿朗松公爵的勇武未能扭轉戰局，他自己也被橫衝過來的英國騎兵刺穿胸膛，身中數劍而死。

傍晚，激烈的戰鬥終於結束了，法軍犧牲了一萬餘人；3名公爵和7名伯爵被殺；2名公爵、3名伯爵、120名男爵和1,500個騎士被俘。英軍僅僅犧牲了400多人。

亨利五世整個人意氣風發，站在泥地上問他的傳令官：「前面那個堡壘叫什麼？」

「阿讓庫爾城堡，陛下！」

國王微笑著說道：「從今以後，所有來到這裏的人都不會忘記阿讓庫爾之戰。」這場戰役載入英國史當中，成了英國史極其閃耀的一個篇章，同時也成了法國史上黑暗的一頁。

阿讓庫爾之戰過後，法蘭西的貴族並沒有長記性，依然在為國家大權鉤心鬥角。亨利五世便趁他們內鬥的時候，佔領了諾曼第的大多數土地。

當英軍快要來到巴黎城下時，法蘭西貴族才意識到危機來臨，慌忙請伊莎貝拉王后——法蘭西國王查理六世的妻子帶著凱薩琳公主來向亨利五世求和。

凱薩琳公主的美貌聞名法蘭西，亨利五世此前就想娶她，所以他看

到她的剎那，感覺自己的心被愛神擊中了。他欣然答應了法國的求和，前提是把凱薩琳嫁給他，並要求擔任法蘭西攝政王；如果查理六世死了，法王的位置由他繼承。

伊莎貝拉王后無奈答應了他的條件，雙方於1420年5月21日簽訂了《特魯瓦條約》（又叫《永久和平條約》），而後，亨利五世攜著美麗的妻子回到闊別3年的英格蘭，權力到了頂峰時期。

可是，正當他得嬌妻愛兒，享受天倫之樂和威望如日中天時，卻患上了痢疾。在御醫宣布不治的情況下，亨利五世叫來弟弟貝德福德公

爵，在所有忠臣面前宣布讓貝德福德公爵擔任攝政王，並把妻子和不滿

一歲的兒子也交給他照顧。他還交代，可以讓法蘭西信任的勃艮第公爵擔任法蘭西攝政王，但是諾曼第一定不能還給法國。

交代完畢，亨利五世倒在床上溘然長逝，結束了短暫而輝煌的一

生，這一天是1422年8月31日。出殯當日，人們自發地走到長街上，將亨

利五世的靈柩護送去威斯敏斯特大教堂的墓地上。天空下著微雨，似是為這位英年早逝的國王而傷心哭泣。

【相關連結】

將食指和中指豎起分開，形成「V」字，如今已成為全世界表示勝

利的流行手勢，將其發揚光大的應該算是英國前首相邱吉爾。

有一次，邱吉爾在地下掩體內舉行記者招待會，外面航空警報大

作。邱吉爾聞聲面色不動，用食指和中指同時按住作戰地圖上的兩個德

國城市對記者說：「請相信，我們會反擊的。」這時，一名記者發問：

「首相先生，有把握嗎？」邱吉爾轉過身，將按在地圖上的兩指指向天

花板，激動地大聲道：「一定勝利！」

眾位記者及時拍下了這一畫面，第二天見諸各大報端，從此，關於勝利的「V」字形動作流傳開來。然而，這個手勢在法國並不受歡迎。

因為百年戰爭時期，英國的弓箭手曾經令法軍吃了大虧，而英軍弓箭手們拉弓的手指正是食指和中指。在英國，「V」字手，是侮辱對手（法軍）的意思，所以相應在法國便極受排斥。所以，如果我們今天去法國遊覽觀光，在拍照的時候不要舉「V」字手。

【注釋】

①王太子路易，法蘭西國王查理六世先後有5個王太子，路易為第三個，最終死於痢疾，並未登基成法王。

②阿讓庫爾，法國洛林大區默爾特—摩澤爾省的一個市鎮，屬於南錫區馬爾賽維爾縣。

末日局面

數道閃電劃過倫敦王宮上方的天際，暴雨擊打在尖塔上方，凜冽的風帶動著鐘鳴，在樓宇和宮殿的罅隙裏嗚咽。偌大的王宮裏，僅僅6個月的嬰兒戴著與身材明顯不符的王冠歪斜在王位上，發出不知所以然的哭聲。

作為英國蘭開斯特王朝①最後一位國王亨利六世，加冕成王的時候年僅半歲。他的父親，驍勇的亨利五世在臨終前將王位交到幼子手上，同時也料到亨利六世未來所走的路有多麼艱辛。

毋庸置疑，誰也沒指望連大小便都分不清的嬰兒來統治英格蘭。亨利五世逝世前曾提議過兩個人擔任攝政王之位，第一位是亨利四世與其第一任妻子所生的小兒子——格洛斯特公爵韓弗理，但是韓弗理的性格略顯陰鬱。最終，亨利五世在去世的前一晚以幼子的名義提議自己的同母弟弟貝德福德公爵擔任攝政王。

BC　上古時期

漢

0

羅馬時代

三國
曹

南北朝

500

隋朝

唐朝

英格蘭統一

五代十國

宋朝

1000

諾曼王朝

金雀花王朝

元朝

百年戰爭

明朝

薔薇戰爭
都鐸王朝

1500

斯圖亞特王朝

清朝

光榮革命
大不列顛成立

維多利亞女王

中華民國

伊莉莎白二世

2000

BC

耶穌基督出生　0—

君士坦丁統一羅馬

羅馬帝國分成兩部

波斯帝國　500—

回教建立

凡爾登條約

神聖羅馬帝國建立
　　　　1000—

十字軍東征

蒙古第一次西征

英法百年戰爭開始

哥倫布發現新大陸
　　　　1500—

英國大破無敵艦隊

發明蒸汽機

美國獨立

美國南北戰爭開始

第一次世界大戰
第二次世界大戰

　　　　2000—

待到亨利六世即位後，格洛斯特公爵向所有人宣布，應當由自己擔任攝政王，因為這是亨利五世的囑託。但是議會提出反對意見，並成立了攝政委員會，由貝德福德公爵出任委員會首腦。除非貝德福德公爵不在，格洛斯特公爵才能代為行使攝政王職責。

1422年年底，亨利六世成為英格蘭國王的兩個月之後，法蘭西國王查理六世去世，王太子宣布自己成為法王，是為查理七世。不過，按照《永久和平條約》的協定，亨利五世擁有法蘭西王位繼承權，相應的，他的兒子亨利六世在法蘭西國王去世之後即擁有法蘭西王位繼承權。很明顯，法蘭西的王太子打破了這一協定。

在查理六世彌留的時候，勃艮第公爵謝絕擔任攝政王，當貝德福德得知查理七世違反條約之後，立刻帶兵奔赴法蘭西，聯合勃艮第公爵及布列尼塔公爵，討伐查理七世。

英法之間的和平僅僅持續不足3年就結束了。

一開始，英格蘭方面的盟軍佔據戰爭優勢。這時候，蘇格蘭突然派出5,000人的軍隊乘船登陸法蘭西。這股突如其來的勢力要麼是幫助英國盟軍的，要麼是來搗亂的。考慮到這種情況，貝德福德公爵釋放了被軟禁在倫敦的蘇格蘭國王詹姆斯，條件是對方出面阻止蘇格蘭效忠法蘭西。能夠得到自由的詹姆斯當然不會拒絕如此優渥的條件，立刻答應了貝德福德的要求。

接下來的戰爭就很容易打了。不過在第三年的時候，由於英法雙方的軍費開支出現問題，戰事便偃旗息鼓下來。在結束戰爭之前，英格蘭方面的盟軍決定先將對於法蘭西王太子（查理七世）無比重要的奧爾良攻佔下來，這樣王太子便無力翻盤。

對奧爾良的戰爭很快打響，盟軍在犧牲將近一萬人的情況下，終於將奧爾良苦攻下來。王太子走投無路，就在準備逃出法蘭西的時候，一個農家女孩的出現改變了戰爭的局勢。這個女孩就是聖女貞德。

當時的法國處於愁雲慘霧之中，出生在洛林省偏僻小山村的貞德，經過法國貴族博裏古德的引薦，來到了王太子面前。她對他說：「我是被上天選中幫助你的人。」她聲稱是大天使告訴她要趕走英格蘭人。

得到法蘭西王太子信任的貞德帶領軍隊首先展開了對奧爾良的爭奪戰。在對英的每一場小規模戰鬥中，她皆身處戰鬥最前線，並隨身帶著她那明顯的旗幟。史學家們認為，貞德在戰場上所發揮的作用最主要的是鼓舞士氣。而一些跟隨她的軍官將她視為一個足智多謀的戰術家和成功的戰略家。

奪回奧爾良之後，王太子的軍隊將下一個目標定為蘭斯[2]。1429年，貞德說服了王太子讓自己擔任全軍指揮，法軍進攻蘭斯的序幕拉開了。6月12日攻下了雅爾若[3]，6月17日攻下博讓西[4]。

6月18日，英格蘭援軍到達。英軍本欲憑藉長弓箭手取得戰爭的勝利，卻沒想到法國先發制人，在長弓箭陣尚未布置完畢時發動進攻。結果英軍大多被殲滅和俘虜，法軍只付出了很小的代價。

7月16日，蘭斯的大門被打開了。王太子帶領著一萬士兵走入這座城市，並且加冕成為查理七世。那時，貞德就站在他的身邊。

然而，這位對法蘭西國王忠心耿耿的少女，終究還是逃不掉被懷疑和拋棄的命運。在1430年5月23日的一場小規模戰鬥中，貞德被英軍俘虜。英軍指控她是使用巫術的異教徒，並在法庭公審之後被迫簽訂了聲明，說自己所看所聽皆來自耳膜，繼而被判終身監禁。緊接著，她又因異教徒罪名被判處火刑，在盧昂[5]的集市中被活活燒死。

由於對法戰爭因貞德而拖延太久，英格蘭的巨額債務雪上加霜。這時，英明的貝德福德公爵去世，英格蘭與勃艮第公爵的同盟關係破裂，塔爾博特男爵[6]成為英軍駐法蘭西的將軍。此後的戰爭由於英軍指揮不力和軍費緊張問題，查理七世逐漸收回領土。

英格蘭國內的情況也發生了微妙的變化，當年的小國王如今長大

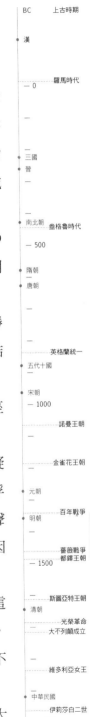

BC

耶穌基督出生　0—

君士坦丁統一羅馬

羅馬帝國分成兩部

波斯帝國　500—

回教建立

凡爾登條約

神聖羅馬帝國建立
1000—

十字軍東征

蒙古第一次西征

英法百年戰爭開始

哥倫布發現新大陸
1500—

英國大破無敵艦隊

發明蒸汽機

美國獨立

美國南北戰爭開始

第一次世界大戰
第二次世界大戰
2000—

了，相比父親的能征善戰且英明果決，他的性格截然相反，懦弱無能、膽小怕事。可想而知，這樣的國王是無法治理好國家的。

於是，格洛斯特公爵開始在英格蘭政壇嶄露頭角；同時，紅衣主教博福特和薩福克伯爵的勢力也在日漸發展。比起如日中天的博福特和薩福克，格洛斯特的年紀畢竟大了，就在他準備大展拳腳的時候，薩福克假稱格洛斯特干預國王婚姻大事和國家安全，將公爵關進了監獄。公爵的勢力為其奔走營救時，薩福克放在監獄的眼線毒死了公爵。公眾能看到的就剩下公爵消瘦狼狽的屍體，連一場公正的判決也沒有。

在格洛斯特死後，薩福克佔有了他的財產，並被封為薩福克公爵。然而，這位新出爐的公爵也沒有好下場。在複雜的權力鬥爭中，薩福克公爵很快落馬，被流放出國，於航行在英吉利海峽中的船上丟掉了自己的腦袋。

江山代有才人出，末日王朝也不例外，權力旋渦捲走了格洛斯特和薩福克，又捧上來約克公爵和薩默塞特公爵。約克公爵叫理查·金雀花，代表著過去的金雀花王室成員，而薩默塞特公爵是王后瑪格麗特的親信，代表了蘭開斯特王室。就這樣，圍繞著兩位公爵展開了約克與蘭開斯特兩派的戰爭。由於兩家的家徽——蘭開斯特家族的家徽為紅玫瑰，約克（金雀花）的家徽為白玫瑰，一場「紅玫瑰與白玫瑰」的「玫瑰戰爭」轟轟烈烈地打響了。

【相關連結】

作為金雀花的繼承者，約克公爵認為自己遠比蘭開斯特的亨利六世更適合成為英格蘭國王，但他被派去管理愛爾蘭。心有不滿的他指使一個叫傑克·凱德的愛爾蘭人發動了叛亂，挑起國內戰亂，至少可以令亨利六世焦頭爛額。

不過，從始至終，約克公爵從未在公開場合承認他慫恿過傑克，所

以當王后瑪格麗特擁立他的敵人薩默塞特公爵對付他時，他跑到威斯敏斯特那裏，在國王面前哭訴自己遭到不公待遇。

不久，約克公爵和薩默塞特公爵從議會上的罵戰升級到戰場一較高下。兩人的戰爭在王后生下王子愛德華時暫時止息。由於人們懷疑愛德華並非亨利六世的親生子，王室血統出現爭議，約克公爵不願趁火打劫，便主動宣布停止戰爭並加入內閣。適逢亨利六世身染重病，任命了約克公爵為攝政王，約克公爵趁勢將薩默塞特投入監獄。

隨著亨利六世的身體恢復，王后重新拿回政權，又將薩默塞特從監獄裏營救出來，約克公爵反而遭到了打壓。

可以想見，「玫瑰戰爭」之所以會爆發，源頭來自金雀花與蘭開斯特的宿怨，直接原因卻是約克公爵和薩默塞特的權力鬥爭。

【注釋】

①蘭開斯特王朝，金雀花王室的幼支。在15世紀中出現3位英格蘭國王——亨利四世、亨利五世和亨利六世。

②蘭斯，法國東北部歷史名城，位於巴黎盆地東北部埃納河支流韋斯勒河畔。市內有中世紀教堂、市政廳和藝術陳列館蘭德（即「威特沃特斯蘭德」）。

③雅爾若，位於法國中央大區盧瓦雷省盧瓦爾河南岸的小鎮，位於奧爾良東方約十英里左右的距離，百年戰爭後期曾被英軍佔據作為入侵南方的戰略據點。

④博讓西，位於法國中央大區盧瓦雷省盧瓦爾河畔的一個鎮。

⑤盧昂，位於法國西北部，是上諾曼第大區的首府。歷史上，盧昂是中世紀歐洲最大最繁榮的城市之一。

⑥塔爾博特伯爵，即約翰·塔爾博特，原本為男爵，英法戰爭中被封為伯爵，1445年被亨利六世任命為法蘭西王室總管。

「紅玫瑰」與「白玫瑰」

BC

耶穌基督出生　0—

君士坦丁統一羅馬

羅馬帝國分成兩部

波斯帝國　500—

回教建立

凡爾登條約

神聖羅馬帝國建立
1000—

十字軍東征

蒙古第一次西征

英法百年戰爭開始

哥倫布發現新大陸
1500—

英國大破無敵艦隊

發明蒸汽機

美國獨立

美國南北戰爭開始

第一次世界大戰
第二次世界大戰

2000—

　　勢力交替更新得過於頻繁，政權的穩定性便會越來越低。「紅玫瑰」與「白玫瑰」之間的鬥爭時休時續，讓英國的很多有識之士意識到其危險性，所以紛紛希望能夠扭轉這種局面。但是，兩方勢力維持「蜜月期」的時間實在太短。

　　經過一段時間的鬥爭，約克公爵失敗逃往愛爾蘭，與其一道離開的還有他的兒子馬奇伯爵愛德華，以及索爾茲伯里伯爵和瓦立克伯爵。「紅玫瑰」的勢力左右議會，將4人定為叛國罪。心懷不甘的瓦立克伯爵首先折回，帶領重新集結的部隊進攻倫敦。在肯特的坎特伯里大主教和一些貴族的支持下，瓦立克伯爵一舉將亨利六世的軍隊擊潰，並俘虜了國王，而王后則帶著她的兒子威爾斯親王逃去蘇格蘭。

　　瓦立克伯爵將亨利六世帶進倫敦，召開新國會，恢復了約克公爵等人的名譽。於是約克公爵率領500名騎兵士氣高昂地來到倫敦，宣布自己要獲得王位。為了保命，亨利六世在議會法官和檢察官的勸說下妥協，答應在自己死後由約克公爵即位。

　　該決議直接威脅到瑪格麗特王后的子嗣威爾斯親王的繼承權，王后當然不允許這種情況發生，她立刻從蘇格蘭回到英格蘭北部，讓那裏仍舊效忠她的幾個貴族團結起來將試圖篡位的約克公爵「緝捕歸案」。

　　由於大意輕敵，約克公爵在韋克菲爾德①綠地被王后的軍隊俘虜。這一回他沒有那麼好命，敵人把他的腦袋砍了下來掛在一處木樁上，還在他的腦袋上戴了一個紙糊的王冠。隨後，索爾茲伯里伯爵和約克公爵的次子也被刺殺而死，王后以瘋狂的手段報復「白玫瑰」一派，「紅玫瑰」一派史無前例地揚眉吐氣了。

　　為了給父親、弟弟以及朋友報仇，馬奇伯爵愛德華開始舉兵反抗專

制的瑪格麗特王后以及如同傀儡般的亨利六世。帶著信念的復仇可以用「哀兵必勝」來形容，「紅玫瑰」很快便翻盤了，形勢陡然逆轉。

由於浪費大量金錢在戰爭上，議會不肯再支持瑪格麗特，她只能帶著國王和自己人逃去愛爾蘭。而愛德華則像凱旋的真正王者，接受倫敦市民的歡呼。其實，相比懦弱無能、身材矮小的亨利六世，高大英俊、智勇雙全的愛德華肯定更受人期待。久亂的英格蘭太需要一位英明的王者，而不是一個被女人隨意擺布的懦夫。

愛德華四世登位之後，著力解決的就是「紅玫瑰」與「白玫瑰」之爭。不過，也正是從此刻開始，他犯下了人生最大的錯誤，那就是重用瓦立克伯爵。

1461年3月29日，英勇的瓦立克伯爵帶著國王軍隊打響了「陶頓之戰」。「陶頓之戰」發生於約克郡的陶頓鎮，幾乎可以稱之為英國史上國內最血腥、規模最大的一場戰爭。「白玫瑰」一派儘管取得了勝利，但是與他們的敵人「紅玫瑰」之間的廝殺，致使3萬餘英格蘭人死亡。戰後，150多位蘭開斯特的貴族和紳士被定下叛國罪。

殘餘的蘭開斯特派（「紅玫瑰」）幾次欲扭轉戰局，均未成功，瑪格麗特王后和小王子流亡海外銷聲匿跡，藏在威爾斯的亨利六世懼而不出。

可以說，「白玫瑰」已經取得壓倒性勝利。被勝利沖昏頭腦的愛德華四世開始耽於逸樂，沒有注意到身邊悄然滋長的反動勢力——瓦立克伯爵。當他終於意識到問題時，瓦立克的勢力早已成熟，正準備著給國王沉重一擊。

後人總結愛德華四世一生的三大錯誤，排在第一位的即是縱容瓦立克伯爵，導致後者飛揚跋扈，視國王為自己的傀儡。非但如此，瓦立克伯爵甚至擅自安排國王的婚事，欲決定一個國家的未來走向。

清醒了的愛德華四世不甘被控制，他在瓦立克伯爵前往法國為自己

BC　上古時期
漢
— 0
羅馬時代
—
—
三國
晉
—
南北朝　盎格魯時代
— 500
隋朝
唐朝
—
—
英格蘭統一
五代十國
宋朝
— 1000
諾曼王朝
—
金雀花王朝
—
元朝　百年戰爭
—
明朝
—
薔薇戰爭
都鐸王朝
— 1500
—
斯圖亞特王朝
清朝
光榮革命
—
大不列顛成立
—
維多利亞女王
中華民國
伊莉莎白二世
— 2000

BC

耶穌基督出生　0—

君士坦丁統一羅馬

羅馬帝國分成兩部

波斯帝國　500—

回教建立

凡爾登條約

神聖羅馬帝國建立
　　　　1000—

十字軍東征

蒙古第一次西征

英法百年戰爭開始

哥倫布發現新大陸
　　　　1500—

英國大破無敵艦隊

發明蒸汽機

美國獨立

美國南北戰爭開始

第一次世界大戰
第二次世界大戰

　　　　2000—

求親時，自己做主娶了年輕的寡婦伊莉莎白·伍德維爾，欲借助伍德維爾家族的勢力遏制瓦立克。瓦立克發現對方先斬後奏，氣得快腦出血。不久，這個老傢伙把主意打到了國王的妹妹瑪格麗特身上。

瓦立克認為應該把瑪格麗特嫁給法蘭西國王的某個兒子，至少這樣保證了王室血統，他還親自跑去法國跟法蘭西國王商議。這次，趁著瓦立克不在，愛德華四世和伍德維爾家族擅作主張把瑪格麗特公主嫁給了法國勃艮第公爵，徹底打破了瓦立克的計畫。

怒不可遏的瓦立克在蟄伏幾年之後，暗中策劃了一起農民起義，名義是討伐盤剝百姓、作威作福的伍德維爾家族。接著，他和自己的女婿、國王的弟弟克拉倫斯公爵喬治結成同盟。兩人狼狽為奸擊敗國王軍隊，俘虜了愛德華四世，還處死了王后伊莉莎白的父親理查·伍德維爾。

由於貴族們支持愛德華四世，瓦立克無奈釋放了他。兩人表面上和好了，背地裏卻波濤洶湧。1470年，瓦立克伯爵及克拉倫斯公爵再度叛變，但是這次他們被打敗了，無奈逃至法國。在那裏，他們終於找到了再可靠不過的盟友——海外流亡多年的亨利六世和瑪格麗特夫婦。

貪婪的狼和狡猾的狐狸結合在一起，相比起來，愛德華四世更像一隻待宰的羔羊。他心知如果被瓦立克捉住，迎接自己的絕對不是驅逐而是死亡，於是帶著弟弟格洛斯特公爵理查逃至勃艮第——他妹妹那裏。亨利六世復辟成功，於1470年10月重新戴上英格蘭王冠。

當然，「玫瑰戰爭」怎麼可能輕易結束。眾所周知，愛德華四世曾兩次坐上英格蘭的王位。所以在失去王位的第二年，他便和勃艮第公爵查理結盟，轉而攻回英格蘭。勃艮第公爵的資金雄厚，軍隊訓練有素，加上本來就善於打仗的愛德華四世，對付瓦立克和亨利六世綽綽有餘。

1471年5月14日，亨利六世在倫敦塔內被謀殺，他的兒子更死在了他的前面。蘭開斯特派沒有了繼承人和憑依，這宣告了蘭開斯特王朝的

終結。勝利的果實再次被愛德華四世摘得。

時間匆匆而逝，一晃12年過去，愛德華四世的所有敵人均已被打敗。持續多年的「玫瑰戰爭」充斥了他的一生，所幸，也結束在他的國王生涯。當他垂垂老矣時，還在回憶過往那些朋友與敵人，背叛者與擁護者。於他而言，所有人都是生命中的過客，亦為他的人生帶來樂趣和苦難，值得在生命結束的前一刻細細回味。

【相關連結】

在「玫瑰戰爭」中，還有一位角色沒有詳談，他扮演了一個左搖右擺的牆頭草角色，儘管他與愛德華四世有著親密無比的關係，可是卻因立場不定，最終落得淒慘的下場。這個人就是愛德華四世的弟弟克拉倫斯公爵。

在愛德華四世與瓦立克公爵開始對決時，克拉倫斯投靠了他的岳父瓦立克伯爵。可是當愛德華捲土重來之時，克拉倫斯又後悔站在兄長的對立面，開始向愛德華示好，並掉轉頭來對付自己的岳父。

一切塵埃落定之後，克拉倫斯並沒有過上好日子，因為再沒有人願意信任他。不僅如此，他的弟弟格洛斯特公爵早已看他不順眼，兩人互相招架，不是為了女人，就是為了各種各樣的財富。

愛德華四世厭倦了克拉倫斯軟弱、貪婪的嘴臉，轉而在法庭上控告他。不久，克拉倫斯就因多項罪名而被判死刑。在執行死刑之前，克拉倫斯就死在了牢中。他的死法非常奇特，是被淹死在馬姆齊甜酒的酒桶裏。據說，那是他自己要求的死法。可是，真相如何又有誰知道呢？

【注釋】

①韋克菲爾德，位於英國西約克郡的市和都市自治市，行政中心是韋克菲爾德。此地區主要的鎮為諾曼頓、龐蒂弗拉克特、費瑟斯通、卡

斯爾福德等。

【專題】為你寫詩，為你講不可能的故事

在談到歐洲中世紀的文學時，不能不提一個人，他就是英國文學之父傑弗雷・喬叟。喬叟出生在富裕的酒商家庭，13歲至17歲之間，成為英王愛德華三世的兒子萊昂內爾親王和親王夫人伊莉莎白的少年侍從。正是因為成了王室的侍從，喬叟的名字見之於世，出現在伊莉莎白的家庭記事簿上。

幾年之後，喬叟進入內殿法學協會受訓，掌握了很多內務及外交知識。從1366年以後，他多次代表愛德華三世出使歐洲大陸，到過法國、比利時、義大利等國，與薄伽丘和彼得拉克成為好友。受到兩人的啟示，喬叟對文學創作產生巨大的興趣，從此踏進了詩歌的殿堂。

14世紀70年代，喬叟完成了他的得意詩作《聲譽之屋》。此後他又相繼完成了《公爵之書》、《賢婦傳奇》、《特洛伊拉斯與克萊西達》等。《特洛伊拉斯與克萊西達》是一部詩體小說，講述的是古希臘特洛伊戰爭背景下的愛情故事，充滿了歐洲中世紀宮廷愛情觀——宿命決定一切。

以詩歌影射現實，是絕大多數文人常用的筆法。喬叟的這些作品亦未能脫離窠臼。所以，中年以後的喬叟一直在尋找突破，直至《坎特伯里故事集》問世。這是一部詩體短篇小說集，講述一行30人會聚在泰巴旅店，準備前往坎特伯里去朝拜聖托馬斯。

哥倫布發現新大陸
1500—

英國大破無敵艦隊

發明蒸汽機

美國獨立

美國南北戰爭開始

第一次世界大戰
第二次世界大戰

2000—

30人中有騎士、醫生、律師、商人、手工藝者、僧尼、農夫、婦女等，包含了英國社會的三教九流。店主是個愛熱鬧的人，他自願為這些人擔任嚮導，提議在往返聖地的途中每人來回講兩個故事，以排遣旅途寂寞。故事講得最好的人，回到旅店後大家合起來請他吃飯。所有人都接受了他的提議，開始講起了故事。

這些奇妙的故事有的是冒險奇聞，有的是愛情故事，有的是動物寓言。其中，一位教士的寓言故事《公雞羌得克立和狐狸》很受歡迎。

公雞羌得克立與7隻母雞住在一個寡婦的院子裏。一天凌晨，公雞從噩夢中驚醒，它夢見一隻野獸埋伏在草叢裏伺機咬死它。它把夢講給它最寵愛的母雞派特利特聽，派特利特忍不住譏笑它膽小，勸它不必把夢放在心上。

但是羌得克立還是很擔心，認為遭遇厄運之前都會出現不祥的預兆，比如，有兩人因找不到旅店不得不投宿牛棚。夜裏，一個人兩次夢見宿牛棚的朋友向他求救，他沒有在意。第三次做夢時，朋友告訴他自己已被馬夫謀殺，請他在第二天早上遇到一輛糞車時攔住那輛糞車，他的屍體就藏在糞車底層。第二天，朋友果然路遇糞車，在糞車裏找到了朋友的屍體。那位馬夫也被揭露了罪行，受到絞刑。

母雞不相信羌得克立的胡話。誰知道天一亮，羌得克立正在與母雞們覓食時，草地裏突然竄出一隻狐狸，嚇得所有的雞四處飛竄。哪知道狐狸突然叫住了羌得克立，說自己是專門來欣賞公雞的歌聲的。

狐狸用花言巧語迷惑了羌得克立，羌得克立信以為真，擺好姿勢正準備引吭高歌，狐狸立刻衝上前咬住它的頸項，並跑進寡婦的小院，要去咬母雞們。幸虧寡婦和她的女兒及時出現，將狐狸趕跑了。羌得克立僥倖從狐狸嘴裏掙脫出來，保住了一命。

公雞羌得克立驕傲自大、目空一切，但又生性膽怯、疑神疑鬼。它喜歡高談闊論，但又顯得嘮叨，時而敏感，時而又因別人的吹捧而變得愚蠢。從它的身上，可以看到人類本身的劣根性。

《坎特伯里故事集》遠遠超過英國同時代的文學作品，也是現實主義的第一部典範，裏面的各類形象鮮明，語言生動活潑，喜劇色彩濃厚，幽默和諷刺並存。

除此之外，喬叟用富有生命力的倫敦方言進行創作，也為英國文學

語言奠定了基礎。因此，喬叟被譽為「英國詩歌之父」。

然而，由於創作這部小說時喬叟已至暮年，所以並未完成他預計的
120個故事，而是只寫完了20個完整故事和4個故事殘片，其中22個為詩
體，2個散文體。不過，這並不妨礙故事集作為西方中世紀和文藝復興時
期的獨一無二性，我們可以把它看作現實主義與藝術的精美結合。

1400年，喬叟溘然長逝，被安葬在倫敦威斯敏斯特教堂的「詩人之
角」，他也是第一位葬於此地的詩人。

喬叟一生的貢獻不只是他的文學創作，還有語言方面。英國當時的
宮廷語言是法語，學術語言是拉丁語。而喬叟是第一位使用英語創作的
宮廷作家。他的作品對現代英語的形成做出了巨大貢獻，特別是為伊莉
莎白時代英語文學的全面繁榮奠定了基礎。

此外，喬叟是第一個運用獨白來塑造人物的作家，並創造了戲劇
性獨白，還為英國文學引進了許多文學體裁，這一點在《坎特伯里故事
集》中有突出體現，包括寓言、傳奇、歷史小說、宗教故事、布道詞
等。他的文學探索開闢了英國文學的新時代，這無疑使他成為英國文學
史上的開創者和奠基者。

耶穌基督出生　0—

君士坦丁統一羅馬

羅馬帝國分成兩部

波斯帝國　500—

回教建立

凡爾登條約

神聖羅馬帝國建立
1000—

十字軍東征

蒙古第一次西征

英法百年戰爭開始

哥倫布發現新大陸
1500—

英國大破無敵艦隊

發明蒸汽機

美國獨立

美國南北戰爭開始

第一次世界大戰
第二次世界大戰

2000—

| 第五章 | 血腥都鐸

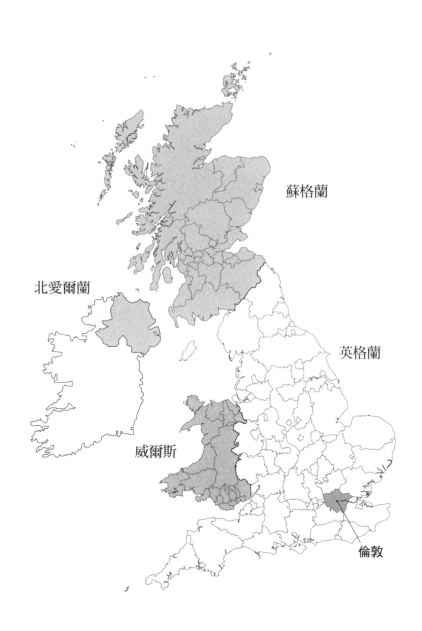

蘇格蘭

北愛爾蘭

英格蘭

威爾斯

倫敦

誰能保佑理查

BC

耶穌基督出生　0—

君士坦丁統一羅馬

羅馬帝國分成兩部

波斯帝國　500—

回教建立

凡爾登條約

神聖羅馬帝國建立
1000—

十字軍東征

蒙古第一次西征

英法百年戰爭開始

哥倫布發現新大陸
1500—

英國大破無敵艦隊

發明蒸汽機

美國獨立

美國南北戰爭開始

第一次世界大戰
第二次世界大戰

2000—

　　人們在閱讀整個世界歷史時，應該不難發現，任何一個中古王朝，在末代時期幾乎都是幼主統治國家。或者可以說，正因為幼主勢弱，才導致母強或者臣強，於是越容易引發內亂，繼而王朝終結。亨利六世正是因此而被公卿貴族玩弄，這一回輪到了愛德華四世的兒子威爾斯親王小愛德華。

　　愛德華四世去世時，小愛德華才13歲，由於他還不能親政，所以遵照愛德華四世的遺囑，格洛斯特公爵成為攝政王。

　　格洛斯特是個膽大心細、狡猾多端的人，輔佐小愛德華（即愛德華五世）時，起初並沒有表現出任何野心。但愛德華五世的母親伊莉莎白心下擔憂，她閱人無數，篤定格洛斯特並非忠心之人。

　　果然，沒過幾天，愛德華五世就被格洛斯特和其同夥白金漢公爵關進了倫敦塔。伊莉莎白帶著5個兒女匆匆逃去威斯敏斯特教堂尋求庇護。格洛斯特則趁著這段時間剷除了所有對愛德華五世忠心的貴族，然後一路來到威斯敏斯特教堂前，要求伊莉莎白交出她的二兒子約克公爵。

　　王太后無力保護自己的兒子，抱著約克公爵痛哭失聲，無奈將其交了出去。小約克公爵就這樣被送到了倫敦塔——他的哥哥愛德華五世身邊。

　　虛偽無恥的格洛斯特在其走狗白金漢公爵和貴族們的簇擁下，「勉為其難」地登上王位。他擺出一副國無良主、無可奈何的姿態，其實根本就是「黃袍加身」，自編自導了一場篡位的大戲。這位新國王理查以為自己可以再創建一個盛世，卻不知道等著自己的是一個殘酷的未來。

新登基的國王理查三世和他的王后安妮接受加冕禮後，在倫敦的大街小巷遊行，以昭示自己才是這個國家的主人。他雇了不少人，在下面大喊：「上帝保佑理查國王！」但無論人們如何吹捧這位國王的英明偉大，都掩蓋不了他所犯下的罪行。

一天夜裏，新國王的殺手摸進了倫敦塔，把關在那裏的愛德華五世和約克公爵——兩個十來歲的孩子悶死在被褥裏，然後將他們的屍首丟到河裏。

理查三世本想掩蓋殺死侄子的罪行，但是一個間諜組織將這件事宣揚出去，弄得盡人皆知。這個間諜組織的背後首腦是誰呢？毋庸置疑，正是白金漢公爵。

當初，白金漢公爵輔佐理查當上了國王。不過，卑鄙的人所交的朋友也必定是狡猾之人，又怎麼能期待他們之間以心相交呢？白金漢公爵早就存了野心，他參與了一個密謀推翻國王的集團，這個集團正在尋找真正的王位繼承人，在得知兩位王子的死訊後，他們將目標立刻轉向遠在法國的里士滿伯爵亨利。

這位里士滿伯爵又是誰呢？他正是亨利六世同母異父的弟弟艾德蒙德・都鐸①的兒子亨利・都鐸。亨利・都鐸在法蘭西布列塔尼②流亡長大，作為「紅玫瑰」唯一的遺珠，他已被當成蘭開斯特派的新首領。在雲詭波譎的「玫瑰之爭」中，蘭開斯特家族輸得很慘，而金雀花王室重新煥發光輝。可是，金雀花的能量早已在多次的王權爭奪中被消耗殆盡，那最後一根稻草也即將被壓倒。

成為蘭開斯特的首領後，亨利必須得到成員們的信任和支持，因此有人建議他迎娶愛德華四世的長女伊莉莎白，以行動向世人證明紅玫瑰與白玫瑰之間已經和好，「玫瑰戰爭」結束。亨利深覺有理，準備從法蘭西渡船去英格蘭。不過他的行程被暴風雨耽擱，晚了幾天。就在他遲到的幾日裏，理查三世迅速做出反應，將白金漢公爵抓捕起來，並把陰

BC　上古時期

漢

──○　羅馬時代

三國
晉

南北朝　盎格魯時代

── 500

隋朝
唐朝

英格蘭統一
五代十國

宋朝
── 1000

諾曼王朝

金雀花王朝

元朝

百年戰爭
明朝

薔薇戰爭
都鐸王朝
── 1500

斯圖亞特王朝
清朝
光榮革命
大不列顛成立

維多利亞女王

中華民國
伊莉莎白二世
── 2000

謀集團成員紛紛驅逐出境。

理查以為自己獲勝，便召開國會，準備向那些搖擺不定的貴族搜刮財富，以顯示自己的王威。國會在他的淫威之下宣布他為正統繼承人，他的獨子愛德華也擁有繼承權。然而，大家都心知肚明，只有愛德華四世的女兒伊莉莎白才是真正的王位繼承者。

理查三世懼怕伊莉莎白嫁給亨利，他拼命地破壞，卻疏忽了獨子的安全。沒過幾天，年幼的愛德華被人毒死了。痛失愛子的理查三世沒有了繼承人，一面傷心，一面想挽救局面。他甚至不顧叔侄關係，向伊莉莎白求婚，偷偷毒死了自己的王后，此舉遭到舉國上下的一致反對，人們認為國王已失去理智，喪心病狂了。

1485年8月1日，在法國國王查理八世的資助下，重新整軍出發的亨利·都鐸從法蘭西駛來，艦隊上有2,000名法國雇傭兵。與他同行的有他的叔父牛津勳爵賈斯泊·都鐸和一些與他同生共死的騎士。艦隊在米爾福德港③附近登陸，穿越了北威爾斯，向倫敦進發。

理查三世的軍隊在博斯沃斯攔截住亨利·都鐸的軍隊，雙方在原野上進行了一場大戰。這場戰爭打得非常慘烈，亨利一方因有牛津勳爵賈斯泊·都鐸的優秀指揮而得勝。理查三世則因為人心背離而輸掉了戰爭，死於亂劍之下。

作為國王，理查在位僅僅兩年，終年32歲，金雀花王朝自他而終止。他的一生充分地說明，有些東西，即使拿在手上，也不是自己的。

【相關連結】

在博斯沃斯牧野之戰中，亨利·都鐸一方的真正戰略指揮是牛津勳爵。戰爭一開始，牛津勳爵便用大炮猛轟理查的軍隊，雖然命中率很低，但具有鼓舞士氣，打響頭炮的作用。為了避免士兵脫離自己太遠，十幾分鐘之後，牛津勳爵叫停了炮手，這一決定讓敵我雙方的士兵都摸

耶穌基督出生　0—

君士坦丁統一羅馬

羅馬帝國分成兩部

波斯帝國　500—

回教建立

凡爾登條約

神聖羅馬帝國建立
1000—

十字軍東征

蒙古第一次西征

英法百年戰爭開始

哥倫布發現新大陸
1500—

英國大破無敵艦隊

發明蒸汽機

美國獨立

美國南北戰爭開始

第一次世界大戰
第二次世界大戰

2000—

不著頭腦。

當然，炮火僅僅是小插曲，短兵相接才是主要戰場。戰鬥持續大約兩小時時，理查一方的諾福克公爵與牛津勳爵的前衛部隊進入肉搏戰，士兵們扭打成一團，血肉橫飛。不久，諾福克公爵陣亡，理查一方的諾森伯蘭伯爵深感不妙，拒絕接受理查三世的出戰要求，帶著自己的軍隊開始向後退。隨著諾森伯蘭的退縮，許多貴族也開始逃跑，就連實力最強悍的斯坦利男爵也帶著自己的兄弟往後撤。

理查三世看得目眥欲裂，他大叫著「叛徒」，沖進敵軍陣營中，一劍將亨利的旗手威廉・布蘭登爵士砍翻，並將以勇力過人而著稱的勇士約翰・切尼爵士砍下了馬。理查雖然拔了頭籌，卻不及亨利那些與其出生入死的騎士勇武。這些騎士閃電般奔過來將理查團團圍住，亂劍將其砍死。

作為篡位者的理查三世，就像中世紀的傳統騎士那樣，轟轟烈烈死在戰場上了。

【注釋】

①亨利・都鐸的祖母凱薩琳是亨利五世的妻子，在亨利五世逝世之後，她改嫁給歐文・都鐸，生下了艾德蒙德・都鐸。

②布列塔尼，法國西部的一個地區，布列塔尼人來源頗為複雜，有一部分人是原始高盧人，另一部分是英國南部的威爾斯人後裔。由英國移居布列塔尼的民族，他們本身的語言和當地民族的語言很相近，經過漫長歲月的融合，成為現代的布列塔尼人。

③米爾福德港，位於英國威爾斯西南沿海克萊德沃河口，米爾福德港灣北岸，瀕臨凱爾特海東北側，是英國最大石油進口港和煉油基地。

BC　上古時期
漢
　　　　羅馬時代
— 0

三國
晉
　　　　南北朝　盎格魯時代
— 500
隋朝
唐朝

　　　　英格蘭統一
五代十國
宋朝
— 1000
　　　　諾曼王朝

　　　　金雀花王朝
元朝
　　　　百年戰爭
明朝
　　　　薔薇戰爭
　　　　都鐸王朝
— 1500
　　　　斯圖亞特王朝
清朝
　　　　光榮革命
　　　　大不列顛成立

　　　　維多利亞女王

中華民國
　　　　伊莉莎白二世
— 2000

絕對的君主

BC

耶穌基督出生　0—

君士坦丁統一羅馬
羅馬帝國分成兩部

波斯帝國　500—

回教建立

凡爾登條約

神聖羅馬帝國建立
　　　　1000—

十字軍東征

蒙古第一次西征

英法百年戰爭開始

哥倫布發現新大陸
　　　　1500—

英國大破無敵艦隊

發明蒸汽機

美國獨立

美國南北戰爭開始

第一次世界大戰
第二次世界大戰

　　　　2000—

「當殘酷不能幫你得到任何東西時，你絕對不會殘酷地對待別人。」這是英國都鐸王朝的第一位國王亨利‧都鐸（亨利七世）一生的座右銘。雖然他是一個工於心計、為達目的不擇手段的人，但不失為一位明智的君主。當然，還有很大一部分原因在於，亨利認為自己並非在血統上擁有絕對的繼承權，所以如果想要穩坐國王之位，不是殺戮那些反對者，而是先贏得絕大多數人的信任。

1486年年初，因熱病瘟疫的流行，拖了一年的王室婚姻終於走上正軌，亨利七世迎娶伊莉莎白為王后，以彌補自己血統的不純正。很快他們就生了一個王子，名叫亞瑟。此外，他將紅玫瑰與白玫瑰作為族徽，表示蘭開斯特和金雀花徹底和解。接著他又給教皇寫信，從羅馬教廷那裏獲得支持，至少在名義上真正坐穩了王位。

不過，倫敦還存在很多反對勢力，在未來的幾年中，有兩股勢力先後密謀造反，其中之一就是瓦立克伯爵。

博斯沃斯之戰發生後，亨利七世將愛德華四世的侄子、年僅10歲的瓦立克伯爵關入倫敦塔。但是，很快民間就出現了一則奇怪的消息：瓦立克伯爵逃出去了。原來，牛津一個名叫西蒙斯的教士找來一個漂亮的小男孩蘭伯特‧西姆內爾。仔細一看，蘭伯特與瓦立克伯爵有很多相似的地方。西蒙斯把蘭伯特帶到愛爾蘭，到處對人說小蘭伯特就是瓦立克伯爵，他還教蘭伯特編造貴族生活的場景，以此騙過了愛爾蘭總督和基爾代爾郡伯爵。就連理查三世指定的繼任者林肯伯爵約翰‧德‧拉波爾也信以為真，他向愛德華四世的妹妹勃艮第夫人借了2,000法蘭西騎兵，以行動支持蘭伯特這個「假瓦立克伯爵」，討伐篡位者亨利‧都鐸。

然而西蒙斯和小蘭伯特不過是個騙子，跟隨他們的人終以失敗收

場，國王軍隊大獲全勝，林肯伯爵犧牲，西蒙斯被捉後伏誅，反而是小蘭伯特因為聰明伶俐被亨利七世放到王宮的廚房裡做個小僕人。

有意思的是，接下來又有個人冒出來再次引發了反叛鬧劇。一天，一位自稱是約克公爵的男子從葡萄牙來到愛爾蘭，聲稱自己是愛德華四世的兒子。愛爾蘭人對他半信半疑，但他把自己的「哥哥」在倫敦塔裡受盡折磨的場景描繪得淋漓盡致，實在讓愛爾蘭人不得不信以為真。

得到愛爾蘭人支持的「約克公爵」到了法蘭西，向國王查理八世訴說自己的身世。其實查理八世根本不信他，但是正好這會兒查理八世對亨利七世很不滿，於是佯裝相信，還給「約克公爵」以禮遇。沒過多久，英法兩國的關係又密切了，冒牌貨「約克公爵」只好離開巴黎，尋求新的力量——勃艮第公爵夫人。

公爵夫人也知道「約克公爵」是假，但只要可以給亨利七世製造麻煩，她將不遺餘力。她攛掇勃艮第的菲力浦大公爵支持「約克公爵」。於是，從1491年開始直至1497年，「約克公爵」在英國敵國法蘭西、愛爾蘭、蘇格蘭及英國約克派的支持下，3次入侵英格蘭發動大規模叛亂，直至被捕。被捕後他才承認自己是佛蘭德人珀金・沃貝克。

沃貝克伏誅之後，亨利七世終於將都鐸王朝的江山穩定下來。他不必透過大規模的廝殺來確保王位，不過也並未掉以輕心。由於勃艮第公爵夫人一直在從中作梗，法蘭西與英格蘭的關係大不如前，為免英法再有惡戰，亨利七世在國內開始徵收各類稅金，也因此引發了一場起義。起義的領導者是埃格雷蒙特爵士和平民約翰，他們畢竟是無組織的反叛者，很快就被國王的軍隊鎮壓了。

得到喘息的亨利七世覺得目前迫在眉睫的不是英法之間可能發生的戰爭，而是他的兒子亞瑟的婚事。亞瑟已經15歲，他的婚姻可以為英格蘭帶來許多好處。亨利七世看準這一點，為兒子選中了西班牙阿拉貢國王的女兒凱薩琳。兩個孩子結婚才幾個月，亞瑟就病死了。在亨利七世

BC　　上古時期

●漢

———　羅馬時代

——　0

——

●三國
●晉

——

●南北朝　　盎格魯時代

——　500

●隋朝
●唐朝

——

———　英格蘭統一
●五代十國
——
●宋朝
——　1000

———　諾曼王朝

——

———　金雀花王朝

●元朝
———　百年戰爭
●明朝

———　薔薇戰爭
———　都鐸王朝
——　1500

———　斯圖亞特王朝
●清朝
———　光榮革命
———　大不列顛成立

——

———　維多利亞女王

——
●中華民國
———　伊莉莎白二世
——　2000

BC

耶穌基督出生　0—

君士坦丁統一羅馬

羅馬帝國分成兩部

波斯帝國　500—

回教建立

凡爾登條約

神聖羅馬帝國建立
1000—

十字軍東征

蒙古第一次西征

英法百年戰爭開始

哥倫布發現新大陸
1500—

英國大破無敵艦隊

發明蒸汽機

美國獨立

美國南北戰爭開始

第一次世界大戰
第二次世界大戰

2000—

的安排下，新寡的大兒媳嫁給了自己的小兒子亨利。

解決了兒子的婚事，亨利七世又把自己的長女瑪格麗特・都鐸嫁給蘇格蘭國王，透過聯姻使得英蘇關係緩和。

政治婚姻一向沒有什麼感情摻雜其中，不過是權力者維持統治的手段。正如亨利七世利用子女的婚姻牟利一樣，他對自己的婚姻也充滿了算計。王后伊莉莎白剛剛去世，亨利七世來不及傷心，便開始考慮下一個王后該是誰的問題，誰能給他帶來更大的利益和財富，他就娶誰。但是他猶豫來猶豫去，終究沒有找到更好的選擇。

在國王還在為婚姻苦惱的時候，疾病慢慢地蠶食了他的身體。他患了很嚴重的痛風病，所有的關節紅腫熱痛，令他夜不能寐。在病痛的折磨下，國王在52歲的時候就死了。他一直未能清晰地認識到，不管擁有多大的權力和財富，也無法換來健康。

【相關連結】

亨利七世作為「篡位者」，雖然被一些重視血統的英國貴族所詬病，但他對英國的貢獻是不可磨滅的。他在位期間獎勵工商業發展，因而得「賢王」之稱。因為工商業發展意味著資本主義萌芽的發展，亨利七世的作為相當於推動了資本主義的進程。他還多次通過國家法令禁止羊毛特別是優質羊毛的出口，並禁止半製成品的呢絨出口，這種以王權控制各種貿易往來，初步形成了保護工商業的重商主義經濟政策，相當於早期的宏觀調控。因為他的經濟舉措，統一的勞動力和商品市場初步形成，商品經濟得到發展，對封建農本經濟產生了瓦解作用。

花心國王（上）

用精緻的羊毛絨線所織出的暗色花紋窗簾靜靜地垂在窗邊，金色的鞋子下面是來自波斯的羊毛紅毯，亨利八世手叉著腰站在珍貴的紅木衣櫃前，望著宮廷畫師霍爾拜，或者說，是在等著對方為他繪製肖像。這一幕深深地刻印在霍爾拜的腦海之中，呈現在畫布上以後，也給許多觀瞻過這幅畫的後人留下深刻的印象。

從心理學角度而言，亨利八世的這副肖像畫幾乎可以看得出他的性格。習慣於叉腰並且手肘向前，既表示他是個習慣掌控一切、指揮一切的人，同時也暴露了他對人有所防備、戒心甚重。這種人最容易剛愎自用，掌握的權勢越大，就會變本加厲。當然，這些僅僅是後話，首先，我們必須先從亨利八世的童年說起。

他的兄長亞瑟死的時候，亨利才12歲，不得不遵照父親的命令娶了嫂子——來自阿拉貢的凱薩琳。儘管凱薩琳的長相實在不怎麼樣，但是為了大局著想，在迎娶凱薩琳的時候他還是像遊行般向倫敦市民宣告他結婚了。

王子從小就很喜歡拋頭露面，到了他繼承王位的時候，就更喜歡到處走動微服私訪或者駕馬遊行，以表示關心民生。年輕的國王身材高大矯健，聰敏過人，又如此懂得憐惜百姓，又怎能不受歡迎呢？另外，托了少年博學的福，他懂得拉丁文、法文、義大利文、西班牙文和希臘文，愛好詩歌音樂，並能作曲演奏；他還擅長馬術、射箭、摔跤及網球等。一個如此博學多才又平易近人的國王，已經完全擺脫他父親不受英格蘭人待見的陰影，是個人人愛戴的好國王了。

亨利八世在統治早期做出了一些成績。當時歐洲各國領土均在戰爭中發生微妙的變化，也是從那時候開始，歐洲近代國家體系逐步誕生。

BC　上古時期
漢
羅馬時代
— 0
三國
晉
南北朝　盎格魯時代
— 500
隋朝
唐朝
英格蘭統一
五代十國
宋朝
— 1000
諾曼王朝
金雀花王朝
元朝
百年戰爭
明朝
薔薇戰爭
都鐸王朝
— 1500
斯圖亞特王朝
清朝
光榮革命
大不列顛成立
維多利亞女王
中華民國
伊莉莎白二世
— 2000

BC

耶穌基督出生　0—

君士坦丁統一羅馬

羅馬帝國分成兩部

波斯帝國　500—

回教建立

凡爾登條約

神聖羅馬帝國建立
　　　　1000—

十字軍東征

蒙古第一次西征

英法百年戰爭開始

哥倫布發現新大陸
　　　　1500—

英國大破無敵艦隊

發明蒸汽機

美國獨立

美國南北戰爭開始

第一次世界大戰
第二次世界大戰

　　　　2000—

西歐大陸上，法蘭西的國土獨佔鰲頭，英格蘭為了與之勢均力敵，保持國際地位，與西班牙、尼德蘭等國進行聯姻或以財富來保持關係。

不久，因教皇對義大利王位繼承權的問題處理不當，法蘭西藉口討伐教皇。亨利八世稱自己無條件支持教皇的決定，遂對法蘭西宣戰。大概是勝利女神眷顧亨利八世，這場英法之戰以英格蘭險勝而終止，嘗到戰勝滋味的國王陛下大度地沒有追擊法國的殘兵敗將，而是回到英格蘭。

但是，如果單從英國國內的情況觀之，亨利八世不追擊法軍的很大原因是蘇格蘭國王的挑釁。作為亨利八世的姐夫，蘇格蘭國王一點親情也不顧，當然，那個年頭就算是親兄弟尚且互相廝殺，何況是沒有血緣的一般姻親。

既然對方不講親情，亨利八世也不跟他客氣，直接帶兵殺入戰場，一舉擊敗蘇軍。蘇格蘭國王也在戰場上身首異處，死無全屍。

兩次戰爭，亨利八世均獲得勝利，他覺得自己已有一定的經驗，表現還不錯，準備再入法蘭西，與之一決高下。考慮之前的敗績，法蘭西國王路易十二打算講和，主動提出一小部分賠款，並表示想娶亨利八世的妹妹瑪麗公主。

要知道，路易十二是年過五旬的老頭子，瑪麗公主才15歲，而且她之前已經有未婚夫，即是第一代薩福克公爵查理斯·布蘭登，可是王室女人的婚姻向來是為政治服務，由不得不嫁。最後，小公主孤零零地被嫁到法蘭西，身邊只有一個名為安妮·博林的侍女。

3個月後，無福消受年輕妻子的路易十二駕鶴西去，法蘭西打算將新寡公主送回英格蘭。當薩福克公爵作為使臣來接公主時，兩人不可避免地又一次陷入愛河，並在法蘭西建立了婚姻關係。

回到英格蘭後，薩福克公爵怕亨利八世追究，慌忙去找國王的寵臣湯瑪斯·沃爾西。在沃爾西的說服下，亨利八世原諒了這對苦命鴛鴦，

暫且把視線轉移到英法兩國關係上。

　　現在，一個重要的角色走入我們的眼簾，這個人正是湯瑪斯·沃爾西。他曾是林肯主教，亨利八世剛即位就提拔他協理國事和外交事務。他大概掌權14年，權傾朝野，堪比攝政王。此人八面玲瓏，極擅與人周旋，正是處理外交事務的好手。從1515年起，沃爾西兼任大法官、約克大主教、樞機主教和教皇代表，總攬內政外交大權。在他的安排下，英、法兩國國王決定在英屬法蘭西的土地上會晤，以示未來即將友好結盟。

　　但是，神聖羅馬帝國的新皇帝查理斯——王后凱薩琳的侄子突然跑來英格蘭，他賄賂沃爾西，表示只要使英法聯盟形同虛設，那麼將來就為沃爾西爭取教皇的位置。沃爾西對他的提議很滿意，說動了亨利八世。於是，在法蘭西那塊英屬地上，亨利八世與法蘭西新王法蘭西斯演了一場大戲。

　　從1522年開始，亨利八世接連向法蘭西派兵，1523年規模最大的一次因為中途軍費不夠，只得折回。很顯然，軍費開支是英法之戰的關鍵。為了保證有足夠資金支持戰爭，亨利八世不惜加收重稅。他召開議會徵稅並強索捐助，要求年收入達到50英鎊以上的人必須捐出1/6的收入來做軍費。此舉侵犯了鄉紳和資產階級的利益，全國一片反對聲。正巧，德國宗教改革思想傳入英國，民眾反天主教會的情緒日益高漲，鄉紳和資產階級中出現了一群力主改革的人士，要求摧毀天主教會，排除羅馬教廷對英格蘭的干涉。

　　亨利八世對教皇「忠心耿耿」，禁止一切不利於教皇的輿論、書籍在英格蘭民間傳播。但是他阻止得了聽得到的聲音，阻止不了聽不到的心聲。而且，正巧他自己也犯下了嚴重的錯誤，即他的離婚問題，成了英國改革運動爆發的導火線。

BC　　上古時期

漢

— 0　　羅馬時代

三國
晉

南北朝　　盎格魯時代

— 500

隋朝
唐朝

英格蘭統一
五代十國

宋朝
— 1000

諾曼王朝

金雀花王朝

元朝
百年戰爭
明朝

薔薇戰爭
都鐸王朝
— 1500

斯圖亞特王朝
清朝
光榮革命
大不列顛成立

— 0

維多利亞女王

中華民國
伊莉莎白二世
— 2000

BC

耶穌基督出生　0—

君士坦丁統一羅馬

羅馬帝國分成兩部

波斯帝國　500—

回教建立

凡爾登條約

神聖羅馬帝國建立
1000—

十字軍東征

蒙古第一次西征

英法百年戰爭開始

哥倫布發現新大陸
1500—

英國大破無敵艦隊

發明蒸汽機

美國獨立

美國南北戰爭開始

第一次世界大戰
第二次世界大戰

2000—

【相關連結】

安妮‧博林，諾福克公爵的侄女，也就是被嫁到法蘭西的瑪麗公主的侍女。或許一開始我們會忽略她這個小角色，但是當她成為亨利八世第二任王后之後，再難有人忽略她。

她與瑪麗公主一同從法蘭西回來，變成了凱薩琳王后的侍女，那時她已經是一個美豔的女人。亨利八世在王后的寢宮中看到她，對她一見鍾情。當時，亨利八世給她寫了一封煽情的情書：

I beg to know expressly your intention touching the love between us.

（我乞求你，清楚明白地告訴我你的心意，是否願意與我相愛。）

Necessity compels me to obtain this answer,having been more than a year wounded by the dart of love,and not yet sure whether I shall fail or find a place in your affection.

（我必須要得到這個答案，愛神之箭射中了我，傷口已一年有餘，能否在你的心中佔有一席之地，我卻依然無從確定。）

愛神之箭在那時候射中了亨利八世，他的的確確曾沉迷於安妮。但是，作為都鐸王朝歷史上最花心的國王，他從愛神手中得到了她，卻也親手把她送上斷頭臺，推入死神的懷抱。身為國王，他本身就是為利益所驅使；身為男人，他又為感情所驅使。當利益不在、感情不在時，任何人、事、物，他都可以毅然拋棄。

花心國王（下）

沒有子女的羈絆，王室的女人很容易失去丈夫的寵愛。作為英格蘭王后的凱薩琳在接連失去4個孩子之後，僅存的碩果只有瑪麗公主，她整個人憔悴不堪，老態龍鍾。對於如此倒胃口的女人睡在枕邊這件事，亨

利八世發自內心地反感。

　　一開始，他就不願意娶這個女人，卻為了王室的穩定而被迫接受婚姻。所以當凱薩琳的侍女安妮‧博林走入他的生命時，他立刻移情別戀了。不過他要怎樣才能擺脫凱薩琳呢？看樣子得想點辦法。他把自己信任的教士們叫到身邊，跟他們訴說自己的苦悶，阿諛奉承的教士們立刻鼓勵國王，勸他離婚。

　　亨利八世思來想去，覺得這件事最好請示教皇。關於國王的婚姻問題，教皇也感到為難，所謂「清官難斷家務事」，索性把問題拋給升任為英格蘭紅衣主教的沃爾西和另一位紅衣主教坎佩奇奧。

　　兩位主教把離婚聽證的審判庭安排在黑修士修道院，凱薩琳走到審判庭之後只說了一句話：「關於我在英格蘭的去留問題，根本不是你們這些紅衣主教能決定的。」說完轉身傲然離去。此後關於國王的離婚問題一拖再拖，直到亨利八世等得不耐煩了，派人去找教皇將此事儘快解決。

　　教皇進退兩難，怕不答應就得罪英格蘭，導致英格蘭脫離羅馬天主教廷的統治；答應了，又觸犯神聖羅馬帝國皇帝，因為羅馬帝國皇帝是凱薩琳的侄子。由於教皇一直猶豫不決，亨利八世的近臣湯瑪斯‧克倫威爾慫恿國王繞開教皇，擺脫其控制，自己決定如何做。

　　終於，亨利八世還是擺脫了凱薩琳。凱薩琳離開英格蘭的時候說：「無論我身在何方，到死之前依然是英格蘭的王后。」這時，沃爾西的政治生涯也走到了頭。因為在國王與王后的離婚案件上他從中阻撓，其實他並不喜歡王后凱薩琳，但是聽說國王準備娶安妮‧博林的時候，他更加反對。就是因為在舊王后和新王后兩股勢力中左搖右擺，所以他得罪了兩邊人，最終被亨利放逐，還被定了叛國罪，死在萊斯特①教堂裏。

　　至於安妮‧博林，1533年1月，亨利八世在沒有獲得教皇許可的情

況下，秘密與她結婚。羅馬教皇聞訊即宣布將亨利驅逐出教。亨利八世
為了報復教皇，令英國議會立法脫離羅馬教廷。緊接著，新上任的坎特
伯里大主教湯瑪斯・克蘭麥宣布亨利與凱薩琳的婚姻無效，與安妮・博
林的婚姻合法，新王后的位置得以被承認。不過，安妮大概做夢也沒想
到，當初誓言愛她勝過愛自己的亨利八世，拋棄她的時候是多麼乾脆。

　　1533年9月，新王后為國王生下女兒伊莉莎白，這個女孩就是後來
的「童貞女王」伊莉莎白一世。由於沒有生出兒子，亨利八世對她漸漸

失望。俗話說，宿命喜好弄人，正如當初國王看中安妮而拋棄凱薩琳，
如今，花心的亨利八世又看中安妮的女侍官簡・西摩。

　　不知道是不是用了跟當初一樣的手段，總之亨利八世想辦法擺脫了
他的第二位王后。1536年，亨利八世下令逮捕安妮・博林和她的弟弟子
爵喬治。喬治被指控和他的朋友與安妮・博林私通，並計畫暗殺國王。

事實上，大多數人都知道安妮・博林是無辜的，她的弟弟和那幾個效忠
他們的人根本不知道自己還曾「謀反過」。可是沒人願意站出來為他們

說一句話，因為國王再不是當年意氣風發的國王，而是個剛愎自用、手
段凶殘且好色如命的人，誰若反對他，他便殺誰。結果喬治和他的朋友

被處死，安妮・博林也因通姦罪被斬首。

　　這一回，亨利八世「命中註定」的女人似乎出現了。據說，簡・
西摩是他的一生摯愛。但鑑於此女死得太早，不見得她就是能挺到最後

的人。1537年10月12日，亨利八世與簡・西摩的兒子愛德華・都鐸出生
了。王室期盼已久的繼承人來到人世，舉國歡慶。當人們還在為愛德華

的誕生而慶祝時，10月23日，王后突發產褥熱，於第二天夜晚過世。亨

利八世來不及悲痛，就失去了他的愛人。

　　過了不久，寂寞的國王認為自己該再找個伴，而且這個伴能給他帶

來點利益。宮廷畫師漢斯・霍爾拜在給國王畫肖像畫時提到了一個漂亮

的女人——法國和尼德蘭之間的小國克里維斯的安妮公主。亨利有些心

動，向對方求婚。兩個人結婚不久，亨利八世對她的容貌甚是不喜，將目光轉移到王后的女侍官凱薩琳·霍華德身上。

這位凱薩琳小姐跟安妮·博林還有那麼點血緣關係，她是第二代諾福克公爵湯瑪斯·霍德華的侄女。也有一說，是諾福克公爵把凱薩琳引薦給國王的。總之，國王不出意外地移情別戀，又一次向全民宣布與安妮公主的婚姻無效，並給了對方「國王的姐妹」頭銜和一大筆錢，讓她在英國隱居。

1540年7月28日，亨利八世迎娶凱薩琳·霍華德。然而，凱薩琳婚後和大臣湯瑪斯·卡爾佩珀私通，並與前男友弗蘭西斯·迪勒姆保持曖昧關係。凱薩琳的風流作為被大主教克蘭麥知道了，克蘭麥遂向亨利密報王后通姦。安妮·博林尚且因莫須有的「通姦」被斬首，何況是確有其事的凱薩琳。亨利八世毫不猶豫地將王后和她的情人們抓起來處以絞刑。

殺妻大事完畢之後，年邁的亨利八世覺得自己太不幸了，一輩子竟然連個貼心的枕邊人都沒有，何其可悲。後來他又選擇了一個女人——第三代拉蒂莫男爵約翰·內維爾的遺孀凱薩琳·帕爾。凱薩琳·帕爾是個新教徒，經常在國王耳邊談論新教的一些內容，讓亨利八世不勝其煩，有一次他下了密旨，如果王后繼續宣揚新教教義，就送她上斷頭臺。

凱薩琳·帕爾的親信把消息送到王后那裏，嚇得王后生了一場病。病中國王探望她時，她極力討好國王，並拐彎抹角地說自己從國王那裏受益匪淺。亨利八世聽得甚是欣慰，悄悄撤回了密旨。聰明的王后躲過一劫，從此戰戰兢兢度日。不過，她就要解脫了。胖得臃腫的老國王在一次騎馬時墜馬受傷，身體不堪重負，不日臥床不起。他逮捕反改革派首領諾福克公爵等，準備處死，但未及執行，就於1547年1月28日病逝於溫莎堡的懷特霍爾宮。

BC　上古時期

漢

羅馬時代

— 0

三國
晉

南北朝　盎格魯時代

— 500

隋朝
唐朝

英格蘭統一
五代十國

宋朝
— 1000

諾曼王朝

金雀花王朝

元朝

百年戰爭
明朝

薔薇戰爭
都鐸王朝
— 1500

斯圖亞特王朝
清朝
光榮革命
大不列顛成立

維多利亞女王

中華民國
伊莉莎白二世
— 2000

臨死前，國王至少清醒了片刻，他任命16位主要是改革派（宗教改革）的新貴族組成樞密院，輔佐9歲的愛德華六世繼承王位，說完即撒手人寰。他的一生共有3個孩子——瑪麗、伊莉莎白和愛德華，3個孩子都做過英國國王，奇怪的是他們都沒有子嗣。這大概是國王的婚姻經歷太過傳奇的緣故，導致他的孩子們對婚姻都產生了陰影。

【相關連結】

關於亨利八世的風流史，最值得一提的是第三位王后簡‧西摩。她是宮廷侍女，曾侍奉過阿拉貢的凱薩琳和安妮‧博林。對安妮‧博林厭棄的亨利八世偷偷追求她，送她一袋金幣和一封情書，請求她做自己的情婦。簡卻退還了國王的禮物，說自己只願做一位堂堂正正的王后，絕不想做貪圖富貴的情婦。

她的堅決態度讓亨利八世欲罷不能，加速了國王陷害王后安妮的進度。很快，王后被斬首了，亨利八世迫不及待地迎娶了簡。當簡突發產褥熱而死時，國王在寫給法蘭西國王法蘭索瓦一世的信中提道：「她為我帶來喜悅，天主卻將它混攪著她的死所帶來的苦痛。」對於新王后的死，國王的悲痛並不是作假的。跟安妮‧博林比起來，西摩並非傾國之色，但她機敏溫順，深深抓住亨利的心，她是唯一在死後令亨利傷心落淚的王后，可見多麼得亨利的喜愛。

亨利八世死後，人們遵照他的遺囑將他與簡‧西摩合葬在一處。外人看來，簡‧西摩應當是國王摯愛了。然而，如果我們考慮一下國王6任妻子的結局，就應該想到，他死後不與西摩合葬，又該與誰合葬呢？

【注釋】

①萊斯特，位於英國英格蘭東米德蘭茲萊斯特郡，是英國東中部地區最大的都市。萊斯特在50年由羅馬帝國建成，歸不列顛尼亞管治；在

耶穌基督出生　0—

君士坦丁統一羅馬

羅馬帝國分成兩部

波斯帝國　500—

回教建立

凡爾登條約

神聖羅馬帝國建立
1000—

十字軍東征

蒙古第一次西征

英法百年戰爭開始

哥倫布發現新大陸
1500—

英國大破無敵艦隊

發明蒸汽機

美國獨立

美國南北戰爭開始

第一次世界大戰
第二次世界大戰

2000—

914—941年曾被維京人短暫佔領。

誰主沉浮

　　內閣是政府最高級官員代表政府各部門商議政策的組織。在中國，內閣制度最早源自明朝時期，由明成祖朱棣設立。而在英國，將內閣運用得比較多的是亨利八世。在英格蘭，內閣成員既像顧命大臣，又似議會成員，是在新王沒有執政能力的前提下行使王權，跟中國古代王朝不太一致。

　　輔佐還不足10歲的愛德華六世（即愛德華‧都鐸）的內閣有兩個，第一內閣是亨利八世任命的16人內閣，第二內閣是由其他12位成員組成的協助內閣。第一內閣中最有權勢的就是赫特福德伯爵小愛德華‧西摩（他的父親也叫愛德華‧西摩，第一代赫特福德伯爵），他很快被晉升為薩默塞特公爵，小國王任命他為攝政王，權傾朝野。

　　不可一世的薩默塞特公爵想左右國王的婚事，他希望愛德華六世能娶蘇格蘭女王瑪麗‧斯圖爾特。但是蘇格蘭人絕大多數不同意這門婚事。薩默塞特公爵為了找回面子，決定對蘇格蘭發動戰爭。蘇格蘭攝政王阿倫伯爵、沙泰勒羅公爵詹姆斯‧漢密爾頓帶軍於埃斯克河迎戰。

　　英蘇雙方經歷幾輪戰爭之後，薩默塞特公爵發現入侵蘇格蘭似乎是個奢望，於是向阿倫伯爵求和。阿倫伯爵誤以為英格蘭方面懼怕自己的勇武，繼續追打薩默塞特的軍隊，此舉惹惱了薩默塞特，他立刻將英格蘭海軍也調來戰場。在海陸兩軍的夾擊下，阿倫一敗塗地，幾近全軍覆沒。

　　薩默塞特公爵來不及品嘗戰果，就匆匆回到英格蘭，因為他聽說他的弟弟西摩勳爵湯瑪斯可能會威脅他的地位。湯瑪斯除了長相俊美而

BC　上古時期
漢
－ 0　羅馬時代
－
三國
晉
－
南北朝　盎格魯時代
－ 500
隋朝
唐朝
－
英格蘭統一
五代十國
宋朝
－ 1000
諾曼王朝
金雀花王朝
元朝
百年戰爭
明朝
薔薇戰爭
都鐸王朝
－ 1500
斯圖亞特王朝
清朝
光榮革命
大不列顛成立
維多利亞女王
中華民國
伊莉莎白二世
－ 2000

BC

耶穌基督出生　0—

君士坦丁統一羅馬

羅馬帝國分成兩部

波斯帝國　500—

回教建立

凡爾登條約

神聖羅馬帝國建立
　　　　　1000—

十字軍東征

蒙古第一次西征

英法百年戰爭開始

哥倫布發現新大陸
　　　　　1500—

英國大破無敵艦隊

發明蒸汽機

美國獨立

美國南北戰爭開始

第一次世界大戰
第二次世界大戰

　　　　　2000—

受到廣大女性喜歡以外，很重要的是他娶了亨利八世的遺孀凱薩琳‧帕爾，相當於成了國王愛德華六世的繼父。

大概是有了小國王的依仗，湯瑪斯有些不可一世，更貪圖他不能得到的東西，他串通薩默塞特公爵的幾個敵人，想綁架小國王，順便要脅薩默塞特。他的計畫尚未付諸實踐就被識破，他被哥哥薩默塞特公爵親手送上了斷頭臺。

薩默塞特公爵看似沒有了敵人，他本該可以一手遮天。可他跟他的弟弟犯了相同的錯誤，貪圖不屬於自己的東西，他對伊莉莎白產生了好感。然而，他來不及透過婚姻令自己更上一層時，就遭到了彈劾。因為他心高氣傲又貪圖享樂，私建宮殿，又任意拆除主教的房子，惹怒了不少人。他的死敵瓦立克伯爵杜德利聯合7位議會成員自立門戶形成獨立議會，經過調查和捏造，羅列了29項為薩默塞特公爵危害國家的罪行。

攝政王被關進了倫敦塔，他用所有財富將自己贖了出來，並被迫把女兒嫁給瓦立克伯爵的兒子。可是，一年之後，成為諾森伯蘭公爵的瓦立克伯爵又一次把黑手伸向他，這次薩默塞特公爵難逃一死，被送上了斷頭臺。

薩默塞特公爵作為權臣雖然有很多越矩之處，但正像他自己說的那樣，他為宗教改革做出了不少貢獻。亨利八世在位時期雖然使英國教會脫離了天主教會控制，但他沒有真正宣布廢除天主教教義或儀式。直到愛德華六世在位時期，通過改革派的努力，國王終將新教定為英格蘭國教，廢除了彌撒和神職人員的獨身制度。

言歸正傳，沒有了薩默塞特公爵的控制，愛德華六世依然未取得王權。一代權臣死去，又一代權臣上來，這個人自然是薩默塞特公爵的敵人諾森伯蘭公爵。

諾森伯蘭公爵是個老謀深算的人，他為自己謀劃了一個好兒媳婦——簡‧格雷。簡‧格雷是薩福克公爵亨利‧格雷之女，是亨利七世

的外曾孫女，血統上她具有王位繼承權。愛德華六世一向體弱多病，早夭是不可避免的，於是諾森伯蘭密謀讓簡‧格雷成為愛德華六世的繼承人。

一切如諾森伯蘭所想，16歲的愛德華六世突然身染天花，一病不起。在病中的小國王似乎預知到自己的死期，他對繼承人的問題深感擔憂。在諾森伯蘭終日的勸說和催眠下，小國王也認為簡‧格雷似乎是最適合的人選，便在詔書裏寫下他這個表妹的名字，而把瑪麗和伊莉莎白拒之門外。

1553年7月6日，愛德華六世病逝。諾森伯蘭一度試圖隱瞞國王的死訊，但在瑪麗公主前往倫敦探病時，消息就瞞不住了。

瑪麗聽聞愛德華六世立簡‧格雷為王位繼承人，沒有做任何表示，而是從去倫敦的路上改道去了諾福克①，找她的好朋友阿倫德爾伯爵。他們需要計畫一下，怎麼能更容易地從簡‧格雷手中拿回屬於瑪麗的王位。

另一方面，年僅16歲的簡‧格雷也是忐忑不安，她被貴族大臣們護送去倫敦塔，準備在那裏加冕。然而，她的預感告訴她，她將很可能被這突如其來的「驚喜」推向深淵。

果然，人民極度不歡迎新女王，因為他們更傾向和信賴瑪麗公主。很快，擁護瑪麗的貴族們在諾里奇宣布瑪麗為他們的女王，並擁兵起義。議會的意思是讓薩福克公爵出面解決，但薩福克體弱又膽小，只好輪到諾森伯蘭公爵帶兵去鎮壓。

諾森伯蘭公爵很不情願地接受了這個任務，他實在不放心去前線，因為議會那幫人左搖右擺，自己不坐鎮，遲早會生變。他可真是一語成讖，在他剛帶兵離開之後，議會就變卦了，他們拋棄了薩福克公爵和簡‧格雷，改為擁護瑪麗女王。諾森伯蘭公爵一日之間從一人之下、萬人之上變成階下囚，轉眼便被送到倫敦塔上的斷頭臺。

BC　上古時期

漢

　　羅馬時代
— 0

—

三國
晉
—

南北朝　盎格魯時代
— 500

隋朝
唐朝
—

—

　　英格蘭統一
五代十國

宋朝
— 1000

　　諾曼王朝

—

　　金雀花王朝

元朝
—　　百年戰爭

明朝
—

　　薔薇戰爭
　　都鐸王朝
— 1500

—　　斯圖亞特王朝
清朝
　　光榮革命
—　　大不列顛成立

—

　　維多利亞女王

中華民國
—
　　伊莉莎白二世
— 2000

BC

耶穌基督出生　0—

君士坦丁統一羅馬

羅馬帝國分成兩部

波斯帝國　500—

回教建立

凡爾登條約

神聖羅馬帝國建立
1000—

十字軍東征

蒙古第一次西征

英法百年戰爭開始

哥倫布發現新大陸
1500—

英國大破無敵艦隊

發明蒸汽機

美國獨立

美國南北戰爭開始

第一次世界大戰
第二次世界大戰

2000—

政治鬥爭，誰主沉浮？本來就是很難預料的歷史大戲。在都鐸王朝前期，無論是男人還是女人，只要身在宮廷，都被捲入這場大戲的旋渦，在裏面沉沉浮浮。無論是薩默塞特、諾森伯蘭，還是簡‧格雷，在成為跳樑小丑般的角色前都曾風光一時，卻敵不過更加心狠手辣的敵人。正應了那句話：誰夠狠，誰才能活到最後！

【相關連結】

從金雀花王朝晚期至都鐸王朝，英國議會的「三位一體」原則一直被保持並延續。所謂三位一體，即國王和上、下兩院三位一體。伊莉莎白一世期間的要臣塞西爾解釋說：「上議院貴族是議會的組成部分之一，代表全國平民的郡邑下議院議員也是議會成員。女王陛下亦然。這三者構成可以立法的議會機構。」

不過，都鐸王朝「王在議會」的含義有了很大的改變。國王不是隨意就能參加議會辯論和立法活動，其只擁有會議閉幕時對議會法案的允准權和否決權。所以，在都鐸年間歷代國王不在會期之時駕臨議會，這個慣例的形成為英國之後「君王不可為非」和「議會至上」的憲法原則形成提供了條件。

【注釋】

①指薩塞克斯郡的阿倫德爾城堡。薩塞克斯郡，英格蘭東南部的歷史郡，其面積大致與古代薩塞克斯王國面積相等。北鄰薩里郡，東有肯特郡，西與漢普郡接壤，南臨英吉利海峽。1974年，在地方政府重組後劃分為西薩塞克斯郡和東薩塞克斯郡。

血腥瑪麗

「血腥瑪麗」在歐洲是一個十分流行的辭彙。它廣泛的知名度首先來自一種雞尾酒——由伏特加、番茄汁、檸檬片、芹菜根混合製成。因為鮮紅的番茄汁令雞尾酒的顏色如鮮血，故而得名。而「血腥瑪麗」一詞，原型即為英格蘭和愛爾蘭女王瑪麗一世，一個慣於製造血腥的女人。

1553年10月1日，瑪麗從簡‧格雷的手中兵不血刃地拿回王位，最主要在於她的正統繼承權。雖然她擁有王位名正言順，本該讓國家更進一步，偏偏她是個傳統的頑固分子。她全力抵制英國新教，將所有愛德華六世革新的東西恢復到傳統，包括一切生活習慣和宗教信仰。

最開始遭殃的即是愛德華六世時期有權有勢的里德利主教，他支持新教，又是簡‧格雷的擁護者，自然首當其衝。接著是那些新教的信奉者，包括坎特伯里大主教湯瑪斯‧克蘭麥。她將超過300名新教徒坑殺，因而得名「血腥瑪麗」。

在讓這些人充分體會到何謂痛苦之後，瑪麗恢復了她母親的身分。早年因阿拉貢的凱薩琳被廢黜，瑪麗公主一度成為亨利八世的私生女。遭受這樣待遇的瑪麗銘記於心，因此她組織了新內閣，宣布湯瑪斯‧克蘭麥的決定無效。

恢復了所謂正統後，瑪麗著手處理簡‧格雷及其黨羽。她殺死那些對她表示不滿的貴族，又將簡‧格雷和她的丈夫、父親親手送上斷頭臺。處理完這些敵人，妹妹伊莉莎白成了她的下一個目標。

瑪麗女王和伊莉莎白的關係頗為微妙。1533年12月，因母親關係而變成私生女的瑪麗被命令成為同父異母妹妹伊莉莎白的女侍官，不被允許去看望自己的母親。這是一段頗為恥辱的日子，期間她因身體不好頻

BC　上古時期

漢

0　羅馬時代

三國
晉

南北朝　盎格魯時代
500

隋朝
唐朝

英格蘭統一
五代十國

宋朝
1000

諾曼王朝

金雀花王朝

元朝
百年戰爭
明朝

薔薇戰爭
都鐸王朝
1500

斯圖亞特王朝
清朝
光榮革命
大不列顛成立

維多利亞女王

中華民國
伊莉莎白二世
2000

BC

耶穌基督出生　0—

君士坦丁統一羅馬

羅馬帝國分成兩部

波斯帝國　500—

回教建立

凡爾登條約

神聖羅馬帝國建立
　1000—

十字軍東征

蒙古第一次西征

英法百年戰爭開始

哥倫布發現新大陸
　1500—

英國大破無敵艦隊

發明蒸汽機

美國獨立

美國南北戰爭開始

第一次世界大戰
第二次世界大戰
　2000—

繁臥床，得不到父親的半點憐愛。儘管幾年之後，亨利八世恢復了她為王儲之一的身分，她依然懷恨在心。

那段不堪的日子令她很不喜歡伊莉莎白，尤其伊莉莎白還是個新教的擁護者。為免自己的統治地位受到伊莉莎白的動搖，她將伊莉莎白送入倫敦塔，在那之前還強迫伊莉莎白穿過「叛徒門」。伊莉莎白力爭，卻仍被推過那道恥辱之門，飽受委屈地變成了囚徒。

為了進一步鞏固王權，瑪麗一世同意與神聖羅馬帝國國王查理五世的兒子西班牙王子腓力（後來的腓力二世）結婚。根據婚約，腓力得到英格蘭國王的稱號，所有議會法案必須同時由腓力及瑪麗共同簽署，這意味著議會將只聽命於他倆。同時，因腓力繼承了那不勒斯及耶路撒冷，瑪麗也獲得那不勒斯王后及名義上的耶路撒冷王后。在腓力成為西班牙國王時，瑪麗一世順理成章地坐上西班牙王后的位置。

對瑪麗一世而言，現在她的權力可謂空前，超越了父親和祖父。然而，人生的轉機總是出現在不經意間。

瑪麗因生育困難問題和腓力聚少離多，腓力大多數時間流連國外，喜歡四處征戰，很快與法蘭西交惡。在不能力敵的情況下，他向瑪麗尋求幫助，英格蘭軍隊只能在匆忙準備後上了戰場。結局可想而知，英國艦隊慘敗而歸。為此，瑪麗還損失了大筆軍費。

英格蘭慘遭打擊，瑪麗因此受到了議會和貴族的指責。她深覺面子丟光，加之兩次假性懷孕的打擊，從此一蹶不振。

1558年的秋天，一場熱病瘟疫席捲了英格蘭。自負的女王沒能鬥得過病魔，身染熱病。她的統治生涯僅僅維持5年，就在遺憾中結束了。當然，遺憾的僅僅是她自己，那些在她血腥統治下吃盡苦頭的人就差沒有上街遊行歡呼了。

人們把被關在倫敦塔的伊莉莎白迎接出來，開心的議員們在那裏宣布伊莉莎白是下一任英格蘭女王。接著，梳妝打扮好的伊莉莎白騎著白

馬，穿過倫敦街道，在百姓夾道歡迎的熱烈氣氛下來到威斯敏斯特教堂接受加冕。

她跟她的姐姐有很大的不同。瑪麗女王矮小瘦弱，臉頰尖而刻薄，一頭棕色的頭髮永遠籠罩在髮冠裏，全身穿著保守厚重的衣服；伊莉莎白繼承了母親安妮・博林的姣好容貌，同時五官又很立體，凸顯了她堅強固執的性格，一頭紅色的捲髮高調地盤起，將她整個人襯得精神奕奕。即位當年，伊莉莎白25歲，青春澎湃與成熟風韻並存，讓她看起來是那麼高貴而威嚴。

儘管伊莉莎白的母親安妮・博林的命運非常悲慘，但她不像瑪麗一樣內心陰鬱，這得益於她的繼母凱薩琳・帕爾。一位好的母親甚至比一位好的父親對子女的影響更深刻。凱薩琳・帕爾品行正直、聰慧睿智，又是新教的推崇者，她的所有美德深深影響伊莉莎白。

伊莉莎白聰明過人、博學多才且懂得隱忍。當然，她在私底下也表露出暴躁的一面，甚至屢爆粗口，與她的父親一模一樣。被這樣的女人統治的英格蘭，在未來的45年裏，將展現怎樣別開生面的盛世呢？

【相關連結】

瑪麗一世在位時期，英格蘭面對的最大經濟問題是安特衛普布料貿易的衰落。因為與西班牙的關係密切，瑪麗一世不允許英國海盜打劫西班牙商船，那麼南下的海上貿易相當於被阻截。為了進一步擴大英格蘭海外貿易，挽救國家衰敗的經濟形勢，瑪麗聽從新任諾森伯蘭公爵的建議，在歐洲各地尋找新的營商港口。

瑪麗一世的英國遠征艦隊來到莫斯科公國，與之取得了貿易合作，並擁有了當地貿易優惠權。1554年，英國商人在莫斯科公國建立了「莫斯科公司」，專門經營俄羅斯、中亞、波斯一帶的貿易，為英國經濟復甦做出了重要貢獻。

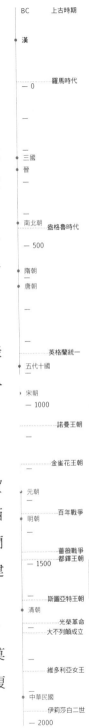

BC　上古時期

漢

羅馬時代

— 0

三國
晉

南北朝　盎格魯時代

— 500

隋朝
唐朝

英格蘭統一
五代十國

宋朝

— 1000

諾曼王朝

金雀花王朝

元朝
百年戰爭
明朝

薔薇戰爭
都鐸王朝

— 1500

斯圖亞特王朝
清朝
光榮革命
大不列顛成立

維多利亞女王

中華民國
伊莉莎白二世

— 2000

【專題】走錯路也能大發現

義大利航海家克里斯多夫・哥倫布在1492年探險遠征中首次發現美洲大陸。

如果沒有哥倫布，大概美國的今天會大為不同，或許它的名稱也不再是「America」。那麼，在這裏為什麼要突然提到義大利人哥倫布呢？這一切還要從哥倫布來到英國說起。

克里斯多夫・哥倫布，偉大的義大利航海家，1451年出生於熱那亞，1476年移居葡萄牙。早在少年時期，他就迷戀上「地圓說」，當他

讀到《馬可・波羅遊記》時，心裏對印度和中國充滿了憧憬，他也想像

那些航海冒險家一樣，乘風破浪，去那些未曾去過的地方。

為了實現航海家的夢想，他開始遊說葡萄牙國王，資助他完成遠航之旅。但是，葡萄牙國王把他看成了騙子，將他轟了出去。接著他跑去

了英格蘭，當時正好是亨利七世統治時代。亨利七世聽了他的描述，沒

太放在心上。莫說目前歐洲的海陸商路運輸已經成熟，開闢新航線可能會衝撞一些商人的根本利益；就算是不成熟，也沒必要相信一個毛毛躁

躁的年輕人。

哥倫布失望地從宮殿中走出來，他以為像亨利七世般英明的國王會

看到新航路開闢的好處，想不到對方卻因循守舊。接著，他改去說服法蘭西國王，同樣吃了閉門羹。最終他失望地準備回葡萄牙，途經西班牙

時，抱著試試看的心態去了西班牙，在那裏他沒有見到國王，卻與王后

意外相識。

一開始，西班牙王后伊莎貝拉也有所顧慮，但她沒有斷然拒絕，而

是指定一個皇家委員會考慮哥倫布的計畫，並同時決定將哥倫布納入皇

家供奉。1492年，覺得計畫可行的伊莎貝拉說服了國王，還準備把自己

的私房錢也掏出來，資助哥倫布的航行。

當年，哥倫布終於登上西班牙為他準備的船隻，開始了開闢新航路的旅程。他帶著西班牙女王給印度君主和中國皇帝的國書，率領3艘百噸吃水量的帆船駛入大西洋，一路向西航行。經過70多個日夜的航程，10月12日凌晨，他們終於發現了陸地。哥倫布欣喜若狂，以為到了印度，結果之後才知道不是，於是它把這個地方命名為「聖薩爾瓦多」，即「救世主」的意思。10月28日，船隊到達古巴島，哥倫布誤認為這就是亞洲大陸，隨後他來到西印度群島中的伊斯帕尼奧拉島（今海地島），在島的北岸進行了考察。1493年3月15日返回西班牙。

在未來的10年間，哥倫布相繼進行了4次航行。第四次航行始於1502年5月11日，共4艘帆船和150個船員。他的第三次航行震動了葡萄牙和西班牙，人們認為他抵達的並非亞洲，而是一個「新世界」。最後這次的航行正是西班牙斐迪南國王和伊莎貝拉王后命他出航查明真相，並尋找新大陸通向太平洋的水上通道。

這次哥倫布穿過古巴島和牙買加島之間的海域，進入加勒比海海域，然後沿洪都拉斯、尼加拉瓜、哥斯大黎加和巴拿馬海岸航行了約1,500公里，尋找大西洋和太平洋之間的通道。當他沿著隔開兩大洋的地峽行駛時，由於與印第安人發生衝突，一艘船被毀，另外3艘也相繼損壞，不能繼續航行，只好折返，於1504年11月7日回到了西班牙。

哥倫布的航行開創了在新大陸開發和殖民的新紀元，意味著歐洲人可以定居的地方又多了一個，而廉價的礦藏資源和原材料輸出地也多了一個。雖然這直接導致美國印第安人文明的毀滅，卻也促使了一些新的國家產生。

當亨利七世看到哥倫布航行所產生的重大作用，也後悔當初沒有資助他的航海計畫。於是，他資助了另一名航海家塞巴斯蒂安·卡伯特出海尋覓新航線。塞巴斯蒂安·卡伯特是15世紀著名的航海家約翰·卡伯特之子。在加拿大東部的紐芬蘭島和布雷頓角島之間的卡伯特海峽就是

BC

耶穌基督出生　0—

君士坦丁統一羅馬

羅馬帝國分成兩部

波斯帝國　　500—

回教建立

凡爾登條約

神聖羅馬帝國建立
　　　　　1000—

十字軍東征

蒙古第一次西征

英法百年戰爭開始

哥倫布發現新大陸
　　　　　1500—

英國大破無敵艦隊

發明蒸汽機

美國獨立

美國南北戰爭開始

第一次世界大戰
第二次世界大戰

　　　　　2000—

以義大利航海家約翰・卡伯特之名命名，它連接聖羅倫斯灣和大西洋，為重要國際航道。

塞巴斯蒂安・卡伯特希望自己能如父親一樣戰勝大海中的驚濤駭浪，開創一番新天地。於是，1504年年初，在亨利七世的資助下，他帶了兩艘船自布里斯通（布里斯托爾）①出發前往「新大陸」。不過航程還是出了點小問題，塞巴斯蒂安並沒有途經加勒比海，很可能抵達了加拿大東北部的新斯科細亞省②和紐芬蘭省③。

不過，我們不必為塞巴斯蒂安感到沮喪。哥倫布說過：「那些能在別人認為的不毛之地裏挖出黃金和甘泉的人被稱為天才。」塞巴斯蒂安・卡伯特至少到了一處新地方，為那裏帶來新的氣象。

【注釋】

①布里斯通，即布里斯托爾，英國英格蘭西南區域的名譽郡、單一管理區、城市，西臨愛爾蘭海。建市於1542年，是英格蘭八大核心城市之一。中世紀起已是一個重要的商業港口。

②新斯科細亞，拉丁語意為「新蘇格蘭」，也叫諾華斯高沙省，位於加拿大東南部，由新斯科細亞半島和布雷頓角島組成。新斯科細亞省是加拿大大西洋四省之一，也是加拿大最美的省份之一，是加拿大東部凸出大西洋的一個半島。

③紐芬蘭省，位於加拿大東北角，包括紐芬蘭及拉布拉多，是加拿大最年輕的省份，1949年才加入加拿大聯邦，成為加拿大第十個省。

| 第六章 | 君權起落

蘇格蘭

北愛爾蘭

英格蘭

威爾斯

倫敦

史上最偉大的君主

　　亨利八世一生共有3個子女，他們均做過英格蘭國王，然而，真正做出成績的僅僅是伊莉莎白，這其中有機緣巧合，也有個人品格的原因。正如伊莉莎白自己所言：「忍耐和時間，往往比力量和憤怒更有效。」實際上，她並不是一個好脾氣的人，但是她比任何人更能忍耐，所以數次危機浮沉皆因此而平安度過，譜寫了一段波瀾壯闊的人生。

　　伊莉莎白一世的早期統治得益於首相伯利勳爵威廉姆·塞西爾。塞西爾首相既能幹又敏銳，總能為他人所不能為。值得一說的是，伊莉莎白執政之初，就開始進行「撥亂反正」，恢復英國新教的地位，既規範了新教禮拜儀式，又沒有懲罰之前天主教的教徒和信徒，令宗教改革和平圓滿地完成。這其中，應歸功於首相塞西爾和其他幾位大臣的妥善處理。

　　宗教改革期間，不得不提的還有另外一位女性──蘇格蘭女王瑪麗·斯圖爾特。她在襁褓中成為蘇格蘭女王，少女時代是法蘭西王后，接著重返蘇格蘭，最後卻是亡命英格蘭。她的一生與伊莉莎白糾纏不休，親緣關係上算是伊莉莎白的表外甥女。伊莉莎白總想將她掌控在自己手中，向自己效忠。然而，她們之間又因宗教信仰不同而存在巨大的分歧。蘇格蘭女王是忠實的天主教徒，而伊莉莎白推崇的卻是英國新教。

蒙古第一次西征

英法百年戰爭開始

哥倫布發現新大陸
　　　　1500—
英國大破無敵艦隊

發明蒸汽機

美國獨立

　　關於蘇格蘭女王瑪麗的前半生會單獨來講述，我們從她與伊莉莎白交惡開始說起。

　　1565年7月29日，返回蘇格蘭的瑪麗女王沒有按照伊莉莎白的意思，嫁給伊莉莎白的近臣羅伯特·達德利萊賈斯特伯爵，而是選擇了風

流成性的達恩利勳爵亨利·斯圖亞特。亨利·斯圖亞特是英格蘭亨利七世的長女瑪格麗特·都鐸與第二位丈夫安格斯伯爵阿齊巴爾德·道格拉斯的外孫，也就是瑪麗的表兄。因為達恩利勳爵具有英格蘭和蘇格蘭王室的血統，任何達恩利和瑪麗的子女都有可能繼承瑪麗和伊莉莎白的王位。伊莉莎白覺得自己的地位受到威脅，為此心懷不滿。

第二年夏天，瑪麗的繼承人詹姆斯（即未來的英格蘭國王詹姆斯一世、蘇格蘭國王詹姆斯六世）出世，達恩利勳爵得了重病。高大俊偉的博思韋爾伯爵在此時乘虛而入，俘獲瑪麗的芳心。適逢達恩利勳爵病死，沒過幾天，瑪麗就嫁給了博思韋爾伯爵。他們的婚姻是不受祝福的，貴族們起兵叛變。瑪麗不得不放棄博思韋爾，逃往英格蘭尋求庇護。

關於瑪麗是否應該為達恩利的死負責這件事，是她逃亡英格蘭的原因，恰恰也是伊莉莎白對她發難的藉口。伊莉莎白並沒有安排審判庭來對她進行審問，而是採用質詢的方式，將瑪麗扣留在英格蘭，以防止瑪麗回蘇格蘭控制那些對其忠心擁護的人。由於證據不足，對瑪麗的質詢存在很多疑點，案子就此擱淺，但伊莉莎白也成功將瑪麗囚禁了整整18年，直至將其送上斷頭臺，徹底斬斷了瑪麗與蘇格蘭的因緣，也防止英格蘭王位被「染指」的可能。

在以後的日子裏，女王遭到了多次挑釁，瑪麗似乎僅僅是她生命中的插曲。在英格蘭擊敗西班牙「無敵艦隊」時期，女王扶持了很多航海家，包括法蘭西斯·德雷克、沃爾特·雷利和韓弗理·吉伯特等，這些人促進了英國航海業的發展，英國的國力日漸強盛，在北美洲建立了許多殖民地。

然則，時光容易催人老，伊莉莎白的紅頭髮已摻雜了銀絲，那些她所信任和憐惜的臣子漸漸離她而去，終身未嫁的女王難免寂寞，她開始對年輕的埃塞克斯伯爵著迷，令其成了自己的寵臣。

BC 上古時期
漢
羅馬時代
— 0
三國
晉
南北朝　盎格魯時代
— 500
隋朝
唐朝
英格蘭統一
五代十國
宋朝
— 1000
諾曼王朝
金雀花王朝
元朝
百年戰爭
明朝
薔薇戰爭
都鐸王朝
— 1500
斯圖亞特王朝
清朝
光榮革命
大不列顛成立
維多利亞女王
中華民國
伊莉莎白二世
— 2000

作為寵臣，至少在外貌上要高人一籌。埃塞克斯伯爵顯然如此，但他的智慧並不如想像中的突出。當女王授予他諸多權利時，他對干涉國家政策的權欲心越來越重，在關於是否與西班牙議和以及愛爾蘭統治權的問題上，伯爵與女王發生了激烈的爭吵。伊莉莎白一怒之下將他轟回家，讓他自己去反省。

埃塞克斯伯爵安靜了沒幾天，便以代理官員身分跑去愛爾蘭，對愛爾蘭人指手畫腳。可是，那裏的人根本不把他放在眼裏。他怕自己無能的消息傳到女王的耳中，在女王沒有下令讓他回倫敦時就擅自回來，企圖討好女王以挽回聖心。

一開始，伊莉莎白對他還很客氣，轉眼卻把他軟禁在皇宮裏，不允許他踏出寢室一步。埃塞克斯伯爵唯有靠讀書打發時間，偶爾在女王面前露上一面，讓她想起自己的好。有一天，他觀察女王對自己的態度略為和緩，乘機提出獲得甜酒的專賣權。此前本來他擁有這項權利並憑其牟利，但因去愛爾蘭而過期了。

對他的不安分伊莉莎白看在眼裏，斷然拒絕了他的要求。伯爵頓時怒而大罵女王，說她不過是個驕傲的老太婆，奸狡成性，醜陋無趣。伊莉莎白素來目空一切，怎堪忍受如此怒罵，立即下令處死埃塞克斯。

命令才一下去，女王又有點後悔，畢竟埃塞克斯年輕又英俊，就那麼死了太可惜了，遂於第二天收回成命。但這一決定給了埃塞克斯反叛的機會，心懷不軌的伯爵立刻勾結女王的敵人，準備造反。先知先覺的議員們粉碎了伯爵的野心，將他押送至女王面前。面對這個自己一度信任、憐惜、饒恕的罪人，伊莉莎白不得不痛下殺他的決心。

於是，年輕的伯爵於倫敦塔山赴死一事，成為壓倒女王精神的最後一根稻草。那一年女王70歲了，孤老的女人在王宮的舞會中旋轉舞蹈，卻再沒有人能走進她的心中。在未來的4年裏，她變得喜怒無常，鬱鬱寡歡，直至一場重感冒將垂垂老矣的女人擊倒。

1603年3月23日晚上，在榻上殘喘的女王被問起應當由誰繼承王位時，她急促地喘息著，在迴光返照的剎那叫道：「還能有誰？我的蘇格蘭侄子啊！」

　　她千防萬防蘇格蘭女王瑪麗對自己王位的覬覦，最終，仍不得不把王位交給瑪麗的兒子，這就是宿命跟她開的玩笑嗎？

【相關連結】

　　伊莉莎白一世以「童貞女王」著稱於史，她一生都保持獨身，但並不等於她沒有跟人談婚論嫁。事實上，她在年輕的時候不乏追求者，包括西班牙、神聖羅馬帝國、法國、瑞典等王室貴族。在與這些求婚者周旋的同時，她既不表態同意，又不表態拒絕，利用曖昧的態度來平衡與大國之間的關係，為英國最大限度地謀求國家利益。

　　其中，頗值得一說的是女王與法蘭西國王的弟弟阿朗松公爵的關係。她與阿朗松公爵分分合合十幾年，關係藕斷絲連。有一段時間，公爵在英格蘭與女王出雙入對，遭到一些人的反對。女王表現出執意要嫁公爵的態度，還將那些反對她的人砍了手腳施以懲罰。然而，十幾年過去了，阿朗松從青蔥少年變成成熟大叔，女王也沒有真正與他結婚。愛情和權力雙失的公爵沮喪地返回法蘭西，而女王依舊依靠婚姻把戲玩著她的外交遊戲。

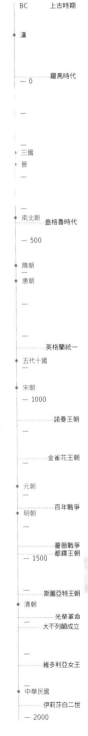

BC　上古時期

漢

羅馬時代

— 0

三國
晉

南北朝　盎格魯時代
— 500

隋朝
唐朝

英格蘭統一
五代十國

宋朝
— 1000

諾曼王朝

金雀花王朝

元朝

百年戰爭
明朝

薔薇戰爭
都鐸王朝
— 1500

斯圖亞特王朝
清朝
光榮革命
大不列顛成立

維多利亞女王

中華民國
伊莉莎白二世
— 2000

風中的女王

我為他忘掉名譽——那是我們生活中唯一的幸福，

我獻給他權力和良知，

我為他拋棄家庭，

在自己的國家遭人蔑視。

我為他疏遠了一切朋友，尋求敵方的支持，

我把良知犧牲，不顧名位的高貴，

我可以去死，但求他高升。

我的寶座和王冠全給他，

興許他終將明白，

我只是執著追求：為他活為他做牛馬。

只是為他我爭福祉，

謀求健康長壽，

我為他滿懷堅定的愛，

向德行的頂峰攀登。

——瑪麗・斯圖亞特的十四行詩

　　這是蘇格蘭瑪麗女王留給後人唯一的有關愛情的文字，它是愛的告白，也是瑪麗對人生的控訴。她的一生被愛左右，絕非對權力投降。從伊莉莎白一世的角度而言，她可能是英格蘭潛在的敵人；但從瑪麗的角度而言，她僅僅是一個15歲離開修道院，奔向法國、奔向一段未知感情的少女。

　　1542年12月8日，瑪麗一世誕生在蘇格蘭西洛錫安地區的林利思哥宮。父親蘇格蘭國王詹姆斯五世在30歲時去世，瑪麗成為繼承人，那

時，她出生僅6天。襁褓中的女王註定無法對國家進行很好的掌控，所以王位的下一個繼承人亞蘭伯爵二世詹姆斯・漢密爾頓成為攝政王。

不久，英格蘭的亨利八世想破壞蘇格蘭與法國的傳統聯盟，強迫瑪麗嫁給他的兒子愛德華（愛德華六世），並開始對蘇格蘭發動侵略戰爭。1547年9月10日，蘇格蘭人慘敗。小瑪麗的母親瑪麗・德・吉斯怕女兒受到傷害，把她送去摩霍姆修道院避難，轉而向法國求助。法國國王亨利二世正好有意讓蘇格蘭小女王嫁給自己的幼子——王太子弗朗索瓦，於是央求了這段襁褓中的聯姻。

1548年6月，姍姍來遲的法軍終於解除了英軍對蘇格蘭的威脅。年幼的女王也在修道院裏安靜地成長，直到5歲那年她被送去法國，在法國的宮廷裏度過了10年時光。瑪麗成為法國王宮的寵兒，在那裏她接受了最好的教育，還擁有自己的小朝廷——來自蘇格蘭4個顯貴家族的女孩輔佐她。

15歲時，瑪麗如約嫁給法國王太子弗朗索瓦，第二年成為法國王后。當時，適逢英格蘭女王瑪麗一世去世，由於伊莉莎白那時還是私生女的身分，按理是蘇格蘭的瑪麗擁有英格蘭的王位繼承權。但是因為法國正值胡格諾派起義[1]期間，沒有人聲援瑪麗，導致她與英格蘭王位擦肩而過。恰恰是這個原因，伊莉莎白一世對蘇格蘭的瑪麗始終懷有敵意，懼怕她來爭奪自己的王位。

1560年12月5日，弗朗索瓦二世去世，年僅18歲的瑪麗成了寡婦。雖然在法國她有自己的封地和大筆的收入，但是蘇格蘭人還是希望她能回去。於是在隔年的8月，女王重返蘇格蘭，開始著手國內的宗教問題。

當時，瑪麗並不急於從事天主教事業，而是允許基督新教在國內發展。接著她與自己的兄弟莫里伯爵（詹姆斯五世私生子）聯手，掌握了一定的軍事實力。接下來，她就要與伊莉莎白正面對決。她忤逆了伊莉

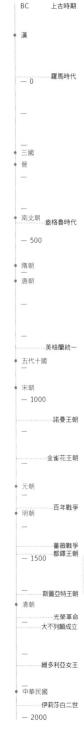

BC　上古時期

漢

—— 0　　羅馬時代

三國
晉

南北朝　盎格魯時代
—— 500

隋朝
唐朝

英格蘭統一
五代十國

宋朝
—— 1000

諾曼王朝

金雀花王朝

元朝
百年戰爭

明朝

薔薇戰爭
都鐸王朝
—— 1500

斯圖亞特王朝

清朝
光榮革命
大不列顛成立

維多利亞女王

中華民國
伊莉莎白二世
—— 2000

莎白要求她嫁給羅伯特・達德利萊賈斯特伯爵的意思，反而選擇了情種達恩利勳爵亨利・斯圖亞特，以此擺脫伊莉莎白對她的掌控。

不過，幸運的天平未能對她傾倒。達恩利勳爵風流成性，得了暗病（疑似梅毒），在瑪麗剛生下詹姆斯王子時，達恩利便撒手人寰，留下孤兒寡母。我們不能說這段時間的瑪麗按捺不住寂寞，在丈夫去世之際迷戀上具有紳士品格的博思韋爾伯爵，實在是達恩利勳爵未能盡到丈夫的責任，終日流連在外。

一個孤單的女人在面對對她足夠關心的男人時，難免不心動。因此，在達恩利勳爵死後，瑪麗毅然選擇與她所愛的人在一起。然而，這段婚姻為她帶來滅頂之災。她剛剛結婚即遭到全蘇格蘭人民的反對，人們罵她是淫婦，她也一度精神錯亂，在婚後第三天拿刀要自殺。

1567年5月，反對這段婚姻的貴族起兵造反，瑪麗和博思韋爾伯爵退到卡伯里山對抗貴族軍隊。戰鬥並沒有打響，瑪麗要求貴族們放了她。但是貴族們出爾反爾，將她囚禁在愛丁堡②的列文湖城堡，瑪麗所懷的博思韋爾伯爵的孩子——一對雙胞胎也在這座城堡流產，隨之失去的還有她的王位。蘇格蘭國王由她的兒子、年僅一歲的詹姆斯繼承。

整整一年過去了，瑪麗的精神受到很大打擊，不過她的兄弟仍在試圖拯救她。1568年5月2日，瑪麗從列文湖城堡成功逃脫，逃往英格蘭。她以為可以從伊莉莎白那裏尋求庇護，等待她的卻是漫無止境的18年監禁。

伊莉莎白的寵臣第一代莫里伯爵詹姆斯・斯圖爾特試圖誣陷瑪麗殘害達恩利勳爵，並拿出一份證據——首飾盒，裏面裝有她在與達恩利勳爵婚姻期間與博思韋爾伯爵私通並暗害丈夫的「證據」。這份「證據」最終不了了之，並未成為定瑪麗罪行的決定性因素，可見其真實性有待商榷。但瑪麗毋庸置疑被軟禁了，就在謝菲爾德③城堡。

哥倫布發現新大陸
　1500—

英國大破無敵艦隊

發明蒸汽機

美國獨立

美國南北戰爭開始

第一次世界大戰
第二次世界大戰

　2000—

在暗無天日的日子裏，瑪麗一直無法令伊莉莎白釋疑。英格蘭女王

認為，只要瑪麗擁有英格蘭王位繼承權，都將在未來取自己而代之。於是，1572年，議會在伊莉莎白女王的鼓勵下，訂立了一道禁止瑪麗成為英格蘭女王的法案（即「聯合合約」），目的在於預防任何可能在刺殺女王中得益的繼位者。數千人在法案上簽字，而瑪麗也留下大名。

多年之後，有人聲稱瑪麗正與人密謀準備刺殺伊莉莎白。伊莉莎白聞訊認為瑪麗太不安分，看樣子只有死亡才能讓她這個侄女靜下來。

不管密報是真是假，伊莉莎白不允許瑪麗活下來已成事實。1587年2月8日，瑪麗·斯圖亞特被帶往北安普敦郡④佛斯里亨城堡，在那裏被砍下頭顱。行刑過程極其殘忍血腥，有人說，她的頭被砍下的時候，嘴唇仍在喃喃自語。

風中的女王，風中的玫瑰，她的一生就這樣隨風而逝，關於她的故事和她與伊莉莎白的糾葛至此終結。然而，人們不願忘卻，不遺餘力地將有關這兩個女人的傳奇搬上銀幕，供人品賞。

【相關連結】

關於瑪麗女王被砍頭的逸聞有很多，據說行刑當日，瑪麗的愛犬小獵犬躲在她的裙子裏。由於劊子手沒有準確砍中瑪麗的脖子，以致她發出痛苦的哀號。小獵犬受驚逃了出來，被劊子手抓住。瑪麗死後，這隻小獵犬身上沾的血跡被粗魯地清洗掉，然後被做成木乃伊，至今仍保存在大英博物館。可憐的小獵犬和它的主人一樣，永垂不朽了。

【注釋】

①胡格諾派起義，即胡格諾戰爭，法國天主教勢力同新教胡格諾派（即加爾文派）在1562—1598年（另一說則為1559—1594年），進行的一場長期戰爭。它雖然帶有明顯的宗教色彩，但就其性質和內容而言，則是法國的一場內戰。這場戰爭使正在上升的王權面臨崩潰，貴族分裂

BC　　　上古時期

● 漢

—— 0

———— 羅馬時代

● 三國
● 晉

—— 南北朝　盎格魯時代

—— 500

● 隋朝
● 唐朝

———— 英格蘭統一

▸ 五代十國

▸ 宋朝
—— 1000

———— 諾曼王朝

———— 金雀花王朝

● 元朝

———— 百年戰爭
▸ 明朝

———— 薔薇戰爭
———— 都鐸王朝
—— 1500

———— 斯圖亞特王朝
▸ 清朝

—— 光榮革命
—— 大不列顛成立

———— 維多利亞女王

—— 中華民國

———— 伊莉莎白二世
—— 2000

BC

耶穌基督出生 0—

君士坦丁統一羅馬

羅馬帝國分成兩部

波斯帝國 500—

回教建立

凡爾登條約

神聖羅馬帝國建立
1000—

十字軍東征

蒙古第一次西征

英法百年戰爭開始

哥倫布發現新大陸
1500—

英國大破無敵艦隊

發明蒸汽機

美國獨立

美國南北戰爭開始

第一次世界大戰
第二次世界大戰

2000—

勢力有所抬頭。戰爭的結果是天主教、胡格諾教派各有所得，有助於王權的重新振興和加強。

②愛丁堡，英國著名的文化古城、蘇格蘭首府，位於蘇格蘭中部低地福斯灣的南岸，面積為260平方公里。它是重要的運輸樞紐、航空港。城東北臨福斯灣的利斯為其外港，是福斯灣港區大港口之一。18世紀時，愛丁堡為歐洲文化、藝術、哲學和科學中心，城內有古城堡、大教堂、宮殿、藝術陳列館等名勝古蹟。

③謝菲爾德，坐落於南約克郡，位於英國的中心，建在7座山之上，是英國的第四大城市。謝菲爾德也是知名的大學城，國際著名的教學、研究中心謝菲爾德大學就坐落在這裏。

④北安普敦郡，英國英格蘭的一個郡，位於英格蘭東密德蘭，面積為2367平方公里，首府北安普敦。西部是高地，東部為低地，多冰磧物。河流多東流匯入寧河。

與「無敵艦隊」對決

風中的玫瑰瑪麗血染佛斯里亨城堡時，在蘇格蘭的詹姆斯六世並沒有藉口發作，一來，他對自己的母親絲毫沒有印象，產生不了不能割捨的感情，而且說不定父親就是母親殺死的，他何必干涉；二來，伊莉莎白每年給他5,000英鎊的巨額撫恤金，沒有人會傻到拒絕這種白來的財富。

當作為兒子的詹姆斯六世無動於衷時，西班牙國王腓力二世卻跳出來為蘇格蘭的瑪麗「伸張正義」。為什麼西班牙會在此時橫插一腳呢？

如果仔細閱讀歐洲歷史，我們會發現，因為羅馬帝國擴張，歐洲國家之間的姻親關係早已根深蒂固。亨利八世的第一任妻子凱薩琳即來自

西班牙公國阿拉貢，他們的女兒英格蘭國王瑪麗一世與西班牙的腓力二世是夫妻。英格蘭瑪麗一世作為蘇格蘭瑪麗一世的表姑，腓力二世自然就成了蘇格蘭瑪麗一世的親戚。替自己的親戚出頭，並重申天主教的權威，腓力二世認為討伐伊莉莎白乃是義不容辭。

再者，腓力二世藉口進犯英國，更重要的原因在於伊莉莎白放任英國海盜恣意劫掠西班牙商船以及瘋狂挑釁。此事還需從伊莉莎白即位之初開始講起。

1558年，伊莉莎白一世為了重振瀕臨破產的國內經濟，決心開拓海上貿易。時值宗教改革如火如荼期間，而英格蘭的王位繼承權又屢屢被提及，西班牙國王腓力二世成了質疑伊莉莎白這兩個問題的核心人物。為了報復西班牙，伊莉莎白決定先發制人。她首先將英國海軍戰船「耶穌」號和「米尼翁」號借給海盜、奴隸販子約翰‧霍金斯，霍金斯由無組織盜賊變為海軍將領。

當「耶穌」號和「米尼翁」號第三次出海時，霍金斯的表弟大海盜法蘭西斯‧德雷克藉故跟隨出海，開始了他的第一次海上劫掠活動。1573年春，他在巴拿馬地峽搶劫了5噸黃金和數不清的奇珍異寶；而西班牙的海上商船，更是被他以鯨吞之勢多次搶掠。1587年4月，德雷克的「皇家海盜軍艦」襲擊西班牙沿海港口加的斯[①]，燒毀了100多艘西班牙補給船和18艘大型戰船，給腓力二世以沉重一擊。

腓力二世本就因伊莉莎白處死瑪麗而欲發作，加此沉重打擊，怒不可遏，遂決定派遣一支西班牙「無敵艦隊」遠征英國。此前西班牙的艦隊已經聞名歐洲，而這支「無敵艦隊」更是由腓力二世一手調教，專為英西之戰準備。

面對強敵，英格蘭人上下一心，在泰晤士河兩岸築起堡壘迎敵，伊莉莎白女王也身披戰甲，策馬與埃塞克斯伯爵和萊斯特伯爵到格雷夫森德[②]的蒂爾伯里堡，發表陣前演說以鼓舞士氣。

BC　上古時期

漢

羅馬時代

— 0

三國
晉

南北朝　盎格魯時代

— 500

隋朝
唐朝

英格蘭統一
五代十國

宋朝

— 1000

諾曼王朝

金雀花王朝

元朝

百年戰爭
明朝

薔薇戰爭
都鐸王朝
— 1500

斯圖亞特王朝

光榮革命
清朝
大不列顛成立

維多利亞女王

中華民國

伊莉莎白二世
— 2000

BC

耶穌基督出生　0—

君士坦丁統一羅馬

羅馬帝國分成兩部

波斯帝國　500—

回教建立

凡爾登條約

神聖羅馬帝國建立
　　　　1000—

十字軍東征

蒙古第一次西征

英法百年戰爭開始

哥倫布發現新大陸
　　　　1500—

英國大破無敵艦隊

發明蒸汽機

美國獨立

美國南北戰爭開始
第一次世界大戰
第二次世界大戰

　　　　2000—

1588年7月31日，西班牙艦隊駛入英吉利海峽。這支無敵艦隊擁有20艘大型「蓋倫」船、40艘武裝商船，連同其他艦船共130艘，武器1,100門火炮（含部分加農炮），海員3萬人。

英國海軍方面，共計預備了197艘各類型戰船及2,000門火炮，海員16,000人，由海軍大臣霍華德任總司令，法蘭西斯·德雷克為副司令。

雙方戰艦開始列陣，西班牙無敵艦隊一開始即排成半月形戰陣，以旗艦「聖·馬丁」為首戰鬥力最強的「蓋倫」船隊，則在半月形凹面中央運輸船隊的正前方。

天色逐漸暗了下來，德雷克命人準備了5艘木船，上面澆滿火油，讓船駛向西班牙艦隊。當船體接近西班牙艦隊時，西班牙一方不疑有詐，火炮齊射，頓時木船燃起熊熊烈火，衝入無敵艦隊當中。

無敵艦隊頓時陷入混亂，半月形陣法不攻自破。接著，英軍戰艦藉著船體輕捷可逆風航行的優勢，迅速包抄敵艦，採取火炮遠射、甲板近戰等攻略，打擊敵軍。無敵艦隊因船型老舊笨重而吃了大虧，被靈活機動的英軍艦船弄得焦頭爛額，很快被擊沉了30條大型船隻，損失近萬海軍，一敗塗地。

8月7日夜裏，潰散奔逃的西班牙無敵艦隊向法國加來方向撤退，英軍派出8艘火攻船緊隨而至，將無敵艦隊攻個措手不及。第二日於格拉夫林[③]附近海面，無敵艦隊再遭重創，倉皇逃回西班牙。回程路上，海上暴風雨突至，20餘艘船艦在海上沉沒，人員損失近半。最終回到西班牙的不過寥寥幾十艘小船和一萬來人。

這次與無敵艦隊對戰，英軍向世人展現了他們的帆船海戰戰術理論的先進性。

儘管西班牙的腓力二世損失慘重，但他並未死心，甚至想讓自己的女兒當英格蘭女王。為了徹底斷絕他的念頭，伊莉莎白派出埃塞克斯伯爵、沃爾特·雷利爵士、湯瑪斯、霍華德爵士等優秀海軍戰略家和指揮

家，再次率領英國海軍進攻西班牙加的斯港，將西班牙的艦隊盡數擊潰焚毀，並一舉攻佔加的斯。

腓力二世無力對付英軍，唯有遞出和平書，在獲得了英國部分賠償後，腓力二世徹底斷絕了覬覦英格蘭的念頭。

與西班牙無敵艦隊的海上對決，是伊莉莎白一世時代海上赫赫戰績之一，英國自此跨入海上強國的行列，為成為日不落帝國拉開了帷幕。同時，這也是伊莉莎白統治時期的主要軍事政績，是英國歷史上「黃金時代」的重要標誌。

【相關連結】

歷史上，英西之爭不僅僅是英國擊敗西班牙無敵艦隊那段時間，而是從1585年持續到1604年。1587年4月，英國於加的斯一戰先聲奪人，翌年與西班牙無敵艦隊對決，獲得壓倒性的勝利，伊莉莎白女王嶄露頭角。不過，1589年，英國的艦隊就被重整旗鼓的西班牙艦隊擊敗，接連失守。隨後，西班牙派遣兩艘戰船乘勢追擊，由於遭遇南下寒流和風暴的襲擊，失手而歸。

直至16世紀末，英格蘭和西班牙交手，前者一直處於敗方，海上通路也被西班牙佔據。雙方戰局僵持十餘年，耗盡國力財力，戰爭難以為繼。1604年，西班牙國王腓力三世與新任英格蘭國王詹姆斯一世經商榷簽訂《倫敦條約》，才為英西戰爭畫上句點。條約規定，英西分別停止對愛爾蘭與西屬荷蘭的軍事介入，英方放棄英國在公海上的劫掠行為，西班牙亦不再阻攔英國海上貿易。

【注釋】

①加的斯，位於西班牙西南沿海加的斯灣的東南側，是西班牙南部主要海港之一。臨大西洋，在狹長半島頂端，三面十餘公里為海洋環

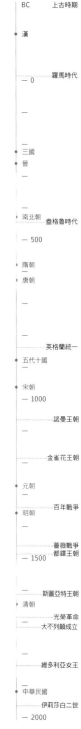

BC

耶穌基督出生 0—

君士坦丁統一羅馬

羅馬帝國分成兩部

波斯帝國 500—

回教建立

凡爾登條約

神聖羅馬帝國建立
1000—

十字軍東征

蒙古第一次西征

英法百年戰爭開始

哥倫布發現新大陸
1500—

英國大破無敵艦隊

發明蒸汽機

美國獨立

美國南北戰爭開始

第一次世界大戰
第二次世界大戰

2000—

繞，僅一方與陸地相連。

②格雷夫森德，位於英格蘭肯特郡西北部，泰晤士河南岸，市內交通十分發達。

③格拉夫林，位於法國北部加來海峽大區。

「時代的靈魂」

「道德和才藝是遠勝於富貴的資產，墮落的子孫可以把顯貴的門第敗壞，把巨富的財產蕩毀，可是道德和才藝，可以使一個凡人成為不朽的神明。」莎士比亞在說這句話時，可能從未想過自詡，然而，作為17世紀「時代的靈魂」，這一美言他當之無愧。

16世紀歐洲的文藝復興沐浴了整個都鐸王朝，使它成為一個英才輩出的時代，無論是政治思想、經濟舉措、文學文藝、哲學科學都達到了新的水準，其中最受矚目的當屬英國傑出的戲劇家和詩人威廉·莎士比亞。

英國古典主義者德萊登認為：「莎士比亞有一顆通天之心，能夠瞭解一切人物和激情。」他以其博大、深刻、富於詩意和哲理的文字，展現了一個時代波瀾壯闊的圖景，塑造了複雜深刻的人物形象，並對世界多國以後的文學發展產生深遠的影響。17世紀始，他的戲劇傳入德、法、義、俄、北歐諸國，然後漸及美國乃至世界各地，19世紀末傳入中國，對各國戲劇發展產生了深遠的影響，並已成為世界文化發展、交流的重要紐帶和靈感源泉。至今，他的影響力仍在電影、電視、話劇、戲劇、歌劇中隨處可見。

莎士比亞一生著述頗豐，戲劇作品諸如《羅密歐與茱麗葉》、《威尼斯商人》、《約翰王》，皆是他早期所為；中期作品中最為人熟知

的是《哈姆雷特》（1601年）、《奧賽羅》（1604年）、《李爾王》（1605年）和《馬克白》（1605年），這4部作品被公認為是莎士比亞的「四大悲劇」；晚期戲劇作品《辛白林》、《冬天的故事》、《暴風雨》和《亨利八世》。他喜好寫關於國王的劇碼，尤其是對金雀花與蘭開斯特的恩怨情仇情有獨鍾。當然，如果允許他寫都鐸王朝的戲劇，他絕對願意像寫亨利八世那樣，盡情寫伊莉莎白一世。

莎士比亞的戲劇雖然多為舊題材，卻因為他將自己的思想和對人性的理解全情注入，富有了新穎、豐富、深刻的含義。他的戲劇不受傳統戲劇的束縛，突破悲劇、喜劇界限，既反映生活的本來面目，描繪廣袤的社會光景，又深入探索人物內心，塑造性格複雜多樣、形象真實生動的人物，因而他的作品充滿了不朽的生命力。

此外，他的英語寫作水準更超脫凡人。有人統計，在37部戲劇作品中，他的用詞高達兩萬以上。他採用了許多民間語言，來自民謠、俚語、古諺語和幽默散文詩等，還大量吸收外來詞彙，融合其他民族語言特色。他的遣詞造句豐富多樣，大量運用比喻、隱喻和雙關語，集當時代英語之大成。因而，他的許多文字因豐富內涵和華麗造句而被後人多加引用，成為現代世界文學中經常出現的用典。

在盛讚莎士比亞戲劇的同時，我們不得不提的還有他的十四行詩。縱觀整個都鐸王朝的百年文學，十四行詩最為流行，而其中成就最高的當屬莎士比亞。

可否讓我將你比喻為夏天？

但你比夏天更可愛更溫婉。

夏風會搖落五月嬌嫩的花蕾，

夏季竟然是那樣短短的瞬間。

夏日裏時有熱浪翻滾，烈日炎炎，

但不一會兒又濃雲密布，掩了金顏；

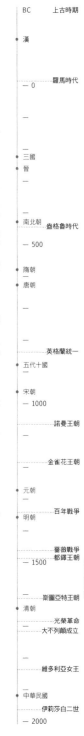

BC　上古時期

漢

　羅馬時代

— 0

三國
晉

南北朝　盎格魯時代

— 500

隋朝
唐朝

英格蘭統一
五代十國

宋朝
— 1000

諾曼王朝

金雀花王朝

元朝

百年戰爭
明朝

薔薇戰爭
都鐸王朝
— 1500

斯圖亞特王朝
清朝
光榮革命
大不列顛成立

維多利亞女王

中華民國
伊莉莎白二世
— 2000

BC

耶穌基督出生　0—

君士坦丁統一羅馬

羅馬帝國分成兩部

波斯帝國　500—

回教建立

凡爾登條約

神聖羅馬帝國建立
1000—

十字軍東征

蒙古第一次西征

英法百年戰爭開始

哥倫布發現新大陸
1500—

英國大破無敵艦隊

發明蒸汽機

美國獨立

美國南北戰爭開始

第一次世界大戰
第二次世界大戰

2000—

太陽的霞光總歸會因日落而消失，

時序的更迭終將會使得麗景摧殘。

但你是永恆的夏天絕對不會凋零，

更不可能消褪了你那明媚的美豔；

死神也不敢誇口能擋住你的芳履，

你的倩影已經融入了不朽的詩篇。

只要人類尚存，雙眼還能看，

我的詩句必使你的芳名永傳。

——《十四行詩・第十八首》威廉・莎士比亞

　　絕大多數十四行詩是寫男歡女愛，正如中國古代的樂府題材，愛情佔據主流。如果不看這首詩的作者，我們會以為它是以男女愛情為主題，但若仔細看莎士比亞的筆記，就知道這首詩是莎士比亞寫給他的男性友人的。他既盛讚友人的俊美，又兼歌頌詩歌藝術的不朽魅力。一首詩雙關意，感情豐沛，生動自然。

　　詩的開篇以「夏季」比喻友人活潑可愛。夏季本就比春季更生機盎然，百花齊放，綠野芬芳，儘管四季終將更替，秋天始終要取代夏天，但是在詩人眼中，「你是永恆的夏天絕對不會凋零，更不可能消褪了你那明媚的美豔；死神也不敢誇口能擋住你的芳履，你的倩影已經融入了不朽的詩篇」。

　　友人的美貌雖不能長駐，但在莎士比亞眼中，他的美永不凋零，誠如他的詩歌永久流傳。

　　這首詩充滿了個性張力，既具思想，又不失精美，實為精品。

　　莎士比亞風靡歐洲之後，許多文學家、戲劇家皆高舉他的旗幟，承襲他的精神。雨果曾說：「莎士比亞這種天才的降臨，使得藝術、科學、哲學或者整個社會煥然一新。他的光輝照耀著全人類，從時代的這

一個盡頭到那一個盡頭。」許多作家極盡能事地讚頌他，19世紀俄國革命民主主義者、文學批評家杜勃羅留波夫甚至把莎士比亞看作是「黑暗王國的一線光明」，說他「指出了人類發展新的幾個階段」，是「人類認識的最高階段的最充分的代表」，他的作品「表現出道德的最充分的理想」。

當然，這些帶有吹捧嫌疑的讚美有些誇大其詞，但德國詩人歌德對他的評價比較中肯：「使莎士比亞偉大的心靈感興趣的，是我們這世界內的事物：因為雖然像預言、瘋癲、夢魘、預感、異兆、仙女和精靈、鬼魂、妖異和魔法師等這種魔術的因素，在適當的時候也穿插在他的詩篇中，可是這些虛幻形象並不是他著作中的主要成分，作為這些著作的偉大基礎的是他生活的真實和精悍。因此，來自他手下的一切東西，都顯得那麼純真和結實。」莎士比亞還原了生活的真實與人性的真實，因而被人所推崇，誠如他自己所言：「沒有什麼事是好的或壞的，但思想使其中有所不同。」因為思想真實，所以還原思想之人才顯得偉大。

【相關連結】

作為都鐸時代偉大的哲學家和語言大師，法蘭西斯・培根是必然要見諸筆端的人物。他的父親尼古拉・培根是伊莉莎白女王的掌璽大臣，曾在劍橋大學攻讀法律，他思想傾向進步，反對教皇干涉英國內政；母親安妮・培根精通希臘文和拉丁文，是遠近馳名的才女。良好的家庭教育令培根自幼便表現出出色的才智。

培根在12歲時即踏入劍橋大學三一學院深造；23歲成為國會議員；41歲受詹姆斯一世封為爵士；56歲被升為掌璽大臣；60歲又被授封為奧爾本斯子爵。他一生擔任過多種職位，卻志不在國務活動，而是行走在對科學真理探求的道路上。在中年和晚年，他的學術研究取得了巨大的成果，並出版了多部著作，例如《偉大的復興》（含《學術的進展》和

BC　上古時期

漢

　　　　　　　羅馬時代
－0

　　　　　　三國
晉

　　　　　南北朝　盎格魯時代
－500

隋朝
唐朝

　　　　　　　英格蘭統一
　　　　五代十國

　　宋朝
－1000

　　　　　　　諾曼王朝

　　　　　　　金雀花王朝

　　元朝
　　　　　　　百年戰爭
　　明朝

　　　　　　　薔薇戰爭
　　　　　　　都鐸王朝
－1500

　　　　　　　斯圖亞特王朝
　　清朝
　　　　　　　光榮革命
　　　　　　　大不列顛成立

　　　　　　　維多利亞女王

　　中華民國
　　　　　　　伊莉莎白二世
－2000

BC

耶穌基督出生　0—

君士坦丁統一羅馬

羅馬帝國分成兩部

波斯帝國　500—

回教建立

凡爾登條約

神聖羅馬帝國建立
1000—

十字軍東征

蒙古第一次西征

英法百年戰爭開始

哥倫布發現新大陸
1500—

英國大破無敵艦隊

發明蒸汽機

美國獨立

美國南北戰爭開始

第一次世界大戰
第二次世界大戰

2000—

《新工具》）、《自然界的大事》、《培根隨筆》等。

其中，《偉大的復興》是一部鴻篇巨著，他打算在第一部分重申我們的知識現狀；第二部分描述一種新的科學調查方法；第三部分彙集實驗資料；第四部分解釋說明他的新科學工作方法；第五部分提出一些暫定的結論；最後一部分綜述用他的新方法所獲得的知識。然而，這部著作僅僅完成了兩部分，培根便因支氣管炎復發，病重去世。

儘管我們失去了一位偉大的人物，但是他那「知識就是力量」的語言永遠鼓勵著一代又一代的人，向著未知世界不懈探索。

聰明又愚蠢的「牝豬陛下」

英國人似乎很喜歡給國王或者貴族冠以貼切的外號，比如「遲鈍者」埃塞蒙德、「長腿」愛德華、「獅心」理查、「黑太子」愛德華之類，很顯然，這些外號符合當事人的特徵。如今，對於伊莉莎白一世指定的繼承人蘇格蘭國王詹姆斯六世，人們也送給他一個不太好聽的稱呼——「牝豬陛下」。

人如其名，外號也不例外。詹姆斯完全沒有繼承父親達恩利勳爵出色的外貌和瑪麗·斯圖爾特的優雅，他身材矮小、彎腰駝背，天生一副猥褻的模樣，偏偏他高傲自大，自詡才情橫溢。如此矛盾的外貌和性格令他給人的印象極差，所以當伊莉莎白一世指定他為繼承人時，不少權貴認為英國可能會迎來一個黑暗的時代，不乏打算暗中推翻他的人，其中就有沃爾特·雷利爵士和科巴姆男爵。

詹姆斯六世到倫敦接受加冕後，成為英格蘭、蘇格蘭國王，他自封為大不列顛國王，史稱詹姆斯一世，斯圖亞特王朝由此開始。

剛剛即位的國王迫不及待地強調自己的權力，短短幾個月即冊封

1,000餘人為騎士，又安插了72名包含蘇格蘭人在內的新貴進入英國議會上議院。

沃爾特·雷利爵士對國王此舉深感不滿，打算與科巴姆男爵合謀抓起詹姆斯，要脅他撤出那些上議院的眼線。但雷利爵士尚未將陰謀付諸實踐，科巴姆就倒戈了，他向國王告密，緊接著，雷利伯爵便被法庭指控謀逆罪名。

在法庭上，雷利伯爵以三寸不爛之舌駁倒了首席檢察官，多次重申自己未曾犯過任何罪行。雖然他的演講贏得滿堂喝彩，無奈決定他生死的是高高在上的王者，最終他還是被判了絞刑。在行刑之前，國王不知怎麼想通了，又收回成命，將爵士送進倫敦塔囚禁起來。至於告密者科巴姆男爵也遭了殃，儘管免於一死，仍舊難逃被國王驅逐的命運。

1604年，詹姆斯召開了登基以來第一屆議會。早在蘇格蘭時，國王就曾寫過一本名為《神權》的書，強調君權神授，認為國王高過一切。這次，他在英格蘭的議會上也強調自己的權威，欲讓別人充分體會到他「說一不二」的個性。不過，議員們並不買帳。接著國王又打算與下議院進行一次財政交易，確保自己每年能有一筆可靠穩定的進帳，以保證王室的收入，可是下議院的人絲毫沒打算多給國王一分錢，他們堅決反對所謂的增稅政策。

心懷怨懟的詹姆斯想著怎麼能讓下議院聽從自己的安排，他多次令議會休會，讓那些自以為是的傢伙想清楚應該用什麼態度來對待國王，沒想到這個決定竟然救了他。原來，一個信仰天主教的信徒羅伯特·蓋茨比籌謀了一場「火藥陰謀」，他打算把議員都炸死，最好連國王也一起解決掉。原因正是議會恢復了反對天主教的嚴酷法律，而詹姆斯一世對此竟沒有任何異議。

這場火藥陰謀策劃了差不多一年，每次要實施的時候，國王很不巧地就下令休會，最終，陰謀沒有得逞，羅伯特·蓋茨比和他的那些同夥

BC　上古時期

漢

羅馬時代

— 0

三國
晉

南北朝　盎格魯時代

— 500

隋朝
唐朝

英格蘭統一
五代十國

宋朝
— 1000

諾曼王朝

金雀花王朝

元朝
百年戰爭
明朝

薔薇戰爭
都鐸王朝
— 1500

斯圖亞特王朝
清朝
光榮革命
大不列顛成立

維多利亞女王

中華民國
伊莉莎白二世
— 2000

BC

耶穌基督出生　0

君士坦丁統一羅馬

羅馬帝國分成兩部

波斯帝國　500

回教建立

凡爾登條約

神聖羅馬帝國建立
1000

十字軍東征

蒙古第一次西征

英法百年戰爭開始

哥倫布發現新大陸
1500

英國大破無敵艦隊

發明蒸汽機

美國獨立

美國南北戰爭開始

第一次世界大戰
第二次世界大戰

2000

均被抓起來處以極刑。本來對天主教的態度不置可否的詹姆斯再也不同情天主教徒了，起初他對於不參加英國教會做禮拜的人免於懲處，此時他重新處罰他們了。

其實，如果剔除自己可能會遇到的危險，詹姆斯巴不得那些恐怖分子把議員炸上天。實在是因為這些人不聽他的話，甚至企圖掌控他，剝奪他的權威。

接下來的幾年，「牝豬陛下」一直過著好吃懶做、驕奢淫逸的日子，突然有一天，奢侈慣了的國王猛然發現手頭吃緊，便向議會伸手要錢，卻無果而終。國王無計可施，想起了還在倫敦塔中的老爵士沃爾特·雷利。這個老傢伙是海軍出身，為什麼不讓他去海上搶掠搜刮，為自己弄錢呢？

於是，國王把沃爾特·雷利爵士放了出來，命他駕駛武裝商船「宿命」號去南美淘金。雷利爵士的艦隊途經加勒比海附近時，曾經在他手中吃過虧的西班牙人對他展開了瘋狂的報復。傷痕累累的「宿命」號沒有完成它的遠征使命，回到了英國，而可憐的老爵士雷利又被關進倫敦塔，這一次國王要了他的命。

沒有金銀以供揮霍的詹姆斯在1611年第一次下令解散議會。1614年，財政捉襟見肘，國王召開第二次議會要求下議院給他撥款，但下議院並未給出明確答覆，因此他在兩個月後再次解散議會。後來在1621年，因捲入與日爾曼的「三十年戰爭」，財政再次吃緊，詹姆斯第三次召開議會，他渴望與西班牙開戰，並認為議會有義務撥款來補給戰爭所需，但他又同意討論那些反對撥款的人所提的議案。這次爭論詹姆斯沒再妥協，他將議員們在議會中寫下的抗議日誌撕得粉碎，以示自己的君權。

在多年來與議會的鬥爭當中，詹姆斯顯然看不起議會下議院，但是又意識到國家的財政絕大多數仰賴於下議院。直至他臨死的時候，才終

於承認下議院日益強大，並認識到遲早有一天，國王的權力將被徹底架空。

　　無法從議會途徑獲利的國王企圖透過子女的婚姻來獲得財富，他將長女伊莉莎白嫁給了巴拉丁選帝侯[①]弗雷德，弗雷德是日爾曼新教徒諸王子中的佼佼者；又將兒子威爾斯親王查理與西班牙公主瑪利亞・安娜之間的婚姻提上日程。然而，正是兒女的婚事給他的統治生涯帶來了深重的災難，令他捲入日爾曼「三十年戰爭」，他夢寐以求的富裕生活離他越來越遠。

　　歷史對詹姆斯一世的評價是中肯的，他不失為一個明智的統治者，因為每一次他都能及時撤回那些會引發民憤的政策。但是，他的貪婪讓他一生都在追求金銀，偏偏求而不得。因此，詹姆斯的命運也是可悲的，因金錢而人格墮落，再沒有比這更淒慘的下場了。

【相關連結】

　　1589年，詹姆斯一世與丹麥公主喜結良緣，婚後育有兩子四女，其中有兩個女兒夭折了。他將長女伊莉莎白嫁給了日爾曼的巴拉丁選帝侯弗雷德，並與日爾曼新教協會結盟，希望與西班牙交好。不久，他極力促成自己的兒子查理與西班牙國王菲力浦四世的妹妹瑪利亞・安娜的婚事，然而這次他未能如願。因為他的女婿弗雷德於1619年接受波希米亞新教徒領袖獻上的波希米亞王位，而神聖羅馬帝國皇帝也同時擁有波西米亞王位繼承權。

　　神聖羅馬帝國皇帝選擇經由戰爭來解決問題，詹姆斯一世被迫捲入了日爾曼的「三十年戰爭」。由於西班牙支持神聖羅馬皇帝，詹姆斯的聯姻計畫失敗，他的臣子們慫恿他與西班牙開戰。被沖昏頭腦的詹姆斯竟真的對西班牙挑起戰爭。

　　為了獲得足夠的財政收入充作軍費，詹姆斯允許他的寵臣白金漢

BC

耶穌基督出生　0—

君士坦丁統一羅馬

羅馬帝國分成兩部

波斯帝國　　500—

回教建立

凡爾登條約

神聖羅馬帝國建立
　　　　　　1000—

十字軍東征

蒙古第一次西征

英法百年戰爭開始

哥倫布發現新大陸
　　　　　　1500—

英國大破無敵艦隊

發明蒸汽機

美國獨立

美國南北戰爭開始

第一次世界大戰
第二次世界大戰

　　　　　　2000—

公爵、王室掌馬官、海軍大臣去開發金礦，並承認商業「專賣權」，這使得白金漢大撈了一筆；而那些真正對國王忠心耿耿的人，例如法蘭西斯‧培根，則被誣陷貪污受賄，身敗名裂，從此遠離政壇。

結果，詹姆斯從西班牙那裏什麼好處也沒得到，到頭來查理親王娶的人不是西班牙的公主，而是法蘭西公主亨麗埃塔‧瑪利亞。幸好，國王得到了法蘭西送來的80萬克朗鉅款，總算暫時滿足了他的需求。

【注釋】

①選帝侯，德國歷史上的一種特殊現象。這個詞被用於指代那些擁有選舉羅馬人民的國王和神聖羅馬帝國皇帝的權利的諸侯。此制度嚴重削弱了皇權，加深了德意志的政治分裂。

權利請願書

作為從封建主義向資本主義過渡時期的都鐸王朝，被認為是英國君主專制歷史上的黃金時期，國王的權威達至史無前例的程度，其疆土也是將來日不落帝國的最初雛形，包括英格蘭、愛爾蘭、威爾斯以及法國的眾多領地和北美洲的殖民地。當詹姆斯一世繼承英格蘭國王之後，蘇格蘭投入英國的懷抱，大不列顛的疆土又一次得到擴充。

然而，江山雖大，但正如詹姆斯臨死之前的預言所說，君主的權力終有一日會衰落。從斯圖亞特王朝開始，君權早就不如以往，更遑論繼承詹姆斯一世王位的查理親王。而在查理親王這裏，國王與議會之間的鬥爭達到了巔峰。

查理親王繼位，史稱查理一世，他跟他的父親大為不同，溫文爾雅、平易近人。可是他的性格註定了他的耳根軟，易受人擺布。按照與

法國人的約定，查理一世迎娶了法國公主亨麗埃塔・瑪利亞。瑪利亞王后是個天主教徒，對英國議會的新教徒貴族們懷著深深的敵意，她不斷地對國王吹枕邊風，慫恿國王懲治那些改革派[①]。國王遂縱容白金漢公爵這些親法派，對清教徒施以打壓。

1625年6月，新議會召開，會上廢除了國王可以終身徵收關稅的特權，規定以後每年就國王徵關稅問題表決一次；議會還對白金漢公爵的所作所為提出彈劾。國王眼見自己的權利被侵犯，怒不可遏，顧不得還在與西班牙打仗，下令解散議會。議會成員請求國王以國事為重，再三考慮。查理一世聲稱，如果不能立即撥款，他馬上就把議會解散。

3日後，下議院堅決不從，要求必須判決白金漢公爵，並禁止國王隨意徵稅。查理一世不再猶豫，一紙國書，議會被迫解散。就這樣，國王開始從別的途徑尋求錢財，他私自下令徵收桶稅和磅稅[②]。按理說，沒有議會的批准，任何機關和個人包括國王在內，均無權任意徵稅，但是國王才不管那些。

這時候，下議院的反對派愛德華・科克爵士、約翰・科比特爵士、湯瑪斯・達尼爾爵士等人鼓動民眾抗捐抗稅。國王得知有人私自抗命，覺得自己受到了臣民的侮辱，他下令樞密院逮捕了約翰・科比特、埃弗拉德・漢普登等5位下議院成員，以警告那些意圖反對他徵稅的人。但是他的做法已經使他的百姓人心背離。

1628年3月，國王被迫召開第三屆議會，百姓們推舉了一大堆專門反對國王的人物做議員，目的就是遏制國王。議會成員們才不管查理一世那副趾高氣揚的樣子，如果國王還想得到財政撥款，那麼就得簽署他們為國王準備的《權利請願書》。

《權利請願書》上明確寫著，未經議會同意，國王無權下令向英格蘭自由民貸款；不許迫害並責令拒絕貸款的百姓拿錢或將其打入監獄；非根據國家法律和法庭判決，不許以特許或特令的形式逮捕任何英格蘭

BC

耶穌基督出生　0—

君士坦丁統一羅馬

羅馬帝國分成兩部

波斯帝國　500—

回教建立

凡爾登條約

神聖羅馬帝國建立
1000—

十字軍東征

蒙古第一次西征

英法百年戰爭開始

哥倫布發現新大陸
1500—

英國大破無敵艦隊

發明蒸汽機

美國獨立

美國南北戰爭開始

第一次世界大戰
第二次世界大戰

2000—

自由民。

這些規定令國王的心在滴血，但是為了能拿到撥款，保住白金漢公爵的地位，國王忍痛於7月28日簽署了請願書。不過，他並沒有履行約定，沒過幾天他即下令議會休會，繼續過他那「無拘無束」的日子。而他的走狗——白金漢公爵可沒那麼好命。議會休會期間，白金漢公爵的好日子走到頭，一個名為約翰·費爾頓的軍官混進白金漢公爵家中，一刀扎在其心口上，了結了這個將英格蘭捲入日爾曼戰爭的推手。

國王的大爪牙殞命，他的小爪牙們很快也遭了殃。1629年1月20日，議會復會，以約翰·伊里亞德爵士為代表的下議院進行投票表決，彈劾國王的親信。議長沒有通過彈劾決議，起身準備離席，卻被下議院議員霍利斯和瓦倫丁一把按在了椅子上。

查理一世聽聞這件事，立即傳喚約翰·伊里亞德、霍利斯和瓦倫丁，讓他們做出解釋。3人聲稱沒必要在議會之外對自己的議會言論做出解釋，國王一聽，這些人還反了不成，遂派人將3人關進了倫敦塔，宣布解散議員。從此，英國步入長達11年的無議會時期。

在這段時間，查理一世獨斷專權，橫徵暴斂，任意增加稅種，甚至將船稅擴大到內陸；他還下令對那些未曾出席自己加冕儀式的騎士及貴族進行罰款；重提宮廷對王室森林的所有權，要求使用者把多年的稅款補上。不僅如此，國王允諾坎特伯里大主教威廉·勞德迫害清教徒，對清教徒施以各種極刑並給予罰款。國王的所作所為導致哀鴻遍野、民怨沸騰。現在看來，他已完全不復當年的儒雅風采，比他的父親詹姆斯更加可怕。

從1636年開始，查理的政府開始迫害蘇格蘭，引發了蘇格蘭人民起義。查理一世派兵鎮壓，卻出師不利。為了籌集軍費，在斯特拉福德伯爵的建議下，國王無奈重新召開議會。1640年4月13日，一批新的議員在威斯敏斯特成立議會，這個國會被稱作「短期議會」。議員們終於揚

眉吐氣，開始暢所欲言，陳述國王12年來的違法所為導致蘇格蘭起義發生，要求國王進行懺悔和撤銷船稅。

查理一世硬著頭皮告訴議員，如果他們肯給自己掏軍費，他就收回船稅的命令。議員們卻根本不理會國王的要求。查理只得又一次解散了這幫人。然而，國王和議員們都很清楚，議會遲早要重組，國王遲早得妥協。

果然，9月24日，國王重整旗鼓再次鎮壓蘇格蘭起義失利，英軍節節敗退。英格蘭舉國上下要求召集議會。查理一世進退兩難，只得宣布議會復會。11月3日清晨，老議員和新議員紛紛投入議會的懷抱，這次的議會一直持續至1653年，史稱「長期議會」。

國王和議會之爭並沒有就此戛然而止，反而越演越烈，直至引發國家動亂，開始了一場保王議會組成的「騎士黨」與革命議會組成的「圓顱黨」之間轟轟烈烈的鬥爭。

【相關連結】

湯瑪斯・莫爾的《烏托邦》中有這樣一段看似怪誕的話語：「你們的綿羊本來是那麼馴服，吃一點點就滿足，現在據說變得很貪婪、很蠻橫，甚至要把人吃掉……」這並不是出自一個人文學家的想像，而是對於時代怪態的控訴。

16世紀以來，許多新興工業，包括軍工、火藥、造紙、玻璃等紛紛發展壯大起來，與已經頗具規模的採礦、冶煉等舊工業，共同促進了英國資本主義和對外貿易的發展。其中，英國羊毛出口業和毛織產業急速發展，導致畜牧業成為獲利豐厚的產業。於是，一場為了羊毛而發生的「羊吃人」的「圈地運動」開始了。

新興的資產階級和新貴族要擴大原始資本累積，促進農業資本主義改造，為新工業提供集中的原材料產地，加速工業化進程。而羊毛的原

BC　上古時期

漢

—0　　羅馬時代

三國
晉

南北朝　盎格魯時代

—500

隋朝

唐朝

　　　　英格蘭統一
五代十國

宋朝

—1000

　　　　諾曼王朝

　　　　金雀花王朝

元朝

　　　　百年戰爭
明朝

　　　　薔薇戰爭
　　　　都鐸王朝

—1500

　　　　斯圖亞特王朝
清朝
　　　　光榮革命
　　　　大不列顛成立

　　　　維多利亞女王

中華民國
　　　　伊莉莎白二世

—2000

材料累積主要依靠佔有大量農耕用地轉變為畜牧用地得來。於是，資產階級及新貴族通過暴力強佔農民份地及公有地，剝奪農民的土地使用權和所有權，將農民驅逐出原有使用土地範圍，將耕用地和畜牧地變成私有大牧場和大農場。隨著工業人口的增加，農產品和糧食供不應求，資產階級及新貴族又利用圈地為自己牟取暴利。

這一惡性循環給農民帶來深重災難，百姓唯有拿起鋤頭反抗。政府雖然頒布了一系列法令限制圈地，無奈阻止不了新貴們對財富的追逐，收效甚微。最終，隨著君權的衰落，議會成了最高權力機構，也開始制定圈地法律，竟以政府的名義去圈地。由此可見，天下烏鴉一般黑，所言非虛。

儘管「圈地運動」是時代不可避免的「進步」，然而，受苦受難的依舊是被剝削的貧苦百姓。

【注釋】

①指要求清除英國國教中天主教殘餘的清教徒。

②桶稅、磅稅，指舊時英國對進出口的每桶酒和每磅羊毛等徵收的稅款。

【專題】加勒比海盜風雲

「海盜」，在中古時期絕對不是一個好詞，在更早的時代，它代表殺戮和犯罪；16世紀全世界各地海盜猖獗時期，它更是「掠奪」的代詞。

時間還需回到16世紀，我們或者可以說，這是「海盜的世紀」。由於歐洲的殖民國家日益發展，急需廉價勞動力和原材料來滿足資本的累積，因此各種各樣滿載黃金和貨物的船隻在全世界的海面上航行，而海盜作為船隻擁有者並且具備戰鬥力，變得合法化了。許多國家為了在不

耶穌基督出生 0—

君士坦丁統一羅馬

羅馬帝國分成兩部

波斯帝國 500—

回教建立

凡爾登條約

神聖羅馬帝國建立
1000—

十字軍東征

蒙古第一次西征

英法百年戰爭開始

哥倫布發現新大陸
1500—

英國大破無敵艦隊

發明蒸汽機

美國獨立

美國南北戰爭開始

第一次世界大戰
第二次世界大戰

2000—

增加預算的情況下加強海軍建設，給那些能夠攻擊敵國商船的海盜船以「私掠許可證」，允許他們通過搶奪方式得到金銀和物資，一部分交給國家來償還他們掠奪的罪行，一部分則由他們收入囊中。

於是，這些由政府在背後支持的海盜被稱為「皇家海盜」。我們所熟知的弗拉西斯・德雷克，就是受到伊莉莎白女王器重的英國海盜。

在南美洲的最南端與南極洲之間，有一道寬闊的海峽，每一年，8級以上的大風都會在這裏掀起驚濤駭浪，它被水手稱作「死亡走廊」，而它的發現者正是德雷克。因此，這道海峽被冠以「德雷克海峽」之名，它正如大海盜德雷克的一生，充滿了驚險與刺激。

作為英國最負盛名的海盜船長，德雷克的出身可想絕對不是很好。要知道，一個生活條件優渥的人肯定不會到海上去冒險。因為家住麥德威河邊，出門就是皇家造船廠，德雷克的童年伴隨著一艘艘由工人們建造的船隻而生長，他對大海充滿了憧憬。26歲那年，他加入了表兄霍金斯的船隊。

兩兄弟主要負責從西非將黑奴販運到西印度群島的西班牙殖民地，卻遭到了西班牙艦隊的襲擊。霍金斯的船隊折損近七成，死傷慘重。因為這件事，兩兄弟對西班牙產生了深深的仇恨。

1572年，得到伊莉莎白女王頒發的「私掠許可證」，報仇雪恨的日子終於到來了。德雷克從霍金斯手上購買了兩艘武裝商船，重返加勒比海，開始他加勒比海盜的生涯。每一次他的「金鹿」號銜住西班牙商船時，西班牙人便膽戰心驚，他們實在是被搶怕了。

1577年，德雷克海盜船隊再次進擊加勒比海，此時西班牙已經大大加強了該地區的海上防守。德雷克得到情報，西班牙寶船「卡卡佛戈」號將攜帶一大批金銀駛向巴拿馬城。德雷克於是在巴拿馬外海設下埋伏。

當天，海上的薄霧幫助德雷克的船隻隱藏了身形，當「卡卡佛戈」

BC

耶穌基督出生　0—

君士坦丁統一羅馬

羅馬帝國分成兩部

波斯帝國　500—

回教建立

凡爾登條約

神聖羅馬帝國建立
　　　　1000—

十字軍東征

蒙古第一次西征

英法百年戰爭開始

哥倫布發現新大陸
　　　　1500—

英國大破無敵艦隊

發明蒸汽機

美國獨立

美國南北戰爭開始

第一次世界大戰
第二次世界大戰

　　　　2000—

號駛入視野時，德雷克的海盜船從兩塊巨礁後面突然衝出，藉著輕快的船型和大帆的動力，迅速插入西班牙寶船及其護船隊伍當中，火炮齊射。

僅僅兩個小時的炮火戰，「卡卡佛戈」號就宣告投降，上面80磅黃金、20噸白銀、13箱銀幣以及數箱珍珠寶石被劫掠一空。滿載而歸的德雷克繼續西行，利用繳獲的西班牙海圖穿過太平洋和印度洋，進行全球航行，直到一年多以後才回到英國。

回國的德雷克受到熱烈歡迎，女王親自登上「金鹿」號，在甲板上授予德雷克騎士爵位，並任命他為普利茅斯市長。

1588年，英國皇家海軍擊敗了西班牙無敵艦隊，其中就有德雷克的功勞。然而，德雷克的海上事業就在這一年急轉直下。1589年夏天，有消息說西班牙又開始在里斯本組建艦隊，伊莉莎白女王派遣德雷克率領一支由150艘艦船組成的艦隊和17,000名士兵出征里斯本。結局卻以英國艦隊的失敗而告終。德雷克受到重挫，蟄伏6年後再次向女王請纓。

這次伊莉莎白不放心他一人出征，而是讓他的表兄霍金斯擔任主指揮，於1595年揚帆起航，重新殺入加勒比海。不過，西班牙早已學乖，在這片海域的各個據點安放大量軍艦，建設許多海上堡壘。

霍金斯和德雷克的艦隊遭遇西班牙艦隊的瘋狂狙擊，霍金斯病逝，而德雷克也因受傷過重，患上壞血病，於1596年1月23日去世。

德雷克的海盜生涯有30餘年，戰績無數，激勵了以後幾代的私掠海盜。不過，他最大的貢獻是改變了英國海軍的風格。以往的英國海軍幾乎是內河艦隊，從未想過在大海大洋上與西班牙等國一爭高下。而德雷克將海盜的進取精神和攻擊性帶入英國海軍，徹底扭轉了這個以內守為風格的海軍群體，直接推動了英國建立海上帝國的進程。

|第七章| 戰火時代

蘇格蘭

北愛爾蘭

英格蘭

威爾斯

倫敦

內戰與革命

　　1641年5月12日，倫敦塔山上，在20餘萬人的注視之下，國王的親信斯特拉福德伯爵身首異處。此時此刻，隨著斯特拉福德爵士頭顱的滾落，查理一世想必是痛徹心扉的。而君權與議會之間的鬥爭，也在這一分鐘被推向高潮。

　　絕大多數人認為，從1640年查理一世召開新議會（長期議會）開始到1688年資產階級和新貴族發動宮廷政變結束，是為「英國資產階級革命」，但說它是「議會革命」也算恰如其分。因為它不僅僅是國王與議會的鬥爭，還是議會內部不同權力方向代表的鬥爭，所有人都擺出了血拼的架勢，馬力全開。

　　斯特拉福德爵士一死，議會揚眉吐氣，乘機擴大成果，連續通過幾項重要法令，包括著名的《三年法案》，規定至少3年召開一屆議會；未經議會同意，國王無權提前解散或終止議會。法案無形中限制了國王對議會的掌控。

　　查理一世為了找回權力，跑去蘇格蘭尋求幫助，他打算與蘇格蘭的一些官員勾結，準備對英格蘭貴族施以迫害，但蘇格蘭的大多數勳爵拒絕他的要求。接著，國王不死心地又去挑撥愛爾蘭叛亂。沒人知道他的舉動除了給英格蘭貴族議員找麻煩之外還有什麼好處，反正愛爾蘭發生了一場暴亂，許多愛爾蘭人殘忍地殺害英格蘭人，男女老少皆遭了殃。

　　議會成員、議會領袖約翰・皮姆等人聞訊立即起草了《大諫章》，將國王的種種罪行揭露出來，不過他們巧妙地避開國王之名，而是把罪名安在國王的謀臣頭上。文件規定大幅度限制王權和主教權力，還將一大批擁護國王的主教關入倫敦塔。

下議院在對《大諫章》進行表決時，有一部分人不同意過多限制國王的權力。雖然文件最終通過了，卻意味著下議院仍存在意見分歧。國王一見有人支持自己，膽子大了起來，打算親手處理那些反對他的人。

1642年1月4日，查理一世忽然闖入議會，令首席檢察官將約翰‧皮姆、金博爾頓勳爵、亞瑟‧哈茲爾里格爵士、登齊爾‧霍利斯爵士、約翰‧漢普登爵士等5人在內的一眾議會領導逮捕，責令休會。隨著國王施施然離去，議員們高喊「特權」，譴責國王。

約翰‧皮姆等人被逮捕的消息迅速傳遍倫敦的大街小巷，人民自發組織遊行，在王宮外示威抗議。查理一世慌慌張張地逃離倫敦，抵達位於倫敦西南部泰晤士河邊里士滿的漢普頓宮，糾集軍隊討伐議會。議會成員中保王一派紛紛投靠國王，形成「騎士黨」，而那些革命派的議會成員則稱為「圓顱黨」，雙方劍拔弩張，英國內戰爆發。

國王在約克郡安頓下來，組織好軍隊，他的王后亨麗埃塔‧瑪利亞以送女兒出嫁荷蘭奧蘭治親王威廉二世的名義，傾盡一切財產從國外弄來了足夠的彈藥和裝備，準備與議員們決一死戰。

革命派的議員們也發動群眾，組織了20個步兵團和75支騎兵隊。這些騎兵隊裏值得一提的是奧利弗‧克倫威爾的騎兵隊，英國史上最優秀的士兵大概就是指這支隊伍了。在以後，我們將充分瞭解這支鐵軍的威猛。

國王軍與革命派議會軍的戰爭持續了將近4年。起初，出乎所有人意料的是，佔據人口稠密、經濟發達的東南各郡和倫敦地區的圓顱黨接連敗退，主要原因在於議會成員裏有一些保守分子和長老派，他們不願意與國王徹底撕破臉，還希望能和平地令國王聽從他們的擺布。因為這種曖昧的態度，圓顱黨多次失去先機，被動挨打。

1644年7月，雙方在位於約克城以西7英里處的馬斯頓荒原交手。2日上午9時，國王軍方面的魯珀特親王和紐卡斯爾爵士率先佔領荒原，向

BC　上古時期

漢

—　0　羅馬時代

三國
晉

南北朝　盎格魯時代

—　500
隋朝
唐朝

英格蘭統一
五代十國

宋朝
—　1000

諾曼王朝

金雀花王朝

元朝
百年戰爭
明朝

薔薇戰爭
都鐸王朝
—　1500

斯圖亞特王朝
清朝
光榮革命
大不列顛成立

維多利亞女王

中華民國
伊莉莎白二世
—　2000

西撤的議會軍聞訊掉頭迎擊，很快便與國王軍正面交鋒。議會軍的步兵首領是斐迪南德·費爾法克斯，騎兵團分別由奧利弗·克倫威爾和湯瑪斯·費爾法克斯控制，萊斯利則率領蘇格蘭騎兵。

時值酷暑期間，雙方列陣對峙，抱著敵不動我不動的原則，就那麼任由太陽曝曬和陣雨吹打。直到夕陽西下，國王軍方面以為今日不會再戰，準備回去吃飯。議會軍方面的克倫威爾卻突然下令騎兵團衝下高地，撲入敵軍，殺得國王軍措手不及。

很快，議會軍騎兵越過壕溝將第一波國王軍騎兵砍倒，隨後萊斯利的蘇格蘭騎兵衝垮國王軍第二道騎兵陣。魯珀特棄軍落荒而逃，國王軍折損近4,000人，1,500多人被俘，軍用物資基本被議會軍繳獲。

此後的交戰中，兩軍各有輸贏。但凡交戰過的地方，皆是生靈塗炭，百姓苦不堪言。看到如此慘況，議會軍首先動搖，向查理一世求和。國王嘴上雖然答應，但他向來沒一句實話，又喜歡出爾反爾，很快就打破了協議。

凡爾登條約

神聖羅馬帝國建立
　　　　1000—

十字軍東征

蒙古第一次西征

英法百年戰爭開始

1646年4月27日，不再手軟的議會軍包圍了牛津市，困在城中的查理一世喬裝改扮之後逃出城去，但他沒去與自己的勢力會合，而是跑到蘇格蘭軍隊，遊說蘇格蘭大將軍利文伯爵，企圖慫恿對方和議會軍決裂，反而遭到扣押。為了換回國王，議會軍無奈和蘇格蘭談判，用大筆的資金把倒楣國王贖回來，總算結束了這場莫名其妙的戰爭。

經過內戰的洗禮，國王權力名存實亡，議會成了國家最高權力機關，舊政府機構和皇室法庭被廢除，上議院實力極大削弱，而行政、立法、司法、宗教、財政和軍事大權均掌握在下議院議會成員手中。英國的權力階層，由此徹底地洗牌了。

【相關連結】

英國資產階級革命時期，有一場戰役產生了決定性作用，同時它也

是克倫威爾嶄露頭角，其軍隊獲得「鐵軍」稱號的重要戰役，即1645年6月14日的「納西比戰役」。

14日上午8時，國王軍將領魯珀特策馬前往一個高地上觀察，遠遠看見議會軍隊正在全線撤退，他認為機不可失，便命令部隊離開防禦陣地，銜尾追擊。事實上，這卻是費爾法克斯的計謀，正是引蛇出洞之法。10時左右，國王軍越過中間的平地，爬上對面山脊與議會軍決戰。雙方交戰不久，國會軍左翼將領伊利頓中彈落馬，左翼軍頓時陣形大亂。魯珀特親王非但不管伊利頓，反而放棄左翼追著議會軍進入納西比村。由於他的做法沒有保持平行進軍的陣形，導致陣形中空，很快被克倫威爾發現弱點。

克倫威爾立即下令議會軍3,600騎兵猛撲落後的左翼，轉眼間消滅了伊利頓的力量，然後從後方包抄國王軍。就在那時，佯裝逃走的費爾法克斯掉轉頭來向中央靠近。

在高地上觀戰的查理一世見狀不妙，立刻扯開中路旗幟向下營救，企圖阻止克倫威爾的鐵軍包圍。怎料國王的馬剛起跑，便往一邊跑去，帶著整個中路國王軍向戰場以外狂奔。這給了克倫威爾回馬殺擊中路國王軍的機會。

不到一個小時，克倫威爾的騎兵就打垮了中路的國王軍，查理一世落荒而逃。而克倫威爾也因為出色的戰略技巧，於議會軍中站穩腳步，逐步向軍隊的核心權力區靠近。

查理的斷頭臺

隨著騎士領有制的廢除，以及地主對國王的封建義務的取消，英國的封建主義根基被深深地動搖了。這是英國內戰的碩果，卻並未從根本

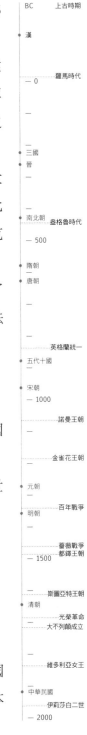

BC

耶穌基督出生　0—

君士坦丁統一羅馬

羅馬帝國分成兩部

波斯帝國　500—

回教建立

凡爾登條約

神聖羅馬帝國建立
　　　　　1000—

十字軍東征

蒙古第一次西征

英法百年戰爭開始

哥倫布發現新大陸
　　　　　1500—

英國大破無敵艦隊

發明蒸汽機

美國獨立

美國南北戰爭開始

第一次世界大戰
第二次世界大戰
　　　　　2000—

上改變農民生產生活需要，絕大多數的英國平民依然生活在圈地運動的苦難陰影中。可以說，英國資產階級革命僅僅維護了少部分新興資產階級和新貴族的需要。

可是，就算是如此小的成果，也因為議會軍內部的長老派和獨立派之間的分歧，而變得無足輕重。長老派認為應當與國王進行復位談判，並削弱軍隊將領的軍權。1647年2月，長老派操縱議會下達決議，規定除保留少量騎兵負責各地防衛，解散其餘軍隊編制。該決議引起軍隊將領的極大不滿，尤其像克倫威爾這種以軍功居高位的人，如同被削掉了左膀右臂。

5月，議會再次通過決議，禁止士兵集會，並強制解散軍隊編制，遭到下層官兵的一致抵制。不料長老派勾結保王黨，企圖以武力鎮壓示威官兵。費爾法克斯、克倫威爾等將軍均看到形勢不妙，若想與議會抗衡，必須將國王掌握在手中。他們手下有個叫喬伊絲的軍官帶了400騎兵，於深夜闖入皇宮將國王帶走，牢牢控制起來。

7月中旬，軍隊中有人建議將兵力移往倫敦，控制都城。克倫威爾怕就此一發不可收拾，建議擬訂一個好的談判計畫與查理一世進行協商。如果此時的國王足夠聰明，他應該相信軍隊，因為他若想擺脫議會和長老派的桎梏，這是最好的時機。畢竟，克倫威爾是與國王一起長大的，至少他們還算是半個朋友；而軍權往往能夠保障王權的穩固，得到軍隊支持的國王，想對付議會易如反掌。

但是，查理一世顯然沒認清形勢，他還在試圖與蘇格蘭人聯絡，欲從那邊借到兵力來打垮所有的議會軍。

克倫威爾攔截了國王捎給蘇格蘭人的信箋，得知國王想逃到海外。他沒有在軍中揭露國王的愚蠢行徑，而是槍決了送信的人以儆效尤，並於8月佔據倫敦，直接威脅到長老派。部分長老派議員倉皇出逃，倫敦落入議會獨立派手裏。

或許是應了哪裡有階級，哪裡就有鬥爭這句話，重新洗牌的議會再次發生分裂，形成了民主主義派別平等派和獨立派。平等派代表小資產階級利益，他們堅持天賦權利說，要求廢除君主制，建立人民共和國；而以克倫威爾為代表的軍隊獨立派認為應當保持君主制和貴族院不變，根據財產資格選舉新議會，以保證社會秩序和個人財產不受侵犯。沒有軍權的平等派很快便在這場鬥爭中落敗，但兩派的鬥爭給了保王黨可乘之機。

此前被克倫威爾嚇到的查理一世驚慌失措逃去漢普頓宮，在那裏他猶豫再三，決定還是向蘇格蘭人求助。在王后幫助下，他偷渡到維特島，向蘇格蘭發出求援信箋。1648年2月，蘇格蘭的軍隊和保王黨軍隊聯合起來攻打獨立派軍隊。面對國家存亡之際，獨立派要求與平等派及出逃的長老派重新和好組成議會軍，共同對付蘇格蘭軍。

經過4個多月的激戰，蘇格蘭軍終於撤退，保王黨的兩個著名將領查理斯·盧卡斯和喬治·賴爾被俘處決，宣告了第二次內戰的結束。

戰場上的硝煙雖然熄滅，但議會中的戰火仍在燃燒。長老派又擺出老套的做法，認為只要查理一世同意議會提出的要求，即可讓國王復位。獨立派軍隊對此深感不滿，他們希望整個議會能擺出態度，處理國王的叛國行徑。

這一次，長老派可不再懼怕軍隊，他們打算好好收拾一下不知天高地厚的軍人。長老派之所以敢公開叫板，主要是財政大權在握，而軍隊若想運作，必須依靠財政支持。說白了，誰有錢誰說了算。獨立派軍隊卻不這樣認為，只要速度夠快，控制了倫敦和整個議會，沒有什麼問題是解決不了的。

12月6日，發生了著名的「普萊德肅反」事件，普萊德上校和里奇上校帶領一隊騎兵和一隊步兵迅速包圍下議院，囚禁和驅逐了140多名長老派議員，議會剩下50餘名議員。這些議員按照獨立派軍隊的要求通

BC

耶穌基督出生 0—

君士坦丁統一羅馬

羅馬帝國分成兩部

波斯帝國 500—

回教建立

凡爾登條約

神聖羅馬帝國建立
1000—

十字軍東征

蒙古第一次西征

英法百年戰爭開始

哥倫布發現新大陸
1500—

英國大破無敵艦隊

發明蒸汽機

美國獨立

美國南北戰爭開始

第一次世界大戰
第二次世界大戰

2000—

過決議，要求以「叛國罪、挑起內戰罪、破壞法律罪和破壞英國人民自由罪」審理國王，並提交給上議院。上議院16位成員否決了該項決議，下議院乾脆跳開上議院，自行通過議案，宣稱下議院才是國家的最高政府，並親自審理國王。

1649年1月20日，一個歷史性的時刻。由包括議員、法學家、將軍和其他資產階級代表組成的135人法庭，在威斯敏斯特大廳對國王查理一世進行了審判。高級律師約翰‧布拉德肖任主法官，其他成員坐在旁邊的長椅子上。

國王走入審判大廳，他高傲地環顧四周，看向每一個瞧他的人，是那麼從容，一如他剛剛即位時那樣溫文爾雅。但他那緊緊捏著銀色手杖的手出賣了他此刻的心情，他大概清楚自己在劫難逃。當他的訴訟狀被念出來時，不容辯駁，他的死刑已被核准。他覺得自己被判得太重了，卻無能為力。

查理一世臨死之前，被允許見見他的孩子——13歲的伊莉莎白公主和9歲的格洛斯特公爵。孩子們與父親緊緊擁抱在一起，沒有言語，只剩下吻別。那場面無比凄涼，卻無可更改。

1月30日，國王在一夜無眠的情況下，依然保持著良好的精神狀態，身穿乾淨整潔的衣服，頭髮梳得一絲不苟。他吃了一頓簡單而不失精緻的早餐，然後在軍隊的護送下走過懷特宮的長廊，來到國宴廳前的刑臺上，下面人頭攢動，官員、百姓，不分階級地站在一起，觀看行刑過程。

國王的表情很平靜，他走向斷頭臺，發現木樁有點矮，於是輕聲對劊子手說：「請砍得準一點，別讓我死得太痛苦！」他雙手合在一起禱告，直到禱告完畢，才躺在木樁上。

49歲的查理一世就這麼丟掉了腦袋。在他被砍頭之後，議會廢除了上議院，實行一院制，接著又廢除了君主制。5月19日，議會宣布英國為

共和國，整個國家的政體發生質的改變。

【相關連結】

英國資產階級革命產生了很多派別，其中比較有趣的即是圓顱黨，該黨發跡與最盛時期是從1642年至1651年。圓顱黨的最大特色是這些清教徒議會成員將頭髮剪短，因為捲髮都被剪掉了，所以頭髮扣在腦袋上，顯得頭顱比較圓，因此得名「圓顱黨」。

「圓顱」一詞首見於1641年一場議會辯論中，圓顱黨為議會政治中首次以形象來達到政治目的與效果的黨派，此做法後來在民主國家被許多政客以不同方式援引。

護國公與獨裁者

有人講述了一則形象的故事，說的是英國人賽跑，後面的人非常佩服前面的人；美國人賽跑，後面的人千方百計想要追上前面的人；日本人賽跑，後面的人還在這次賽跑的過程之中，就開始研究下一次賽跑時如何超過前面的人；而中國人賽跑，起跑槍聲一響，賽跑的運動員就扭打在一起，直到只剩下一個人，這個人才慢慢地走向領獎臺。故事充分地寫出了中國人喜歡「內鬥」的特性。然則，自有人類開始，內鬥就是全人類的劣根性，不分種族和民族。

當英格蘭的議會重組之後，變成唯一一個議會平臺時，議員們想到的不是恢復英國戰亂前的秩序，而是設法除掉高達4萬人的軍隊。其實，議會的顧慮在所難免，軍隊成分絕大多數是平民，軍官中幾乎沒有貴族出身，躋身議會的寥寥無幾，因此發言權也相應地被限制。一個擁有足夠顛覆議會實力的組織卻沒有在議會的發言權，怎麼可能不被議會

BC　上古時期

漢

－0　羅馬時代

－

－

三國

晉

－

南北朝　盎格魯時代

－500

隋朝

唐朝

－

英格蘭統一

五代十國

宋朝

－1000

諾曼王朝

金雀花王朝

元朝

百年戰爭

明朝

薔薇戰爭

都鐸王朝

－1500

斯圖亞特王朝

清朝

光榮革命

大不列顛成立

維多利亞女王

中華民國

伊莉莎白二世

－2000

BC

耶穌基督出生　0—

君士坦丁統一羅馬

羅馬帝國分成兩部

波斯帝國　500—

回教建立

凡爾登條約

神聖羅馬帝國建立
　　　1000—

十字軍東征

蒙古第一次西征

英法百年戰爭開始

哥倫布發現新大陸
　　　1500—

英國大破無敵艦隊

發明蒸汽機

美國獨立

美國南北戰爭開始

第一次世界大戰
第二次世界大戰

　　　2000—

所忌憚？

　　議會的行為遭到下層軍官的抵制，一大批平民士兵開始在議院前示威。為此，議會逮捕了一批帶頭軍官。但暴力始終不是解決問題的根本方法，只會招來更暴力的報復。一些議員認為，此時此刻只有克倫威爾出面才行。為什麼克倫威爾成了解決問題的關鍵人物呢？其一，他出身鄉紳世家，又是大農場主，作為資產階級新貴族集團的代表人物，克倫威爾在議會當中得以佔據一席之地。其二，克倫威爾的鐵軍和新模範軍戰勝了保王黨的軍隊，在軍中威信很高。因具備這兩個優勢，他既能在議會中發言，又能代表軍隊利益。

　　克倫威爾以鐵腕懲治了一批平等派中的搗亂分子，一方面又許諾他們一部分權力，以作安撫。為了轉移軍隊的注意力，他將禍水引至愛爾蘭。英國內戰期間，查理一世曾挑撥愛爾蘭叛亂，不少英格蘭人慘死愛爾蘭人之手。克倫威爾乘機報復愛爾蘭，將那裏攪和得天翻地覆。

　　就在這時，在外流亡的威爾斯親王查理抵達蘇格蘭。蘇格蘭人提出條件，只要查理尊重「神聖盟約」①，蘇格蘭議會就幫助他恢復成為英格蘭、蘇格蘭及愛爾蘭國王。

　　英格蘭議會聽聞查理去了蘇格蘭的消息，驚慌失措地喚回在愛爾蘭的克倫威爾主持大局。克倫威爾遂放下已經乖順的愛爾蘭回到倫敦，帶著16,000名士兵趕去蘇格蘭，準備好好整治一下支持威爾斯親王的蘇格蘭人。另一邊，威爾斯親王在斯昆鎮②匆匆加冕，是為查理二世。查理二世帶著20,000蘇格蘭士兵前往英格蘭應戰克倫威爾，雙方在伍斯特③發生激戰。克倫威爾的鐵軍名不虛傳，儘管蘇格蘭人英勇不畏死，依然被鐵軍擊潰。

　　查理二世在60個親隨的護送下喬裝改扮逃走，輾轉去了諾曼第，又開始了多年的流亡生涯。而凱旋的克倫威爾在倫敦受到熱烈的歡迎，他的聲威達到了頂點。

這時，荷蘭想趁英國內戰結束不久國內空虛之時前來進犯。但顯然低估了英國的實力。荷蘭海軍元帥范·特龍普率領艦隊對英格蘭元帥布萊克發出挑戰。兩國海軍在海上激戰整整一天，均未能取得明顯優勢。最終，英雄惜英雄，特龍普和布萊克握手言和，英荷之戰不了了之。

然而，這場戰爭讓英國的軍隊意識到議會的無能，他們認為議會治國不力，尚且不如軍隊的治理能力。克倫威爾看準這個局面，於1653年自任「護國公」，徹底顛覆了共和國制度，重新拾起集權制。

12月16日，日上三竿，在奧利弗·克倫威爾的府外，法官、倫敦市長、市議員、軍隊要人分列兩側，恭迎克倫威爾走馬上任。這一天，克倫威爾身穿黑天鵝絨軍裝，頭戴高帽，腳踏軍靴，登上了大馬車，馬車駛向威斯敏斯特宮。在那裏，他被正式任命為「護國公」，開始了他的4年獨裁統治。

拋開克倫威爾「竊國」嫌疑不談，他在內政中表現出了傑出的治國才幹。對內方面，他起初並沒有大興伐戮剷除異己，而是對保王黨和長老派實行「既往不咎」的政策，直到1655年下令解散議會，發生保王黨騷亂和平等派反護國起義，才出手鎮壓。對外政策方面，他在1654年與荷蘭簽訂了《航海條例》，接著與瑞典、丹麥締結了有利的商約，促進英國的對外經濟發展。

1656年夏天，克倫威爾對商品的進出口限制放寬，並設立商品專賣權。他希望能透過一些經濟手段彌補財政赤字，但顯然一人之力並不足以改變局面。9月，他被迫召開了第二屆議會，同意議會提出的廢除少將制度，相當於解除軍隊專制局面。相應的，議會決定加冕他為國王，但克倫威爾拒絕了這項決議，無奈整個軍隊都希望他接受提議。

第二年6月26日，克倫威爾在無可選擇的情況下登上王位。可是，議會仍舊沒有幫他解決財政危機。由於國內經濟狀況每況越下，階級矛盾日益激烈，他疲於奔命地解決種種問題。就在1658年的8月，一個氣耗

擊垮了繃緊弦的克倫威爾，他最愛的女兒伊莉莎白去世了。

克倫威爾統領鐵軍，一輩子征戰沙場不知殺了多少人，卻並不妨礙他是一個好父親。他對自己的子女疼愛非常，尤其喜愛善解人意的伊莉莎白。伊莉莎白因為失去了兒子而傷心病倒，醫生下了病危通知。克倫威爾拋下國事跑去漢普頓，寸步不離地守在女兒身旁，直至她嚥下最後一口氣。痛心欲絕的克倫威爾一病不起，在9月3日溘然長逝。

偉大的英雄死去，令整個英國都陷入哀傷的氣氛，對比詹姆斯一世和查理一世，克倫威爾對英國所做的貢獻絕對是卓著的。儘管在新舊

交替的政治局面裏，他屬於主張王權的保守派，並非激進的共和主義者，他有他的時代局限性，不可能一蹴而就地創造一個百分之百的嶄新

時代，可他畢竟鞏固了民主政府在英國的地位，而且也是衷心熱愛民主的。因此，我們評價一個人物的歷史功過，要從他所處的時代出發，而不能以後世的眼光來判斷他的對錯。

【相關連結】

1660年，復辟的查理二世即位為英格蘭國王。他對將自己驅逐國外

的克倫威爾恨之入骨，於是命人從威斯敏斯特教堂墓地裏把克倫威爾、

約翰‧布拉德肖等人的骸骨掘出來，將屍體做出上吊的模樣供人圍觀，

並拉去泰伯恩刑場砍頭。最後，查理二世還將克倫威爾的頭掛在竹竿頂上示眾。

此後，克倫威爾的頭顱四處「流浪」，多次被人拍賣，直到1960年

才找到安息之處，被葬在劍橋的薩塞克斯學院④小教堂地下。

教堂旁的匾額上寫道：「英格蘭、蘇格蘭及北愛爾蘭之貴族保護

者，該校1616—1617年校友，奧列弗‧克倫威爾之頭顱，1960年3月25日

埋葬於此左近之處。」偉大的英雄總算能夠停駐下來了。

①又叫《國民誓約》，1643年蘇格蘭和英格蘭議會為維護長老會（新教的分支）制所簽訂的盟約。在英格蘭、蘇格蘭和愛爾蘭的三國之爭中，很多蘇格蘭人加入長老會，拒絕主教和羅馬天主教的監督進入蘇格蘭。

②斯昆鎮，英國蘇格蘭珀斯一金羅斯行政區的鎮，是蘇格蘭歷史上最知名的城鎮，古蘇格蘭王國最初的幾百年內的實際首都，當時是重要的政治和宗教中心。位置在今天的珀斯市中心以北大約5公里處。

③伍斯特，英國英格蘭中部歷史名城。位於塞文河東岸，伯明罕西南40公里處。人口7.6萬（1983年資料）。面積32平方公里。1313以前為塞文河的渡口。

④即薩塞克斯大學，又譯作蘇塞克斯大學，位於英國南部布萊頓附近，布萊頓市邊界。它是英國20世紀60年代新大學浪潮成立的第一批學校之一，於1961年取得皇家特許證，獲准成立大學。從建校至今，薩塞克斯大學培育出3位諾貝爾獎得主，並作為一所頂尖大學位於英國和世界排名前列。

「快樂國王」的「快樂時光」

無論一個人生前多麼偉大，死後終究是一抔黃土，所以他的葬禮即使再奢華，除了浪費，半點意義也沒有。但奧利弗・克倫威爾的兒子理查・克倫威爾顯然沒意識到這個問題。他把精力大多用在裝點父親之死上面，沒有去管混亂的英國政壇。這個和藹的鄉紳如果能夠像他父親一樣英明，大概英國會發展得不錯。可惜的是，軍隊和議會的鬥爭以及軍隊內部鬥爭，早就把他剔除其外了。

BC　上古時期

漢

羅馬時代

— 0

三國
晉

南北朝　盎格魯時代

— 500

隋朝
唐朝

英格蘭統一
五代十國

宋朝
— 1000

諾曼王朝

金雀花王朝

元朝
百年戰爭
明朝

薔薇戰爭
都鐸王朝
— 1500

斯圖亞特王朝
清朝
光榮革命
大不列顛成立

維多利亞女王

中華民國
伊莉莎白二世
— 2000

BC

耶穌基督出生　0—

君士坦丁統一羅馬

羅馬帝國分成兩部

波斯帝國　500—

回教建立

凡爾登條約

神聖羅馬帝國建立
　　　　1000—

十字軍東征

蒙古第一次西征

英法百年戰爭開始

哥倫布發現新大陸
　　　　1500—

英國大破無敵艦隊

發明蒸汽機

美國獨立

美國南北戰爭開始

第一次世界大戰
第二次世界大戰

　　　　2000—

很快，喬治·蒙克將軍取得了軍隊的控制權，他開始密謀將國王從諾曼第接回來，恢復斯圖亞特王朝的統治格局。大概所有參與內鬥的人，包括長期議會成員、克倫威爾時期議會成員、保王黨、平等派等，他們鬥得實在太累，英國的平民也被這些人的鬥爭弄得六神無主，大家均希望國王查理二世能回來主持大局。

1660年5月20日，查理二世的生日那天，他如願以償重歸倫敦。人們欣喜若狂地歡迎國王回家，大街小巷均響起了鼓聲、樂聲，有人在歡歌鼓舞。大概沒有哪個王朝的復辟能像斯圖亞特王朝這樣受到人們的擁戴了。第二年4月，國王正式在威斯敏斯特加冕為不列顛國王，總算找回自己的位置。

據說，查理二世性格活潑，對各種藝術都感興趣，終生奉行享樂主義，人們給他取了個雅號——「快樂國王」。不過，他很難擺脫祖父和父親治國不力的陰影，無論表現得對克倫威爾家族及其黨羽多麼的嚴厲殘酷[1]，依然無法改變他懦弱的本質。他很快向議會妥協，小心翼翼地行使著自己的有限王權。

1662年，國王的婚姻大事被提上日程，很多國家都伸出橄欖枝，最大方的就是葡萄牙和西班牙。葡萄牙國王若昂四世願意把女兒凱薩琳嫁給他，並提供80萬英鎊（一說為5萬英鎊嫁妝和5萬英鎊貸款）的陪嫁和坦吉爾、孟買兩個殖民地；西班牙國王則讓查理二世在自己的12個女兒當中隨便選一個，還許了很多好處。查理二世顯然對錢更感興趣，對葡萄牙的大方甚是滿意，於是娶了凱薩琳做王后。

「快樂國王」沉浸在財富裏，整個宮廷也被他和他的兄弟姐妹弄得烏煙瘴氣，充滿了淫聲浪語。不過一年的工夫，國王就感到錢不夠花了，竟然將自己在諾曼第的領地，具有戰略意義的敦克爾克[2]以40萬英鎊的價格賣給了法蘭西太陽王路易十四。

「諸事順利」的國王開始謀求對外戰爭，於1665年與1672年先後

發動了兩次英荷戰爭。據說，1665年第二次英荷戰爭[3]並非查理二世本意，出於海軍和商業的競爭，是議會給國王施壓，要求他對荷作戰。起因是荷蘭人干涉一家由約克公爵主導的從事金粉和奴隸貿易的非洲公司，公爵率領一支達百艘戰船的海軍艦隊開到荷蘭海岸，與荷蘭艦隊發生激戰。一開始英國艦隊取得勝利，不料此時倫敦城發生一場大瘟疫導致戰爭被迫中止。

瘟疫快速傳播開來，死了幾萬人。人們為了防止瘟疫傳播，開始到處點火焚燒死屍和髒物。秋分日這一天，天乾物燥，大風忽作，城內的火勢突然迅猛起來，點燃了整個倫敦。由於瘟疫導致道路封閉，許多人被圍困，一場大火燒死了倫敦十萬餘人，損失更是不計其數。

可是，國王不但沒有囑咐議會撥款安撫災民，反而把軍費開支挪用於日常揮霍，依舊沉浸於歌舞昇平的日子，把金銀珠寶撒給他喜愛的寵臣。國王尚且如此，英荷戰爭還如何打下去。本來能夠贏得戰爭的英國艦隊兵敗如山倒，軍人們累死、餓死在海岸上，任由荷蘭艦隊和其盟友法蘭西艦隊在英格蘭沿岸肆虐。

經過了幾年的休整，英國總算緩了一口氣，查理二世也意識到應該報復荷蘭。1670年，查理二世與法蘭西簽訂「多佛密約」，只要法蘭西對他進行財政方面的協助，幫他發動對荷戰爭，他就在合適的時間宣布自己為羅馬天主教徒。

1672年，在議會拒絕撥款的情況下，查理二世私自發動了新一輪的英荷戰爭。法軍負責陸戰，英軍負責海戰。然而，法軍的進展非常順利，英軍的海戰卻遲遲不見成果。查理二世面對巨額軍費開支再次為難，不得不求助議會。

英國議會要求查理二世撤回信教自由宣言，並要求國王同意審查條例以排除羅馬天主教徒擔任任何政府職務。國王雖然按照議會的要求去做，卻依然沒有得到撥款，只能提前與荷蘭議和。接下來，議會要求國

BC　上古時期

漢

羅馬時代

— 0

三國
晉

南北朝　盎格魯時代
— 500

隋朝
唐朝

英格蘭統一
五代十國
宋朝
— 1000

諾曼王朝

金雀花王朝
元朝
百年戰爭
明朝

薔薇戰爭
都鐸王朝
— 1500

斯圖亞特王朝
清朝　光榮革命
大不列顛成立

維多利亞女王

中華民國
伊莉莎白二世
— 2000

BC

耶穌基督出生　0—

君士坦丁統一羅馬

羅馬帝國分成兩部

波斯帝國　500—

回教建立

凡爾登條約

神聖羅馬帝國建立
　　　　　1000—

十字軍東征

蒙古第一次西征

英法百年戰爭開始

哥倫布發現新大陸
　　　　　1500—

英國大破無敵艦隊

發明蒸汽機

美國獨立

美國南北戰爭開始

第一次世界大戰
第二次世界大戰

　　　　　2000—

王對法開戰，偏偏此刻國王正夾在法蘭西和荷蘭的夾縫裏，試圖讓兩國休戰。左右為難的查理二世想了個辦法，他把自己的侄女瑪麗（約克公爵詹姆斯之女）嫁給荷蘭奧倫治王子威廉，既顯示出與荷蘭修好，又對法蘭西起到震懾作用，還敷衍了議會，一舉三得。

　　總的來說，英荷戰爭中英國基本取得了優勢地位，不能算完勝，卻很好地創建了制衡的局面，保證了英國海上霸主的地位。查理二世最後的靈機一動，讓他的統治生涯添上勉強算是輝煌的一筆，令他至少不像他的父親那樣無能。

【相關連結】

　　1630年6月8日，查理一世與亨莉雅妲‧瑪利亞王后的長子查理二世於詹姆斯宮出生。僅僅一天之後，小王子即成為康沃爾公爵、羅撒西公爵、賈斯特伯爵、卡里克伯爵與倫弗魯男爵。頭上擁有無上光榮的光環，也意味著具有沉重的責任，所以，當查理一世與議會的鬥爭如火如荼時，年僅15歲的查理就被父親派往西英格蘭擔任總司令。在議會軍包圍了西英格蘭保王黨軍隊的時候，查理二世走投無路，只得逃去巴黎與母親瑪利亞王后會合。

　　1648年，第二次英國內戰，查理二世擔任保王黨艦隊總司令，在他準備營救被困的查理一世時，遭到議會軍艦隊的瘋狂狙擊，只得退往荷蘭基地，不日便在那裏收到父親被處決的消息。從那一刻開始，濃烈的仇恨在他的內心層層累積，他用了11年的時間謀劃奪回英格蘭和蘇格蘭王位，如願以償之後，終於殺了那些曾經參與處死他父親的罪魁禍首，拾起了「快樂國王」的稱號。

【注釋】

　　①1661年，在首席大臣海德的斡旋下，查理二世處死了9名簽署其

父王查理一世死刑命令的圓顱黨人。

②敦克爾克，法國東北部靠近比利時邊境的港口城市，後來以第二次世界大戰中發生在這裏的敦克爾克戰役（1940年）和英法軍隊大撤退而聞名。

③第一次英荷戰爭係1652—1654年克倫威爾時期發動的對荷戰爭。

政壇逐鹿

「快樂國王」的機智令查理二世免於陷入國外戰爭的泥淖，卻並沒有使他擺脫國內鬥爭的桎梏。英荷戰爭結束後，英國政府和議會、議會內部均發生了激烈的鬥爭，其中壁壘最為分明的就是「托利黨」和「輝格黨」。

托利黨和輝格黨的名稱源於1688年的「光榮革命」，在查理二世統治時期還不是如此稱謂，他們應當算是騎士黨和圓顱黨的延續性政黨。為了方便起見，在之後的文章中我們將採用托利黨和輝格黨的稱呼。

「托利」一詞起源於愛爾蘭語，意為不法之徒，主要組成人員為沒落的土地貴族（地主階級）和英國國教徒，魁首是丹比伯爵。該黨派主張限制議會作用，確保國王權力，鎮壓清教徒一派，他們是保王黨的延續產物。

「輝格」一詞起源於蘇格蘭的蓋爾語，意為馬賊，英國資產階級革命時期有人用它來譏諷蘇格蘭長老派。他們的主要組成人員是資產階級新貴及商人、金融家和自由職業者，魁首是沙夫茲伯里，可以說是議會改革派的主要成員，主張保留君主制，卻必須限制王權，提高議會權力。

在查理二世統治時期，兩黨之爭最激烈的莫過於宗教信仰問題。事

BC

耶穌基督出生　0—

君士坦丁統一羅馬

羅馬帝國分成兩部

波斯帝國　500—

回教建立

凡爾登條約

神聖羅馬帝國建立
　　　　1000—

十字軍東征

蒙古第一次西征

英法百年戰爭開始

哥倫布發現新大陸
　　　　1500—

英國大破無敵艦隊

發明蒸汽機

美國獨立

美國南北戰爭開始

第一次世界大戰
第二次世界大戰

　　　　2000—

件首先源於英荷戰爭結束後國內的反天主教高潮。1674年，時任財政大臣的丹比伯爵受到檢舉，輝格黨認為丹比應該為國王的親法政策負責。最終，此事以丹比伯爵下臺告一段落。1679年，查理二世迫於無奈，第一次解散了任職18年的保王黨（托利黨）議會，這時候的托利黨淪為在野黨。該議會解散之前，已經通過了將羅馬天主教徒從上、下議院中驅逐的第二個審查條例。

同年，議會新一輪大選過後，輝格黨佔據主要優勢，得以於政壇馳騁，他們對天主教徒抱有敵意，兩次提出取消約克公爵詹姆斯繼承權的法案，並通過了《排斥法案》和《人身保護法》。在這裏，約克公爵之所以遭到彈劾，主要因為他改信了天主教，隨即又娶了身為羅馬天主教徒的義大利公主續弦。議會擔心查理二世死了之後由約克公爵即位，國內天主教會重新振作，所以要求國王取消約克公爵的繼承權。

國王透過對上議院施壓阻止了法案通過，但是下議院的一再表決，令他無奈於1679年和1680年兩次解散議會。在這段時間裏，國王也沒閒著，正像輝格黨擔心的那樣，他開始和法蘭西國王秘密聯繫，如果對方能幫他打壓輝格黨的勢力，他就履行「多佛密約」。

此前，查理二世曾經向議會申請過一支保護自己的軍隊，議會怕他的勢力做大，只許諾他1,000人左右的親衛團。1680年蘇格蘭發生叛亂，查理二世藉著派自己私生子蒙茅斯公爵鎮壓蘇格蘭叛亂的機會，堂而皇之地擴大了親衛軍。國王一掌握了軍隊，便迫不及待於1681年召集第五次議會，對輝格黨施加軍事壓力，只待輝格黨受不了壓力反對他，他就可以憑「謀反罪」毀掉輝格黨。

輝格黨察覺了國王的陰謀，他們中的一些人在議會解散時偷偷聯繫，打算想個對付國王的辦法，其中包括沙夫茲伯里伯爵（他很快就死了）、埃塞克斯伯爵、蒙茅斯公爵、拉塞爾勳爵、澤西勳爵、阿爾傑農·西德尼、約翰·漢普登等人。由於團體中有人走漏了消息，國王派

人一舉擒獲埃塞克斯伯爵、蒙茅斯公爵、拉塞爾勳爵和阿爾傑農‧西德尼，以「密謀刺殺國王」的罪名將他們送上法庭。

埃塞克斯伯爵在未受審之前因怕受侮辱而自盡；拉塞爾勳爵和阿爾傑農‧西德尼被砍下頭顱；僅有蒙茅斯公爵因身為王族而得以保命，最終流亡荷蘭。輝格黨也因這次「陰謀」事件而一敗塗地，托利黨重新走上政壇，慢慢恢復了影響力。

隨著保王黨勢力增強，國王的獨裁統治變得順利起來，他利用關稅和執照稅充實了自己的口袋，終於不用再為財政問題求助議會，還得以保存自己那支強大的親衛隊，用來威懾議會那幫傢伙。至於之前一直遭到彈劾的約克公爵也從蘇格蘭回來，重拾大權，成為海軍大臣。

1685年2月2日，查理二世還未享受夠他的快樂生活，突然中風跌倒。一天之後醫生就宣布他的死期到了。查理二世哆嗦著手拒絕了新教的主教給自己施洗，約克公爵立刻明白兄長的心意，摒退左右偷偷叫來一個天主教教士。果然，國王到最後都堅持做了法蘭西的奴僕，遵守著「多佛密約」，可憐他的臣子還以為他想通了。

2月6日，54歲的查理二世死在懷特霍爾宮。約克公爵到底沒有被剝奪王位繼承權，順利繼承王位，史稱詹姆斯二世。查理二世跟議會改革派鬥爭了這麼多年，大概唯一的成果就是保住了弟弟的繼承權吧。說起來，他在眾多英格蘭國王當中，算是最念兄弟情的一個了。

【相關連結】

如果把都鐸王朝和斯圖亞特王朝的國王放在一起比較，最風流的肯定不是娶了6任王后的亨利八世，而是查理二世。查理二世作為「快樂國王」，擁有情婦無數。他的生活和飲食雖然很節制，但是喜歡把錢花在他的情婦身上，因此總把自己的口袋揮霍一空。這些情婦給他生了14個兒子，其中最為人所熟知的就是蒙茅斯公爵詹姆斯‧斯科特，那個跟查

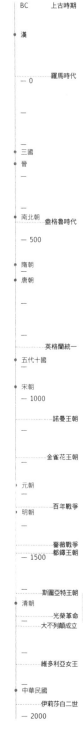

BC　　上古時期

漢

　　　羅馬時代

— 0

三國
晉

　　　　—
南北朝　盎格魯時代
— 500
隋朝
—
唐朝
—

　　　英格蘭統一
五代十國
—
宋朝
— 1000
—
　　　諾曼王朝
—
　　　金雀花王朝
元朝
—
　　　百年戰爭
明朝
—
　　　薔薇戰爭
　　　都鐸王朝
— 1500
—　斯圖亞特王朝
清朝
　　　光榮革命
—　大不列顛成立
—

　　　維多利亞女王
—

中華民國
　　　伊莉莎白二世
— 2000

理二世曾經站在對立面的小子。

奇怪的是，就算查理二世如此風流，有那麼多的私生子，他也從未跟自己的不孕王后離婚，寧可沒有王子繼承王位。或許除了好色以外，國王還是個長情的人。

起風了，光榮的英格蘭

在歷史的大趨勢面前，即使身為上位者，試圖扭轉整體格局，也不過是蚍蜉撼樹。從亨利八世開始，新教在英格蘭就已逐漸站穩腳跟，伊莉莎白一世40多年的統治更是重新確立了亨利八世和愛德華六世的改革成果。因此，儘管詹姆斯二世繼查理二世登臺之後，在短暫的統治生涯中一直致力於復興天主教，但顯然是不可行的。

新王並沒有認清大趨勢，所以試圖建立起他的獨裁統治。他拉攏托利黨人組成新議會，對妨礙他的清教徒實行宗教迫害，處死了不少人。不僅如此，國王還暴露了他的貪婪，他要求議會撥款200萬英鎊作為自己的終生收入，並私自增加稅種，無形中給人民又增加了沉重的負擔。很快，國王的殘暴就遭到反抗——蘇格蘭山民阿蓋爾和蒙茅斯公爵斯科特的聯手反擊。

阿蓋爾與蒙茅斯公爵達成協議，一個在北方蘇格蘭發動起義，一個在南方發動叛亂。兩股叛軍壯大得非常迅速。由於阿蓋爾的起義軍動作迅速，他們首先與國王軍交火。鑑於詹姆斯二世從查理二世那裏繼承了不少精兵強將，阿蓋爾的隊伍根本打不過他。蒙茅斯公爵的軍隊沒有如期趕至救援阿蓋爾，導致這位民族英雄慘死在國王軍手底下。

哥倫布發現新大陸
　　　　1500—

英國大破無敵艦隊

發明蒸汽機

美國獨立

美國南北戰爭開始

第一次世界大戰
第二次世界大戰

　　　　2000—

在關鍵時刻掉鏈子的人，肯定成不了大器。姍姍來遲的蒙茅斯公爵聽聞阿蓋爾軍被鎮壓下來，不敢繼續前進。他在多塞特郡[①]插旗高呼，

宣稱母親露西・沃爾特與查理二世的婚姻合法，自己才是王位的合法繼承人，而詹姆斯二世是篡位者。他還在百姓面前指責詹姆斯二世的殘暴行徑，有些的確是真的，有些卻是捏造的。但不管怎麼樣，人民相信了他。蒙茅斯公爵還自封國王，率領4,000多士兵，以正義的口號討伐國王軍。

因為雙方實力相距甚遠，蒙茅斯公爵的叛亂堅持還不到兩個月就被鎮壓了，他本人則被詹姆斯二世送上倫敦塔山，等在那裏的是劊子手。

兩股叛亂軍令國王的疑心越來越重，他不相信那些口口聲聲宣稱效忠自己的人，藉機使國王常備軍擴充至3萬多人，迫害那些他認為試圖反對自己的人，哪怕根本是無中生有。砍頭、火刑、絞刑、烹刑、車裂、變賣為奴、流放……但凡殘忍的事情，已被國王做盡。他的血腥統治一開始並沒有遭到忠於他的議會反對，但隨著國王不顧第一個審查條例而允許羅馬天主教徒軍官在軍中服役，並且對不信奉國教的人停止執行有關刑法，下議院逐漸瞧出了國王打算復興天主教的苗頭，立即對國王行徑提出抗議。

詹姆斯二世見議會如此難以駕馭，乾脆於1687年解散議會，利用國王特權取消一些法律，以便實行宗教平等政策。1688年，詹姆斯發布第二號信教自由宣言（其中宣稱「不應再設置宗教檢查和刑法」），還把不同意他的政策的兩個新教徒內弟免職了。同一年，他還在倫敦接見教皇的代表，這是自瑪麗一世以來教皇代表第一次到英國。

愚蠢國王的目的昭然若揭，他希望能更容易恢復天主教，卻沒有意識到自己的瘋狂舉動會遭到怎樣的反撲。這一年的夏天，一萬多名神職人員只有200多人願意宣讀國王第二號信教自由宣言。坎特伯里大主教和6名主教上書要求國王撤銷發布宣言的命令，因為查理二世時期議會曾宣布，國王無權取消刑法典。詹姆斯勃然大怒，將主教們紛紛關入倫敦塔。3個星期後，主教們被送上法庭，法庭的審案人員和陪審團發生了激

BC　上古時期
漢
— 0　羅馬時代
—
—
—
三國
晉
—
南北朝　盎格魯時代
— 500
隋朝
唐朝
—
—
—
英格蘭統一
五代十國
宋朝
— 1000
—
諾曼王朝
—
金雀花王朝
元朝
—
百年戰爭
明朝
—
薔薇戰爭
都鐸王朝
— 1500
斯圖亞特王朝
清朝
光榮革命
大不列顛成立
—
維多利亞女王
—
中華民國
伊莉莎白二世王
— 2000

烈的辯論，那些國王的間諜在群起而攻之的群眾和貴族面前輸得一塌糊塗，法庭繼而宣判主教們無罪釋放。

6月10日，王后（義大利公主瑪麗，詹姆斯二世的第二任妻子）生下一個男孩，雖然不少貴族為國王高興，卻同時有人擔憂這個孩子恐怕會成為天主教的王位繼承者。於是，什魯斯伯里伯爵、丹比伯爵、德文郡伯爵、海軍上將拉塞爾、陸軍上校悉尼以及被釋放的主教們偷偷去了荷蘭，聯絡奧倫治公爵威廉。

奧倫治公爵威廉的妻子瑪麗是詹姆斯二世與第一任妻子安·海德的女兒。瑪麗是新教的忠實信仰者，所以她的丈夫威廉就被看作新教的希望。英格蘭的貴族和主教們希望他能帶兵來到倫敦，捍衛他妻子的「繼位權」。

9月，奧倫治公爵結束與法王路易十四的爭端，籌備軍隊準備進軍英格蘭。詹姆斯二世終於意識到自己的女婿可能帶來的巨大威脅，本來他想借助法蘭西的力量來對付威廉，又怕自己明顯的親法政策遭到民眾反對，便拒絕路易十四為他提供軍隊。他以為至少貴族們會幫助自己解決問題，但事實上，貴族們根本對他不屑一顧。

11月1日，深秋，東風起。大海的寒流將奧倫治公爵的艦隊帶往英格蘭德文郡。5日，艦隊靠岸登陸，向埃克塞特進發。沿途的百姓對國王早已心灰意冷，他們加入了公爵的隊伍，討伐國王。貴族們也紛紛向公爵伸出橄欖枝，他們聚在一起向威廉投誠，並簽署了一份協定。但凡簽署協定者，必須捍衛王國的法律與自由、捍衛新教、捍衛奧倫治公爵。

蒙古第一次西征

英法百年戰爭開始

哥倫布發現新大陸
　　1500—

英國大破無敵艦隊

發明蒸汽機

美國獨立

公爵聲勢浩大，連國王的親衛軍都膽怯了，他們紛紛表示效忠公爵，拋棄了國王。

這下子，詹姆斯二世算是眾叛親離了，他的朋友和近臣紛紛逃跑，他的女兒安妮公主也棄他而去。他忍不住向天大喊：「連我的親人也棄我不顧！」無奈的國王讓王后把他的小兒子威爾斯親王帶去法蘭西，而

他自己則抱著國王的大印喬裝出了倫敦，企圖從肯特登船外逃法蘭西。

一個水手認出詹姆斯二世的身影，大叫：「國王要逃跑了！」一轉眼，一支軍隊殺出來將國王捉住，送到奧倫治公爵面前。

奧倫治公爵沒打算讓自己的手染上這個窩囊國王的血，巴不得對方逃跑，便故意安排了個漏洞，讓詹姆斯二世逃離了英格蘭。

1689年2月12日，慣例議會（一般在王位空缺的時候召開）召開，宣布詹姆斯逃離倫敦時即自動放棄王位，由於王位空缺，會議決定立詹姆斯的女兒瑪麗為女王，與她的丈夫威廉三世（奧倫治公爵）共同統治。4月11日，蘇格蘭的議會也通過該決議，承認威廉三世與瑪麗女王的統治地位。議會上還確定了未來王位繼承人的順序：首先是威廉三世和瑪麗的孩子，然後是安妮公主和她的孩子，最後是威廉三世續弦之後生出的孩子。

英國此次的重大變故史稱「光榮革命」。因其兵不血刃，以非暴力的形勢恢復英國國家秩序，故而有「光榮」之稱。而君主立憲制政體以及兩黨制度，也是起源於1688年光榮革命。不僅對英國以後的歷史發展達到推動作用，更對歐美許多國家的政治格局產生了重要影響。

【相關連結】

光榮革命引發的這場內戰，並非以詹姆斯二世出逃結束，而是結束於與愛爾蘭之間的戰爭。1689年3月，詹姆斯帶領一支法軍在愛爾蘭登陸，當時的愛爾蘭議會大部分人信仰天主教，所以沒有追隨威廉三世。他們依然承認詹姆斯二世為英國國王，並追隨他打算反攻威廉三世。

4月，威廉三世御駕親征愛爾蘭，雙方發生激烈的戰鬥。1690年7月12日，在愛爾蘭的博因河畔，威廉三世率領36,000餘人迎戰詹姆斯二世的25,000人軍隊。威廉三世的軍隊是多國軍隊，包括荷蘭人、丹麥人、挪威人、英國人、波蘭人、法蘭西人、德國人、瑞士人及義大利人，精

BC　上古時期

漢

—0　　羅馬時代

二
三國
晉

南北朝　盎格魯時代

—500

隋朝
唐朝

英格蘭統一
五代十國
宋朝
—1000

諾曼王朝

金雀花王朝

元朝
百年戰爭
明朝

薔薇戰爭
都鐸王朝
—1500

斯圖亞特王朝
清朝
光榮革命
大不列顛成立

維多利亞女王

中華民國
伊莉莎白二世
—2000

BC

耶穌基督出生　0—

君士坦丁統一羅馬

羅馬帝國分成兩部

波斯帝國　　500—

回教建立

凡爾登條約

神聖羅馬帝國建立
　　　　　1000—

十字軍東征

蒙古第一次西征

英法百年戰爭開始

哥倫布發現新大陸
　　　　　1500—

英國大破無敵艦隊

發明蒸汽機

美國獨立

美國南北戰爭開始

第一次世界大戰
第二次世界大戰

　　　　　2000—

銳是荷蘭衛隊。這個「聯合國」一般的軍隊戰鬥風格多變，只用了一天便迅速擊垮詹姆斯二世。由於詹姆斯二世臨場怯懦，棄軍而逃，被拋棄的愛爾蘭人無奈只得投降。後來，愛爾蘭人乾脆稱無能的詹姆斯二世為「屎詹姆斯」，對他可謂極盡鄙視了。

獲得勝利的威廉三世凱旋倫敦，基本上算是結束了這場內戰。

【注釋】

①多塞特郡，位於英格蘭西南英吉利海峽沿岸的一個郡。

【專題】讓智慧飛

17世紀的英國雖然炮火紛飛，卻依然阻礙不了科學發展的腳步。在斯圖亞特王朝復辟期間，英國近代科學的耀眼巨星冉冉升起，這個人就是以撒‧牛頓。

牛頓曾說：「我不知道世上的人對我怎樣評價。我卻這樣認為：我好像是在海濱上玩耍的孩子，時而拾到幾塊瑩潔的石子，時而拾到幾片美麗的貝殼並為之歡欣。那浩瀚真理的海洋仍展現在面前。」他始終強調自己是站在巨人的肩膀之上才獲得偉大的成就，但這定然離不開他本人不懈的努力和卓爾不群的智慧。

1643年1月4日，牛頓出生於英格蘭林肯郡的小村落伍爾索普村的伍爾索普莊園。因為是早產的緣故，小時候的牛頓體弱多病，隨著母親的改嫁，他和繼父住在一起。由於不喜歡繼父，連帶著也討厭自己的母親，所以他要求去很遠的地方讀書。

孤獨的求學生活並沒有令牛頓一蹶不振，他反而樂在其中。他不是個神童，卻認真對待每一個他所學到的知識。他尤其喜歡閱讀一些機械模型製作方法的讀物，並從中受到啟發，自己動手製作生活中能用到的各種機械器具，使得他很快掌握了一些事物的機械原理，並利用這些原

理發明新的東西。

1654年，牛頓進了金格斯皇家中學讀書，在那裏他得到做科學實驗的機會。因寄宿在一位藥劑師家裏，他還受到化學知識及實驗的薰陶。就是在這期間，他對數學、物理、化學越來越感興趣。1661年6月3日，牛頓進入劍橋大學的三一學院，他的視野得到極大的拓寬，他對伽利略、哥白尼和開普敦的天文學思想產生濃厚興趣，對他們的學說進行了進一步研究。

4年後，牛頓發現了廣義二項式定理，即微積分學。在剛剛獲得學士學位準備繼續進修時，倫敦發生大瘟疫，學校被迫關閉，他只能回到老家繼續研究微積分學、光學和萬有引力定律，以消磨時光。這段時間裏他的光學論文《論顏色》和推導出的太陽與行星之間存在的平方反比定律引起了學界的轟動。劍橋大學將他選為三一學院的研究員，並於1669年授予他盧卡斯數學教授席位。因為他向皇家學會提交了他發明的反射型望遠鏡，於1671年被選為皇家學會會員。

年輕的牛頓在科學的道路上徐徐前進，為自己樹立起一座座不朽的豐碑。當然，他最大的科學研究成果還是牛頓力學。1672年，他的「光譜說」遭到英國科學家羅伯特‧虎克[1]的質疑和批評，牛頓也意識到自己的問題，重新回到力學的研究中，寫了一篇論文《論運動》，描述了行星運動軌道與距離平方的作用力關係。繼而，牛頓又擴充論文，發表近代科學的奠基之作《自然哲學的數學原理》，書中提出了三大運動定律及萬有引力定律。此書一經問世，引起英國科學界的震動，同時也使他得到整個歐洲學界的認可。

1703年，牛頓榮任皇家學會主席，直到去世的20多年間一直連任，得到了英國人的衷心愛戴。

作為科學界的巨星，牛頓的光輝的確遮蔽了不少科學界的新秀，但歷史依然記錄了許多科學人才的偉大足跡。例如，格林威治天文臺的創

BC　上古時期
漢
—　0
羅馬時代
—
三國
晉
—
南北朝　盎格魯時代
—　500
隋朝
唐朝
—
英格蘭統一
五代十國
宋朝
—　1000
諾曼王朝
—
金雀花王朝
元朝
—
百年戰爭
明朝
—
薔薇戰爭
都鐸王朝
—　1500
斯圖亞特王朝
清朝
光榮革命
—
大不列顛成立
—
維多利亞女王
—
中華民國
伊莉莎白二世
—　2000

始人兼首任臺長約翰・弗拉姆斯蒂德。1676－1689年，弗拉姆斯蒂德共進行了大約兩萬次天文觀測，測量精度約為10，他對3,000顆星的測量結果收入了著名的《不列顛星表》。

另外，天文學的新秀艾德蒙多・哈雷也是在此時期著稱於世，他繼弗拉姆斯蒂德成為格林威治天文臺臺長。哈雷是英國天文學家、地理學家、數學家、氣象學家和物理學家，曾任牛津大學幾何學教授。他將牛頓定律應用到彗星運動上，1705年出版了《彗星天文學論說》，記載了

1337—1698年出現的24個彗星軌道，並斷言1534年、1607年和1682年出現的彗星是同一顆彗星的3次回歸，同時預言1758年它會再次出現。後

來，他的預言得到證實，那顆彗星被命名為「哈雷彗星」。此外，哈雷

發現了天狼星、南河三和大角這3顆星的自行運動；提出利用金星凌日的機會，去測定日、地距離，為當時精確測定地球與太陽的距離提供了很好的方法；晚年時，哈雷發現月亮運動的長期加速現象，為研究地、月

系的運動做出重要貢獻。

智慧的翅膀不被折斷，科學的未來就沒有止境。在這條道路上，

每個學者都可以成為其他學者成長的助力，繼而推動整個科學界的發展和人類的整體進步。無論是戰爭還是和平，無論是民主平等還是等級森

嚴，都無法阻礙科學的腳步，無法阻攔人類的前行。

【注釋】

①羅伯特・虎克，英國科學家、博物學家、發明家。在物理學研究

方面，他提出了描述材料彈性的基本定律——虎克定律；在機械製造方

面，他設計製造了真空泵、顯微鏡和望遠鏡，並將自己用顯微鏡觀察的

所得寫成《顯微術》一書，「細胞」一詞即由他發明。除去科學技術，

虎克還在城市設計和建築方面卓有貢獻，但因與牛頓的爭論導致他去世

後鮮為人知。

|第八章| 起飛了，英格蘭

蘇格蘭

北愛爾蘭

英格蘭

威爾斯

倫敦

八年膠著

當我們的目光轉至歐洲地圖上，可以看到與不列顛隔海相望的荷蘭，雖然它的領土堪稱彈丸之地，卻一度成為英國史中的重要角色。荷蘭佔據歐洲的西北角，是海路運輸必經之地，而贏得了「海上馬車夫」的美譽。它是歐洲最早的海上霸主，在西班牙、英國等海上帝國崛起之前一度稱霸大西洋。隨著英法等國的崛起，荷蘭因地理位置的特殊性，被這些國家所覬覦。

第三次英荷戰爭時期，荷蘭處於英、法兩國夾擊的狀態，所幸英國內戰令該局面被打破，荷蘭王子奧倫治的威廉迎娶了查理二世的侄女、詹姆斯二世的女兒瑪麗，由此英荷聯姻，既震懾了法蘭西，使得荷蘭脫離危局，又為英國的未來打開局面。

光榮革命之後，威廉使荷蘭政權和英國政權以一種奇特的方式「合二為一」。威廉也作為英格蘭、蘇格蘭國王威廉三世，在英國正式立足。

成為英王之後，威廉三世首先竭力遏制法蘭西的擴張。他與法蘭西太陽王路易十四可謂宿命仇敵，英荷戰爭期間即結下仇怨。在掌握英國政權後，便立刻將法蘭西大使驅逐出英國，此舉直接導致詹姆斯二世時期的英法同盟關係破裂。接著，他又著手安排了《英荷合約》[1]的簽訂，將自己統治下的兩個國家捆綁在一起。事實上，他還想乘機使英國加入反法的「奧格斯堡同盟」[2]，但是遭到議會的反對，議會一直找種種藉口拖延，目的是不想與法蘭西正面為敵。不過，很快就有人將機會送到了威廉三世面前。

面對反法同盟圍追堵截的路易十四對威廉三世早已心存不滿，考慮

到英格蘭可能會加入反法同盟，於是準備扶植在法蘭西流亡的詹姆斯二世。1689年，路易十四扶持詹姆斯二世爭奪英王的消息傳入英格蘭，英國議會意識到已無法置身事外，便批准了威廉三世將英國納入反法同盟的請求。自此，英法開始了歷時8年之久的戰爭。

1690年，在路易十四的支持下，詹姆斯二世率領法軍悄然返回愛爾蘭，集結2.5萬餘人的軍隊，佔領了博因河南岸的區域，對威廉三世主動發起進攻。最終，兵力上佔有優勢的威廉三世取得了戰役的勝利，擊碎了詹姆斯二世復位的野心。

這場戰役不僅對英格蘭國內具有重要意義，同時對反法同盟而言也具有重大意義。這次勝利意味著反法同盟與法蘭西第一次正面交鋒取得成功。

然而，就在兩日後，英荷聯合艦隊在比奇角戰役③中敗給了法蘭西艦隊，威廉三世慘遭失敗，並且因此遭到英國人恥笑，有人說，比奇角戰役中「荷蘭人保住了面子，法蘭西人取得了勝利，英國人只有恥辱」。

就像宿命在與威廉三世開玩笑一般，1689—1690年，由於兵力過於分散，威廉三世接連遭遇挫敗。他會接二連三失利，有一部分原因是沒有可用之人。

由於博因河戰役中他失去了親信弗雷德里希·紹姆貝格，此後軍中表現最出色的是馬爾博羅伯爵約翰·邱吉爾，偏偏邱吉爾原為光榮革命保王黨一派倒戈的人。威廉三世認為，一個人會背叛他的前主子，也同樣會背叛自己，因此他很難完全信任邱吉爾，只能把重心放在荷蘭人身上。儘管邱吉爾已經展現了出色的軍事才華，在平叛愛爾蘭的戰爭中表現出色，但威廉三世仍然無意授予他榮耀的嘉德勳章和軍械總局局長的職位。

心懷不滿的邱吉爾和妻子投靠了瑪麗二世的妹妹安妮公主。這時

候的安妮對於威廉三世沒有任何好印象，畢竟是這個人趕走了自己的父親，入主英格蘭。邱吉爾看準這一點，授意妻子利用與安妮公主的關係，煽動安妮與瑪麗女王反目。

一直待在倫敦的瑪麗察覺到安妮公主的動向，覺得自己與威廉的王位岌岌可危，她多次派人暗中送信給在外征戰的威廉，提到邱吉爾夫婦的陰謀。

威廉對邱吉爾的所作所為十分憤恨，在1692年，以邱吉爾曾抱怨不能獨立執掌英軍的事情為藉口，聲稱邱吉爾妒心過剩，乘機免除了其軍政職務。由於罷免缺乏充分的理由，威廉受到議會中邱吉爾的政要好友責難，甚至有議員認為威廉有愧於那些助他登上王位的人。

此時此刻的威廉已顧不上國內的聲音，他正面臨對法戰爭的膠著狀況不能自拔。同年5月末，在他的指揮下，擁有99艘戰艦、4萬士兵和7千座大炮的英荷艦隊，在霍格角附近與法蘭西艦隊展開激烈的對抗。

蔚藍的海面上，雙方的船隻交織在一起。天邊被接連不斷的炮火映紅，不少船艦被擊中，燃起了熊熊烈火。一時間煙霧縈繞，中彈的船緩緩下沉，士兵們驚恐地從沉船中逃離，尚未游離沉船，就被划著小船靠近的敵人用刀槍刺死。

戰況慘烈異常，經過6日的激戰，英荷聯合艦隊總算一掃之前的頹勢，打敗了法蘭西艦隊，為同盟贏得了實施陸地反攻的絕佳機會。

不過，由於同盟國的力量分散，同盟軍無法利用如此良機組織有效的反擊，致使與法軍的戰事再度陷入僵持階段。漸漸的，雙方的主戰場由海上轉移到歐洲大陸。

哥倫布發現新大陸 1500

英國大破無敵艦隊

發明蒸汽機

美國獨立

美國南北戰爭開始

第一次世界大戰
第二次世界大戰

2000

戰爭無休止，便會引來戰爭國的民怨沸騰。在英國也不例外，尤其是瑪麗二世的駕崩，令威廉三世陷入了政治危機。

1694年，瑪麗女王因病逝世，國內對威廉三世的支持率下降，因威廉與瑪麗並無子嗣，意味著安妮公主未來將會繼任為英國女王。

為了緩和與安妮的關係，穩定國內形勢，重新獲得議會對自己反法戰爭的支持，威廉不得不重新起用邱吉爾，允許其加入軍隊擔任一定的職位。不過，威廉依然有意識地打壓邱吉爾，不讓他在一些關鍵性的職位上指手畫腳。

考慮到未來仍將與法蘭西繼續博奕，威廉三世想盡一切辦法解決軍費問題。英國因光榮革命的政局動盪而國庫空虛，支持威廉的輝格黨政府一直靠向當地銀行家借貸維持戰爭開銷。可是，因為威廉三世出身荷蘭奧蘭耶家族，並不為英國的銀行家認可，導致借款利息一升再升。年度開支的急劇上升迫使輝格黨政府陷入財政泥潭中，一方面政府不斷向銀行家借款支付年度開支，另一方面還要償還議會批准的稅收借貸。

面對財政困難的問題，威廉三世在英國成立了一家永久性機構——英格蘭銀行，那些為政府提供巨額貸款的銀行家獲得了發行紙幣的壟斷權。1696年，為進一步解決財政危機，威廉還創建了一種新的經濟制度——國債制度。後人將他在金融方面做出的變動稱之為「金融革命」。然則，金融革命並未扭轉英國財政的窘況，威廉只得轉向荷蘭商人借貸。可是，這根本不是解決問題的辦法。

因在戰場上與法蘭西一決勝負遙遙無期，國內軍費開支消耗巨大，再加上反法同盟中的其他成員國被法蘭西以高超的談判技巧紛紛勸離，威廉唯有正視眼前的問題，最終選擇在談判桌上與法蘭西和解。

1697年，長達8年的反法戰爭在荷蘭里斯維克宣告落幕。威廉三世與法蘭西簽訂了《里斯維克和約》。在和約中，法蘭西歸還了所佔領的英國多處領土，英國獲得了英吉利海峽的制海權，鞏固了海上霸主的地位；同時，法蘭西承認威廉三世英國國王身分的合法性，同意不再援助詹姆斯二世。

儘管英法兩國因簽訂和約進入休戰期，但並不意味著兩國間的利益糾紛和矛盾將就此終結，一切不過是掩而不發，等待著另一個合適的時

BC　上古時期

漢

　　　羅馬時代
— 0

　　　三國
晉

　　南北朝　盎格魯時代
— 500

隋朝
唐朝

　　　英格蘭統一
五代十國

宋朝
— 1000

　　　諾曼王朝

　　　金雀花王朝
元朝

　　　百年戰爭
明朝

　　　薔薇戰爭
　　　都鐸王朝
— 1500

　　　斯圖亞特王朝
清朝
　　　光榮革命
　　　大不列顛成立

　　　維多利亞女王
中華民國
　　　伊莉莎白二世
— 2000

機出現。

這段8年的征戰，成就了威廉三世在軍事史上的地位。他帶領英荷聯軍取得了幾次關鍵戰役的勝利，力挫對外恣意擴張的法蘭西，增強了英國的國際地位。作為可與路易十四匹敵的偉大國王，威廉三世也因此被後人所推崇。

伏爾泰認為，威廉三世是一位與路易十四截然相反的大帝，並精準地描繪出作為英荷兩國共同君主的他在兩地反差的形象，稱其為「英格蘭人的執政，荷蘭人的君王」④。就連與威廉三世一生都不大和睦的約翰·邱吉爾的後人——著名軍事家溫斯頓·邱吉爾也認為，威廉三世「在個人卓識、耐力與謹慎的治國才具上，很可能無人能超越他（威廉）……他崇高的名聲因此歷久不衰」。

【相關連結】

威廉三世與路易十四之間的征戰，不僅僅局限在英國國內及英國附近的海峽。1692年以後，威廉三世作為同盟軍的骨幹力量，在歐洲西班牙、比利時等地與法軍進行寸土的爭奪。在那慕爾，威廉三世率領著13萬英荷聯軍遇到了由盧森堡大公率領的45萬法軍。

墨茲河畔，那慕爾小鎮淪為戰場，硝煙四起。堅固的城堡在大軍的鐵蹄和炮火中被豁開了一個大口。威廉並非一個洞悉先機的軍事天才，儘管他沉穩勇猛，也善於調兵部署，但在真正的天才盧森堡元帥面前，只能甘拜下風。1692—1693年，英荷聯軍傷亡無數，不過，威廉三世不服輸的勁兒越來越強，也越挫越勇。

1695年盧森堡元帥病逝，威廉三世如入無人之境，終於奪下重鎮那慕爾。當他想再接再厲攻城掠地時，英國國內的反法熱情悄然退卻，適逢他的皇后瑪麗二世病逝，又給威廉三世在英國的地位帶來威脅，威廉不得不暫緩腳步，接受與路易十四平手的格局。

耶穌基督出生　0—

君士坦丁統一羅馬
羅馬帝國分成兩部

波斯帝國　500—

回教建立

凡爾登條約

神聖羅馬帝國建立
　　　1000—

十字軍東征

蒙古第一次西征

英法百年戰爭開始

哥倫布發現新大陸
　　　1500—

英國大破無敵艦隊

發明蒸汽機

美國獨立

美國南北戰爭開始

第一次世界大戰
第二次世界大戰
　　　2000—

【注釋】

①《英荷合約》是威廉三世登上英國王位後，為了策動英國議會打擊法蘭西而簽訂的兩國同盟條約。條約中在英、荷利益分配上，無形中加重了英國的利益。合約中約定，反法戰爭中，荷蘭提供較多的陸軍、英國提供較多的海軍，在聯合艦隊中兩國艦船比例為3：2，並且由荷蘭商人貸款給英國政府製造船艦。同時，合約中還劃分了荷蘭東印度公司和英國東印度公司的勢力範圍和主要商品等內容。這份同盟合約維持了近90年，後來流於形式，1780年爆發第四次英荷戰爭，才徹底終止。

②1686年擔任荷蘭執政的威廉三世，與奧地利、西班牙、巴伐利亞等受法蘭西打壓威脅的國家組成了反法的「奧格斯堡同盟」。

③比奇角，一名來源於法文「Beauchef」和「Beaucheif」，意為「美麗的海角」。比奇角扼守海上交通要道英吉利海峽，戰略位置重要，1690年大同盟戰爭期間在此地發生了比奇角海戰。

④摘自溫斯頓・邱吉爾的《英國國家史略》（下冊），新華出版社，1985年版，第13頁。

新星閃耀的時刻

一顆星隕落，必然有另一顆星綻放出異彩。戰亂紛爭之中本就英雄輩出，一旦機會來臨，有些人能夠乘勢而上，佔據權勢的巔峰，成為那顆萬人瞻仰的最耀眼的明星。比如約翰・邱吉爾，正是在當時的英格蘭緩緩升起的一顆新星。

自瑪麗二世死後，孑然一身的威廉三世孤立無援，昔日英勇無敵的不列顛戰神已然折翼。他如一個身在異鄉的思鄉客，變更了自己的信仰，讓自己更融入英國社會。1698年，英雄暮年的威廉三世不得不放掉

BC　　上古時期
漢
— 0
羅馬時代
三國
晉
南北朝　盎格魯時代
— 500
隋朝
唐朝
英格蘭統一
五代十國
宋朝
— 1000
諾曼王朝
金雀花王朝
元朝
百年戰爭
明朝
薔薇戰爭
都鐸王朝
— 1500
斯圖亞特王朝
清朝
光榮革命
大不列顛成立
維多利亞女王
中華民國
伊莉莎白二世
— 2000

BC

耶穌基督出生　0—

君士坦丁統一羅馬

羅馬帝國分成兩部

波斯帝國　500—

回教建立

凡爾登條約

神聖羅馬帝國建立
　　　　1000—

十字軍東征

蒙古第一次西征

英法百年戰爭開始

哥倫布發現新大陸
　　　　1500—

英國大破無敵艦隊

發明蒸汽機

美國獨立

美國南北戰爭開始

第一次世界大戰
第二次世界大戰

　　　　2000—

成見，為了英格蘭的安危問題，與馬爾博羅公爵約翰・邱吉爾達成和解。

當然，威廉心中仍舊有所保留。雖然約翰・邱吉爾是威廉三世的侄子小威廉的家庭教師，在上議院頗具威信，他幫助威廉避免了不必要的削兵計畫，維持現有軍隊的規模，這促使他與威廉的關係得到緩和。但是，由於邱吉爾與反對威廉的一派關係密切，國王心中難免存在猜忌。

不過，江山代有才人出，不管威廉三世如何防範，屬於他的時代已然逝去，而邱吉爾的時代正悄然到來。

1700年，由於在任的西班牙國王查理二世絕嗣，國家即將因懸而未決的王位問題而發生動亂。與西班牙有姻親關係的奧地利、法蘭西都蠢蠢欲動，瞄準了西班牙王儲之位，局勢一點即燃。第二年，查理二世立下遺囑，將王位傳給法蘭西國王路易十四的次孫安茹公爵，此舉引起了整個歐洲的震動。一場關於西班牙王位的爭奪戰悄無聲息地爆發了。同樣具有繼承資格的奧地利國王四處尋找盟友，抗議安茹公爵的王位繼承權。

1701年9月，流亡在外的前英格蘭國王詹姆斯二世過世，法王路易十四突然翻臉否認威廉三世王位的合法性，宣布詹姆斯二世的兒子才是真正的英國國王。正因如此，與法蘭西宿怨頗深的英國和荷蘭再次捲入戰爭的陰雲。

威廉三世任命邱吉爾為英荷陸軍總帥，在英國政壇中舉足輕重的馬爾博羅公爵強勢回歸，率軍出征。

次年2月，威廉三世因墜馬身故，終生無嗣的他在馬背上結束了崢嶸歲月。3月，安妮女王即位，她十分重用自己的手帕交薩拉・邱吉爾及她的丈夫。新一代的不列顛戰爭之王約翰・邱吉爾如虎添翼，以英荷聯軍總司令的身分，在西班牙王位繼承之爭中展現了出色的軍事才華。

5月，由英國、荷蘭、奧地利、勃蘭登堡等幾個德意志聯邦小國組

成的聯盟正式對法宣戰，法蘭西則拉來了西班牙、巴伐利亞等組成同盟。

戰爭初期，邱吉爾率領的20萬英荷聯軍處於劣勢，法軍幾次突破萊茵河的防線，直逼奧地利，但是很快邱吉爾便調整戰術，率領軍隊包抄了法軍。10月23日，法蘭西與西班牙聯合艦隊在維哥灣海戰中被英荷聯合艦隊殲滅。法蘭西的同盟國葡萄牙見勢不妙，考慮到海上貿易將會受到英國狙擊，於是為了自己國家的利益而倒戈，勝利女神手中的天平終於向反法同盟一側微微傾斜。

1704年，邱吉爾品嘗到了第一個勝利果實——布倫漢姆戰役。這場戰役由邱吉爾與奧地利元帥歐根親王共同指揮，為了快速取得先機，邱吉爾兵行險招，帶領騎兵從多瑙河流域進軍，堂而皇之地在法軍的視野範圍內急行軍，只為保住岌岌可危的維也納。

夏初，偵察兵快速往返於前線和指揮部，邱吉爾沒有時間猶豫，以最快的速度分析情報，做出決定。為了爭取時間，他在馬背上處理急件，以便及時瞭解戰爭的進展。而法軍指揮官費里羅帶著3萬人緊追在他的身後。

長距離遠征帶來的人馬疲憊、疾病、過勞與敵人的追擊夾雜在一起，令士兵們苦不堪言。邱吉爾想盡一切辦法迷惑對手，影響對方的判斷，以期甩掉費里羅的法軍。他在抵達摩澤爾河注入萊茵河的入河口徘徊，成功地讓費里羅誤以為他準備通過阿爾薩斯地區攻擊斯特拉斯堡。費里羅耗費大量人力物力在菲力浦斯堡處架橋，結果卻是徒勞一場。而邱吉爾派人說服荷蘭議會為他提供援軍，許諾一旦荷蘭遭到攻擊，他的部隊會以每天80英里（130公里）的速度支援。

邱吉爾聲東擊西的做法迷惑了法軍，法軍不敢貿然行動，也不敢隨意攻擊萊茵河下游的荷蘭。利用敵方不知所以然的功夫，邱吉爾如願與荷蘭提供的援軍會合，以閃電般的速度調轉方向，向斯瓦比亞汝拉山和

BC　上古時期

漢

羅馬時代

— 0

三國
晉

南北朝　盎格魯時代
— 500

隋朝
唐朝

英格蘭統一
五代十國
宋朝
— 1000

諾曼王朝

金雀花王朝

元朝
百年戰爭
明朝

薔薇戰爭
都鐸王朝
— 1500

斯圖亞特王朝
清朝
光榮革命
大不列顛成立

維多利亞女王

中華民國
伊莉莎白二世
— 2000

BC

耶穌基督出生　0—

君士坦丁統一羅馬

羅馬帝國分成兩部

波斯帝國　500—

回教建立

凡爾登條約

神聖羅馬帝國建立
　　　　1000—

十字軍東征

蒙古第一次西征

英法百年戰爭開始

哥倫布發現新大陸
　　　　1500—

英國大破無敵艦隊

發明蒸汽機

美國獨立

美國南北戰爭開始

第一次世界大戰
第二次世界大戰
　　　　2000—

多瑙河的上游進軍，在那裏與奧地利歐根親王、帝國指揮官巴登成功會師。

邱吉爾巧妙地從法軍手中奪取了要塞舒倫堡，又將自己的精兵部署在法巴聯軍和維也納之間，粉碎了法蘭聯軍的軍事計畫。

1704年8月13日，同盟軍與法蘭西—巴伐利亞聯軍在多瑙河畔的布倫漢姆村附近交火。戰爭激烈程度可想而知。英國—奧地利同盟軍隊以雷霆之勢取得勝利，打破了法蘭西的「不敗神話」，確保了維也納的安全。這場戰爭之後，巴伐利亞退出戰爭，路易十四開始頭疼如何終結這場再沒有意義的戰爭。

很明顯，布倫漢姆戰役是西班牙王位繼承戰爭的轉捩點，之後的同盟軍隊先後佔領了德國的城鎮蘭道、特里爾和摩澤爾河畔的特拉巴克。這幾個地區靠近法蘭西，便於同盟軍隊做好隨時進攻法蘭西本土的準備。邱吉爾則因出色戰略指揮得到英國女王安妮的褒獎，女王下令為這位功臣建造奢華的布倫海姆宮。同時，因為奧地利成功解困，邱吉爾還獲得了神聖羅馬帝國明德海姆親王的稱號。

布倫漢姆戰役只是一個開端，英荷聯軍在約翰·邱吉爾的帶領下節節勝利，先後取得了1706年的拉米伊戰役[①]大捷、1708年奧德納爾德戰役[②]的勝利，以及1709年9月在法蘭西比利時邊界的馬爾普拉凱戰役[③]的勝利。

雖然勝利消息鼓舞人心，但是每一次征戰都避免不了死亡與犧牲和如流水般的軍費開支。英國國內議和的聲音夾雜在頌揚聲中，越來越大。長時間的戰爭讓平民百姓無法負擔，民意漸漸傾向於停戰。

1710年，安妮女王與馬爾博羅公爵夫人薩拉突然絕交，邱吉爾則被指在戰爭中中飽私囊、以權謀私。天大的帽子扣下來，任邱吉爾如何說都晚了。即便英國第二位順位繼承人普魯士腓特烈一世為他辯護，並搬出盟國共同的聲明文件，證明邱吉爾只是將軍費作為情報費，但已無法

挽回邱吉爾的名聲。邱吉爾在一夕之間成為人人唾棄的對象。

1711年年底，邱吉爾的職位被強制解除，與他的夫人薩拉流亡奧地利，獲得了奧地利皇帝查理六世的庇護。而他的下臺，導致同盟軍失去總指揮，無力再與法軍周旋，意味著關於西班牙王位繼承的戰爭即將終結。

作為英國的戰神，邱吉爾就這樣被他的國家所遺棄，不得不說這是英國的重大損失。至於他的是非功過，本就是個說不清道不明的問題，政治的波譎雲詭，註定了沒有人能永遠身居神壇，註定他將在某一刻隕落。

【相關連結】

馬爾博羅公爵約翰·邱吉爾的夫人薩拉是那個年代最具影響力的女子之一。薩拉出身英國上流社會，父親為國會議員，叔父是英國著名的博物學家。1671年，年紀相當的薩拉與當時的安妮公主相遇，並很快成為安妮公主的至交好友和顧問。

1675年，薩拉遇到年長她10歲的邱吉爾，彼此一見鍾情，於3年後結婚。自此，薩拉成為邱吉爾背後默默奉獻的女子，而邱吉爾一生的興衰榮辱都繫於此女身上。1702年，安妮公主成為英國女王，馬爾博羅公爵夫婦迅速成為女王的親信。憑藉妻子的關係，邱吉爾竄升成為政壇上最炙手可熱的話題人物。

出身良好、學識豐富的薩拉不僅僅是成功男人背後的女人而已，她還足智多謀，善於玩弄權力。她在威廉三世時期幫助安妮公主斂財，挑撥安妮與瑪麗女王間的關係。成為安妮女王的寵信之後，公爵夫人在女王身邊汲汲營營，幫助丈夫謀取更多的權力和財富。她巧妙地影響女王做出改變，支持丈夫的軍事行動，甚至在一段時間內，她如同垂簾聽政的女王，掌握著英國宮廷的實際權力。然而，女人之間的友誼也會因為

BC

耶穌基督出生　0—

君士坦丁統一羅馬

羅馬帝國分成兩部

波斯帝國　500—

回教建立

凡爾登條約

神聖羅馬帝國建立
　　　　1000—

十字軍東征

蒙古第一次西征

英法百年戰爭開始

哥倫布發現新大陸
　　　　1500—

英國大破無敵艦隊

發明蒸汽機

美國獨立

美國南北戰爭開始

第一次世界大戰
第二次世界大戰

　　　　2000—

權力產生分歧，被欲望迷惑了的薩拉忘記安妮女王的保守虔誠，她的政見與女王開始相左。這時，另一個女侍阿比蓋爾乘虛而入，取代了她的位置。

不過，薩拉並非就此完了。1712年，她隨邱吉爾流亡異國，丈夫病逝後為她留下巨額財富，使她成為整個歐洲最富有的女人之一。

【注釋】

①1706年的拉米依戰役中，約翰・邱吉爾指揮6.2萬盟軍與法蘭西6萬官兵鏖戰，大敗法蘭西的維勒魯瓦元帥，獲得西屬尼德蘭的整個西部和北部。

②1708年，約翰・邱吉爾與義大利北部的歐根親王再度合作，在奧德納爾德戰役中打敗法軍。

③1709年9月，約翰・邱吉爾率領10萬盟軍向法軍宣戰，主動發起進攻，儘管盟軍損失慘重，僅佔領蒙斯城，但是贏得了戰略上的優勢。

漢諾威王朝的內閣制

權力的博奕似乎從未退出英國的舞臺，在這個大舞臺上，各式各樣的角色競相登臺。前一刻馬爾博羅公爵夫婦還是女王身邊的寵臣，下一刻，他們已然踏上流亡異地的旅途。而英國的國內，則又是一番新的場景。

因為安妮女王的長子病逝，未來王位可能懸置的問題惹得幾方勢力蠢蠢欲動，英國的政局也由此發生了變化。1710年，財政大臣羅伯特・哈利[1]抓住機遇成為安妮女王的新寵，在朝堂上呼風喚雨。而另一股力量正暗中覬覦著他的位置，這個人就是國務大臣博林布洛克子爵[2]。

根據《嗣位法》（《王位繼承法》）中的規定，安妮女王退位後，英國王位應該傳給同樣信奉新教的家族，而此時僅有身在德國的漢諾威家族符合條件。

博林布洛克不甘心王位流入外人手中，便暗中聯繫安妮女王那流亡在法蘭西的弟弟法蘭西斯·愛德華。博林布洛克一面向女王進言彈劾羅伯特·哈利，以期將軍隊和政權集中在自己手中，一面派人遊說法蘭西斯·愛德華放棄天主教信仰改信新教，以獲得王位繼承資格。

博林布洛克的算盤雖然打得響，奈何法蘭西斯·愛德華不配合，拒絕了他的提議。就在他還想再有所動作時，輝格黨一派取得了政權，因他的政治旗幟不鮮明，很快他便失去女王的寵愛和議會的支持。

1714年，安妮女王因病去世，54歲的德國漢諾威選帝侯喬治入主英國，史稱喬治一世，自此，英國開啟了漢諾威王朝統治時期。

同年初，喬治一世首先以「通敵罪」彈劾了羅伯特·哈利、博林布洛克子爵等主持簽署《烏德勒支和約》③的大臣。原因很簡單，喬治一世曾參與西班牙王位爭奪戰，並在邱吉爾麾下效力，他對於求和的博林布洛克子爵一派全無好感。加之他獲悉自己登位之前博林布洛克曾聯絡法蘭西斯·愛德華試圖搶奪王位，喬治一世認為，讓這些人待在自己手下絕對是個威脅。懲治完保守一派，他提拔了大批輝格黨人以輔佐自己，然後開始了「三不管」的統治生涯。

喬治一世之所以採取這種統治態度，主要是他不懂英文的緣故。而此時英國的政治局面相對穩定，文化、經濟都得到大幅的提升，不需要他對政事過分操勞。況且，早在威廉三世時期就處於萌芽狀態的內閣制已經逐漸成形，喬治一世已基本傾向於倚仗內閣來統治國家。

1718年，喬治國王開創了英國君主不出席內閣會議的先例，他讓時任財政大臣的羅伯特·沃爾波爾主持會議，然後由沃爾波爾向他彙報內容。由於喬治不懂英文，沃爾波爾不懂法文和德文，雙方只能用生澀的

BC　　上古時期

漢

　　　羅馬時代
— 0

三國
晉

　　南北朝　　盎格魯時代
— 500

隋朝
唐朝

　　　　　英格蘭統一
五代十國
宋朝
— 1000
　　　　　諾曼王朝

　　　　　金雀花王朝

元朝
　　　　　百年戰爭
明朝
　　　　　薔薇戰爭
　　　　　都鐸王朝
— 1500
　　　　　斯圖亞特王朝
清朝
　　　　　光榮革命
　　　　　大不列顛成立

　　　　　維多利亞女王

中華民國
　　　　　伊莉莎白二世
— 2000

BC

耶穌基督出生　0—

君士坦丁統一羅馬

羅馬帝國分成兩部

波斯帝國　500—

回教建立

凡爾登條約

神聖羅馬帝國建立
1000—

十字軍東征

蒙古第一次西征

英法百年戰爭開始

哥倫布發現新大陸
1500—

英國大破無敵艦隊

發明蒸汽機

美國獨立

美國南北戰爭開始

第一次世界大戰
第二次世界大戰
2000—

拉丁文溝通，到最後，喬治一世厭倦了複雜的彙報程序，乾脆將權力下放，只看被譯成法文的書面報告。由此，沃爾波爾相當於英國政府中實際上的首腦，英國王權無形中被高級官員組成的行政部門削弱，對此引以為傲的沃爾波爾曾自豪地說：「我用彆腳的拉丁語和可口的混合甜酒控制了喬治。」

因國王的不干涉做法，高級官員組成的行政部門日趨完善，內閣制即在此時逐漸形成。即便這項制度並沒有明確地被書面記錄，但是一直在運行中不斷調整和完善。

當然，波爾沃爾能夠登上權力巔峰，與「南海泡泡」④這則經濟醜聞密不可分，他出色地發揮了自己的政治才幹，收拾了殘局，並且一直與王室保持著密切關係。他很懂得安撫王室成員，不論是身為國王的喬治一世，還是喬治一世喜愛的女子，甚至就連因家族傳統與國王關係緊張的王儲，他也能夠應付自如。

波爾沃爾成為英國史上第一位「首相」後，英國的內閣制雛形已經確立下來。一般內閣會議由13至17位政要或大臣參加，由「首相」主持會議。在會上由「首相」提出議案，與會人一同商討解決問題的方法，並投票表決。波爾沃爾為後人提供了鞏固統治地位的方法，他會在事前召集一些握有實權的大臣，與之討論，並且及時清除內閣中某些自作主張的人。

喬治一世時期，內閣制始終穩定的原因除了波爾沃爾主持大局，還與波爾沃爾在任期間一直積極尋求下議院支持、拒絕貴族頭銜以及長期執行持久穩定的外交政策有關。

1727年，喬治一世駕崩，與父親關係緊張的小喬治得到沃爾波爾的支持，繼承正統，是為喬治二世。1721—1739年，波爾沃爾多方斡旋，避免英國捲入各類外交紛爭和歐洲戰爭⑤。這樣穩定的政局在英國史上是罕見的。

但是，此後穩定局面並沒有持續下去，因英國國內代表金融家和大商人利益的政要需要搶奪新的原料產地和商品市場，不可避免要發動對外戰爭，保守的波爾沃爾已不適合再佔據政壇要職。1742年2月，英國議會多次否決波爾沃爾的決策致使他被迫辭職，屬於波爾沃爾的時代終告結束，而他的辭職也在某種程度上標誌著英國責任內閣制逐漸成熟[6]。

【相關連結】

1714年8月，濃霧彌漫的海岸，54歲的漢諾威選帝侯喬治乘船來到英國，他此行的目的是繼承英國王位。喬治一世登上英國王位被認為是「英國歷史上最大的奇蹟」。雖然他聲稱繼承英國王位是順理成章的，然而，實際上有不下50名信奉天主教的王室親戚都比他有優先繼承權。

一個不懂得英文的德國人打敗無數英國王室的直系親屬，成功地登上了王位，這與光榮革命之後的英國時局密不可分。威廉三世和瑪麗女王在位期間，按照《王位繼承法》的規定由安妮公主繼承，而安妮公主死後英國王位不能傳給天主教徒，以及國王不得與天主教徒結婚。有了這個前提，所有信奉天主教的繼承人全部失去資格，唯獨詹姆斯一世的外孫女索菲亞具有繼承權。然而，1714年安妮女王病重時，索菲亞已去世，英國王位的繼承權便落在索菲亞的兒子喬治頭上。

當時的喬治已然繼承了德國漢諾威選帝侯的身分，沉湎在漢諾威的貴族生活中，過著平淡無奇的日子。英國國內正忙於尋找或勸服那些信奉天主教的王室時，完全忘記了他這個斯圖亞特王朝的遠房親戚，直到偶然被人提及，他才被人們記起，他的繼承權就這麼莫名其妙地成立了，而他也被推到風口浪尖。

【注釋】

①羅伯特・哈利，1710年8月11日至1711年6月4日任大不列顛財政

BC　上古時期

漢

— 0　羅馬時代

—

—

三國

晉

—

南北朝　盎格魯時代

— 500

隋朝

唐朝

—

—

英格蘭統一

五代十國

—

宋朝

— 1000

諾曼王朝

—

金雀花王朝

—

元朝

—　百年戰爭

明朝

—

薔薇戰爭

都鐸王朝

— 1500

—

斯圖亞特王朝

清朝

光榮革命

大不列顛成立

—

維多利亞女王

—

中華民國

—　伊莉莎白二世

— 2000

BC

耶穌基督出生　0—

君士坦丁統一羅馬
羅馬帝國分成兩部

波斯帝國　500—

回教建立

凡爾登條約

神聖羅馬帝國建立
　　　1000—

十字軍東征

蒙古第一次西征

英法百年戰爭開始

哥倫布發現新大陸
　　　1500—

英國大破無敵艦隊

發明蒸汽機

美國獨立

美國南北戰爭開始

第一次世界大戰
第二次世界大戰

　　　2000—

大臣。

②博林布洛克子爵，安妮女王時期傑出的政治家。1704—1708年，出任國防大臣；1710—1714年，出任外交大臣。因反對馬爾博羅公爵約翰・邱吉爾打擊路易十四的計畫而出名。1712年，他受安妮女王冊封為博林布洛克子爵。1713年，他促成《烏德勒支和約》的簽署，從而結束了西班牙王位繼承戰爭。

③1713年4月至1714年9月，法蘭西、西班牙同反法同盟國家為結束西班牙王位繼承戰爭分別簽訂的一系列條約。因首批條約在荷蘭的烏德勒支簽訂，故名《烏德勒支和約》。《烏德勒支和約》規定：各國承認波旁王朝的腓力五世為西班牙國王，但他本人及其繼承人放棄兼任法蘭西國王的權利。英國從西班牙取得直布羅陀和梅諾卡島，並獲得在西屬殖民地販賣非洲奴隸的特權，為期30年。英國從法蘭西取得紐芬蘭、新斯科細亞、哈得孫灣和聖基茨島等北美屬地。西班牙還被迫將屬地倫巴第、那不勒斯、撒丁和南尼德蘭等地割與奧地利，把西西里割與薩伏依，把格爾德恩割與普魯士。此外，1714年3月，法蘭西與神聖羅馬帝國皇帝查理六世（1711—1740年在位）簽訂《拉施塔特條約》，9月簽訂《巴登條約》。條約規定法蘭西交出在萊茵河右岸佔領的城市和拆除萊茵河沿岸的工事。這些條約使英國在殖民地的勢力大為增強，法蘭西稱霸歐洲的局面由此告終。

④1711年英國成立了南海公司，目的是攫取蘊藏在南美洲海岸的巨大財富。南海公司一成立便股票暴漲，產生了巨大的示範效應，部分投機者開始跟風創辦公司，並公開發行股票，以實現「斂財」企圖。這些新公司像吹氣泡一樣迅速出現，滿足了市場的投資渴望。伴隨著誘人的「預期」和政府官員的捧場，外加購買南海公司的股票還有分期付款等優惠，英國上下一片歡騰，陷入極度亢奮的狀態。利潤預期的「泡泡」巨大到令人驚恐的程度，股票從100多英鎊快速漲到近1,000英鎊，股市

崩盤不可避免。議會見勢不妙，趕緊出臺了嚴格管制股市的《泡沫法》用以推卸責任。1720年8月，南海公司一些董事和高級職員意識到公司股價暴漲和毫無起色的經營業績完全脫鉤，開始大量拋售手中的股票。投資者也終於識破南海公司的真相，更加瘋狂地拋出所持股票。整個英國股市此時完全崩潰，為數眾多的銀行倒閉，公司破產；無數家庭傾家蕩產，許多人傾盡所有卻血本無歸；社會問題加劇，政府信用破產，政治危機一觸即發。

⑤指的是英國與西班牙發生的1739—1748年的軍事衝突。

⑥議會也稱「國會」，是實行三權分立原則的資本主義國家的最高立法機關，是國家政治活動中心，有決定內閣人選、監督內閣施政、決定內閣去留等權力。內閣即為中央政府，一般由議會中取得多數席位的一個或幾個政黨組成，內閣首腦一般稱「總理」或「首相」，閣員為部長或大臣。英國的內閣只包括若干重要部門的部長，並不包括所有的部長。

戰爭的好處

仁者見仁，智者見智。對同一個問題，不同的人從不同的立場或角度出發就會有不同的看法。正如此前說到波爾沃爾受到許多正面評價，被稱為漢諾威王朝初期的功臣，但在有些人眼裏，他不過是個傀儡和傻瓜。喬治二世就認為波爾沃爾不過是自己的王后卡洛琳的傳聲筒，顯得那麼無能和昏庸。

在描述喬治二世的統治生涯之前，必須首先瞭解他的王后——來自德國安斯巴赫的卡洛琳。卡洛琳聰明睿智，善於弄權，對羅伯特·波爾沃爾得保首相之位20多年不倒起到了關鍵作用。

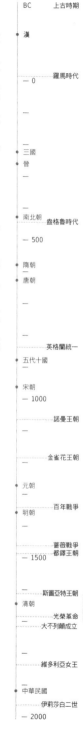

BC　上古時期

漢

— 0

羅馬時代

三國

晉

南北朝　盤格魯時代

— 500

隋朝

唐朝

英格蘭統一

五代十國

宋朝

— 1000

諾曼王朝

金雀花王朝

元朝

百年戰爭

明朝

薔薇戰爭

都鐸王朝

— 1500

斯圖亞特王朝

清朝

光榮革命

大列顛成立

維多利亞女王

中華民國

伊莉莎白二世

— 2000

喬治二世本身是個脾氣暴躁的人，因為他的父親常年粗暴的辱罵和批評，他的童年蒙上一層陰影，所以年長後難改陰戾之氣。他對他的臣子非常粗魯，時常怒罵：「我真討厭這群笨蛋！我誠心誠意地希望魔鬼把你們這幫大臣，你們的議會，你們這個小島都帶走。只要我能離開這裏，我就到老家漢諾威去！」他由衷厭惡待在英國，又不得不困在這裏，所以極力打壓他的臣子。他一度想將波爾沃爾趕下臺，但是他的王后卡洛琳總是出面阻止。

不得不說，喬治二世脾氣雖壞，卻愛妻如命，他對多才多藝、溫柔體貼的卡洛琳迷戀得叫人吃驚。後來當卡洛琳去世的時候（1737年11月），國王如同孩子似的號啕大哭，不讓人搬走卡洛琳的屍體，整日摟著她癡癡地說：「卡洛琳，我親愛的，你該起來吃點東西啦……」

因為對妻子言聽計從，喬治二世容忍了波爾沃爾在他眼前亂晃。卡洛琳利用波爾沃爾首相的職位，很好地平衡了君主和議會之間的關係，使得國家統治異常和諧。從這一角度來講，卡洛琳對英國的貢獻是毋庸置疑的。不過，她雖明智，無奈丈夫卻是個戰爭狂人。

1739年9月26日，在喬治二世的策動下，英國對西班牙宣布開戰，接著因奧地利王位繼承戰爭又對法蘭西開戰。年近花甲的喬治二世終於從戰場上找到了紓解多年鬱悶的方式。他的兒子弗雷德王子和波爾沃爾的敵對派也都想開戰，以借機撈取政治資本。

1743年6月16日，奧地利王位繼承戰爭中的重要戰役德廷根戰役爆發。已經61歲的國王喬治二世披甲上陣，率領英國人、漢諾威人、黑森人、奧地利人和荷蘭人組成的4.4萬人聯合大軍，與法國人拉開陣勢。老國王策馬狂奔，舉劍振臂高呼：「小夥子們，為了英格蘭的榮譽，開火！」

哥倫布發現新大陸
　　　　1500—

英國大破無敵艦隊

發明蒸汽機

美國獨立

美國南北戰爭開始

第一次世界大戰
第二次世界大戰

　　　　2000—

當時的法軍共計2.6萬人，才與英軍戰鬥僅兩個小時，就因明顯頹勢而不得不撤退。喬治二世興奮得高呼萬歲，但國王來不及高興，國內就

傳出蘇格蘭叛亂的消息。他讓自己最心愛的兒子坎伯蘭伯爵前去鎮壓內亂，總算令局面穩定下來。

接連的勝利令喬治二世在英國國內找回了聲望，此前他的表現與暴君無異，如今總算是做了點好事。

1745年，在法蘭西流亡的詹姆斯二世的孫子糾集亂黨打回英國，愛丁堡、卡萊爾等地相繼淪陷，很多人勸國王回漢諾威老家享福算了。喬治二世卻一改之前的態度，竟然鎮靜地準備坐鎮英國，堅守倫敦。然後開始調兵遣將，授權坎伯蘭公爵擔任抗敵總指揮。

國王的鎮定令漢諾威王朝於危難中得以保存，不久，叛亂終於平息。英國總算是得以恢復寧靜，但喬治的不安分並未因年老而減弱，反而越來越強悍。隨著威廉・皮特走上政治舞臺，此人領導英國參加了「七年戰爭」[①]。喬治國王本來非常討厭威廉・皮特，因為他是自己那個討厭的兒子弗雷德王子的幕僚，不過因為威廉・皮特為國王帶來了「戰爭好處」，國王總算對他正眼相待，給了他首相的位置。

「七年戰爭」期間，英國完成了對大海的制空權，對全球進行軍事擴張和殖民統治，先後征服了加拿大、印度和加勒比諸群島。

國家的昌盛也是國王的榮耀，不過，老國王畢竟年邁，雖然他還想再上戰場，年紀卻不允許他再任性。1760年，78歲的國王體力越來越衰弱了，因常年患有便秘，他在10月25日清晨死在了馬桶上，原因是如廁時用力太猛，引起夾層動脈瘤破裂猝死。

戰績輝煌的國王卻有如此不體面的死法，實在叫人唏噓。當然，這僅僅是喬治二世一生的小瑕疵而已，跟他那些奇怪的作為比起來，根本算不上什麼。

鑑於國王沒有指定繼承人，按照《王位繼承法》的規定，王位由王孫、早逝的弗雷德王子（喬治二世的長子）之子喬治・威廉・弗雷德里克繼承，史稱喬治三世。

BC　上古時期
漢
— 0　羅馬時代
三國
晉
南北朝　盎格魯時代
— 500
隋朝
唐朝
英格蘭統一
五代十國
宋朝
— 1000
諾曼王朝
金雀花王朝
元朝
百年戰爭
明朝
薔薇戰爭
都鐸王朝
— 1500
斯圖亞特王朝
清朝　光榮革命
大不列顛成立
維多利亞女王
中華民國
伊莉莎白二世
— 2000

喬治二世到喬治三世統治期間，英國國內的經濟狀況發生了很大的變化，圈地運動以及資本主義原始累積的增加，為英國工業革命的爆發提供了條件。

統一的大不列顛不像其他歐洲國家那樣關稅壁壘重重，也不需要支付龐大的行政資金和軍費開支。發達的海運讓英國人嘗盡甜頭，利潤被一艘艘貨輪從世界各地運往這片島嶼。全新的資本經營方式在這片土壤上被民眾認可，英國民眾對於銀行信貸業和股份公司信心滿滿。買入賣出，國家的工商業達到了前所未有的繁榮。

不列顛的農業也發展迅速，不僅能夠自給自足，甚至獲得了「歐洲穀倉」的美名。不過，財富仍集中在少數人手中，在饑荒肆虐的年份，平民只能依靠各種救濟制度②獲得食物。由此，英國漸漸形成了系統的救濟機制和救濟場所，在部分教區陸續建立起救濟院，英國政府用於救濟方面的開支也日漸增加。

總的來說，18世紀初期至中期，不列顛在政治、經濟和社會發展方面遙遙領先於歐洲的其他國家。剔除圈地運動和資本累積所帶來的黑暗現實不談，繁榮的市場、發達的農牧業，都為即將騰飛的英國奠定了堅實的物質基礎，刺激了資本主義經濟的發展，令工業革命逐步孵化成型。

【相關連結】

工業革命前，英國的人口增長速度達到兩個世紀以來的人口增長速度峰值。除卻流行病盛行的年份，英國的人口以令人瞠目結舌的速度增長，引發了當時學者的關注。英國牧師湯瑪斯・馬爾薩斯撰寫並出版了《人口原理》一書，提出如何讓食物滿足人口的幾何級增長，緩解人口增長態勢的問題。

當然，鑑於當時的社會情況，學者的擔憂反成杞人憂天。儘管英國

的出生率高於死亡率，但是惡劣的衛生條件、擁擠的棚舍、供水排汙設施的缺乏以及劣質杜松子酒的流行，致使許多貧民喪命。即便是倫敦的居民也會因為酗酒問題、沒有充足的錢購買食物，最後營養不良而死。有些人甚至鼓吹飲用優質的啤酒和葡萄酒能夠延長人的壽命。1741年，在某位貴婦的墓碑上就篆刻著：「她一生飲用優質啤酒、優質飲料和葡萄酒，直到99歲才離開人世。」可是，酗酒終究是奪命的一大殺手，人們並沒有意識到問題的嚴重性。

此外，當時英國國民的平均壽命只有29歲，至少有1/3的人會在21歲前死去。這一資料從1721年一直持續到1751年。18世紀50年代，隨著兒童護理知識的普及、城鎮條件的好轉，情況才有所改變，由3.4%的死亡率降至3%。

所以，在《人口原理》一書中，湯瑪斯‧馬爾薩斯的計算方法並不符合社會實際。但是，這是歷史上第一次有人強調人口問題對人類的威脅。

【注釋】

①「七年戰爭」，以普魯士、英國和漢諾威為一方，法蘭西、奧地利、俄羅斯、瑞士和西班牙為另一方，1756年開戰，1763年結束。

②指的是1723年以前的斯賓漢姆蘭救濟制度和1723年後的濟貧院體制。前者得名於斯賓漢姆蘭村，當地的官吏在歉收的年份會給貧民發放救濟。後者則脫胎於1601年的濟貧法，教區成立的濟貧院肩負著為窮人提供工作和為弱者提供生計的職責。

BC　上古時期

漢

—— 0 　羅馬時代

—

三國
晉

—

—— 500　南北朝　盎格魯時代

隋朝
唐朝

—

英格蘭統一
五代十國

宋朝
—— 1000

諾曼王朝

金雀花王朝
—

元朝
明朝　　百年戰爭

薔薇戰爭
都鐸王朝
—— 1500

斯圖亞特王朝
清朝
光榮革命
大不列顛成立

維多利亞女王

—

中華民國
伊莉莎白二世
—— 2000

放眼南北大陸行

　　任何一種思想的傳播必須經過多重的媒介，人類的智慧正是思想傳播並推廣的重要因素，而那些往返於歐洲大陸與不列顛的渡輪成了思想傳遞的工具，乘坐著它們往來於兩地的英國學子們把新思想、新觀念帶入自己的國家，為英國創造了別開生面的大局。

　　透過對以往歷史的瞭解，英國社會中經濟、政治變革都源自有識之士在歐洲大陸上的見聞，而當時有能力遊學的人多為英國的貴族和鄉紳，奔赴歐洲遊學漸漸成了英國中上層階級的一種傳統。

　　關於歐陸遊學的起源有兩種說法：一些人認為，開創赴國外（歐洲的其他國家）學習傳統的是法蘭西斯・培根。早在1575年，培根就已經赴法學習拉丁語、法語、義大利語等科目，為其日後取得的成就打下堅實的基礎。

　　還有一些人認為，真正的歐陸遊學始於1670年，得益於拉塞爾斯《義大利遊覽》[1]的發表。這位旅居英國的義大利神父用自己的筆墨反映了當時英國的工商業者想要走出國門拓寬視野，考察其他國家文化、市場，發展商業經濟的迫切希望。

　　無論是哪種起源，毫無疑問的是，這種在歐洲內陸國家之間盛行的遊學方式自文藝復興之後傳至英國，並在這裏發揚光大。英國貴族鄉紳或學者的歐陸遊學路線大同小異，一般都以海峽對岸的鄰居法蘭西作為遊學的第一站。無論是約翰・艾偉倫的學者遊學典型路線[2]中，還是被譽為遊學經典的桑德蘭伯爵路線[3]中，法蘭西都是必經之地。不過，也有人取道北路，經低地國家荷蘭等處深入大陸腹地。

　　這樣的遊學活動在17世紀後期至18世紀後期快速普及，並且越演越

BC

耶穌基督出生　0—

君士坦丁統一羅馬

羅馬帝國分成兩部

波斯帝國　500—

回教建立

凡爾登條約

神聖羅馬帝國建立　1000—

十字軍東征

蒙古第一次西征

英法百年戰爭開始

哥倫布發現新大陸　1500—

英國大破無敵艦隊

發明蒸汽機

美國獨立

美國南北戰爭開始

第一次世界大戰
第二次世界大戰

2000—

烈，遊學的人數不斷增加，遊學的範圍也不再局限於歐洲大陸，同時包括了鄂圖曼帝國和埃及等地。

　　遊學之所以在英國中上層社會中如此盛行，主要是英國特殊的國情造成的。英國這一時期處於典型的「貴族時代」。貴族和鄉紳不僅掌握了全國的大部分土地，還壟斷了政府的各類要職和議會席位。這些人希望能夠走出閉塞的島國，到更廣闊的土地上汲取別國政治管理和經濟管理方面的經驗。作為崇尚經驗主義哲學的國家，英國國民對於實地考察情有獨鍾，遊學是一種最直觀感受他國文化、制度、經濟發展水準的方法。

　　大多數歐陸遊學的人都是初入社會的英國貴族子弟，他們透過遊學的方式瞭解認識學堂書本之外的世界，學習並試著運用他國語言、習慣以及與自己身分地位匹配的舞技、劍術、騎術等，讓自己的言談舉止變得更有風範。同時，他們透過遊學體驗外國的風土民情，驗證書本中的一些內容，增加了對一些興國安邦之術的瞭解。另外，歐洲大陸豐富的藝術藏品也是吸引英國貴族子弟前往的理由之一。

　　在諸多遊學的學者當中，不乏佼佼者，還為後人研究當時歐洲大陸的社會風貌做出了巨大貢獻。例如《土耳其使館來信》的作者蒙太古夫人瑪麗。瑪麗於1716年隨丈夫——土耳其大使蒙太古爵士前往伊斯坦布爾。抵達異國後，她積極學習當地的語言和文字，融入當地社會並撰寫了大量論文。她曾身患天花，深知這種病痛的可怕之處。到了土耳其後，她發現當地經由接種疫苗防治天花，而且效果很好，便將這種治療方法傳回英國。

　　再如，歷史學家愛德華・吉本，於1776年發表《羅馬帝國衰亡史》第一卷。愛德華在羅馬留居兩年。一日，他坐在羅馬的廢墟上，看著日升月落，坍圮的城牆，散落在草地上的石塊，依然在歲月中佇立的、不願傾倒的石柱，開始思索這座歷史上榮光無限的城池如何變成今日的廢

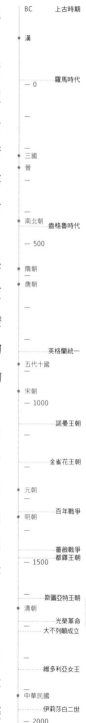

BC

耶穌基督出生 0—

君士坦丁統一羅馬

羅馬帝國分成兩部

波斯帝國 500—

回教建立

凡爾登條約

神聖羅馬帝國建立
1000—

十字軍東征

蒙古第一次西征

英法百年戰爭開始

哥倫布發現新大陸
1500—

英國大破無敵艦隊

發明蒸汽機

美國獨立

美國南北戰爭開始

第一次世界大戰
第二次世界大戰

2000—

墟。裸足的修道士在凱撒和朱庇特的雕像旁吟唱，瞬間，他文思泉湧。他的遊學經歷助他寫出了耗費12年光陰的巨作《羅馬帝國衰亡史》，讓他的名字在整個世界史上留存。

另一位同樣因為遊學名垂青史的是建築學家羅伯特‧亞當。羅伯特‧亞當來自建築世家，他遊學歐陸的經歷讓他將歐洲大陸建築精髓，尤其是羅馬和法蘭西建築特色融會貫通。他在這些精華的基礎上，將不列顛古典建築特色融入其中，形成了極具個人特色的「亞當風格」，這種創新令厭倦呆板陳舊建築形式的英國人耳目一新。1789年，由他設計的愛丁堡大學校門，是他一生建築藝術創造的巔峰。

除了文學、建築方面，英國的其他藝術形式也因遊學受益，如繪畫、雕塑、服飾、器具等。英國人從此不再固守著島國的孤傲，變得更加寬容。比如畫作方面，一改文藝復興後的宗教畫作傳統，出現了很多不同主題的畫作，如達文西的《蒙娜麗莎》、《最後的晚餐》，拉斐爾的《雅典學派》、《西斯廷聖母》等。這些畫作以無聲的語言震撼著英國國民。

歐陸遊學同時也是對遊學者經濟條件和身體條件的考驗。當時的交通工具並不發達，很容易出現各種各樣的危險。走出不列顛國門的第一步，橫渡海峽就是極其驚險的舉動。颶風、海浪、暗湧，誰也不知道自己會面對什麼。陸路旅行也不是一帆風順。晴天烈陽高照，雨天道路泥濘，異國他鄉誰也不知是否有強盜出沒，就連大都會的鬧市也有慣盜小偷的威脅。就某種程度而言，遊學經歷是在鍛鍊年輕人的頭腦和身體，讓他們變得越發成熟。

到了18世紀末期19世紀初，隨著科技的發展，遊學不再是貴族的專利，普通的工薪人士也加入到這個行列之中。原本貴族獨享的遊學活動，漸漸失去了貴族特色，成為想要拓寬視野、增加知識的普通人都能參與的活動，英國國民的整體眼界都因此得到了提升。

【相關連結】

　　英國大英博物館和圖書館的成型與歐陸遊學密不可分。藝術珍品收藏是當時外出遊歷的英國貴族的心頭好，他們投入大量的財力、物力和人力，在歐洲大陸搜集那些希臘、羅馬和義大利的藝術精品。

　　其中，任英國安妮女王、喬治一世和喬治二世首席醫生的漢斯·斯隆爵士將自己的畢生珍藏捐獻給了國家，大英博物館和圖書館也因此成形。漢斯·斯隆爵士是當時世界上最著名的收藏家之一，他的藏品來自世界各地。

　　1687年，漢斯·斯隆開始了自己的收藏家生涯，最初他關注植物物種和其他活標本。他隨阿貝瑪公爵前往牙買加，旅程中收集了800個植物物種及其他活標本。除此之外，他的許多病人和朋友都在死後將自己的收藏品轉贈給這個善於保留藏品的醫生。至1753年，漢斯·斯隆爵士去世時，他的藏品超過71,000件，除了他喜愛的自然、歷史藏品外，還包括錢幣、書籍和手稿、版畫及古代習俗的收藏。這些展品成為大英博物館的重要展品。

　　繼漢斯之後，英國的漢密爾頓爵士也將自己收藏的古希臘古玩捐贈給大英博物館，豐富了該館的藏品數量和種類。

【注釋】

　　①《義大利遊覽》，又稱《義大利之旅》，作者理查·拉塞爾斯。在這本書中第一次出現歐陸遊學（Grand Tour）這種說法，並列出了「聰明完美的旅行者」的4個方面：知識的、社會的、道德的（從所有旅行者都看見的事物得到道德教育）和政治的。

　　②約翰·艾偉倫的學者遊學典型路線。約翰·艾偉倫於1643年從牛津出發，先抵達巴黎，再往日內瓦，翻越阿爾卑斯山抵達羅馬和威尼

漢

羅馬時代

— 0

二國
三國
晉

南北朝　盎格魯時代
— 500
隋朝
唐朝

英格蘭統一
五代十國
宋朝
— 1000
諾曼王朝

金雀花王朝

元朝
百年戰爭
明朝
薔薇戰爭
都鐸王朝
— 1500
斯圖亞特王朝
清朝
光榮革命
大不列顛成立

維多利亞女王

中華民國
伊莉莎白二世
— 2000

斯。遊學以義大利為目的地。

③桑德蘭伯爵路線。桑德蘭伯爵先橫渡英吉利海峽，抵達巴黎，再往日內瓦，過阿爾卑斯山，抵達義大利境內遊覽後，參觀西西里文化遺址，從希臘折返後再前往德國、奧地利等地。

「知識就是力量」

繼文藝復興之後，歐洲近代第二次思想解放運動啟蒙運動，最早發生在英國，一掃過去蒙昧主義的陰影，為思想聖壇打開了新的視窗，讓人們敢於實踐，敢於發現，敢於用全新的理論和方法演繹這個世界。作為法國大革命前夜的文化運動，為什麼最早會發生在英國，其原因不言而喻。

由於都鐸王朝的資本累積幫助英國快速過渡到資本主義社會，斯圖亞特王朝接連不斷的內戰，迫使人們尋找一種更科學的方式治國興邦。牛頓三大發現（指牛頓在微積分、光學、力學方面的成就）、1660年英國皇家學會的成立，這些科學方面的重大進步標誌著這個國家已經做好了破除蒙昧第一步的準備。人們願意撕下神學的面具，用全新的思想去考量整個社會。

首先，「知識就是力量」走進了人們的視野。世界是物質的，中古經院哲學是虛假的。旅法的少年學成歸來後，宣導科學精神，為科學肅清發展的道路，他開創了唯物主義經驗論哲學，並成為不列顛啟蒙運動的先驅，這個人就是法蘭西斯‧培根。

哥倫布發現新大陸　1500——

英國大破無敵艦隊

發明蒸汽機

美國獨立

美國南北戰爭開始

第一次世界大戰
第二次世界大戰

2000——

接著，又一個勇士出現了，他就是撰寫《基督教並不神秘》[1]的托蘭德，他因此惹怒了教會，卻心無畏懼，在兩年後再次發表《彌爾頓》一書，公開質疑《新約》的真實性。

在思想啟蒙方面，英國這一時期著名的思想家還有來自蘇格蘭的大衛・休謨、亞當・斯密、亞當・弗格森等，他們成了蘇格蘭啟蒙運動的主要成員。自1707年蘇格蘭與英格蘭合併之後，激發了北國學者的奮進，產生了很多新的思想。早在17世紀末，識字率達75%的蘇格蘭人一展北國大氣，於蘇格蘭的愛丁堡大學和格拉斯哥大學形成了自由主義精神中心。

18世紀，蘇格蘭又相繼浮現許多革新身影，包括發明家瓦特、文學家和詩人司各特、地質學家的奠基人詹姆斯・赫頓和建築家羅伯特・亞當。一時間，開放友好的學術氛圍吸引學者們會聚在這片土地上。

區別同時期法國啟蒙運動，發生在英國蘇格蘭地區的啟蒙運動不再局限於爭取民權、尋求政治保障，而是上升到如何經由建立新的社會價值觀，滿足並擴充已有的公民權利。在這方面的探索，最著名的是大衛・休謨。他於1737年發表了《人性論》，建立了一個較為全面的哲學體系。這個年輕人主張信仰自由，雖然他沒用任何無神論的字眼，但這本著作還是被斥責褻瀆神明、破壞社會道德。他在他的最後一本書《自然宗教對話錄》中，甚至直言質疑上帝的存在。他懷疑一切，批判一切，卻無法尋找到真正的解決方案，得出一個不可思議的結論：人們是需要上帝的，即使上帝並不存在。

休謨的貢獻還在於，將人類有益的品質社會化，昇華為「社會美德」，並將人們引入功利主義的園地，這也是後世認為休謨是英國功利主義先驅的根本原因。這個博學的天才還將自羅馬佔領時期至光榮革命時期的史事總結並梳理成《英國史》，成為《羅馬帝國衰亡史》之前歐洲最權威、最暢銷的書。他以獨特的史學觀點，不再過分強調君主的重要性，不再將社會的過渡歸結為一個人或者幾個人努力的成果。

對於社會發展脈絡的梳理，使休謨成為馬克思主義誕生前，最早意識到人類歷史變遷的政治家。

BC

耶穌基督出生　0

君士坦丁統一羅馬
羅馬帝國分成兩部

波斯帝國　500

回教建立

凡爾登條約

神聖羅馬帝國建立
　　　　1000

十字軍東征

蒙古第一次西征

英法百年戰爭開始

哥倫布發現新大陸
　　　　1500

英國大破無敵艦隊

發明蒸汽機

美國獨立

美國南北戰爭開始

第一次世界大戰
第二次世界大戰
　　　　2000

　　不過，休謨並不是全能無錯，他也有自己的弱點。基於歷史學和政治學研究的文明史，並非休謨的長項。因為休謨一直在矛盾——人民究竟應該反對政府的暴政，還是屈從，聽天由命。面對全新的世界，休謨在前人的成果上對國家整體進行了思考，提出了全新的觀點——英國是一個典型的自由君主制國家，並且這個國家具有「混合憲制」的特徵。他堅信在這樣的社會條件下，法制才是未來社會和政局穩定必需的工具。他的一些驚世之語，當時讓人們覺得荒唐震撼。

　　在經濟學方面，啟蒙運動的思想先驅正是《國富論》[2]的作者亞當・斯密。他關於「經濟人」的論斷和他的第一部著作《道德情操論》密切相關。這本倫理學名作，奠定了亞當・斯密經濟學研究的心理學基礎。亞當・斯密形象地闡明了人類其實是受感情支配的動物；同時，人的理性也就是思考能力和同情心，會讓人在行動的過程中自我調節，不至於過分偏離。

　　在他的經濟學專著《國富論》中，他率先提出使用價值和交換價值的區分，以及對英國社會機構的闡述。最核心的理念就是「供求與價格」之間的關係，這隻看不見的手驅使商人自覺追逐利益，並將社會推進到更有效的狀態。

　　亞當・斯密是歷史上第一個將經濟學理論系統化、完整化的學者。而與他名聲相當的還有另一位學者亞當・弗格森。

　　弗格森早年習學神學，擔任隨軍牧師多年，戰火的洗禮激發了他對社會文明史的研究興趣。他惜墨如金，文筆凝練，1769年撰寫的《道德哲學原理》一書，全書不過數萬字，形式類似「箴言錄」。在書中，作者用了較長的篇幅論述政治，尤其是國內的貴族體制。他明確了英國式混合憲制中的組成部分，劃分了混合憲制的兩種形式——混合共和國、混合君主制；還細分了混合君主制的具體形式——最高權力由國王和貴族共用或國王貴族及人民共用，以及這兩種形式的區別。

相比之下，弗格森在1767年發表的《文明社會史論》更具有社會史的特色。在當時，弗格森已經意識到並開始探討社會發展的一般趨勢和規律，探究社會變遷和形態更替的原因，這使弗格森成為名副其實的社會學奠基人。

英國啟蒙運動喚醒了人類理性和科學的一面，對於政治形態、社會發展的探究以及哲學的深入，無疑為即將到來的工業革命打下了堅實的思想基礎，甚至也影響了日後英國現代社會的建設。這場思想上的解放水到渠成，是經濟、軍事、政治上騰飛後的英國發展的必經之路。

【相關連結】

在英國啟蒙運動中，蘇格蘭啟蒙運動佔據了極其重要的地位。在文化成就方面，蘇格蘭遠勝英格蘭。15世紀，蘇格蘭已經成立了愛丁堡大學、格拉斯哥大學、聖安德魯大學和亞伯丁大學等諸多高等院校。蘇格蘭的高校入學率甚至居於歐洲首位。1768年，在蘇格蘭愛丁堡地區，一部影響後世頗深的著作《大不列顛百科全書》問世了。

寬鬆自由的社會環境、良好的學術氛圍，讓愛丁堡地區培養出無數在啟蒙運動中發揮重要作用的英才。大衛・休謨在12歲時前往愛丁堡大學就讀，15歲離校自學；建築學家羅伯特・亞當、蒸汽機的發明家瓦特、近代地質學的奠基人詹姆斯・赫頓、文學家和詩人司各特等都畢業於愛丁堡大學。

除此之外，愛丁堡作為蘇格蘭的首府，曾是當時的經濟、政治和文化中心。出色的文化產業以及開放的環境，都讓愛丁堡如同希臘雅典一樣具有良好的學術氛圍，正因如此，愛丁堡獲得了「不列顛的雅典」之美譽。

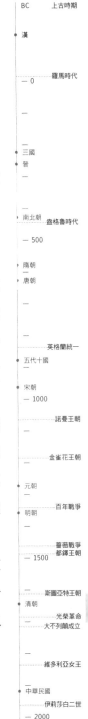

BC　上古時期

漢

———　羅馬時代

—　0

—

三國
晉
—

南北朝　盎格魯時代

—　500

隋朝
—
唐朝

—

英格蘭統一
五代十國
—

宋朝
—　1000

諾曼王朝
—

金雀花王朝
—

元朝
百年戰爭
明朝
—

薔薇戰爭
都鐸王朝
—　1500

—

斯圖亞特王朝
清朝
光榮革命
大不列顛成立

—

維多利亞女王

—

中華民國
伊莉莎白二世
—　2000

【注釋】

①《基督教並不神祕》，由唯物主義哲學家和自由思想家托蘭德於1696年撰寫，書中主張以人的理性理解聖經教義，批判了奇蹟、啟示之說和傳統的教義。此書使他遭到教會起訴。

②《國富論》，全書名為《國民財富的性質和原因的研究》，這本書是亞當・斯密結合當時英國資本主義迅速發展，受到傳統勢力阻礙的現狀，研究並提出完整的系統化經濟學理論。在書中，作者宣導市場經濟的自由競爭，並提出許多衝破傳統觀念、令人耳目一新的理念。

【專題】小說的奇幻之旅

關於英國文學史上第一部小說花落誰家的問題一直有所爭議，由丹尼爾・笛福撰寫的《魯賓遜漂流記》呼聲顯然是最高的。

丹尼爾・笛福，一個擁有傳奇人生的偉大作家。他的一生經歷曲折坎坷，幾度鋃鐺入獄，當過投機商，也是發明家，後來還成為旅行家。或許是豐富的經歷讓他累積了足夠的資料，為他的想像力打開了新的視野，於是，他以紙筆把那些曲折離奇的經歷變成了極具感染力的小說。

1719年，丹尼爾・笛福在整理航海家和流亡者口述的故事和相關材料時大受啟發，尤其是水手亞歷山大・科爾塞克在費爾南德斯島上的冒險經歷，給了他靈感。他以這些故事為藍本，加工創造出曲折離奇的小說《魯賓遜漂流記》。

這本想像力豐富、情節曲折離奇、刻畫纖細真實的小說，給讀者極佳的閱讀感受。除此之外，笛福所創作的《辛格頓船長》、《摩爾・弗蘭德斯》、《傑克上校》等作品，都展現出他扎實的文學功底和具有個人色彩的敘事風格。笛福被後世的文學史家和文學評論家尊稱為「英國第一位小說家」。

君士坦丁統一羅馬
羅馬帝國分成兩部
波斯帝國　500—
回教建立
凡爾登條約
神聖羅馬帝國建立
　　　1000—
十字軍東征
蒙古第一次西征
英法百年戰爭開始
哥倫布發現新大陸
　　　1500—
英國大破無敵艦隊
發明蒸汽機
美國獨立
美國南北戰爭開始
第一次世界大戰
第二次世界大戰
　　　2000—

與笛福同時期的另一位英國小說先驅是在1725年出版寓言小說《格列佛遊記》的喬納森・斯威夫特。斯威夫特筆觸辛辣諷刺，其作品寓意深刻，雖然描寫的是想像出的大人國、小人國，但是常能讓人聯想到時政，所以作品出版後立刻在倫敦引起轟動。

兩位傑出的小說先驅令英國人民開始接受並喜愛小說這種文學形式，但是小說的熱潮並未就此引爆。1740年，英國文壇再次出現一批高水準的小說家。如果將笛福時期的小說發展比喻成涓涓細流，那麼到了這一時期，小說的規模、品種以及文學理論都已形成規模，堪比水面寬廣的大河。

這一時期湧現出不少優秀作家，有以書信體形式創作並展現主人翁意識流的撒母耳・理查遜；第一個將小說理論和小說形式進行完美穿鑿的亨利・菲爾丁；被認為是現代心理小說先驅的幽默小說家勞倫斯・斯泰恩；翻譯大量歐洲著作文集，將優秀小說作品傳入英國的托比亞斯・斯摩利特；巧妙運用少量人物和有限場景，技藝精湛的女作家簡・奧斯丁等。其中，撒母耳・理查遜和亨利・菲爾丁得到的評價較高。

撒母耳的《帕米拉》是英國第一部通過刻畫人物來推動故事發展的小說。新穎的書信體形式，細膩的人物心理描寫，塑造了一個純良天真的女子形象，賦予讀者即時感和對心理現實及意識流的探索。繼《帕米拉》之後，撒母耳還撰寫書信體小說《克拉麗莎》（1748年）和《格蘭狄森》（1754年），這些作品使書信體小說成為一種廣為流傳的文學樣式。撒母耳的創作豐富了小說的藝術形式，為後續作家探索意識流小說打下了堅實的基礎。同時，他的創作也使英國文壇偏離了同一時期歐洲專注於敘事的「流浪漢小說」形式，開始以人物為主的形式探索。

亨利・菲爾丁對小說發展的貢獻更大，他被司各特稱為「英國小說之父」。

一方面，他確定了小說在文學形式上的地位，為小說理論基礎做出

了巨大的貢獻。他認為小說更接近於失掉韻律的史詩，同時情節更寬、描述的場景更廣大、人物更多種多樣，具有滑稽可笑的特點，卻區別於喜劇的形式。他強調了人物塑造的典型性，情節上的必然性與偶然性結合，以及小說結構整體的統一性，敘事語言和人物語言的差異性。

另一方面，現今已知的由他創作的4部小說《約瑟夫·安德魯傳》（1742年）、《大偉人江奈生·魏爾德傳》（1743年）、《棄兒湯姆·瓊斯的歷史》（1749年）、《阿米莉亞》（1751年），體現了他在小說實踐上的多種嘗試。其中，最著名的作品《棄兒湯姆·瓊斯的歷史》成就最高。可以說，菲爾丁奠定了直到19世紀末一直支配英國小說的全面反映當代社會的現實主義傳統。

耶穌基督出生　0—

君士坦丁統一羅馬

羅馬帝國分成兩部

波斯帝國　　500—

回教建立

凡爾登條約

神聖羅馬帝國建立
　　　　　1000—

十字軍東征

蒙古第一次西征

英法百年戰爭開始

哥倫布發現新大陸
　　　　　1500—

英國大破無敵艦隊

發明蒸汽機

美國獨立

美國南北戰爭開始
第一次世界大戰
第二次世界大戰
　　　　　2000—

| 第九章 | 改革大趨勢

蘇格蘭

北愛爾蘭

英格蘭

威爾斯

倫敦

BC

耶穌基督出生　0—

君士坦丁統一羅馬

羅馬帝國分成兩部

波斯帝國　500—

回教建立

凡爾登條約

神聖羅馬帝國建立
　　　　　1000—

十字軍東征

蒙古第一次西征

英法百年戰爭開始

哥倫布發現新大陸
　　　　　1500—

英國大破無敵艦隊

發明蒸汽機

美國獨立

美國南北戰爭開始

第一次世界大戰
第二次世界大戰

　　　　　2000—

「紗荒」導火線

　　經歷3個世紀的累積，英國的繁榮程度已位居歐洲諸國前列。近代金融機構的出現，使得英國能將銀行家手中的「閒散資金」會聚起來創辦實業，到了18世紀，英國的工業已經形成結構清晰的完整體系。輕工業、重工業、資源工業和製造業業已細分；手工業也逐漸與農業分離，出現了集中的手工工廠；紡織業則作為英國的民族工業，幾乎遍及英格蘭的城鄉各地。

　　1733年，鐘錶匠約翰・凱伊在觀察織布工人織布的動作時，靈機一動，發明出了飛梭，極大地減少了織布工人工作的繁雜程度，以往需要兩人配合才能操作的織布機，現在只要一名工人即可。織布速度的快速提升致使棉線供不應求，如何提高紡紗機的工作效率，緩解「紗荒」，平衡紡、織之間的平衡，成為當時棉紡業的一大難題。另一方面，由於新航路的開闢，貨物運輸更為便利，擁有廉價勞動力的印度所生產的細棉織物得以運至英國售賣，因其物美價廉，刺激著英國本土棉紡織業進行技術革新，發明更多機器，減少人工成本。

　　以上情況成了英國工業革命的導火線，為解決「紗荒」，為了和東印度公司①大量引入的印度細棉織物競爭，一場轟轟烈烈的機器革新開始了。

　　1763年，珍妮紡紗機的問世標誌著英國工業革命正式拉開序幕。珍妮紡織機的產生源於紡織工無意之間的舉動得來的靈感。那是一個深夜，工人詹姆斯・哈格里夫斯下班回家，不小心踢翻了妻子使用的紡紗機。他連忙彎下腰把機器扶正。一低頭，看著仍在工作中的紡紗機愣住了，紡輪帶動著直立狀態的紗錠飛速地旋轉。他腦中靈光一閃，若是把

幾個紗錠豎著排列，一個紡輪就可以同時帶動幾個紗錠旋轉，也就能同時紡出更多的棉紗。

興奮的哈格里夫斯即刻開始拆卸實驗。過了不久，他就改良出一種用一個紡輪帶動8個豎直紗錠的新式紡紗機，紡紗的效率一下子提高了。而正因為他無意的一腳，踢開了工業革命的大門。1764年，哈格里夫斯製成以他女兒名字命名的珍妮紡紗機。這是最早的多錠手工紡紗機，裝有8個錠子，適用於棉、毛、麻纖維紡紗。

珍妮紡紗機在某種程度上緩解了「紗荒」，儘管該紡紗機器仍然需要人工作業，織出來的棉紗也粗細不均，只能作為織布的緯線，但是依然迅速暢銷。截至1788年，英國已有2萬臺珍妮紡織機，每臺機器最多可以裝載80個紗錠。

這段時間裏，紡紗機的革新並沒有停止。1769年，理髮師理查·阿克萊特更新了生產動力，發明了不需要人工時刻盯著的水力紡紗機。他憑藉水力紡紗機技術，在克羅姆福德建立了大型的棉紡廠，獲得了可觀的利潤。雖然這款機器不需要紡織工時刻緊盯，紡出來的棉線也堅韌結實，但是有一大缺陷——棉線太粗，而且對於紡紗廠的選址要求苛刻——必須建在河邊，並需要大量工人集中操作。

1779年，由紡織工人撒母耳·克隆普頓發明的「騾機」問世，結合了珍妮紡紗機和水力紡紗機的優勢。這種精紡機器能夠滿足織布廠對棉紗的苛刻要求，同時也滿足了手工工廠主降低成本、提升利潤的需求。然而，紡紗機的革新和織布機的落後又一次打破紡紗和織布的平衡關係，大量紗的積壓決定了織布機必須更新換代。

人類的智慧總是在壓力之下爆發。1785年，牧師卡特賴特發明了自動織布機，提高了織布的效能。6年後，隨著各種織布機器的普及，棉紗過剩的問題解決了，整個英國棉紡織業生產實現了全面革新。棉紡織業的其他流程——印花、漂白、染色等技術也得到相應的改進。在這項民

BC　上古時期

漢

　0　羅馬時代

三國

晉

南北朝　盎格魯時代

　500

隋朝

唐朝

　英格蘭統一

五代十國

宋朝

　1000

　諾曼王朝

　金雀花王朝

元朝

　百年戰爭

明朝

　薔薇戰爭

都鐸王朝

　1500

　斯圖亞特王朝

清朝

　光榮革命

　大不列顛成立

　維多利亞女王

中華民國

　伊莉莎白二世

　2000

族工業的帶動下，與之相似的毛紡織業同樣實現了機械化。

　　但是，人們仍舊面臨一個重要的問題——找到可以替代水力的功率更大且動力更廉價的方式。

　　工業革命時期，儘管棉紡織業和毛紡織業欣欣向榮，但是水力對於設廠的苛刻要求，使產業發展受到地域條件的限制。英格蘭的水資源並不發達，而潮汐能還不能被利用，主要河流泰晤士河兩岸地勢平坦，可提供水動力的地點稀缺，即使找到合適的建廠位置，成功開工廠，工廠也會受河流水位的季節性變化影響而導致產量不定。這時候，能否尋找到替代水力的更好動力成為工業革命能否延續的關鍵。面對如此困境，英國人將做出何種應對呢？

【相關連結】

　　英國的工業革命是由產業革命帶動的技術性革命，同時也是生產力飛速發展、經濟結構變遷的社會變革。它之所以在英國而不是歐洲的其他國家發生，主要是因為英國的圈地運動和農業生產方式的變革，發達的國內外經濟貿易和市場體系，提供了工業革命開展必備的資本、勞動力和市場；工業革命前期相對穩定的國內、國際政治局面，為工業革命提供了必要的政治條件；啟蒙運動的發生，自然科學的領先發展，為工業革命提供了理論基礎。

　　有了以上的前提條件，經濟發展和產業發展迫使英國走上了技術革新的道路，尤其是英國的民族產業棉紡織產業，作為新興工業不受傳統經濟的束縛，生產過程的細分，使機器的發明和使用成為亟待解決的問題。因此，與其說是英國率先進行工業革命，不如說是工業革命選擇了英國。

哥倫布發現新大陸
　　　　　1500—

英國大破無敵艦隊

發明蒸汽機

美國獨立

美國南北戰爭開始

第一次世界大戰
第二次世界大戰

　　　　　2000—

【注釋】

①英國的東印度公司，創立於1600年，是一群有影響力的商人在東印度地區建立的貿易公司。他們在1600年12月獲得由英國皇家給予的對東印度的15年的貿易特許權，將印度的糧食和工業原料運往英國，從中謀利。然而實際上這種貿易壟斷權一直持續了21年，隨著英國勢力的擴張，東印度公司也從單一的商業貿易公司逐漸演變成英國在印度的實際主宰者。直到1858年，東印度公司才解除行政權力。

好奇心帶來的革命

人類從未停止過對自然能源的利用和改造。風力、熱力，在尋找替代水力的過程中，英國的瓦特需要被歷史銘記。這個英國紳士，實現了文藝復興時期達文西的設想，將蒸汽變成了一種動力能源。

其實，將蒸汽轉化為動力，瓦特並不是第一人。18世紀早期，法蘭西人德尼・帕潘就設計了用蒸汽發射的大炮，適合礦井使用的蒸汽水泵等。但是，對於當時的法蘭西社會而言，這些奇思妙想脫離生產生活，並未引起足夠的重視。1705年，英國的鐵匠紐考門研製出第一臺克服易爆危險的空氣蒸汽機。運用這種機器，人們能夠利用蒸汽冷卻的真空將礦井中的地下水抽取出來。不過在推廣過程中，人們發現這款機器存在致命的缺陷——蒸汽的動能未被完全利用，機器運轉需要燃燒大量的煤。鑑於使用成本過高，機器難以普及。

1757年，一心想要開修理店但是學徒年限不足的瓦特在格拉斯哥大學一位教授的幫助下，在大學裏開了一家小小的修理店。開設修理店的時候，瓦特就對蒸汽機產生了濃厚的興趣，他一直想見識一下紐考門的機器究竟長什麼樣子，為什麼需要燃燒大量的煤炭。他聽說格拉斯哥大

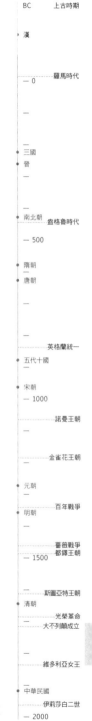

BC　　上古時期

漢

—0　　羅馬時代

—

—

三國
晉
—

南北朝　　盎格魯時代

—500

隋朝
唐朝

—

—　　英格蘭統一
五代十國

宋朝
—1000

—　　諾曼王朝

—

金雀花王朝

元朝
—

明朝　　百年戰爭

薔薇戰爭
都鐸王朝
—1500

—　　斯圖亞特王朝
清朝
光榮革命
—　　大不列顛成立

—

維多利亞女王

中華民國
伊莉莎白二世
—2000

學擁有一臺壞掉的紐考門蒸汽機，便爭取機會親自動手修理它。

在看到實物之後，善於觀察的瓦特發現，之所以蒸汽的動能未被完全利用，是因為其中3/4的蒸汽都用來加熱汽缸。為此，他進行了多次試驗，甚至不惜關閉店鋪，到處尋找合作對象。後來，他終於發明了能夠克服紐考門蒸汽機缺點的單動式蒸汽機。該款蒸汽機的汽缸和冷凝器是分離的，能夠更好地利用蒸汽動能。不過，紐考門蒸汽機和單動式蒸汽機只能做單向往復運動，即只能帶動一個物體在一個方向運動。能否製造出一款能夠帶動多種機械的蒸汽機呢？

瓦特的好奇心又被勾起來。這次，他找到了合適的合作夥伴，工廠主馬修‧波爾頓。兩人經過多番實驗，終於在1782年成功製造了可以做旋轉運動，並且能自動控制蒸汽機運轉的連動式蒸汽機。由於連動式蒸汽機可以帶動多種機械，所以又被稱為萬能蒸汽機。氣錘、鼓風機……起初蒸汽機只在工廠中試用，隨著應用的普及，於1785年成為棉紡機的動力。截止到1826年，英國已擁有1,500臺連動式蒸汽機。幾十年後，歐美各國都接受了這種新動力，工業正式踏入「蒸汽時代」。

萬能蒸汽機的出現推動了工業革命的進程，棉紡織業不必再沿河建廠，消除了生產地域和季節差異的約束。除了棉紡織業，萬能蒸汽機還推動了採礦業、冶煉業以及交通運輸業的發展，根據與蒸汽機聯繫的密切程度，發展程度也有所區別。

1800年前後，採礦業已然實現了技術革新。傳統方法被蒸汽捲揚機取代，隨著蒸汽抽水機普及，礦井的深度也越來越深。到了18世紀90年代，採礦業已經有了安全燈、金屬纜繩、金屬升降臺等系列開採措施。英國的煤產量不僅能滿足國內生產生活需求，還能大量出口到國外。

哥倫布發現新大陸
　　　　　1500—

英國大破無敵艦隊

發明蒸汽機

美國獨立

美國南北戰爭開始

第一次世界大戰
第二次世界大戰
　　　　　2000—

冶金業的革新主要體現在冶煉燃料的轉變和生鐵冶煉技術以及煉鋼技術的改進。最早英國冶鐵是以木炭作為燃料的，因為燃燒不充分，礦石無法冶煉成合格的生鐵，所以英國工業所需生鐵一度依賴進口。這

種情況即便是將燃料改為焦炭也沒有好轉。直到1761年，約翰‧斯米頓發明了帶氣筒的鼓風機，使焦炭煉鐵法得到改進，升高了爐溫才有所改善。1784年亨利‧科特改進煉鋼技術，發明攪拌法和碾壓法[1]。由此，英國逐漸成為熟鐵出口國。

鋼鐵冶煉技術的改進使得複雜機械結構成為可能，刀具和生產車床也不斷改進。到了19世紀，現代機床的全套設備已經定型並且出現了機械廠，英國最後發展成為這方面的世界霸主。

然而，最能體現英國工業革命中各行各業交融的應當是交通運輸業。水路運輸、陸路運輸和海上運輸，在英國形成了一個密集的交通網，將各個經濟區、發達城市和港口緊密地聯繫在一起。水運是大宗貨物的主要運輸途徑；公路運輸的改進則有利於商品交流和報紙雜誌的發行；鐵路架設則帶來了「鐵路時代」，豐富了人們的出行選擇。

英國工業革命前後歷經80年，讓英國快速累積了經濟基礎、政治文化基礎，積蓄力量進入工業社會。工業革命期間，工業部門的生產量、生產速度和英國的經濟增長速度都是空前的，工人的平均生產率翻了幾番，僅就冶煉業來看，即達到工業革命前的27倍。便捷發達的運輸業將英國生產的各種工業品源源不斷地運出不列顛，抵達世界各地，讓英國成為當時名副其實的「世界工廠」。

【相關連結】

儘管萬能蒸汽機是英國人發明的，但世界上第一艘蒸汽輪船並非英國人製造，而是由來自美國的富爾頓研製改良成功的。富爾頓本是美國一位小有名氣的肖像畫家，他酷愛機械，聽聞瓦特50歲生辰時尋找畫家為他畫像，就隻身前往英國。

瓦特和這位酷愛機械的年輕畫家十分聊得來，將自己研究蒸汽機的過程講述給富爾頓聽。一顆小小的種子就此埋在了年輕人心中。這個年

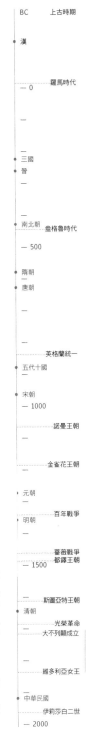

BC　上古時期
漢
羅馬時代
— 0
三國
晉
南北朝　盎格魯時代
— 500
隋朝
唐朝
英格蘭統一
五代十國
宋朝
— 1000
諾曼王朝
金雀花王朝
元朝
百年戰爭
明朝
薔薇戰爭
都鐸王朝
— 1500
斯圖亞特王朝
清朝　光榮革命
大不列顛成立
維多利亞女王
中華民國
伊莉莎白二世
— 2000

BC

耶穌基督出生　0—

君士坦丁統一羅馬

羅馬帝國分成兩部

波斯帝國　500—

回教建立

凡爾登條約

神聖羅馬帝國建立
　　　1000—

十字軍東征

蒙古第一次西征

英法百年戰爭開始

哥倫布發現新大陸
　　　1500—

英國大破無敵艦隊

發明蒸汽機

美國獨立

美國南北戰爭開始

第一次世界大戰
第二次世界大戰

　　　2000—

輕人扎根英國，研究如何將蒸汽機與輪船更好地結合起來，憑藉堅韌的毅力攻克了跨學科的難關，甚至還為英國運河的挖掘做出了貢獻，設計出便於開鑿運河的機鏟。然而，富爾頓意識到在英國研製蒸汽輪船會侵害傳統拖船主的利益，便離開英蘭西，隻身去法國尋找機會，遇到了支持他的法蘭西大使。

在那位大使的資助下，富爾頓完成了從模型試驗到設計製造的全過程，終於在1803年造出了一艘笨拙難看的大傢伙。那是一艘裝有一臺八馬力蒸汽機和一個銅製蒸汽鍋爐的輪船。在塞納河上，這艘被巴黎人認為是醜八怪的輪船下水了。富爾頓沒有選擇恰當的時機試航，河上的風浪將沉重的輪船捲起，那艘笨重的船走走停停，最後被忽來的暴風雨捲入河底。世人紛紛笑稱那艘船為富爾頓的「蠢物」。

初次失敗的打擊讓富爾頓越挫越勇，他率先想到將船身設計成鋼板，改為鐵製輪船。不過他的構想被拿破崙否認了。富爾頓前往英國遊說貴族支持他的研究，也遭到拒絕。

1805年，富爾頓帶著從瓦特蒸汽機廠買到的最新型號蒸汽機回美國，創辦了屬於他自己的造船廠。最終在1807年，一艘名為「克萊蒙特」的蒸汽輪船問世，並順利進入輪船市場。他的成功引來了無數仿效者。

【注釋】

①指的是在生鐵熔化成流體狀態之後，經由攪拌消耗其中的碳素，再用碾壓機取代傳統工藝中的鐵錘，將熟鐵碾壓成形。

回歸的獨裁

1756年，英國陷入「七年戰爭」的魔咒，英法兩國開始在海外爭奪殖民地，並爭奪海上霸權。1760年喬治二世去世，喬治三世即位，英國獲得北美和西印度戰場的全面勝利，戰爭進入白熱化狀態，國內對於戰爭的態度也一分為二。一部分在戰爭中飽受折磨的地主鄉紳和平民百姓主張平息戰爭；一部分因戰爭獲益的商人、銀行家和軍火商卻希望戰爭持續下去。喬治三世正是在這樣的格局中走入政治舞臺。

受母親奧古絲塔那強大佔有欲的影響，喬治三世認為君權可以凌駕於議會之上，他不甘受議會擺布，自繼任起就立志遠離輝格黨人，重振王權。英國當時的社會狀態，為他創造了擴充王權的便利條件——1761年，英國在溫德瓦西交戰中獲得勝利，佔據了殖民地爭奪戰的明顯優勢。喬治三世利用國內高漲的反戰情緒，將王權擁護者調入議會中，並將一些重要職位安排給自己的親信，首相的職位即由他的老師布特勳爵擔任。

為了控制議會，喬治三世成立專門的機構，用他最痛恨的賄賂手段去收買議員，獎勵其中親近宮廷的人。接著，他著手改組內閣，加強王權對議會的控制。他的行為近乎獨裁，很快引起國內的不滿，認為他的獨裁行為與被砍頭的查理一世無二。

1763年，「七年戰爭」在多國和談中結束。《巴黎和約》將法蘭西在美洲、西印度群島和印度的部分殖民地轉給了英國。英國成為一個在數大洲擁有殖民地的殖民帝國。戰爭告終不久，英國政府頒布《1763皇家公告》，劃定了殖民地的邊界線。這條邊界線誘發了邊界地區其他殖民者的不滿，原本從英國前往北美地區的殖民者與英國政府也出現了衝突。

BC　　上古時期

漢

—　0

羅馬時代

三國
晉

南北朝　　盎格魯時代

—　500

隋朝
唐朝

英格蘭統一
五代十國

宋朝

—　1000

諾曼王朝

金雀花王朝

元朝

百年戰爭

明朝

薔薇戰爭
都鐸王朝

—　1500

斯圖亞特王朝
清朝
光榮革命
大不列顛成立

維多利亞女王

中華民國
伊莉莎白二世

—　2000

BC

耶穌基督出生　0—

君士坦丁統一羅馬

羅馬帝國分成兩部

波斯帝國　500—

回教建立

凡爾登條約

神聖羅馬帝國建立
1000—

十字軍東征

蒙古第一次西征

英法百年戰爭開始

哥倫布發現新大陸
1500—

英國大破無敵艦隊

發明蒸汽機

美國獨立

美國南北戰爭開始

第一次世界大戰
第二次世界大戰

2000—

　　第二年，英國政府為緩解戰爭期間累積的巨大財政虧空，緩和國內政治矛盾，試圖發布各種稅法和條例，將問題轉嫁到殖民地，尤其是北美殖民地。《糖稅法》[①]、《航海條例》[②]以及1765年頒布的《印花稅法》[③]和《駐兵條例》[④]，這些政策將英國的北美殖民地當成了可以肆意掠奪宰割的肥羊，全然沒有考慮殖民地移民者和當地人的想法。

　　連續幾年稅收的加重、徵稅範圍的擴大，讓殖民地和宗主國的矛盾越發尖銳。北美貿易因此受到影響，英國本土的工商業者也遭受了一定的利益損失。英國一些有遠見的政治家察覺到不妥，對國王的一意孤行感到不滿。這時的布特勳爵早已懼怕被政治攻擊而於1763年辭去首相職位，他為國王的獨裁而擔憂，又對自己的無能為力感到沮喪。

　　1763年之後的內閣首相由輝格黨領袖喬治·葛蘭維爾擔任，他與喬治三世的關係非常差，他認為應該對殖民地持寬容態度，並批評喬治三世的獨裁才是造成英國當前不利局面的罪魁禍首，他極力主張限制王權，並經常與國王大吵特吵。

　　喬治·葛蘭維爾一派的政治家理所當然地遭到喬治三世的報復，不是被罷免，就是迫於壓力而辭職，英國內閣首相也由此頻頻更迭。直到1770年，有「國王之友」之名的諾斯勳爵[⑤]擔任首席財政大臣，首相多次更替的局面才得以打破。

　　然而，北美殖民地的反殖民鬥爭在此刻已經到了不可收拾的地步。1773年夏天，生活在波士頓的一群受自由鼓動的年輕人，不滿英國政府在殖民地傾銷廉價印度茶葉以擠壓當地茶葉的行為，悄悄裝扮成印第安人的模樣，潛入運送茶葉的貨輪並將對宗主國的不滿宣洩在傾銷的貨物上。他們搗毀貨物，將茶葉丟入大海，然後悄然離去。這一事件被稱為「波士頓傾茶事件」，它成為北美獨立戰爭的導火線。

　　英國為了樹立在殖民地的權威統治，於1774年頒布了懲罰性強制法令，限制北美殖民地的貿易自由、政治自由及司法自由等權利。迫使北

美殖民地的人民為擺脫總督的控制，成立大陸議會，以抵抗英國的高壓法令，抵制英國的產品。同時，他們組織民兵，購置武器，開始武裝鬥爭。不久，萊克星頓的槍聲拉開了北美獨立戰爭序幕，殖民地的人民秉持著「寧可為自由人而死，不為奴隸而生」的想法英勇抗爭，最終成為北美的主人，擺脫了英國的殖民統治。

1783年，隨著英國和美國簽訂《巴黎和約》，英國承認北美地區的獨立。新生代的美國人民揮舞著自由的旗幟，成為自己腳下土地之主。而號稱日不落帝國的大英帝國，在拉鋸戰中失敗，徹底喪失了北美這塊重要的殖民地。同時，美國的獨立也給喬治三世獨裁統治生涯以沉重的一擊。

【相關連結】

1775年4月18日，北美殖民地總督兼英國駐軍總司令蓋奇連夜派軍逮捕北美愛國者領導人，並前往康科特⑥搜查反英秘密組織的軍火庫。

當天晚上，漆黑的夜色成為兩匹快馬最好的隱蔽物。馬背上兩位來自北美爭取民族解放的秘密組織「自由之子社」的民兵戰士，快馬加鞭從波士頓趕往康科特，將這一重要情報帶給當地的民兵組織，以保住反英組織的主要力量。在康科特近郊的民兵很快集合起來，潛伏在萊克星頓村附近的公路旁和樹林中，準備伏擊英軍。

次日黎明，天色微光，藏於密林的民兵看到，800名穿著赭紅色軍裝的英國士兵在薄霧中悄悄靠近萊克星頓村。這時，英軍指揮官史密斯發現村子周圍趴伏著不少手持火槍的民兵，意識到可能遭到伏擊，立刻下令軍隊停止前行。雙方就這樣僵持在村口。

突然，誰也說不清第一聲槍響來自哪一方，緊接著這聲槍響之後，雙方展開了激烈的交火。8個為北美自由而戰的民兵獻出了自己的生命，英軍則沖進村莊，向康科特鎮猛撲。然而，等待英軍的是更多的槍

BC　上古時期

漢

羅馬時代

— 0

三國
晉

南北朝　盎格魯時代
— 500

隋朝
唐朝

英格蘭統一
五代十國
宋朝
— 1000

諾曼王朝

金雀花王朝

元朝
百年戰爭
明朝

薔薇戰爭
都鐸王朝
— 1500

斯圖亞特王朝
清朝
光榮革命
大不列顛成立

維多利亞女王
— 中華民國
伊莉莎白二世
— 2000

BC

耶穌基督出生　0—

君士坦丁統一羅馬

羅馬帝國分成兩部

波斯帝國　500—

回教建立

凡爾登條約

神聖羅馬帝國建立
　1000—

十字軍東征

蒙古第一次西征

英法百年戰爭開始

哥倫布發現新大陸
　1500—

英國大破無敵艦隊

發明蒸汽機

美國獨立

美國南北戰爭開始

第一次世界大戰
第二次世界大戰

　2000—

支彈藥。密集射擊的子彈將紅色軍裝的英軍變成靶子，史密斯發現自己中了埋伏的時候，已然遲了，抱頭鼠竄的英軍最終狼狽逃離。而北美獨立戰爭，也在萊克星頓第一聲槍響的號召下，傳遍了13個英屬北美殖民地。

【注釋】

①《糖稅法》是英國議會在17世紀《航海條例》的基礎上制定的。根據規定，北美殖民地的商人向除英國外的其他地區輸出的糖漿、食糖、咖啡、絲綢等商品都要徵收重稅。

②《航海條例》，這裏指的是17世紀頒布的《航海條例》。其中規定北美殖民地所需的工業品必須從英國進口，殖民地生產的棉花、煙草等物品必須優先供給英國。

③《印花稅法》由英國議會於1765年頒布。規定北美殖民地的一切商業憑證、法律證件、證券、文憑等必須貼足規定數額的印花稅票才能生效，違者要受到重罰。

④《駐兵條例》，頒布《印花稅法》後，英國議會意識到會遭受北美殖民地的反抗，於是頒布這項法令。條例規定位於殖民地的英國軍隊有權無償佔用公共房屋，以保障《印花稅法》的執行。

⑤諾斯勳爵，全名腓特烈・諾斯，第二代吉爾福德伯爵。他是英王喬治三世童年時的玩伴，也是喬治三世在位期間最受寵的臣子，1770—1782年擔任大不列顛王國首相，是整個美國獨立戰爭中不可忽視的重要人物。

⑥康科特，美國新罕布什爾州東南部城市，州首府。位於梅里馬克河岸。1727年始建，1808年成為首府，1853年設市。

一位放蕩者引發的憲政危機

哪裡有獨裁，哪裡就有反抗。約翰·威爾克斯這個放浪形骸的記者，通過登上英國政治舞臺，成為英國史當中的一個重要角色，甚至一度威脅到喬治三世的統治地位，釀成喬治三世統治前期的一場憲政危機。

1757年，威爾克斯賄選進入英國下議院。1762年，他主編了一份名為《北不列顛人》的報紙，在這份報紙上，威爾克斯多次嘲弄國王以及「國王之友」諾斯勳爵。同時匿名發表文章批評國王及其獨裁政策，提醒喬治三世，自由是人民的特權，國王不能罔顧民眾的聲音獨斷專制。他的行為成功地挑釁了原本就想擴充王權的喬治三世。震怒的國王直接下令讓內閣查封報社，拘捕口出狂言的記者和編輯，並將威爾克斯關進倫敦塔，搜查其府邸。

無視司法和憲法準則的國王的所作所為令倫敦市民怒火沖天，他們怕就此被這樣一位暴君拖入過去內戰的深淵，紛紛走出家門示威遊行，並焚燒喬治三世的母親奧古絲塔的畫像。

1762年5月6日，是威爾克斯接受法庭審判的日子，民眾聚集在法庭外聲援這個敢於嘲弄國王的勇士。幸運的是，為了維護公共秩序，法庭反而以政府行為破壞議會權利為由，聲援了威爾克斯的行為，並將其當庭釋放。這個案例在英國司法界具有重要意義，自此以後，國王以通用逮捕狀拘捕議員被視為非法行為，不僅如此，法庭還規定了該項損害賠償的標準。

但是，作為國王怎麼可能就此放過一個嘲弄自己的人？喬治三世遂下令搜集威爾克斯撰寫過的文章，鼓勵他人揭發其不法行為。在王權的淫威之下，與威爾克斯交往甚密的國務大臣桑威奇背叛了他的朋友。為

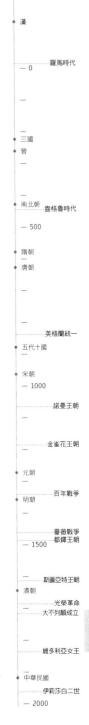

BC　　上古時期

漢

羅馬時代

— 0

三國
晉

南北朝　　盎格魯時代

— 500

隋朝
唐朝

英格蘭統一
五代十國

宋朝
— 1000

諾曼王朝

金雀花王朝

元朝
百年戰爭
明朝

薔薇戰爭
都鐸王朝
— 1500

斯圖亞特王朝
清朝
光榮革命
大不列顛成立

維多利亞女王

中華民國
伊莉莎白二世
— 2000

BC

耶穌基督出生　0—

君士坦丁統一羅馬

羅馬帝國分成兩部

波斯帝國　500—

回教建立

凡爾登條約

神聖羅馬帝國建立
1000—

十字軍東征

蒙古第一次西征

英法百年戰爭開始

哥倫布發現新大陸
1500—

英國大破無敵艦隊

發明蒸汽機

美國獨立

美國南北戰爭開始

第一次世界大戰
第二次世界大戰

2000—

了討好國王，桑威奇找出威爾克斯數年前撰寫的文章，並在上議院宣讀這些文章。上議院判定這些文章侵犯了議會權利，犯了誹謗罪。威爾克斯因此被罷免了在下議院的職位，不得不逃往海外，躲避官方迫害和來自暗處的暗殺。

4年後，新一屆大選來臨，威爾克斯才再次回歸英國民眾的視野，他以維護公眾自由的名義發表演說，爭取選票。支持他的選民與議會的矛盾就此爆發。

儘管議會議員數次否決威爾克斯出席議會的權利，但是民意倒向了威爾克斯一方。人們嚮往威爾克斯口中所說的自由和權利，甚至組成「保衛權利法案協會」進行激烈的抗爭，具體如窮人搗毀富人的房屋，工人破壞工廠的機器，農民反對圈地等。即使議會方面動用武力鎮壓，也無法迫使民眾屈服。在幾輪的武力博弈後，議會為了穩定國內形勢做出讓步，威爾克斯當選為行政司法長官，並榮任倫敦市長。

一場憲政危機終於被化解，但英國民眾並沒有因此實現他們嚮往的「自由」，僅僅是威爾克斯個人取得了地位的改變和權力遊戲的勝利。這時候的喬治三世已經確立他在英國的專制地位。1770年，諾斯勳爵奉王命組閣，已然標誌著一黨寡頭統治的形成。以諾斯為主的英國內閣，聽從喬治三世的命令，支持英國在北美殖民地實行的強權政治，直至北美殖民地反英抗爭中英國數次戰敗，政府才結束了這些冒險行為和計畫。

1782年，受到北美獨立戰爭的打擊，諾斯勳爵被迫辭職。諾斯內閣的垮臺標誌著喬治三世個人獨裁統治的失敗。此後的兩年內，英國內閣逐漸喪失議會中的主導地位，多次出現王權傾頹的局面。

由於英國在北美殖民地問題上的失利，英國的國際地位日趨下降，國內民眾對政府的無能日趨不滿，英國政府可謂是夾在內憂外患中的螞蟻，無所適從。儘管喬治三世多次籌畫組織反議會的內閣，試圖擴張王

權，重新確立個人專制，但現實是殘酷的。隨著謝爾本①備受排擠而下臺，喬治三世，不得不接受現實，無奈之下解散聯合內閣，任命小威廉‧皮特作為財政大臣。重新組建的新政府，約束了喬治三世的行為，迫使其不得在沒有憲法慣例允許的情況下做出任性之舉。英國的內閣制由此而日趨成熟。

【相關連結】

喬治三世終年81歲又239天，在位59年又96天，這兩個紀錄超越了他在位以前的任何一位英國國王。不過，這個紀錄被他的孫女維多利亞和現任英國女王伊莉莎白二世所超越。作為一個備受爭議的國王，人們對喬治三世的態度實在是又愛又恨。

對當時的北美殖民地人民來說，喬治三世是個名副其實的吸血惡魔、暴君，只懂得破壞和掠奪。即便是英國，人們對喬治三世的評價也多屬負面。他在位期間多次出現的憲政危機，獨裁統治飽受質疑，但他重視農業發展無疑為英國帶來一定的好處，為後續工業革命奠定了扎實的基礎。

【注釋】

①謝爾本，他於1782年接替諾斯成為英國首相，次年就被迫下臺。之後他在喬治三世的指示下組建反政府的組織和團隊，均以失敗告終。

偉大的政治家

小威廉‧皮特是查塔姆伯爵老威廉‧皮特的次子。老威廉是指導英國在「七年戰爭」中贏得勝利的偉大戰略家，小威廉也是出色的政治

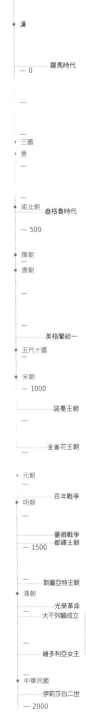

BC　　上古時期

漢

羅馬時代

— 0

三國

晉

南北朝　盎格魯時代

— 500

隋朝

唐朝

英格蘭統一

五代十國

宋朝

— 1000

諾曼王朝

金雀花王朝

元朝

百年戰爭

明朝

薔薇戰爭
都鐸王朝

— 1500

斯圖亞特王朝

清朝

光榮革命

大不列顛成立

維多利亞女王

中華民國

伊莉莎白二世

— 2000

BC

耶穌基督出生　0—

君士坦丁統一羅馬

羅馬帝國分成兩部

波斯帝國　　500—

回教建立

凡爾登條約

神聖羅馬帝國建立
　　　　　1000—

十字軍東征

蒙古第一次西征

英法百年戰爭開始

哥倫布發現新大陸
　　　　　1500—

英國大破無敵艦隊

發明蒸汽機

美國獨立

美國南北戰爭開始

第一次世界大戰
第二次世界大戰

　　　　　2000—

家，父子倆皆被視為英國歷史上最偉大的首相。

24歲的小威廉‧皮特擔任首相後，快刀斬亂麻地處理了困擾喬治三世的諸多政治問題。在他任期內，英國先後發生了第二次反法戰爭和愛爾蘭內亂，這位英國歷史上任職時最年輕的首相，以其獨特的政治見解和個人魅力，扭轉了英國的紛亂局面，將之推上了新的發展軌跡。

政黨之爭一直都是造成國家政局動盪的原因之一，如果國王和首相不能很好地平衡政黨之間的關係，那麼紛爭永遠不會停止。絕非投機之徒的小威廉‧皮特並沒有偏向托利黨或輝格黨任何一方，因此後人對他究竟算是哪個黨派的人始終存在爭議。就他的身分而言，他是喬治三世的政府代言人，但是他在下議院發表的「處女演說」中，對輝格黨保守派的愛德蒙‧伯克①所提出的經濟改革方案又表示了支持，還抨擊了當時腐敗的選舉制度。這說明，他是一個對事不對人的政治家，而非玩弄權術的陰謀家。

1783年，是小威廉‧皮特提出議案最多的一年。他先是直擊政府弊病，就瀆職、濫用公款、賄選等問題提出解決方法；再就印度問題表達自己的態度，批判東印度公司的貿易壟斷行為，並成立了專門的董事會；面對將近2.5億的國債和財政赤字，他提出利用財政制度、新稅制度等方式在45年內償還完畢。

小威廉‧皮特的這些行為顯露了他的改革意向，冒進的舉措和政見讓不少人視他為眼中釘、肉中刺。1788年，一向支持小威廉‧皮特的喬治三世患病，出現精神錯亂和癲癇症狀，王儲威爾斯親王喬治攝政。不少人認為，喬治三世的病不會好了，威爾斯親王即位後很可能彈劾小威廉‧皮特。就在眾說紛紜之際，喬治三世忽然康復，小威廉的政治生涯總算是有驚無險。

次年，法國大革命的爆發在英國引起重大迴響，不少激進主義者開始歡呼雀躍，尤以蘇格蘭地區為甚。蘇格蘭的一些組織想要仿效法國人

為自由而戰。不過，以愛德蒙·伯克為首的輝格黨派保守主義者，認為法國激進派的行為會破壞正常的秩序，如果英國人仿效行之，社會將陷入無君主、無教會的混亂狀態。隨著時間推移，大洋彼岸的消息陸續傳至不列顛，英國人看到法國大革命之後的混亂，開始轉而支持伯克的觀點。

小威廉·皮特一直冷靜地觀察著鄰國的政治風波。1793年1月，法國處死路易十四，小皮特立即切斷與法國的外交關係。一個月後，法國對英國宣戰。英國聯合俄羅斯、普魯士、奧地利等國家組成反法聯盟，對抗大革命之後的法國。

這次反法戰爭中，小皮特動用英國的人力、財力、軍力，支援歐陸諸國，同時以英國海軍的海面優勢對法國實行海上封鎖。但是，小皮特的方法並未奏效。因為反法聯盟的成員國各懷私心，一方面又希望能夠克制法國，維繫君主制的政治統治，另一方面希望能夠爭奪更多的資源和貿易權，所以彼此間鉤心鬥角，並不齊心。

1795年，普魯士率先與法國和談，退出聯盟。兩年後，奧地利效法普魯士，同樣離開了聯盟。英國只能孤軍奮戰，即便佔據了海上優勢，無法力挽狂瀾。

1798年年底，反法聯盟再次成立。第二次反法戰爭期間，法國的政壇發生翻天覆地的變化，拿破崙脫穎而出，在國內大資產階級的支持下建立了軍事獨裁政權，於戰爭中迅速佔據主動地位。1800年5月，拿破崙在主要戰場義大利擊敗奧地利軍隊，第二次反法聯盟因此瓦解。

嚴峻的國際形勢和戰爭迫使小威廉·皮特政府在英國國內實行高壓政策，一些具有進步意義的書籍如《人權論》等被列為禁書，激進組織的活動也被鎮壓。此舉導致越來越多的人反對君主獨裁統治，擁護英國現有的立憲君主制，以期遏制君權和內閣。

這時候，喬治三世和小威廉·皮特的關係產生了裂痕，主要是因為

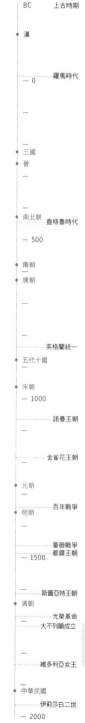

BC　上古時期

漢

羅馬時代

— 0

三國
晉

南北朝　盎格魯時代

— 500

隋朝
唐朝

英格蘭統一

五代十國

宋朝
— 1000

諾曼王朝

金雀花王朝

元朝

百年戰爭
明朝

薔薇戰爭
都鐸王朝
— 1500

斯圖亞特王朝
清朝
光榮革命
大不列顛成立

維多利亞女王

中華民國
伊莉莎白二世
— 2000

雙方在鎮壓愛爾蘭起義的態度上有分歧。愛爾蘭人民受到北美獨立戰爭的鼓舞，開始了走向獨立的抗爭。小威廉意欲憑藉溫和手段解決這場動亂，喬治三世卻打算採用高壓政策。因政見相左，小威廉無奈辭職。不過，繼任內閣政府曇花一現，1804年小皮特再度入主政壇，組建了第三次反法聯盟。

然而，這次的反法聯盟也以破產告終。小威廉為了維護這次聯盟早已心力交瘁，在第三次反法聯盟失敗後，他一病不起，不久即撒手人寰。而英法在戰爭中亦漸漸變成相持的狀態——英國佔據著制海權，依然為海上霸主；法國則在歐洲大陸上佔據優勢，放棄登陸英國的企圖，將目光投向歐洲大陸。

隨著時間的推移，風波總要有所平息。就在拿破崙以為自己勝券在握，準備籌畫建立遼闊的歐洲帝國時。英國的威爾斯將軍嶄露頭角，他會同聯軍取得了幾次反法戰鬥的勝利，打破了拿破崙的不敗神話。

1815年，成為威靈頓公爵的威爾斯將軍大手一揮，率領反法聯軍在滑鐵盧大敗拿破崙軍，為拿破崙戰爭畫上了句點。

在這場歷時彌久的戰爭中，英國雖然付出了慘烈的代價，但也憑藉自己的實力奪得了歐洲第一強國的地位。對這次戰爭中英國的表現，我們需要進行深刻的反思，英國在此期間所取得的成就除了擁有出色的政治家和軍事家以外，還需歸功於它的有利地理位置。作為與歐洲大陸相隔一海峽之遙的國家，天險成就了它難以被征服的實力，拿破崙正是因為認清了這一現狀，不得不放棄登陸不列顛的設想。但也正是因為如此，在長久的戰爭消耗下，拿破崙逐漸露出頹勢，拿破崙戰爭的失敗，從他放棄不列顛開始就已經註定了。

神聖羅馬帝國建立
1000—

十字軍東征

蒙古第一次西征

英法百年戰爭開始

哥倫布發現新大陸
1500—

英國大破無敵艦隊

發明蒸汽機

美國獨立

美國南北戰爭開始

第一次世界大戰
第二次世界大戰
2000—

【相關連結】

1806年小皮特去世以後，英國在英法戰爭中處於不利地位。原本

在海上封鎖法國的英國，遭遇了史上最嚴苛的反封鎖。法國在整個歐洲大陸下達了「大陸封鎖令」，禁止歐洲大陸國家與不列顛群島進行貿易往來和維持聯繫。英國只能另闢蹊徑，將目光投向新成立的國家——美國。於是，為了確保貿易利益，英國宣布廢除一直以來對美貿易的限制。

由於當時科學技術落後，英國並不知道，就在政府宣布廢除對美貿易限制的時候，美國已經單方面對英宣戰了。這讓英國感到措手不及。不過，幸虧英軍一直佔據著海上優勢，憑藉這些許的優勢在1814年8月佔領了華盛頓。同年12月，對抗的英美雙方決定和談，結束了這場無意義的戰事。

【注釋】

①愛德蒙‧伯克，愛爾蘭的政治家，屬於輝格黨中保守主義的重要人士。他反對喬治三世和英國政府，支持對北美殖民地採取寬容的態度，甚至認可美國殖民地獨立的行為和革命的立場。

改革情緒空前高漲

1818年8月6日，這一天對於嚮往自由民主的曼徹斯特工人和市民來說是黑色的。他們走上街頭，揮舞著旗幟，聚集在聖彼得廣場，希望能夠實現自己的主張，期待議會的選舉制度有所改變，盼望「禁止結社法」和加重他們生活負擔的「穀物法」被取消。然而，這些為了自由走上街頭的平民，被本國軍隊的槍炮殘酷地鎮壓了。

激進派的運動因為這樣殘忍的鎮壓變得更加激烈、更加激進。同年12月，在議會明令禁止出版自由、結社自由，禁止較大型聚會，禁止藏

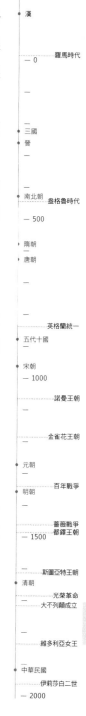

BC　上古時期

漢

—　0　羅馬時代

—

三國
晉

—
南北朝　盎格魯時代

—　500

隋朝
唐朝

—

—
英格蘭統一
五代十國

宋朝
—　1000

諾曼王朝

—

金雀花王朝

元朝

百年戰爭
明朝

—

薔薇戰爭
—　1500　都鐸王朝

斯圖亞特王朝
清朝
光榮革命
—　大不列顛成立

—

維多利亞女王

—

中華民國
伊莉莎白二世
—　2000

匿、使用武器和禁止武裝訓練的前提下，原本和平的抗議活動，演變成工人階級的政治罷工及武裝鬥爭。反抗情緒的日益高漲意味著最終會導致激烈的革命。

1820年1月，喬治三世病逝，威爾斯親王喬治出任大不列顛及愛爾蘭聯合王國國王和漢諾威王國國王，是為喬治四世。喬治四世一貫沉迷於奢華的宮廷生活，他在生活方面的品位堪稱絕頂，在政治方面則無所作為，一生都依仗著內閣首相來統治國家。在他出任攝政王和英王統治的前期，一直由繼任珀西瓦爾①首相之職的利物浦勳爵羅伯特・班克斯・詹金遜②主理英國各方面事務。

作為保守派的利物浦意識到對工人運動與其堵不如疏，一味地鎮壓只會得到更劇烈的反彈。為免將來英國步上法國後塵，重現巴黎人民攻佔巴士底獄的一幕，政府決定做出一些讓步，對議會下達部分可以接受的變革條例，以緩和階級矛盾。

1827年2月，利物浦勳爵突然中風，辭去首相一職，由喬治・坎寧③接替首相職位。由於托利派內部的意見並不統一——主張維護土地貴族利益的坎寧派（溫和派）和在反法戰爭中表現優異、代表工人資產階級的威靈頓派（「高級托利派」，又稱極端分子）彼此不滿，坎寧發現自己難以組成政府，唯有邀請輝格黨成員加入。政府雖然組成，坎寧本人的身體卻每況越下，於這一年的8月8日逝世，在任首相時間僅有119日。

接替坎寧之位的正是戰爭英雄威靈頓勳爵。威靈頓剛剛上任，就不得不面對一直困擾英國議會的問題——賄選。威靈頓以巧妙手段抵制了議會改革提案，卻不能迴避當下最迫切的愛爾蘭問題：

早在1800年英格蘭與愛爾蘭合併時期，由於英格蘭的一些法規，勢必將把愛爾蘭的天主教徒完全排斥在政府和議會之外，使這些教徒的權益得不到保護。這些人曾經聯名選派代理人加入議會，替他們伸張權益，卻被英國政府宣布資格無效。為此，愛爾蘭人還舉行大規模的示威

遊行。

動盪的局面無時無刻不提醒著威靈頓，他的處境是多麼尷尬，他的一舉一動關係整個英國的社會穩定。倘若威靈頓再不正視愛爾蘭問題，愛爾蘭很可能將刀劍對準政府，而那些要求議會改革的工人資產階級則可能採取更激烈的抗爭手段，致使英國爆發一場鋪天蓋地的大革命。

鑑於時局的緊迫性，1829年，在威靈頓強勢的要求下，英國議會通過了《天主教徒解禁法案》。

1830年，海峽對岸的法國爆發了「七月革命」，波旁王朝的統治被推翻，同時也掀起整個歐洲革命的浪潮，點燃了英國革命的火種。同年，喬治四世去世，他的弟弟威廉繼任王位，是為威廉四世。

威廉四世生活在改革年代，作為英王又正值政治局勢風雨飄搖時期，他的能力平庸，心慈手軟，實在不是個玩弄權術的人。他的登基不意味著君權大小的變化，卻帶來了內閣的變動，內閣勢必要重組，議會也將迎來新的大選。由於該時期的國內工人失業率不斷攀升，達到歷史最高，國內反對派輝格黨的實力迅速壯大。11月15日，威靈頓內閣解散，議會改革的條件逐漸成熟，托利黨的寡頭統治宣告終結。

次年3月1日，由輝格黨派格雷伯爵查理斯·格雷主導的議會改革方案問世，懸在英國人民頭上的陰雲——腐敗、賄選、舞弊等不合理的議會選舉制度即將宣告終結。議會改革方案取消了將近60個不足2000人的小選邑，將這些席位分給那些代表人數不足或者沒有代表的工業區。該議案在下議院以一票的微弱優勢通過，卻立刻被上議院否決。這樣的結果令那些希望因改革而爭取到議會席位的民眾十分不滿，一時之間國內一片譁然。

為了平復民眾的不滿，格雷政府慫恿威廉四世解散議會，重新進行大選。威廉四世早已對上議院無視自己的行為氣憤不已，正好藉口解散議會，此舉甚至得到下議院成員的支援。1831年，重組的上議院第二次

右側時間軸：

BC 上古時期
漢
— 0 羅馬時代
三國
晉
南北朝 盎格魯時代
— 500
隋朝
唐朝
英格蘭統一
五代十國
宋朝
— 1000
諾曼王朝
金雀花王朝
元朝
百年戰爭
明朝
薔薇戰爭
都鐸王朝
— 1500
斯圖亞特王朝
清朝
光榮革命
大不列顛成立
維多利亞女王
— 2000
中華民國
伊莉莎白二世

BC

耶穌基督出生 0—

君士坦丁統一羅馬

羅馬帝國分成兩部

波斯帝國 500—

回教建立

凡爾登條約

神聖羅馬帝國建立
1000—

十字軍東征

蒙古第一次西征

英法百年戰爭開始

哥倫布發現新大陸
1500—

英國大破無敵艦隊

發明蒸汽機

美國獨立

美國南北戰爭開始

第一次世界大戰
第二次世界大戰

2000—

拒絕格雷政府的改革法案，全國人民再次見識到議會的出爾反爾，不少地方發生了工人暴動，整個國家陷入自1688年光榮革命以來最嚴重的危機。

面對如此危局，格雷政府拒絕接受上議院的否決，並第三次提出改革法案。12月，幾經修改的議案終於在下議院以絕對多數通過，卻仍被上議院否決。上議院如此頑抗，格雷不得不另謀他法，他建議威廉四世冊封足夠多的輝格黨貴族進入上議院，這樣就能抗衡那些保守的托利黨，保證法案通過。

然而，威廉四世在此時躊躇了。早先他已經冊封15個新貴族進入上議院，再增加新貴族恐怕不妥。國王思來想去，對格雷提出了一個條件：受封的新貴族必須是現存貴族的直接或間接繼承人。格雷認為國王是在拖延，開始向國王施壓，以集體辭職脅迫威廉四世。威廉四世感覺自己受了威脅，琢磨著應該邀請威靈頓重組內閣。

國王的打算一經傳開，下議院立刻要求格雷政府重組，維護好現有內閣局面。威靈頓此時也建議國王暫時保留格雷政府，以緩解公眾要求改革的壓力。鑑於此，威廉四世同意了格雷政府重組，並冊封了足夠多的改革派新貴族。至此，輝格黨大獲全勝，托利黨大勢已去。

1832年，議會終於通過了改革法案，其中還包括在帝國的各殖民地廢除奴隸制，限制使用童工的改革。這就是著名的「1832年議會改革」。

改革法案實行後，英國的矛盾得到了緩解，工業資產階級代表終於叩開了英國議會的大門。儘管無產階級和廣大人民群眾仍然沒有獲得選舉權，標誌著改革的不徹底性。但是，這次改革是英國政治改革的起點，調和了統治階級的內部矛盾。

【相關連結】

18世紀中葉，英國仍處於農業相對發達的時期，每一年英國的穀物產量不僅能夠滿足國內人民的需求，還可以出口歐洲大陸。然而，這導致了穀物價格的低廉，許多英國農民為了獲得更多收入，選擇將耕地改為牧場，大力發展養殖業。

隨著工業革命的爆發，圈地運動迫使喪失土地的農民淪為工人，英國的糧食產量因此銳減，一改以往出口的情況，反而需要從國外進口以滿足國內需求。加之對法戰爭中法國曾對英國實施「大陸封鎖令」，切斷了英國進口的途徑，直接引起穀物價格的上漲。為了緩解穀物缺失的情況，集中到少數貴族手中變為牧場的土地重新改種穀物，而農民卻因喪失土地而淪為貴族的佃農。貴族的生活日漸奢侈，佃農的地租卻越加繁重。

反法戰爭勝利後，英國的進出口貿易恢復，糧食價格有所回落，可是佃農依然面臨悲慘的境遇，他們的收入無法抵償糧食生產的費用，除非土地所有者良心發現降低地租，要麼實行真正的關稅保護制度，以確保糧食價格不再下跌，由此，玉米法案（即穀物法）實行。

但是，原本應該保護佃農利益的穀物法實際上淪為土地貴族斂財的工具。1815年剛公布的穀物法規定，只有當英國的糧價每夸特④超過80先令時，才允許英國從國外進口糧食。因為這個法案的制定，既無視工業資產階級的利益，也不符合農民的利益，所以此後幾經修改。但是，它的實行最終沒達到任何作用，反而成了土地貴族玩弄無產階級與農民的工具，為英國日後的政局動盪埋下了一顆隱形炸彈。

【注釋】

①斯賓塞·珀西瓦爾，英國政治家，接替小威廉·皮特，1809—

BC　上古時期

漢

—0　羅馬時代

三國
晉

南北朝　盎格魯時代
—500

隋朝
唐朝

英格蘭統一
五代十國

宋朝
—1000

諾曼王朝

金雀花王朝

元朝
百年戰爭
明朝

薔薇戰爭
都鐸王朝
—1500

斯圖亞特王朝
清朝
光榮革命
大不列顛成立

維多利亞女王

中華民國
伊莉莎白二世
—2000

BC

耶穌基督出生　0—

　—

　—

君士坦丁統一羅馬

羅馬帝國分成兩部　—

波斯帝國　500—

回教建立

　—

凡爾登條約　—

神聖羅馬帝國建立　1000—

十字軍東征

蒙古第一次西征

英法百年戰爭開始

哥倫布發現新大陸　1500—

英國大破無敵艦隊

發明蒸汽機

美國獨立

美國南北戰爭開始

第一次世界大戰
第二次世界大戰

2000—

1812年出任英國首相，是英國歷史上唯一一位被刺殺身亡的首相。

②羅伯特・班克斯・詹金遜，第二代利物浦伯爵，英國政治家，曾任首相。他以下議院議員為起點，先後擔任歷屆政府中的外交大臣、內政大臣與陸軍及殖民地大臣，在珀西瓦爾遇刺身亡後接任首相。

③喬治・坎寧，英國政治家，曾短暫出任過英國首相。1822年，受利物浦邀請，出任外務大臣和下議院領袖，這是他第二次掌外相事務。他除了退出「會議制度」（又稱歐洲協調，是出現在歐洲的1815年至1900年左右的勢力均衡政策，其創建成員為英國、奧地利、俄羅斯、普魯士等），又企圖拉攏美國總統門羅，發表重新執行「光榮孤立政策」（英國在19世紀60年代至20世紀初年執行的外交政策，目的在於維持英國自身行動的自由，努力保持歐洲大國之間的均勢，自己則扮演一個制衡者的角色）的宣言。另外，坎寧成功使南美洲獨立國家擺脫法國的影響，並積極支持廢除奴隸貿易。

④英國重量單位，1夸特相當於12.7千克。

【專題】歐文的青天白日夢

「不論表面上有些什麼樣的改進，我國實際上的貧困和墮落卻正在發展，而且將繼續迅速發展，直到我們根除了產生這兩種情況的原因，並代之以性質完全相反的因素時為止。……這些當政者沒有其他方面的幫助，對這個問題便不具有充分的權力和實際的知識來適當地運用國家豐盈有餘的條件，使人民擺脫全部愚昧和邪惡，而這兩者又是一切現存禍害的來源……」

1817年8月14日，一個中年人在倫敦一家酒館的餐桌旁發表了題為《讓更多的人獲得幸福》的即席演講。這個中年人就是被稱為「現代人事管理之父」、學前教育先驅的羅伯特・歐文。

歐文出生於英國蒙哥馬利郡的一個小鎮，父親是一個小手工業者。

他一生沒有受過系統完善的教育，卻始終保持勤奮好學的習慣。他在18歲時用100英鎊在曼徹斯特創辦了屬於自己的工廠。後來，為了更好地發展，他將工廠售出，自己則擔任工廠的經理，專心從事經理人的工作。在此期間，他提出了自己的管理學思想：基於法國唯物學者的觀點——「人是環境的動物」，廢除懲處制度，實施人性化管理。

由於出色的管理能力，歐文在業界揚名。1800年，他前往格拉斯哥，與當地一家企業主的女兒結婚。在岳父的支持下，他開始將心中一直無法實現的夢想——「建立一個沒有貧富對立的美好社會」——一步步地落到現實之中，並將取得的實驗成果整理成專著，先後發表了《關於新拉納克工廠的報告》、《新社會觀，或論人類性格的形成》等作品。歐文的著述廣受好評，他開始四處演講和進行社會實地考察。這段考察生涯令他從一個人道主義慈善企業家變為力圖扭轉社會貧富差異過大現象的社會主義者。

1820年，歐文發表了《致拉納克郡報告》。這篇文章第一次勾勒了他心中的理想社會：一個實現公有制、權利平等、人民自覺共同勞動創造價值的理想化社會。在文中，歐文甚至描繪了新的耕作方法、公共管理方式、每個村莊的人數、每個人的耕地面積等細節問題。由此可見，在歐文心中，理想社會絕非空想，而是可以實現的，能夠令國家繁榮、百姓生活幸福的計畫。他的美妙構想為他迅速聚集了一批狂熱的信徒。

1824年，歐文攜帶兒子和信徒前往美國，在那裏開始實踐他的構想，建立了一個3萬英畝左右的「新和諧村」。這是他第一次失去引以為傲的清醒的商業頭腦，陷入建立理想社會的急切狂熱之中。因為缺乏周密的設計，這項耗費鉅資的試驗最終失敗。遭受巨大挫折的歐文受到民眾的質疑和攻擊，連他自己都覺得自己的想法是「建立在迷信的基礎上」的。

5年後，歐文重拾信心，返回英國繼續從事社會主義宣傳和實驗，

BC　上古時期

漢

—　0　羅馬時代

三國
晉

南北朝　盎格魯時代
—　500

隋朝
唐朝
—

英格蘭統一
五代十國

宋朝
—　1000

諾曼王朝
—

金雀花王朝
—

元朝　百年戰爭

明朝
—

薔薇戰爭
—　1500　都鐸王朝

斯圖亞特王朝
清朝
光榮革命
大不列顛成立
—

維多利亞女王
—

中華民國
伊莉莎白二世
—　2000

BC

耶穌基督出生　0—

—

—

君士坦丁統一羅馬

羅馬帝國分成兩部　—

波斯帝國　500—

回教建立

—

凡爾登條約

—

神聖羅馬帝國建立
1000—

十字軍東征

蒙古第一次西征

英法百年戰爭開始

—

哥倫布發現新大陸
1500—

英國大破無敵艦隊

發明蒸汽機

美國獨立

美國南北戰爭開始

第一次世界大戰
第二次世界大戰

2000—

他沒有被失敗和挫折擊垮，潛心著述，終於在1836—1844年接連出版了包括8篇論文的《新道德自由書》。這本書超越了現實的束縛，超前地認識到阻礙社會發展的三大因素——所有制、宗教和婚姻形式，並且指出其中最為關鍵也危害最大的即為所有制。歐文認為，正是私有制將民眾變得利慾薰心、冷酷無情；私有制是萬惡之源，能夠將人變成魔鬼，將世界變成地獄。同時，他還第一次將教育與勞動生產結合在一起。這一點被馬克思肯定並繼承。另外，歐文對於宗教的寬容態度以及深刻認識也是前所未有，他公開承認自己是「無神論者」，這在當時簡直是不可思議的行為。

　　歐文一生都在積極宣揚社會主義思想，儘管其中許多內容都體現出資產階級特有的局限性和批判的不徹底性，但是他的高瞻遠矚幫助英國在未來的發展中避免了一些無謂的流血犧牲。這個老人在87歲高齡的時候，還站在講臺上做了最後一次演講，試圖說服人們，讓人們相信空想社會主義的可行性及美好。

|第十章| 流血的碩果

蘇格蘭

北愛爾蘭

英格蘭

威爾斯

倫敦

「自由之神」請覺醒

　　蜿蜒的泰恩河流過英國的紐卡斯爾市，在市中心的聖尼古拉斯廣場上矗立著紐卡斯爾大教堂。1836年6月27日，在這片歐洲最美的禮拜堂前，工人們手中揮舞著旗幟，湧動遊行，向政府抗議示威。旗幟上寫著這樣的詩句：「自由之神再一次召集大軍，發抖吧，你們這些暴君！難道你們還訕笑這是虛張聲勢？到頭來，你們會流血而非流淚。」這是18世紀末、19世紀初偉大的英國詩人拜倫的詩句，是為喚醒自由之神而作。

　　保守黨（托利黨）政府把持的議會為了維持政局的穩定，派出軍隊對這次遊行進行血腥鎮壓，造成大批工人受傷或死亡。然而，工人運動並沒有就此打住，反而有越演越烈之勢。

　　工人遊行示威之所以發展並壯大，當時正是工業革命的後遺症。19世紀，資產階級革命後的英國用大機器生產代替手工生產，憑藉極高的生產效率向世界各地輸出工業品，成為世界工廠。工人對國家經濟發展起著不可替代的作用，卻因無法繳納高額所得稅而被無情排斥在議會大門之外。儘管從1830年之後議會多次進行改革，實質上皆是一次次騙局，工人仍沒有得到任何權益。於是，他們只得為爭取政治權利與經濟利益而鬥爭。

　　既然是有組織的鬥爭，必定有綱領性文件。1837年5月，工人組織起草了「人民憲章」，提出包括爭取成年男子具有普選權在內的6項要求，並於次年5月以法案形式得以發表，「憲章運動」由此得名。

　　在憲章運動期間，漢諾威王朝也發生了權力層的轉變。1837年6月20日，維多利亞在威廉四世之後繼任，她是第一個以「大不列顛和愛爾

蘭聯合王國女王和印度女皇」名號稱呼的英國君主，也是英國歷史上在位時間（64年）最長的君主。維多利亞的父親肯特公爵愛德華是喬治三世的第四子、喬治四世的弟弟。

女王在18歲時登上英王之位，正是英國的多事之秋，也是英國在世界史上最輝煌的時間。她統治期間，是英國最強盛日不落帝國時期，英國在世界範圍內建立和佔領了無數殖民地，人們稱她的時代為「維多利亞時代」。維多利亞統治下的英國正值自由資本主義發展至頂峰並向壟斷資本主義過渡的時期，經濟、文化空前繁榮，君主立憲制也得到充分發展。

不過，所有的發展都必定伴隨著代價。資本主義空前絕後的發展所帶來的最直接的結果就是以工人階級為代表的無產階級壯大。而憲章運動，就在這樣的背景下如火如荼地進行。

列寧稱這次憲章運動為「世界上第一次廣泛的、真正群眾性的、政治性的無產階級革命運動」，儘管以失敗告終，但在長達22年的鬥爭中，曾掀起過3次運動高峰，每次高峰對統治者而言，無疑都是沉重的打擊。

1839年，憲章派在倫敦召開第一次國民代表大會，並通過《國民請願書》，得到上百萬人的支持與擁護。他們以集會、遊行、起義的形式，掀起第一次運動高峰。在政府極力鎮壓之下，工人組織仍成立「全國憲章派協會」，恩格斯稱之為「第一個近代工人政黨」。

第二次憲章運動高峰的到來，緣於1842年英國經濟蕭條造成的工人失業率猛增。這一次，協會向議會遞交的請願書更加激進，擁護者也更多。請願書中除卻要求原有的6項要求之外，還提出取消新濟貧法、縮短工時，以及實行政教分離等要求。這樣的要求，自然遭到議會的拒絕。因而，工人罷工由蘭開郡蔓延到了大工業城市，儼然成燎原之勢。

局勢難以控制，政府不得不逮捕憲章派領袖，拘禁罷工者，迫使憲

BC　上古時期

漢

—　0　羅馬時代

—

三國
晉

—

南北朝　盎格魯時代

—　500

隋朝
唐朝

—

英格蘭統一
五代十國

宋朝

—　1000

諾曼王朝

—

金雀花王朝

元朝

—　百年戰爭
明朝

—

薔薇戰爭
都鐸王朝

—　1500

斯圖亞特王朝
清朝

光榮革命

—　大不列顛成立

—

維多利亞女王

—　中華民國

伊莉莎白二世

—　2000

章運動漸漸轉為沉寂。

　　幾年之後，歐洲大陸革命風暴不斷，英國深受影響。1848年憲章運動再掀高潮，工人高喊「沒有給麵包，就要革命」的口號，在首都舉行大規模遊行。浩浩蕩蕩的隊伍，一路護送裝著請願書的華麗馬車前往國會。但在中途遭到軍警的鎮壓，憲章派組織也被勒令解散。自此之後，憲章運動逐步瓦解，走向消亡。1858年，憲章派召開最後一次代表大會，宣布憲章運動到此為止。

　　這場歷時彌久的憲章運動以失敗告終。它的失敗一方面在於政府的無情鎮壓，另一方面也因為內部領導層分化。由於憲章派領導層代表不同的階層，所以派別林立，利益衝突難免存在，所以他們的行動策略各有不同。不統一的行動綱領註定憲章運動是鬆散而無組織的，因此無法與政府抗爭。

　　不過，我們也不能忽略憲章運動的進步性。例如，統治者為穩定政局而頒發的政治與經濟政策，這些政策在不損害原有利益的情況下，較大程度上迎合了民眾的需求：女工與未成年者的工時不得高10小時；安全設施逐步完善，工傷事故逐步減少；放寬救濟金的發放規定等，皆保障了工人的政治權益。同時，英國這一時期經濟較為繁榮，穀物法被廢除，自由貿易政策得以實行，民眾的生活水準得以改善，工人的年平均工資高於同時期歐洲其他國家，因而他們參與政治的積極性便降低了。

　　世間所有的事情都具有兩面性，憲章運動雖然失敗，但它提醒了人們，民主化進程不是一蹴而就，它需要一個循序漸進的過程。作為世界上第一次工人階級獨立的全國性政治運動，憲章運動在一定程度上促進了《共產黨宣言》的發表，在鬥爭過程中累積下來的經驗及教訓，則可為以後的工人運動提供借鑑。除此之外，憲章運動極大鼓舞了歐洲其他國家的工人階級爭取民主權利，促使各國政府加快改革，進而敦促了資產階級民主政治的進程。

耶穌基督出生　0—

君士坦丁統一羅馬
羅馬帝國分成兩部

波斯帝國　500—

回教建立

凡爾登條約

神聖羅馬帝國建立
　　　　1000—

十字軍東征

蒙古第一次西征

英法百年戰爭開始

哥倫布發現新大陸
　　　　1500—

英國大破無敵艦隊

發明蒸汽機

美國獨立

美國南北戰爭開始

第一次世界大戰
第二次世界大戰

　　　　2000—

1839年2月，憲章派第一次向議會遞交請願書。工人們將重達5公斤的請願書用彩旗加以裝飾，並將其放在擔架上抬進議會。這份請願書並未被議會全票否決，而是以235票對46票未能得到批准。這一結果令工人大為不滿，他們認為普選權並非只與政治掛鉤，也應涉及經濟權益。工人階級之所以貧困，正是因為沒有選舉權，繼而就沒有保障工人利益的立法機構，所以不能更公平地分配創造出來的財富。

工人們所披露的不公平現狀並非空穴來風，這一點從各個階層巨大的收入差距便可看出。當時英國的本位貨幣為英鎊，輔市單位為先令和便士——1英鎊等於20先令，1先令等於12便士。維多利亞女王日均收入為164鎊17先令10便士，亞爾伯特親王收入為104鎊2先令，漢諾威國王收入為57鎊10先令，坎特伯里大主教收入為52鎊10先令，而勞工貧民的收入則不足3便士。這也難怪工人會認為「普選權的問題是飯碗的問題，是每日三餐粗茶淡飯的問題」。

穀物法的廢除

匈牙利著名詩人裴多菲在《自由與愛情》中寫道：「生命誠可貴，愛情價更高。若為自由故，兩者皆可拋。」為自由而戰，誠然比為愛情和生命而戰更加可貴。英國完成工業革命之後，為了實現經濟自由主義，以曼徹斯特為基地形成「曼徹斯特學派」，舉起了「自由貿易」的旗幟。

權威的《帕爾格雷夫經濟學大辭典》曾對「曼徹斯特學派」做出過簡單而肯定的描述：「它是消除通向市場道路上主要障礙的一次卓越而成功的努力。」實際上，該學派並沒有相對完整的學說，也不具備其詳

BC　上古時期

漢

— 0

三國
晉

南北朝　盎格魯時代

— 500

隋朝
唐朝

英格蘭統一
五代十國

宋朝
— 1000

諾曼王朝

金雀花王朝

元朝
百年戰爭

明朝

薔薇戰爭
都鐸王朝
— 1500

斯圖亞特王朝
清朝
光榮革命
大不列顛成立

維多利亞女王

中華民國
伊莉莎白二世
— 2000

BC

耶穌基督出生　0—

君士坦丁統一羅馬

羅馬帝國分成兩部

波斯帝國　500—

回教建立

凡爾登條約

神聖羅馬帝國建立
　　1000—

十字軍東征

蒙古第一次西征

英法百年戰爭開始

哥倫布發現新大陸
　　1500—

英國大破無敵艦隊

發明蒸汽機

美國獨立

美國南北戰爭開始

第一次世界大戰
第二次世界大戰

　　2000—

細思想的權威表達，但它將焦點集中在具體問題上，以行動代替學說，以實踐促進經濟改革，因而推動了維多利亞時代英國經濟優勢地位的確立。

所有學派的出現都是有原因的，曼徹斯特學派產生原因在於1836年席捲全英國的漲價浪潮。這次漲價浪潮來勢凶猛，尤以穀物價格飆升為最，失業工人迅猛增加，饑荒驟然產生，社會陷入無法整治的混亂。造成該結果的根源正是此前提到的1815年穀物法公布。

由於穀物法主要是維護土地貴族的利益，罔顧工人微薄收入和佃農的高額賦稅。國內糧食明明處於歉收狀態，土地貴族卻控制糧食價格——既不達到可進口的臨界點，也不降價，所以本國內無法透過進口糧食來緩解局面，而掌握著大量穀物的貴族們則將糧食出口到國外藉以斂財。

面對如此情況，曼徹斯特學派將矛頭指向了臭名昭著的穀物法。1838年10月，曼徹斯特的工業家、商人在理查・科布登[①]和約翰・布賴特[②]的領導下創建「反穀物法同盟」。次年3月，來自36個地區的反穀物法代表在倫敦集會，由此將「反穀物法同盟」發展為全國性的組織。

這一同盟的成員成分複雜，支持廢除穀物法、進行自由貿易的理由各有差異。商人、工廠主認為，自由貿易實現可增加出口，降低工人工資，並在一定程度上阻止進口的過快增長；具有人文主義情懷的商人則認為，廢除穀物法可減免下層人民的賦稅，減輕他們的生活負擔；和平主義者認為，取締穀物法世界各國便可實現自由貿易，有利於在多贏的情況下，維護世界和平；哲學激進分子以及中產階級激進分子多半是議會改革家，他們無理由地主張自由貿易。還有一些政界人物、報人、教士等，也因極力支持自由貿易政策被認為是反穀物法同盟不可或缺的成員。

不可否認的是，這個囊括了形形色色人物與組織的同盟，是一個傳

播自由貿易思想的龐大機器，以蓬勃的熱情摧殘著重商主義的堡壘。

在廢除穀物法的活動中，同盟雙管齊下，經濟、政治兩不誤，為最終的勝利做足了準備。

經濟方面，宣傳自由貿易理論，形成輿論效應，以使廢除穀物法更順利地進入議會決策程序。報紙、小冊子、傳單，以及遍布各地的演講，成為宣傳的主要手段與工具。1844年，刊登同盟的新聞、各地消息動態、其他報紙刊物文摘的機關刊物《同盟》出版；650場演講會在各地巡迴演講；900萬份小冊子被發放。強勢的宣傳活動逐漸獲得政府中輝格黨和下議院的支持。

政治方面，同盟爭取選民，參與政治選舉，推選代表進入議會，推動立法程序廢除穀物法。理查·科布登認為：「應該告訴人民，拯救國家必須在競選議員過程中和投票處。」既然最後的決鬥場在議會中，就不能忽視自由貿易者在議會中所占的比例。

因而，同盟一方面參加市鎮的補缺選舉，一方面準備下一次議會大選。雖然這兩項政策並未獲得直接成功，但它在加速議員分化的同時，也促進了托利黨和輝格黨立場的轉變，從而給貿易保護者以沉重打擊和巨大壓力。

在此期間，英國的內閣重組，保守黨[3]領導人羅伯特·皮爾強勢回歸，於1841年出任首相。此前羅伯特·皮爾於1834—1835年曾擔任過威廉四世的首相，因政見不合而被輝格黨政府取代。這次他被重新起用，頂著來自同盟的政治、經濟雙重壓力，順應歷史潮流，在一定程度上支持廢除穀物法。1846年5月，廢除穀物法的議案終在兩院通過，經由維多利亞女王簽署生效。

穀物法的廢除，意味著英國重商主義時代的結束，經濟自由主義時代的來臨。恩格斯認為：「穀物法的廢除是自由貿易在19世紀取得的最偉大的勝利。」這一結果直接推動了英國經濟政策的轉變，使英國成為

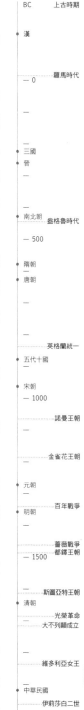

BC　　上古時期

漢

—0　　　羅馬時代

三國
晉

南北朝　　盎格魯時代

—500

隋朝
唐朝

英格蘭統一
五代十國

宋朝
—1000

諾曼王朝

金雀花王朝

元朝

百年戰爭
明朝

薔薇戰爭
都鐸王朝
—1500

斯圖亞特王朝
清朝

光榮革命
大不列顛成立

維多利亞女王

中華民國
伊莉莎白二世

—2000

第一個開創自由市場的國家,確立並鞏固了英國在全世界範圍的經濟優勢地位。

【相關連結】

穀物法的廢除,除卻曼徹斯特派的直接努力,與首相羅伯特·皮爾不無關係。出身工廠主家庭的他,是一位愛國者和務實政治家,即便是他的對手,也不得不承認他強有力的說服能力和與生俱來的正直感。

1841年,他在內閣重組中出任首相。他發表穀物法是造成社會動盪的重要原因的演講,並取消或降低多種商品的進口稅,廢除出口稅,使得自由貿易的呼聲佔據上風。

翌年,他又引入7%的所得稅,降低進口關稅。1846年,他向議會提交3年後完全廢除糧食進口稅、降低所有關稅、保護愛爾蘭人的財產和生命的強制性措施這3個法案。前兩個得以通過,第三個被否決。同年,他正式提出廢除穀物法的議案,經議會激烈討論後,最終得到應允。

【注釋】

①理查·科布登,英國激進派政治家,自由貿易宣導者,被稱為「自由貿易之使徒」。

②約翰·布賴特,英國著名政治演說家,崇尚宗教寬容和政治自由,曾領導過反對聖公會強迫徵稅的運動。

③保守黨的前身是1679年成立的托利黨,1833年改稱保守黨,其最高領導人稱領袖、副領袖,黨主席是第三號人物。在保守黨執政時,其領袖出任首相。羅伯特·皮爾被看作是英國保守黨的創建人。

BC

耶穌基督出生　0—

君士坦丁統一羅馬

羅馬帝國分成兩部

波斯帝國　500—

回教建立

凡爾登條約

神聖羅馬帝國建立
1000—

十字軍東征

蒙古第一次西征

英法百年戰爭開始

哥倫布發現新大陸
1500—

英國大破無敵艦隊

發明蒸汽機

美國獨立

美國南北戰爭開始

第一次世界大戰
第二次世界大戰

2000—

政治變革的制動閥

中世紀的英國給後代留下了爭取「自由」的寶貴意志，「光榮革命」又宣告制度變遷完全可用非革命、不流血手段得以完成。因而，英國的政治改革手段之穩健相當值得他國借鑑和學習。

著名學者余秋雨曾評價英國政治改革，「較少的腥風血雨，較少的聲色俱厲，較少的深思高論，只有一路隨和，一路感覺，順著經驗走，繞著障礙走，怎麼消耗少，怎麼發展快就怎麼走……溫和中包含著剛健，漸進中累積著大步」。因此，當歐洲大陸上充斥著暴風驟雨式的革命浪潮時，英國仍以和風細雨的方式穩步推進政治方面的改革，並主要集中在議會改革上。

隨著工業革命的迅速發展，工業資產階級的經濟實力明顯加強，卻沒有與之相配的政治權力。他們急需進入議會佔有一席之地，以便充分反映工業資產階級的訴求。於是，1832年，格雷政府進行了第一次議會改革，重新分配政治統治權，並擴大了選舉權。但是，這次改革的議席分配仍明顯帶有舊傳統，貴族掌握政權的局面沒有被打破。

19世紀70年代，英國資本主義發展更為迅速，以工業資產階級為核心的階級力量日漸壯大。為保障自身經濟利益，他們急切要求掌握議會的發言權，從而制定符合自身利益的政策與法律。與此同時，逐步壯大的工人階級也在爭取自己的權益。

在這兩者的壓力下，取得政治統治地位的土地貴族階級只得採用自由主義政策，藉以緩和階級矛盾，鞏固統治。他們雖然承認有必要改革選舉制度，卻始終未能拿出有效的改革措施。對立階級之間的較量，使得內閣不斷更迭，政局動盪不安，政黨之間鬥爭激烈，政黨內部亦嚴重

BC　上古時期
漢
—0　羅馬時代

三國
晉

南北朝　盎格魯時代
—500
隋朝
唐朝

英格蘭統一
五代十國
宋朝
—1000
諾曼王朝

金雀花王朝
元朝
百年戰爭
明朝
薔薇戰爭
都鐸王朝
—1500
斯圖亞特王朝
清朝　光榮革命
大不列顛成立

維多利亞女王

中華民國
伊莉莎白二世
—2000

BC

耶穌基督出生　0—

君士坦丁統一羅馬

羅馬帝國分成兩部

波斯帝國　500—

回教建立

凡爾登條約

神聖羅馬帝國建立
　　　1000—

十字軍東征

蒙古第一次西征

英法百年戰爭開始

哥倫布發現新大陸
　　　1500—

英國大破無敵艦隊

發明蒸汽機

美國獨立

美國南北戰爭開始
第一次世界大戰
第二次世界大戰
　　　2000—

分化。

　　在這樣的情況下，1867年，自由黨（前身為輝格黨）①發動第二次議會改革，保守黨為了保全自己岌岌可危的地位，只得同意進行議會改革。這次改革重新調整了選區，取消了「腐敗選區」的議會席位，分配給新興城市；降低了選舉資格限制，明顯擴大了選民範圍。自此之後，工業資產階級在議會中開始扮演主角，佔據主宰地位，基本上實現了資產階級民主，在英國近代政治制度發展史上具有里程碑的意義。

　　然而，這次議會改革依然存在弊端，全國成年男子半數以上以及廣大的婦女仍被剝奪了選舉權，更遑論普選權的實現。而且，兩次議會改革雖然使工業資產階級以及上層工人在一定程度上獲得了選舉權，但農業工人仍被排除在選舉之外。

　　兩次議會改革期間，英國的政黨發生了一定程度的改變：資產階級兩黨制逐漸發展成熟，自由黨與保守黨都主張在不損害自己利益的前提下，對內實行微小的改良，對外加強侵略擴張的政策。雖然兩黨差異日益縮小，但為了維護自身統治地位，他們必須拉攏選民，正視勞動群眾的合理要求。

　　因而，1872年，自由黨人威廉・尤爾特・格萊斯頓②向議會提出《秘密投票法案》。這項法案的通過，使選舉過程中的腐敗行為得以收斂。1883年，格萊斯頓政府又敦促議會頒布《取締選舉舞弊和非法行為令》，雖未能根除選舉中的腐敗現象，但明顯抑制了舞弊行賄行為。這兩項法令，為1884年的第三次議會改革做足了準備。格萊斯頓向議會提交並通過《人民代表法》，進一步擴大公民權，重新規定選民的財產資格，賦予勞動群眾一定的選舉權。第二年，議會又通過《重新分配席位法案》，使得英國的選舉進一步接近平等代表制原則。

　　這次議會改革，因財產資格的限制，仍有40%的男子以及所有婦女沒有選舉權。儘管如此，它仍為資產階級鞏固資本主義議會民主制度做

出了不可磨滅的貢獻。

可以說，19世紀是英國社會各階層圍繞議會選舉改革而進行鬥爭的世紀。這種鬥爭自始至終以和平、漸進、妥協的方式發展，博弈的雙方如探戈的舞步——你退我進，我退你進，找到各自的利益平衡點，避免了激烈革命造成的損害，最終達成共識。

3次議會改革猶如政治變革的制動閥，一經拉開，便使得接下來的文官制度改革、司法制改革以及軍隊改革皆進入前所未有的鼎盛時期，英國由此迎來了真正的「改革時代」。

【相關連結】

1865年年初，在馬克思的建議下，英國工人和激進派組成了「全國改革同盟」。該同盟以倫敦為中心，在各地設立分支機構，積極宣傳爭取普選權的思想，並號召民眾加入到隊伍中來。第二年，經濟危機爆發，改革同盟抓住時機加強宣傳活動。鑑於改革同盟的隊伍不斷壯大，參與其中的民眾日益增多，英國政府的格萊斯頓首相唯有順應時代潮流，提出將選民增加至40萬的改革議案，但這一決議遭到保守黨的堅決反對。

儘管如此，改革同盟並未放鬆政治攻勢。1867年，政府提出新的選舉方案，在自由黨和保守黨激烈辯論其不可行之處時，改革同盟成立代表團，要求就普選問題與政府面談。不久，50萬民眾聚集在倫敦海德公園示威，迫使政府宣布議會改革方案。最終，在改革同盟的推動下，議會改革方案得以通過，並由維多利亞女王簽署生效。

【注釋】

①英國自由黨，英國資產階級左翼政黨。前身是1679年成立的輝格黨，1832年議會改革後，輝格黨逐漸轉向自由主義，要求自由貿易和自

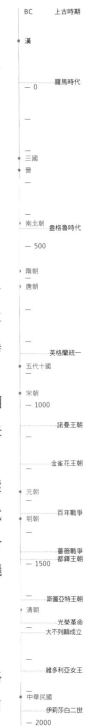

BC　　上古時期

漢

—　0　羅馬時代

—

三國

晉

—　南北朝

—　500　盎格魯時代

隋朝

唐朝

—

—　英格蘭統一

五代十國

宋朝

—　1000

諾曼王朝

—

金雀花王朝

元朝

百年戰爭

明朝

—

薔薇戰爭

都鐸王朝

—　1500

斯圖亞特王朝

清朝

光榮革命

大不列顛成立

—

維多利亞女王

中華民國

伊莉莎白二世

—　2000

由政治。1839年，約翰·羅素開始使用自由黨名稱。1867年第2次議會改革後，自由黨領袖威廉·尤爾特·格萊斯頓4次出任首相。此時，自由黨已成為英國資產階級的政黨。

②威廉·尤爾特·格萊斯頓，英國政治家，曾作為自由黨人4次出任英國首相（1868—1874，1880—1885，1886以及1892—1894）。

國家發展的發動機

政治變革的制動閥拉開後，其他方面的變革接踵而來，首當其衝的便是對所謂的「恩賜官職」體系進行改革，建立一個結構合理、處事公平、高效廉潔的文官制度，維持社會政局穩定。可是，整頓一個龐大的文官機構，並不比一場荷槍實彈的戰爭輕鬆。它表面上雖沒有你死我活，卻需要在漫長的時間裏付出更多的精力去整改。

正如英國政治家格雷厄姆·沃拉斯所說的那樣：「在英國，真正的『第二院』，真正的『憲法制約』不是上議院也不是君主，而是一個永久存在的文官行政機構，文官的任用不受任何政治家的影響，如無過失可終生任職。」因為「無過失可終生任職」這一慣例的存在，文官可在無作為的情況下耗在政府部門任職，這種由有權勢之家族舉薦和任命的文官恩賜制度，得以安然存在。

然而，隨著議會改革的進展和社會權力階層的多層化，政府的這種行政機關冗員和行事效率低下的弊端被暴露出來，文官制度改革已成為不可逆的趨勢。

格萊斯頓內閣可謂順應歷史潮流，在其要求與支持下，1853年，財政部要員在充分調查政府經費使用情況後，擬就了《關於建立常任英國文官制度的報告》。這一報告是英國文官制度改革發展的分水嶺，針

耶穌基督出生　0—

君士坦丁統一羅馬

羅馬帝國分成兩部

波斯帝國　500—

回教建立

凡爾登條約

神聖羅馬帝國建立
　　　1000—

十字軍東征

蒙古第一次西征

英法百年戰爭開始

哥倫布發現新大陸
　　　1500—

英國大破無敵艦隊

發明蒸汽機

美國獨立

美國南北戰爭開始

第一次世界大戰
第二次世界大戰

　　　2000—

對現存文官制度的弊病，提出相應的策略。其大致內容為：文官之遴選採用公開考試錄用制度，廢除恩賜制度；文官之晉升依據政績，獎優懲劣；文官之職責，標準統一，薪酬固定；文官之類別具有高級和低級之分，高級與智力有關，低級與體力有關，量才使用。

第二年，該報告被提交到議會，因保守黨的激烈反對而被內閣撤回。正如牙買加前總統邁克爾・曼利所說的那樣：「可能沒有任何組織，比文官更難於同變革政治和共用民主的政治勢力相妥協了。」文官改革勢必會觸動大部分官員的切身利益，這是改革舉步維艱的內在原因。然則歷史潮流不可違，這份報告猶如星火燎原，已經觸動了民眾的心聲。

1853年，英國對俄國發動克里米亞戰爭[1]，使得文官恩賜制的種種弊端暴露無遺，這為民間團體「行政改革協會」的成立提供了良好的契機。同時，剛剛上臺的帕麥斯頓[2]內閣，為了兼顧自由黨與貴族議員雙方意願，於1855年5月頒布《關於錄用王國政府文官的樞密院命令》。這是文官制度改革的第一個正式法令，規定成立文官制度委員會，招募文官考試，對文官候選人的年齡、身體、品格等條件進行審查，通過後方有資格參加考試；對成績合格者頒發證書，分配到用人機構，並經過6個月的試用期後才可決定是否正式錄用。

該法令的頒布讓有才能卻無雄厚背景的人看到了曙光，雖然它並未明確規定考試的統一標準，為徇私舞弊之人留下可乘之機，但仍不失為一次成功的改革，所以它被人們看作不列顛現代文官制度建立的起點。

凡事最難的是開始之前的準備，一旦起帆便會乘風而行。第一個樞密院命令為文官制度改革鋪平了道路，格萊斯頓再次上臺後頒布了第二個樞密院命令，又向平坦的道路邁了一大步。第二個樞密院命令彌補了前一道命令的漏洞，規定所有文官的錄用須經公開考試，文官的晉升須得根據其才幹與業績。可以說，它是英國文官制度形成的標誌，基本上

BC　　上古時期

漢

—　0　羅馬時代

—

三國
晉
—

—
南北朝　盎格魯時代

—　500

隋朝
唐朝

—
英格蘭統一
五代十國

宋朝
—　1000

諾曼王朝
—

金雀花王朝

元朝
百年戰爭
明朝
—

薔薇戰爭
都鐸王朝
—　1500

斯圖亞特王朝
清朝
光榮革命
大不列顛成立

—

維多利亞女王

中華民國
伊莉莎白二世
—　2000

實現了文官恩賜到文官考試制的歷史性轉變。

羅馬並非一日建成，英國文官制度改革也是一個漸進的過程。在提到改革的漸進性時，英國學者符禮門認為：「大凡每一步進展，這一步只是前一步的推升；大凡每有一次改革，這一次改革並不要完全施行新法，卻不斷推陳出新。」經由自由主義者的初步探索，再經帕麥斯頓的第一道樞密院命令，最終迎來格萊斯頓政府大刀闊斧的整頓，文官制度基本形成。

雖然這一時期的改革並不徹底，恩賜制仍具有一定的效力，但它給貴族階級以及金融資產階級以沉重打擊，為培養德才兼備的人事官員，建立廉潔、穩定、高效的政府工作系統奠定了基礎。同時，它更不容忽視的進步性與歷史意義，便是在鞏固議會改革成果的同時，促進了資本主義的發展。

自此之後，歷屆政府以樞密令為核心，對新型文官制度不斷補充和完善，使其日益成熟，不再是政治恩寵下的副產品，而是為國家發展提供能量的發動機。

【相關連結】

維多利亞時期可以說是英國自由主義的鼎盛時期，曾4次擔任英國首相的自由黨領袖格萊斯頓，在這一時期被普遍視為「自由主義原則的生動體現」。他登上首相之位後，除卻在文官改革中傾注大量精力之外，也致力於教育、軍事、司法的改革。

在教育方面，為改變一切學校皆控制在教會手中，以及多半兒童享受不到受教育權的情況，格萊斯頓在1870年舉辦非宗教形式的初等學校，發展初等教育，提高教育經費資助。在軍事方面，他頒布《軍事改革條例》，取消捐官，削減兵役期限，加強對軍事官僚機器的監督管理。在司法方面，頒布《1873年最高法院令》，使司法體系得以統一、

耶穌基督出生　0—

君士坦丁統一羅馬

羅馬帝國分成兩部

波斯帝國　500—

回教建立

凡爾登條約

神聖羅馬帝國建立　1000—

十字軍東征

蒙古第一次西征

英法百年戰爭開始

哥倫布發現新大陸　1500—

英國大破無敵艦隊

發明蒸汽機

美國獨立

美國南北戰爭開始

第一次世界大戰
第二次世界大戰

2000—

簡化。這些政策使他迎來了政治生涯的「黃金時代」，英國政府的施政方針也被歐洲各國爭相效仿。

【注釋】

①克里米亞戰爭，始於1853年10月20日，英、法、鄂圖曼帝國以及撒丁王國為爭奪巴爾幹半島而向沙皇俄國進行的戰爭，直至1856年以沙皇俄國的失敗而告終。

②亨利・約翰・坦普爾・帕麥斯頓子爵第三代，英國首相（1855—1858，1859—1865）。英格蘭第二帝國時期最著名的帝國主義者。原為托利黨人，後成為輝格黨人。三度擔任外交大臣（1830—1834，1835—1841，1846—1851）。奉行內部保守、對外擴張政策。兩次發動侵略中國的鴉片戰爭並鎮壓太平天國革命；挑起克里米亞戰爭，與俄國爭奪地盤；鎮壓印度民族起義；美國南北戰爭時，支持南方奴隸主集團。

「鴉片戰爭」之軍事擴張

19世紀初期的中國仍沉醉在「天朝上國」的觀念中不可一世，但在工業革命之後的英國看來，中國已是將沉的巨輪，在高壓統治及封閉政策中搖搖將傾。正如英國特使馬戛爾尼所言：「即使不會馬上沉沒，也是像殘骸一樣隨流東西，最終在海岸上撞得粉碎，而且永遠不可能在舊船體上修復。」這一預言，在英國對中國的「鴉片戰爭」中得到應驗。

英國之所以會發動這場戰爭，主要是工業革命後急需一個廣大的市場作為貨品出口地，中國則恰好符合條件。相對於歐洲市場而言，中國的人口數量和地域廣大成為英國將此處列為商品傾銷地的原因。由於中國出產的茶葉、絲綢、瓷器等奢侈品在歐洲市場廣受青睞，英國也希望

BC　上古時期

漢

羅馬時代
— 0

三國
晉

南北朝　盎格魯時代
— 500

隋朝
唐朝

英格蘭統一
五代十國
宋朝
— 1000

諾曼王朝

金雀花王朝
元朝
百年戰爭
明朝

薔薇戰爭
都鐸王朝
— 1500

斯圖亞特王朝
清朝
光榮革命
大不列顛成立

維多利亞女王

中華民國
伊莉莎白二世
— 2000

BC

耶穌基督出生　0—

君士坦丁統一羅馬

羅馬帝國分成兩部

波斯帝國　500—

回教建立

凡爾登條約

神聖羅馬帝國建立
　　　　1000—

十字軍東征

蒙古第一次西征

英法百年戰爭開始

哥倫布發現新大陸
　　　　1500—

英國大破無敵艦隊

發明蒸汽機

美國獨立

美國南北戰爭開始

第一次世界大戰
第二次世界大戰

　　　　2000—

中國可以開放貿易，進口英國的商品。但是，英國的羊毛、尼龍等工業製品在中國並不受歡迎。

18世紀末，英國多次派出代表團訪華，希望扭轉這種貿易逆差，無奈中國政府趾高氣昂，始終不予以理睬。面對眼高於頂的中國統治者，英國選擇了迴避，採取迂迴方式「進攻」中國，以輸出鴉片從中國賺取大量白銀。當紫禁城中的道光帝意識到鴉片對中國的危害時，令林則徐到廣州實行硝煙。兩萬多箱鴉片在虎門被當眾銷毀，廣東又再實行禁煙，以致英方損失慘重。

利益的中斷導致了戰事。英國以「虎門銷煙」為藉口，於1840年6月對清政府宣戰。英國海軍少將懿律、駐華商務監督義律攜47艘艦船，4,000水兵陸續抵達廣東珠江口，封鎖出海口，「鴉片戰爭」由此爆發。

慣於在「天朝上國」溫室中尋歡作樂的清政府官員聞風喪膽，唯有在廣東的林則徐主張堅決抵抗。但因清軍的船隻及武器落後，沒能抵擋英國的軍艦和大炮。未過一旬，英國便攻城掠地，自廣州迅速北上，將福建、浙江等地盡數攻佔，最終抵達天津白河口。

一向主張反擊的道光帝深感無力應戰新時代霸主，打起了退堂鼓。1840年8月20日，道光帝以與英國通商並對林則徐加以懲治為條件，請求英國退兵至廣州，同時派大臣琦善南下廣州，與英軍談判。

英國以疾疫流行，秋冬將臨為由，接受中方的要求。不過，這次談判未能達成共識，英國再以武力威脅，攻佔了虎門的大角與沙角炮臺。清政府被逼再次與英國談判。這一次，英國得寸進尺，於1841年1月提出《川鼻草約》，要求中國割讓香港島，並賠款600萬銀元。由於該條約嚴重損害中國利益，道光帝拒絕簽訂。英國則再次用堅船利炮向中國下了挑戰書。

在以後的一年多時間裏，英國憑藉軍事與經濟優勢，陸續佔領廈門、定海、上海、鎮江等地，控制了掌控著清朝經濟與政治命脈的南北

漕運。清政府被逼無奈，於1842年8月與英國簽訂《南京條約》。條約規定：割香港島給英國；開放五大通商口岸，即廣州、廈門、福州、寧波、上海，同時允許英國在這五大通商口岸設駐領事館；向英國賠款2,100萬兩白銀；英國享有領事裁判權；英國進出口貨物繳納的稅款，中國需與英國商定。

《南京條約》是中國近代史上與外國簽訂的第一個不平等條約，中國自此淪為半殖民半封建社會，進入舊民主主義革命時期。

接下來的十幾年裏，英國集中精力攻打緬甸與阿富汗，參加「克里米亞戰爭」，因而對中國的進犯暫緩。克里米亞戰爭一經結束，英國便繼續加強對中國的掠奪與統治。正當英國為向中國提出擴充特權卻被拒絕而找不到宣戰理由時，中國恰好發生了「亞羅號事件」[1]與「西林教案」[2]。於是，1856年10月，英國艦隊進犯廣州，第二次鴉片戰爭拉開序幕。

1857年12月，英法聯軍5,000餘人集結珠江口。此時清政府正全力鎮壓太平天國運動，對外採取「息兵為要」的方針，實行不戰只守的政策，廣州城淪陷。1858年，英法聯軍炮轟大沽臺。駐守的將領棄守而逃，大沽臺終因孤立無援而失守。英法聯軍藉此溯河而上，進犯天津，並揚言要進攻北京。

清政府惶惶不可終日，在侵略者威逼恫嚇之下，被迫與俄、英、法、美四國簽訂《天津條約》。該條約規定：公使常駐北京；增開漢口、九江、南京、鎮江等10處通商口岸；外籍傳教士可以進入內地傳教；外人可以進入內地遊歷、通商；外國商船可在長江各口岸來往；賠償英國白銀400萬兩、賠償法國200萬兩。中國主權再一次遭到踐踏。

英法慾壑難填，蓄意借換約之機再次挑起戰爭。英國公使普魯斯、法國公使布林布隆和美國公使華若翰各率領一支艦隊襲擊大沽炮臺。清軍以僧格林沁為首，運用得當的戰術，進行英勇抵抗，英法聯軍慘敗。

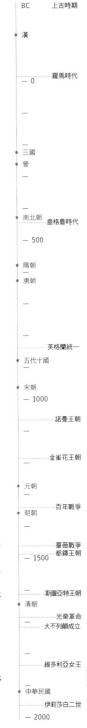

BC　上古時期

漢

　　　羅馬時代
— 0

三國
晉

南北朝　盎格魯時代
— 500

隋朝
唐朝

　　　英格蘭統一
五代十國

宋朝
— 1000

　　　諾曼王朝

　　　金雀花王朝

元朝
　　　百年戰爭
明朝

　　　薔薇戰爭
　　　都鐸王朝
— 1500

　　　斯圖亞特王朝
清朝
　　　光榮革命
　　　大不列顛成立

　　　維多利亞女王

中華民國
　伊莉莎白二世
— 2000

消息傳到英國，引起一片騷動，首相帕麥斯頓決意擴大戰事。1860年，英國以額爾金為代表，率領軍隊15,000餘人，先後佔領舟山、煙臺，進而攻佔塘沽、天津。此後，清政府咸豐帝攜皇后等人離京逃亡熱河避暑山莊，英國遂大舉進攻北京，並在10月協同法國火燒圓明園。

不久之後，清政府被迫簽訂《北京條約》，英國索取的賠款增加至800萬兩白銀，其他權利也得到相應的增補。

鴉片戰爭之於英國，僅僅是對外殖民擴張戰爭的組成部分。中國雖自詡「天朝上國」，面對英軍較少的兵力卻毫無抵抗之力，究其原因，除了客觀上英國的兵器佔有優勢，戰略戰術運用得當，很大一部分原因在於清政府的腐敗問題。腐敗腐朽的封建制度已嚴重阻止經濟的進步與發展，經濟基礎決定上層建築，沒有有力的經濟基礎，亦無相應先進的政治制度，在軍事方面，中國自然輸了不只一籌。

【相關連結】

歷史上圓明園曾兩次被燒，第一次是1860年英法聯軍所為，第二次是1900年八國聯軍所為。圓明園作為世界獨一無二的皇家御苑，從1709年開始營建，百年之後方才基本完成。建成之後，嘉慶帝、道光帝、咸豐帝在位期間皆有不同程度的修繕與擴建。人們習慣上稱謂的圓明園，實際由圓明園、長春園與綺春園組成。其內不僅陳設精美，且收藏著不計勝數的名人字畫、鐘鼎寶器、金銀珠寶等。

1860年10月6日，英法聯軍在入侵北京後攻佔圓明園，圓明園總管文豐因此投福海自盡。聯軍在園內洗劫兩天，見物即搶，空手而入，滿載而歸。法國軍營中，滿是珍貴的藝術品，珍奇的鐘錶以及綾羅綢緞。英軍也搶奪大量金銀財寶，對於那些搬不走的瓷器與琺瑯瓶則瘋狂地打碎。最終，他們為了銷贓滅跡，一把大火燒毀了圓明園。

BC　上古時期

漢

—0　羅馬時代

—

二　三國
晉

南北朝　盎格魯時代

—500

隋朝
唐朝

—

—　英格蘭統一
五代十國

宋朝
—1000

—　諾曼王朝

—

—　金雀花王朝
元朝
—　百年戰爭
明朝

—

—　薔薇戰爭
都鐸王朝
—1500

—　斯圖亞特王朝
清朝
—　光榮革命
—　大不列顛成立

—

—　維多利亞女王

—

中華民國
—　伊莉莎白二世

—2000

【注釋】

①「亞羅號事件」，亞羅號是一艘中國船，曾為了走私方便在香港英國當局註冊，但已過期。1856年10月8日，廣東水師在此船上逮捕2名海盜和10名有嫌疑的中國水手。而英方則稱亞羅號是英國船，捏造中國兵曾侮辱懸掛在船上的英國國旗，要求送還被捕者，賠禮道歉。中方態度強硬，不賠償、不道歉，只答應放人。英國藉此挑起侵華戰爭。

②「西林教案」，又稱「馬神父事件」。法國天主教神父馬賴非法潛入廣西西林縣，披著宗教外衣，進行侵略活動。1856年，西林知縣張鳴鳳將馬賴及不法教徒逮捕歸案，依法判處馬賴及不法教徒2人死刑，其餘分別論罪處罰。法國藉口挑起侵華戰爭。

【專題】站在巨人的肩膀上，便會看得更遠

18世紀英國的科學研究始終沒有取得突破，直到工業革命完成之後，科學研究才重新活躍起來。約翰‧道爾頓、邁克爾‧法拉第以及詹姆斯‧麥克斯韋等科學巨星紛紛登上科學聖壇，為英國科技的發展貢獻了力量。

約翰‧道爾頓在古希臘樸素原子論和牛頓微粒說的基礎上，創立了原子論，並以此提出用相對比較的方法求取各元素的原子量，編制出第一張原子量表，為以後測定原子量工作開闢了道路。

邁克爾‧法拉第曾經只是一名印刷廠童工，憑藉自學成才。在物理領域中，他於1821年發現「電磁轉動」現象，即在簡易裝置內，只要有電流通過線路，線路就會繞著磁鐵不停轉動；10年之後，他成功證實磁場強度的變化可產生電流，並由此製造出世界上第一臺發動機，揭開了電力時代的序幕。在化學領域，他發明使氣體液化的方法，發現了包括苯在內的諸多化學物質。雖然他的成就如此之多，卻因欠缺精密的數學

BC

耶穌基督出生　0—

君士坦丁統一羅馬

羅馬帝國分成兩部

波斯帝國　500—

回教建立

凡爾登條約

神聖羅馬帝國建立
　　　1000—

十字軍東征

蒙古第一次西征

英法百年戰爭開始

哥倫布發現新大陸
　　　1500—

英國大破無敵艦隊

發明蒸汽機

美國獨立

美國南北戰爭開始

第一次世界大戰
第二次世界大戰

　　　2000—

知識而不能清楚明確地使自己的成就形成嚴密的理論，電磁學也未能成為一門系統的學科。

詹姆斯‧麥克斯韋的出現彌補了法拉第的不足。站在巨人的肩膀上，便會看得更遠。他深入研究法拉第的電學現象，憑藉高深的數學造詣和嚴謹的思維，在10年之中接連發表《論法拉第的力線》《論物理學的力線》《電磁場的動力學理論》這3篇驚動世界的論文，用簡潔且對稱的數學形式，將電磁場理論完美地詮釋出來。這一理論經過後人的整理與補充，成為「麥克斯韋方程組」，為經典電動力學奠定了基礎。

在威廉四世和維多利亞時期，能夠與物理學成就相媲美的領域，當屬達爾文所研究的生物學。作為博物學家的達爾文在1831年登上小獵犬號，進行了為期5年的環球旅行。他對南美洲的物種分布、古生物的化石進行了深入的觀察，並採集大量生物標本。歸來之後，他發表《小獵犬號航行之旅》，並潛心研究生物學。

經過擷取大量資料，以及受馬爾薩斯《人口論》的啟發，他得出所有生物皆是自然選擇的結論。時機已經成熟，1959年，達爾文出版理論著作《物種起源》。這一著作，提出生物進化論學說，即生物是由簡單到複雜，由低等到高等不斷發展變化而來的。達爾文第一次對生物界的發生及發展做出了唯物與規律性的解釋，從而摧毀了唯心的「神造論」與「物種不變論」，使生物學發生了革命性的變革。恩格斯將達爾文提出的進化論，與細胞學說、能量守恆轉化定律列為自然科學的三大發現。

工業革命刺激了經濟發展，營造了良好寬鬆的政治氛圍，科學正是在這樣的環境中扶搖而上九萬里。反過來，科學的發展也推動了經濟的進一步繁榮。唯有兩者唇齒相依，科學的探險之旅才不會畫上句點。

| 第十一章 | 日不落帝國

蘇格蘭

北愛爾蘭

英格蘭

威爾斯

倫敦

BC

耶穌基督出生　0—

君士坦丁統一羅馬

羅馬帝國分成兩部

波斯帝國　500—

回教建立

凡爾登條約

神聖羅馬帝國建立
　　　　1000—

十字軍東征

蒙古第一次西征

英法百年戰爭開始

哥倫布發現新大陸
　　　　1500—

英國大破無敵艦隊

發明蒸汽機

美國獨立

美國南北戰爭開始
第一次世界大戰
第二次世界大戰
　　　　2000—

只能是小自由黨人或是「小托利」

1882年，英國著名劇作家吉伯特[①]的歌劇《勞蘭斯》在劇院上演，其中一段關於英國兩黨制的唱詞傳遍大街小巷：「我時常感到可笑滑稽，人間萬事是這樣離奇，降臨到人世間的每個活生生的男孩和女孩，要麼是個小自由黨人，要麼是一名『小托利』！」

再也沒有哪個國家像英國這樣，依靠兩個政黨交替執政來維持社會穩定，促進社會進步。反對黨越是強大，執政黨便會更強大，他們爭相做出政績，國家政局也就越穩定。這種局面的形成，始於第一次議會改革。第一次議會改革期間，托利黨演變為保守黨，而輝格黨演變為自由黨。其中一黨執政時，另一黨為找出其執政的漏洞以便將其拉下臺，千方百計地批評、監督、檢查以及監督執政黨。長此以往，一黨專政不復存在，兩黨輪流執政成為歷史必然。自此之後，英國逐漸形成自由黨和保守黨「你上臺，我下臺」輪流執政的局面，「兩黨制」基本成熟。

「兩黨制」的出現與第一次議會改革密切相關。在第一次議會改革之前，英國始終未曾確立責任內閣制度，所以君主的權力相對強大，恩賜制度佔據主流。另外，托利黨和輝格黨之間一直採取敵對態度，並沒有建立良好的批評與寬容的政治關係，因而也難以達到互相監督與敦促作用。自第一次改革之後，議席得以重新分配，選舉資格也在一定程度上更改，兩黨便在議會之外極力發展自己的組織，下議院的界限因此變得涇渭分明，形成了兩大互相監督的政黨，透過輪番執政來推動整個英國的政治局勢。

除此之外，英國兩黨制的形成，離不開19世紀較為進步的民主體制。議會的改革，使得部分工業資產階級獲得選舉權，而無產階級與廣

大的勞動群眾卻享受不到任何政治權利。因而，他們只得展開種種行動，聲勢浩大的「憲章運動」便是他們最集中的反抗。無論哪一黨想要上臺執政，都不得不考慮民眾的意願。於是，兩黨角逐輪流執政，在調整統治階級內部矛盾的同時，也有著給予民眾希望的作用，這自然為統治階級所推崇。

當然，「議會至上」而君主空有虛名的政治模式，也極大促進了兩黨制的形成與穩定。君主戴著「最高領袖」的高帽，卻僅僅擁有虛有其表的被諮詢權、被鼓勵權、警告權。當議會通過的議案被擺放在維多利亞女王的辦公桌上時，即便女王對此持有反對意見，也只得簽上同意的字樣，使之生效。但正是這種特殊的政治現象，使政黨更自由、更靈活地處理國家事務，並根據時局的變化制定不同的策略。

跳出政治的圍牆，我們便會發現，與之共生共榮的資本主義經濟，也對兩黨制的形成與發展發揮了不可小覷的作用。曼徹斯特學派為穀物法的廢除做出了不可磨滅的貢獻，為經濟自由主義打開一扇大門。新興的資產階級為維護自己的利益，便支持可實行經濟自由主義政策的政黨，兩黨為了延長自己的執政時間，只得盡可能地滿足他們的利益，並與敵對黨展開激烈鬥爭。兩黨輪流執政，也便由此漸漸成形。

第二次議會改革，選民範圍擴大，選區重新調整，資產階級民主基本上得以實現，這為英國兩黨制的進一步發展與完善注入了新的激素。兩大黨為了獲得更多的支援，只得傾盡全力與對方爭奪政治權力，以吸引和控制選民。自此之後，自由黨與保守黨便進入典型的輪流執政時期。

在鬥爭的過程中，兩黨開始著重建立全國性政黨組織。1867年，保守黨率先在倫敦成立「保守黨協會全國聯合會」。1877年，自由黨在伯明罕成立「自由黨全國總會」。在組織管理上，兩黨都以黨魁為首，下設督導員、本黨議員、中央黨部等職員，自中央到地方具有一套完備的

現代組織系統。系統的完備，成為兩黨制度確立的標誌。

英國兩黨制的實質，無非是自由黨和保守黨以輪流執政的方式，維持執政黨的統治，維護國家政局的穩定。這兩大黨之間並非完全敵對的關係，而是彼此的競爭對手，也是互相促進的執政夥伴，在對立與一致中唇齒相依。他們實行的政策，在保全自己利益的前提下，以實效為重，雖沒有具體的理論，卻在靈活性與機動性中，調節著各階層的社會矛盾。兩黨穩定地存在，社會也便穩定地發展。

【相關連結】

在19世紀40年代，英國歷史上曾出現過三黨並存的政治狀況，這源於1846年穀物法的廢除。此時，正值保守黨羅伯特·皮爾執政時期，因他支持並成功廢除了穀物法，保守黨內部矛盾激化而分裂，黨內有些人將皮爾稱為黨內的「猶大」，而曾追隨皮爾的保守黨人變為「沒有皮爾的皮爾派」，並在威廉·格萊斯頓等自由黨人的支持下，成為兩大黨之外的第三個黨派。

三黨鼎立的局面對政局的穩定產生極大的威脅，維多利亞女王為之深感擔憂。1852年，女王給比利時國王寫信時提到：「鑑於目前的混亂紛爭局面，一種完好的狀態應該出現。像以前那樣，會重新存在兩個政黨。沒有兩個政黨就沒有強大的政府。」7年之後，「沒有皮爾的皮爾派」正式併入自由黨中，兩黨輪流執政的局面又得以恢復，統治階級的上層人物才放下心來。

【注釋】

①吉伯特，全名為威廉·吉伯特，英國劇作家、文學家、詩人。曾與作曲家亞瑟·沙利文合作完成14部喜劇，其中以《比納佛》、《班戰斯的海盜》、《日本天皇》最為著名。

耶穌基督出生　0—

君士坦丁統一羅馬

羅馬帝國分成兩部

波斯帝國　500—

回教建立

凡爾登條約

神聖羅馬帝國建立　1000—

十字軍東征

蒙古第一次西征

英法百年戰爭開始

哥倫布發現新大陸　1500—

英國大破無敵艦隊

發明蒸汽機

美國獨立

美國南北戰爭開始

第一次世界大戰
第二次世界大戰

2000—

人間地獄就在愛爾蘭

與不列顛群島只一水之隔的愛爾蘭，因距離英國太近，而成為英國始終覬覦的地區。19世紀初，愛爾蘭成為英聯合王國的一個組成部分。自此之後，英國在這片土地上，以政治壓迫、民族歧視、經濟掠奪等方式高壓控制著愛爾蘭。一位法國記者曾直言不諱地說道：「我雖然見過森林中的印第安人，也見過戴著鎖鏈的黑人，但真正的人間地獄卻是在愛爾蘭見到的。」

英國政府為了加強對愛爾蘭的統治，多次下達強制性管理法令，獨立意識極強的愛爾蘭人不斷奮起反抗，雙方的民族矛盾日益激化。英國經過議會改革之後，逐漸形成兩大黨輪流執政的政治局面。兩黨為延長自己的執政時間，維持政局穩定，不得不將愛爾蘭問題重新提上日程。

為了避免黨派內部發生分裂，在處理愛爾蘭問題時，兩黨皆謹慎行事。其中一黨執政時，另一黨也會借助愛爾蘭問題給對立黨施加種種壓力。1846年，保守黨皮爾政府便因提出《愛爾蘭人民人身保護議案》而遭到攻擊，最終被迫下臺。此後20年中，議員都將愛爾蘭問題當作一枚一觸即爆的炸彈，避之唯恐不及。

1867年，愛爾蘭的「芬尼黨」[①]成員發動推翻英國殖民統治的武裝暴動，遭到政府的血腥鎮壓，愛爾蘭局勢更加緊張。一年後，保守黨人班傑明·迪斯雷利出任首相，在大選中失利的自由黨領袖格萊斯頓藉此事步步緊逼，於3月28日提出對愛爾蘭施行寬容的宗教政策，取消國教的官方資格。議案提交到議會後，在下議院得以通過。這樣的結果，迫使議會重新組閣。在新一輪大選中，自由黨打著「宗教平等、給愛爾蘭以正義」的旗號，獲得了愛爾蘭民族議員的支持，不僅獲得上臺執政的機會，還將愛爾蘭民族議員拉到自己的陣營中，從而增強了與保守派對抗的力量。

BC　　上古時期

漢

——0　　羅馬時代

三國
晉

南北朝　　盎格魯時代
——500
隋朝
唐朝

英格蘭統一
五代十國

宋朝
——1000
諾曼王朝

金雀花王朝

元朝
百年戰爭
明朝

薔薇戰爭
都鐸王朝
——1500

斯圖亞特王朝
清朝
光榮革命
大不列顛成立

維多利亞女王

中華民國
伊莉莎白二世
——2000

格萊斯頓上臺後，在1869年頒布天主教會與國教會平等並存的法令；一年之後，又頒布《愛爾蘭土地法》。該法令規定，交租之佃農不得被地主驅逐；無法交租者在被收回土地時，應得到相應的補償；佃戶可通過貸款贖買土地。但法令頒發後遭到地主反對，最終成為泡影。

到了19世紀70年代，愛爾蘭加快了民族解放的腳步。1873年，在以撒‧巴特的領導下建立「愛爾蘭自治聯盟」，聯盟骨幹成員查理‧巴涅爾在英國議會選舉中成為議員，巧妙地將議會鬥爭與愛爾蘭自治鬥爭聯合起來，不斷挑戰英國政府的底線。

一波未平一波又起，1879年，愛爾蘭自治聯盟又與土地聯盟相結合，以雷霆之勢給予英國政府沉重一擊。與此同時，愛爾蘭自治派也在議會中獲得較多的席位，以第三黨的姿態左右著政治局勢。

執政自由黨格萊斯頓政府為緩和緊張局勢，在第一個土地法的基礎上提出新的土地法，經下議院激烈討論後得以通過。該法令規定地租公平，租期固定，農產品自由買賣。但查理‧巴涅爾打碎自由黨穩定政局的美夢，以土地自由化主張激怒了格萊斯頓。

做了太久羔羊的格萊斯頓終於露出野狼的本性，頒發《強制條例》，逮捕包括查理‧巴涅爾在內的數以千計的土地同盟成員。在反抗行動越演越烈，政治局勢越來越動盪時，格萊斯頓又頒發《防止罪刑法》，建立逮捕芬尼黨人的特殊法庭。格萊斯頓的激烈做法被保守黨所詬病，他因此辭職下臺。

議會經過幾次組閣，愛爾蘭問題仍是原地徘徊，沒有任何實質性進展。1886年與1892年，格萊斯頓兩次出任首相，先後擬定兩個大同小異的愛爾蘭自治案。這兩個自治案雖然規定愛爾蘭政府和愛爾蘭議會沒有軍事、外交、財政、關稅等權力，卻仍被駁回。格萊斯頓也在保守黨的攻擊下被迫辭職，他在愛爾蘭自治問題上付出的心血也付之東流。

與愛爾蘭問題同樣讓政府感到棘手的是，在第二次議會改革之後崛

耶穌基督出生　0—

君士坦丁統一羅馬

羅馬帝國分成兩部

波斯帝國　500—

回教建立

凡爾登條約

神聖羅馬帝國建立　1000—

十字軍東征

蒙古第一次西征

英法百年戰爭開始

哥倫布發現新大陸　1500—

英國大破無敵艦隊

發明蒸汽機

美國獨立

美國南北戰爭開始

第一次世界大戰
第二次世界大戰

2000—

起並日益壯大的工黨組織。取得了選舉權的工人階級為進入議會，抓住1868年議會大選這一時機，召開全國工會代表大會，成立「勞工代表同盟」。該同盟的建立鼓舞了工人，並在一定程度上對工人政黨組織的產生起推動作用。

在工人運動的鼓舞與進步思想的傳播影響下，蘇格蘭社會主義者詹姆斯·凱爾·哈迪[2]於1888年率先成立蘇格蘭工黨。同時，新工會運動也在各地掀起罷工狂潮。

5年之後，蘇格蘭工黨與布雷德福勞工聯合會[3]並為獨立工黨。

獨立工黨以「全國管理委員會」為執行決議的專門機構，並委任哈迪為主席。以議會鬥爭的形式維護勞工權利，實行民主政治是該黨的綱領。由於這一政黨並非全國性工人政黨，也沒有廣泛的群眾基礎，便無法凝聚更大的力量同政府展開鬥爭。鑑於此，1900年，哈迪在工會和社會主義團體會議上提出建立「勞工代表委員會」，在場的129名代表表決同意。勞工代表委員會的成立標誌著英國工黨[4]的誕生。

愛爾蘭人民爭取民族獨立的道路還很長，英國工黨爭取自己在議會中合法權益的道路同樣曲折。可以說，自由的獲得始終伴隨著巨大代價。

【相關連結】

1886年，格萊斯頓提出的第一個愛爾蘭自治案被駁回，他因此被彈劾，議會重新舉行大選，保守黨領導人索爾茲伯里組閣。此時的保守黨地位比較穩固，能否得到愛爾蘭自治派的支持，對他們而言無關緊要。因而，愛爾蘭自治派領導人查理·巴涅爾十分焦急，便在議會之中頻繁走動，希望重新獲得自由黨人的支持。恰在此時，巴涅爾最忠實的支持者威廉·奧謝反過來控告其與自己的妻子通姦，巴涅爾因此被起訴。最終，法院判定巴涅爾敗訴。

這件風流韻事不僅影響了巴涅爾在愛爾蘭自治派中的信譽，也遭到

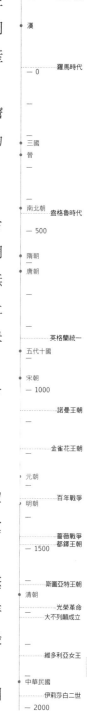

BC　上古時期

漢

—　羅馬時代

—　0

—

三國
晉

—

南北朝　盎格魯時代

—　500

隋朝
唐朝

—

英格蘭統一
五代十國

宋朝
—　1000

—　諾曼王朝

—

—　金雀花王朝

元朝
—

明朝　百年戰爭

—

薔薇戰爭
都鐸王朝
—　1500

—

斯圖亞特王朝
清朝

光榮革命
—　大不列顛成立

—

—　維多利亞女王

—
中華民國
—　伊莉莎白二世

—　2000

BC

耶穌基督出生　0—

君士坦丁統一羅馬

羅馬帝國分成兩部

波斯帝國　500—

回教建立

凡爾登條約

神聖羅馬帝國建立
　　　　1000—

十字軍東征

蒙古第一次西征

英法百年戰爭開始

哥倫布發現新大陸
　　　　1500—

英國大破無敵艦隊

發明蒸汽機

美國獨立

美國南北戰爭開始

第一次世界大戰
第二次世界大戰

　　　　2000—

天主教人士的譴責。1891年，他與奧謝夫人舉行婚姻，更受到輿論的責難。不久，他的主要盟友《自由人雜誌》倒向保守黨一方，他在政治上徹底陷入被動，事業也因此走到盡頭。

【注釋】

①1857年，一些愛爾蘭流亡者在美國建立了一個秘密革命團體「愛爾蘭革命同志會」，又稱「芬尼黨」。該黨派主張透過武裝起義推翻英國殖民統治，廢除大土地所有制，建立獨立的愛爾蘭共和國。

②詹姆斯·凱爾·哈迪英國工人領袖，英國第一位工人議員（1892年），下議院第一位工黨領袖（1906年）。他是忠誠的社會主義者，一手創立了英國獨立工黨（後來併入工黨成為工黨中的左翼實力派）。

③布雷德福，英格蘭東北部約克郡的一個市。1892年，哈迪出面籌建新政黨，布雷德福成為籌備中心，成立布雷德福勞工聯合會。

④英國工黨，英國兩大執政黨之一。1900年2月27日建立於倫敦，稱勞工代表委員會，1906年稱工黨。初期是工會組織與費邊社（20世紀初英國的一個工人社會主義派別，其傳統重在務實的社會建設，宣導建立互助互愛的社會服務）、獨立工黨和社會民主同盟之間的聯盟，只有集體黨員，沒有個人黨員，也沒有明確綱領，宗旨是在議會裏實現獨立的勞工代表權。以後，費邊社和獨立工黨的社會改良主義在黨內影響不斷增長。

鑽石也會好景不長

1897年，維多利亞女王年近八旬，她經過與內閣反覆較量，最終使君主立憲制走向成熟，兩黨輪流執政也日益走向穩定。與此同時，經過

對中國發動的鴉片戰爭，對印度、鄂圖曼帝國、伊朗和阿富汗等國的侵略，英國這個「日不落帝國」此時已擁有超過4.5億屬民，米字旗插滿了世界的各個角落。在外交政策方面，通過外交家的經營，英國總能以最小的代價獲得最大的回報；「光榮孤立」——不與他國結盟政策，又方便其將侵略之手靈活地伸向任何地方，大英帝國迎來了盛世的巔峰。

為使英國具有烈火烹油、鮮花著錦之盛，殖民地事務大臣張伯倫建議，於維多利亞女王登基60周年之際，舉辦一場規模空前的「鑽石慶典」。1897年6月，倫敦萬人空巷，帝國各殖民地元首紛紛前來，為大英帝國奉上他們的忠心。維多利亞女王坐著奢華的御輦，接受萬民朝拜與各國首腦的祝福，大不列顛帝國的大旗迎風招展，似乎永遠不會降下來。然而，太陽總有落山的時候，鑽石也有被腐蝕的一刻。沉醉在唯我獨尊中的英國，在酒酣之際不得不面對歷史給予的磨難：霸權遭到來自德國的威脅。

歷史向來榮衰相繼，英國也難逃這一規律。

19世紀中後期，德國引領並完成了第二次工業革命，走上現代化道路。又因在1871年實現政治統一，掃除了國家發展的障礙，德國的經濟實現了跳躍式的發展。經濟的繁榮，往往會拉動政治的野心。於是，一向唯英國是從的德國，對原有的世界體系發出了挑戰，爭奪屬於自己的殖民地。1890年，德國威廉二世執政，高調閱兵，耀武揚威，揚言要「陽光下的地盤」。英國警覺並重視處於歐洲大陸中央、急欲對外擴張的德國，將其視為頭號敵人。

威廉二世執政後，提出了大膽的「世界政策」，這一政策的核心便是建立一支龐大的艦隊。作為海上霸國的英國，又怎可容忍德國如此囂張。不久，兩國發動了近代最早的大規模軍備競賽。1898年，德國提出並通過艦隊法，著手擴建海軍。兩年後，德國對艦隊法進行大規模修改，通過了第二次艦隊法，決定建立「最大海軍」。英國不甘示弱，在

BC

耶穌基督出生　0—

君士坦丁統一羅馬

羅馬帝國分成兩部

波斯帝國　500—

回教建立

凡爾登條約

神聖羅馬帝國建立
　　　　1000—

十字軍東征

蒙古第一次西征

英法百年戰爭開始

哥倫布發現新大陸
　　　　1500—

英國大破無敵艦隊

發明蒸汽機

美國獨立

美國南北戰爭開始

第一次世界大戰
第二次世界大戰

　　　　2000—

德國通過艦隊法後，提出要以德國海軍的兩倍為建設目標。此後，無論哪一國提出新的海軍政策，另一國便企圖在艦隊的數量與品質上與對方持平。這一局面一直持續到第一次世界大戰。

除在海軍方面挑戰英國的權威，德國也加快與英國爭奪殖民地的步伐。南非的兩個布林人共和國德蘭士瓦和奧蘭治即是兩者爭奪的焦點。這兩個國家皆以盛產黃金和鑽石為名，讓英國大為眼紅。1896年，英國一支遠征隊侵入德蘭士瓦，企圖將其劃為自己的領土。但事與願違，這支遠征隊被布林人包圍，134人被擊斃，其餘人全部被俘。德國聽到這一消息後，高興不已，隨即給德蘭士瓦總統發去祝賀的電報，公開挑釁英國。

3年後，英國再次發動侵略德蘭士瓦和奧蘭治的戰爭。在戰爭初期，德國主動支援布林人，向其輸送先進武器，致使英軍連吃敗仗。英國怒不可遏，調來20餘萬人的軍隊，德蘭士瓦和奧蘭治因寡不敵眾而失利。1902年5月31日，布林人被迫簽訂合約，承認德蘭士瓦和奧蘭治兩個共和國併入英國。儘管如此，英國也在這場戰爭中元氣大傷，損失近10萬英軍，這一結果讓德國甚為欣喜。

野心勃勃的德國，不僅想在南非實行勢力滲透，還將目光投向近東。1898年，德國先是示好土耳其蘇丹，威廉二世親自出馬到近東進行「聖地巡禮」。經過幾年的周旋，德國從土耳其手中奪得「巴格達鐵路」的修築權，並計畫經過巴爾幹，一直修到波斯灣，企圖分得英國在東方的殖民地。

英國之外，德國虎視眈眈地注視著「日不落帝國」的每一寸殖民地；英國之內，維多利亞女王在帝國的野心還未滿足時，於1901年撒手人寰。女王帶走了生命，也帶走了這個盛世帝國。英國人人心惶惶，不知何去何從。為了扭轉逐漸顯露的頹勢，穩住霸權地位，英國終於放棄「光榮孤立」政策，與日本締結同盟，並向法國伸出橄欖枝；還於1907年同俄國就伊朗問題簽訂《彼得堡協定》，從而建立友好關係。

就這樣，各帝國以自己利益為據，站進了各自的軍事戰營裏，帝國主義兩大軍事集團由此確立。戰爭的陰雲，正朝著大不列顛帝國上空緩緩籠罩過來。

【相關連結】

1896年，英國進犯德蘭士瓦慘遭失敗。威廉二世便給德蘭士瓦總統發去了這樣的電報：「你和你的人民在沒有友好力量的幫助下，獨立擊退入侵的有損和平的武裝分子，本人表示最誠摯的祝賀。你們維護了國家的和平，捍衛了國家的獨立。」然而，這封電報並未傳到德蘭士瓦，而被英國控制的海底電纜截獲。英國認為德國是在公開向英國挑釁，向德蘭士瓦示好，因而惱怒不已。《泰晤士報》甚至刊文寫道：「英格蘭永遠不會在威脅面前退步，永遠不會被侮辱屈服！」

英國由此產生了強烈的排斥德國的情緒：位於倫敦的德國商店被砸毀，德國的水手在英國港口遭到襲擊。威廉二世為了平息英國的憤怒情緒，只得向維多利亞女王寫信，為此事辯解。儘管如此，英德兩國的矛盾仍日益加劇，最終演變成兩敗俱傷的第一次世界大戰。

福利國家

高福利是很多國家的追求，挪威便實行「從搖籃到墳墓」的福利政策，生老病死都由國家負責。但這看上去美好的福利政策背後則是高額的稅收，以及一代又一代人為之付出的努力與代價。實際上，所有的福利皆與貧窮有著不可割捨的關係。為解決貧窮所做的鬥爭，始終是推動一個國家社會政策發展的內驅力和主要原因。

由於德國的挑釁與崛起，日不落帝國的威勢日益減弱，逐漸喪失工

BC

耶穌基督出生　0—

君士坦丁統一羅馬

羅馬帝國分成兩部

波斯帝國　500—

回教建立

凡爾登條約

神聖羅馬帝國建立
1000—

十字軍東征

蒙古第一次西征

英法百年戰爭開始

哥倫布發現新大陸
1500—

英國大破無敵艦隊

發明蒸汽機

美國獨立

美國南北戰爭開始

第一次世界大戰
第二次世界大戰

2000—

業壟斷地位；加之長期侵略他國，英國底層的民眾多半在貧困線上苦苦掙扎。

1889年，英國社會學家查理斯・布思發表《倫敦人民的生活與勞動》報告；19世紀90年代，英國企業家和管理學家班傑明・西波姆・朗特里發表《貧困問題》的報告，兩份報告皆指出英國存在大量貧困現象。20世紀初，一篇英國工人和一般居民的健康不合格報告又刊登在報刊上，在社會中引起巨大震動。而後，社會問題專家威廉・貝弗里奇發表的《關於失業問題報告》也掀起一陣浪潮。這一系列調查報告，為英國的社會改革做足了輿論準備。

為了緩和社會矛盾，保守黨領導人亞瑟・貝爾福①在執政期間，放棄「光榮孤立」政策，同時透過解決愛爾蘭問題，緩解民族矛盾。1902年，他頒布結束教會管理學校的教育法；3年後，他頒布由政府負責解決失業問題的失業工人法。這些改革政策雖然得到民眾的支持，卻加劇了保守黨內部的分裂。自由黨乘機凝聚黨內人心，攻擊保守黨，致使貝爾福政府集體辭職。

在1906年的大選中，自由黨以絕對優勢成為執政黨，打破了保守黨連續當政20年的局面。為延長執政時間，自由黨以「新自由主義」為理論依據，決意進行社會改革。

「新自由主義」強調國家應在經濟與社會生活中扮演更為積極的角色，其一，國家應干預經濟，以保障公共利益；其二，為國家提供一定的社會福利，以保證社會公正。而社會成員也積極發揮功能，將自我看作社會的一部分，團結一心共同改造社會。建立社會保險制、實行養老金制、規定最低工資標準，則是改造社會的具體措施。這些具體措施，要由政府立法來實現。

自由黨順應社會潮流，針對以往勞工立法中的遺留問題，最先提出《勞資爭議法案》。法案規定，工會對其工作人員的不法行為不負任

BC 上古時期
漢
— 0 羅馬時代
—
二 三國
晉
—
南北朝 盎格魯時代
— 500
隋朝
唐朝
—
—
英格蘭統一
五代十國
宋朝
— 1000
諾曼王朝
—
金雀花王朝
元朝
—
百年戰爭
明朝
—
薔薇戰爭
都鐸王朝
— 1500
斯圖亞特王朝
清朝
光榮革命
大不列顛成立
—
維多利亞女王
—
中華民國
伊莉莎白二世
— 2000

何責任，除非某項行為曾獲得工會執行委員會的許可。然而，工黨議員認為這一法案閃爍其詞，進而提出自己的議案，即工會對其成員由罷工所造成的損失，將不承擔任何責任。自由黨議員公開支持，而上議院的保守派則懾於工黨選民的影響不斷退讓，因而工黨提交的《勞資爭議法案》得以順利通過，成為工會合法地位的法律基礎。

1908年4月，英國首相，自由黨政治家坎貝爾‧班納曼[②]因病辭職，自由黨新領袖赫伯特‧亨利‧阿斯奎斯[③]毫無爭議地出任首相。阿斯奎斯內閣中，勞合‧喬治[④]任財政大臣，溫斯頓‧邱吉爾[⑤]擔任貿易大臣。這樣的組閣安排帶有濃厚的新自由主義色彩，以社會福利為基本內容的改革更進一步地全面展開。它以《養老金條例》與《國民保險法》的通過和全國勞動介紹制度的實施為主要改革方向。

《養老金條例》規定，凡年滿70歲、年收入在21英鎊以下者，每月由政府提供5先令養老金。此為英國福利國家建設的起點。《國民保險法》分為健康保險和失業保險兩部分。健康保險規定所有的工資收入者都應參加，保險金由個人、雇主和政府三方承擔，參加者可在指定醫院內免費就醫；失業保險是對就業情況波動較大的行業實行強制性保險。全國勞動介紹制度則規定，政府要在全國範圍內建立勞動介紹所，幫助失業工人尋找工作。

除此之外，自由黨還注意調整勞工契約關係。1909年，議會通過《行業委員會法案》，第一次嘗試將最低工資原則納入英國勞動法典。這一法案成立後不久，英國約有20萬工人從中受益，其中約14萬人是女工。

數年的努力之後，英國自由黨便在「新自由主義」的引導下經過不斷進行社會改革，實施社會保障，調整社會階層之間的關係，初步奠定「福利國家」的基礎，大大提高了英國社會抗風險的能力。儘管如此，社會仍是動盪不安，各行業工人罷工的事件時有發生。面對這一情況，自由黨只得將改革措施由表面引向深入。

深入的社會改革需要強有力的財政支撐，而福利計畫的實施使政府面臨巨大的財政虧空。為扭轉財政頹勢，支持福利計畫，自由黨決定實行財政改革。

1909年4月29日，勞合・喬治提出「人民預算案」，大幅度提高遺產稅，增加土地稅，從而給予年收入500英鎊以下的家庭兒童津貼。這一政策，雖然很快得到下議院的批准，卻在上議院擱置很長時間後才得以通過。針對議案總是被上議院刁難駁回的情況，自由黨為維持執政地位，決定採取有效措施改革上議院。經過艱難鬥爭，1911年8月18日，議會法最終通過，上議院的餘威大減。

掃清了前行路上的障礙後，自由黨更是如虎添翼，在此後幾年中大刀闊斧地繼續進行社會改革。英國也在這種改革下，逐漸建立起新型的「福利國家」。

【相關連結】

自由黨進行社會改革時，為了保護青少年的權益，進行了一些刑法上的調整。1907年，刑法中規定，緩刑可以替代監禁。之後，法案又規定可以用罰款的方式來減免一定的刑期，從而使監禁的青少年人數大為減少。一年之後，議會對青少年感化院做出新的規定，即為避免初犯的年輕人深陷犯罪泥潭而不能自拔，感化院必須將這些年輕人與慣犯分開管制。同時規定，禁止關押14歲以下的青少年；對16歲以下的青少年罪犯，如若罪責較輕，一般不予以拘禁。

十字軍東征

蒙古第一次西征

英法百年戰爭開始

哥倫布發現新大陸
　　　1500—

英國大破無敵艦隊

發明蒸汽機

美國獨立

美國南北戰爭開始

第一次世界大戰
第二次世界大戰

　　　2000—

此外，議會還通過與青少年教育有關的議案，即規定地方政府必須為貧窮家庭的孩子提供膳食。在第一次世界大戰爆發之前，英國約有一半以上的教育機構實施了這一條例。

【注釋】

①亞瑟・詹姆斯・貝爾福，第一代貝爾福伯爵，英國首相中的哲學家，被同僚稱為即使生活在馬基維利時代也能游刃有餘的政治家。1902—1905年出任首相，任內其政府因關稅改革議題而陷入分裂，他卻跳出了政黨圈子。第一次世界大戰中任海軍大臣和外交大臣，1917年11月2日頒布了《貝爾福宣言》，提出在巴勒斯坦建立一個猶太家園的計畫。

②亨利・坎貝爾・班納曼爵士，英國自由黨政治家，1905—1908年出任英國首相，他是歷史上首位正式被官方稱為「首相」的第一財政大臣。

③赫伯特・亨利・阿斯奎斯，英國政治家，曾任內政大臣及財政大臣，1908—1916年出任英國首相。自由黨領袖。

④勞合・喬治，英國自由黨領袖。1890年當選為英國下議院議員。1911年任財政大臣期間提出國民保險法，被公認為英國福利國家的先聲。第一次世界大戰期間任軍需大臣、陸軍大臣等職。1916年12月7日出任首相，對內擴大政府對經濟的控制。戰爭結束後，在英國保守黨和英國自由黨聯合政府中，勞合・喬治仍任首相。1918年議會通過選舉改革法，擴大選民範圍，頒布國民教育改革法，實行14歲以下兒童的義務教育。1919年他出席並操縱巴黎和會，是巴黎和會「三巨頭」之一，簽署了《凡爾賽和約》。1921年給愛爾蘭以自治領地位。

⑤溫斯頓・邱吉爾，全名為溫斯頓・倫納德・斯賓塞・邱吉爾，英國政治家、歷史學家、畫家、演說家、作家、記者。1940—1945年和1951—1955年兩度出任英國首相，被認為是20世紀最重要的政治領袖之一，領導英國人民贏得了第二次世界大戰，是「雅爾達會議三巨頭」之一。戰後發表《鐵幕演說》，揭開了冷戰的序幕。他寫的《不需要的戰爭》獲1953年諾貝爾文學獎，著有《第二次世界大戰回憶錄》16卷、《英語民族史》24卷等。

BC　上古時期

漢

羅馬時代

— 0

三國
晉

南北朝　盎格魯時代

— 500

隋朝
唐朝

英格蘭統一
五代十國

宋朝
— 1000

諾曼王朝

金雀花王朝

元朝
百年戰爭
明朝

薔薇戰爭
都鐸王朝
— 1500

斯圖亞特王朝
清朝
光榮革命
大不列顛成立

維多利亞女王

中華民國
伊莉莎白二世
— 2000

維多利亞風尚

　　維多利亞女王在位時期，英國的政治、經濟局面皆發生了較大的變化，相應的，人們的物質生活也發生了質的轉變，形成了聞名歐洲的「維多利亞風尚」。所謂風尚，自然是社會風氣和生活習俗的變遷。其中，服裝方面的變革頗引人注目。

　　在當時，法國以珠光寶氣的服飾風格爭奇鬥豔，而英國則保持著紳士淑女的風格，服飾簡潔而不失端莊，華麗而不失含蓄，優雅精緻。服飾所用的材質，通常使用具有復古感的蕾絲，綴著輕柔的細紗，鑲上溫婉的荷葉邊，飾以可愛的蝴蝶結，蝴蝶結上再垂一條長長的緞帶。服飾的款式，主要分為立領、高腰、公主袖、羊腿袖，將女人修長的線條完美呈現出來。與服飾相配的彩妝，則是浪漫的紫色。那個時代的女人，幾乎都畫著淡薰衣草般紫色的眼妝，給人以悠閒清甜之感。

　　精緻莊重的服飾及妝容風貌，與工業革命帶來的經濟繁榮不無關係。工業革命之後，穀物法廢除，自由主義之風盛行，人們生活品質得到極大改善，因而有時間和精力去關注溫飽之外的事。當然，這也是維多利亞女王的宣導與示範的結果。女王18歲繼承王位，於1838年6月在威斯敏斯特大教堂加冕。她在位的64年中，英國建立了龐大的殖民地，成為實至名歸的「日不落帝國」。而維多利亞女王在政事之外，始終以端莊、典雅的形象成為英國人的典範。

　　1840年，女王與表兄阿爾伯特王子成婚。自此之後，她是一位賢妻，也是一位良母，更是時尚的寵兒，成為那個時代的縮影。她與阿爾伯特相濡以沫，對當時宮廷中盛行的淫亂私通、獨斷專橫之風深感厭惡，因而制定了細密嚴謹的規章，整治不良之風。英國人見證了他們的琴瑟和鳴，以及他們在教育子女問題上的嚴謹，視其為榜樣，加以仿

BC

耶穌基督出生　0—

君士坦丁統一羅馬

羅馬帝國分成兩部

波斯帝國　500—

回教建立

凡爾登條約

神聖羅馬帝國建立
1000—

十字軍東征

蒙古第一次西征

英法百年戰爭開始

哥倫布發現新大陸
1500—

英國大破無敵艦隊

發明蒸汽機

美國獨立

美國南北戰爭開始

第一次世界大戰
第二次世界大戰

2000—

效。從而，整個社會的秩序、風氣和人們的行為方式都因此得以改善，形成了「維多利亞風尚」。

建立和諧美滿的家庭，是「維多利亞風尚」最重要的內容之一。在維多利亞時代，家庭被認為是最聖潔的社會生活中心，欲使婚姻生活始終保持聖潔無塵，女性則需溫順持家，做「像維多利亞女王一樣溫情的泉水」，男性則需如阿爾伯特一樣紳士儒雅，子女則需受良好教育。家庭中的每個人都嚴守家規，不越矩，無淫欲。

改革學校教育，整頓污穢的學校風氣，亦在「維多利亞風尚」範疇之內。拉格比公學的校長湯瑪斯·阿諾德[1]致力於革除學習陋習，採用蘇格拉底以設計問題刺激學生學習興趣的方法教育學生，並利用年長學生管理年幼學生的形式培養學生自學能力。

在課程的設置上，則以歷史代替自然科學成為首要課程，同時開設語言、地理、倫理、政治等學科。這一改革，使得拉格比公學成為同類學校的典範，在校學生逐漸成為具有愛國精神、行為端莊的楷模。

當然，「維多利亞風尚」的宣導與傳播，離不開報刊與出版界的宣傳。《里茲火星報》、《錢伯斯愛丁堡雜誌》等報紙雜誌皆擁有大量讀者，它們發揮著不可忽視的作用。除此之外，一些作家也參與其中，創作出與道德風尚相關的作品。諸如蘇格蘭作家薩姆伊爾·斯邁爾斯[2]所寫的《自助》以及《工程師列傳》等著作，便達到了宣揚個人道德品質的作用。

至今，仍未有人對「維多利亞風尚」的內涵做出明確的闡釋，只籠統將其概述為以約束人們行為的道德規範為核心，在社會倫理範疇之內，又具有宗教與哲學內涵。無論是上層社會，還是下層的勞苦民眾，皆要身體力行這種風尚。經過幾十年的提倡與推崇後，社會中酗酒、淫亂之風得以有效遏制，人們的生活方式有了不同程度的改變，家庭與人際關係也在潛移默化中得以緩和。

BC

耶穌基督出生　0—

君士坦丁統一羅馬

羅馬帝國分成兩部

波斯帝國　500—

回教建立

凡爾登條約

神聖羅馬帝國建立
1000—

十字軍東征

蒙古第一次西征

英法百年戰爭開始

哥倫布發現新大陸
1500—

英國大破無敵艦隊

發明蒸汽機

美國獨立

美國南北戰爭開始

第一次世界大戰
第二次世界大戰

2000—

然而，所有的事物皆是一體兩面。「維多利亞風尚」一方面讓人抬頭仰望了文明曙光，一方面又讓人擔負著甩不掉的壓力，極力想要從道德圍牆中掙脫出來，沐浴在自由光明之中。確實，「維多利亞風尚」在為社會輸送一縷清新空氣的同時，也存在諸多弊端與不足。

其一，維多利亞時期提倡的道德規範，不可能超出資本主義的範疇，也就自然而然地帶上了色彩鮮明的階級性。上層社會之所以大力提倡，則是為了告誡普通民眾在自己的職權範圍內行事，鞏固自己的統治地位。

其二，其宣揚的觀念明顯帶有封建腐朽性質，陳舊而粗劣，保守而生硬。社會等級分明，尊者甚至可以鞭笞卑者。

其三，承認女性地位低下，重男輕女現象嚴重。女性作為男性的附屬品，必須具備溫順謙卑、持家生子的品質，需無條件服從男性。

在維多利亞時期，人們就這樣一邊沉浸在良好的道德風尚中，盡情呼吸著清新的空氣；一邊在高而堅硬的圍牆裏掙扎，試圖尋得開啟門扉的密鑰，無限渴望重獲自由。

【相關連結】

維多利亞時期，英國中上層社會對飲食非常考究，由於午餐十分精簡，晚餐又開始得較晚，便盛行起「下午茶」。

下午茶是貴族顯示自己優越地位、優雅氣質的活動，選用的茶葉、茶具甚至與茶相配的甜點都要以唯美為標準，茶葉高貴精細，以自中國進口的紅茶為首，盛裝在中國瓷質或銀質的茶具中，擺放在鋪以白色刺繡蕾絲桌布的茶桌上。同時，將甜點放在精美的小推車上，由僕人推進茶廳中。當然，典雅悠揚的古典樂曲，以及馥郁芬芳的鮮花在飲茶期間也是必不可少的。

久而久之，最初的私人化下午茶演變為一種茶文化，高雅的旅館中

開始設置專門的茶室，生意人抓住時機建立向公眾開放的茶館，茶話舞會也適時成為一種文化形式。淑女小姐便在這種優雅放鬆的環境中，品著優良的紅茶，吃著精緻的糕點，愉快地與男友們會面、交談。

【注釋】

①湯瑪斯‧阿諾德，英國近代教育家。1841年被任命為欽定近代史教授。主要著作有《羅馬史》和一些布道文章。

②薩姆伊爾‧斯邁爾斯，蘇格蘭著名作家。為宣傳「維多利亞風尚」創作訓誡性作品《自助》，以及多卷本《工程師列傳》。

【專題】美人的文學象牙塔

拜工業革命所賜，19世紀的英國當之無愧地成為世界工業強國和海上霸主，無論哪一時刻，都有明亮的陽光照在飄揚的米字旗上，「日不落帝國」的稱號可謂是實至名歸。但這一襲華麗的袍子之下，掩蓋著此起彼伏的蝨子。統治者自是揚揚得意，恨不能在廣闊無垠的疆土與多到數不清的財富中昏睡百年，而善於觀察的文學家早已拿著透視鏡，將袍子之下的景象，用細膩而機警的筆觸淋漓盡致地描繪出來，建立起現實主義文學的象牙塔。

在這美麗的象牙塔中，女性作家的力量不容忽視。縱然維多利亞時代是一個男尊女卑的時代，但中上層社會給予女子教育莫大的重視，再加上社會風氣較為進步和開放，有才華的女性可以在文學的天地中佔據半壁江山。這一時期最著名的女性作家當屬簡‧奧斯丁以及勃朗特三姐妹。

如若說英國19世紀「女性文學」是一個姹紫嫣紅開遍的園林，那麼簡‧奧斯丁便是綻放的第一朵花。她一改浪漫小說誇張的戲劇性，而在「二寸象牙」上精雕細琢，將現實的人情百態搬到紙上。甚至有學者將她的代表作《傲慢與偏見》排在莎翁的《仲夏夜之夢》之前，足見其作

BC　上古時期
漢
— 0　羅馬時代
—
三國
晉
—
南北朝　盎格魯時代
— 500
隋朝
唐朝
—
—
英格蘭統一
五代十國
宋朝
— 1000
諾曼王朝
—
金雀花王朝
元朝
—
百年戰爭
明朝
—
薔薇戰爭
都鐸王朝
— 1500
—
斯圖亞特王朝
清朝
光榮革命
大不列顛成立
—
維多利亞女王
中華民國
伊莉莎白二世
— 2000

BC

耶穌基督出生 0—

君士坦丁統一羅馬

羅馬帝國分成兩部

波斯帝國 500—

回教建立

凡爾登條約

神聖羅馬帝國建立 1000—

十字軍東征

蒙古第一次西征

英法百年戰爭開始

哥倫布發現新大陸 1500—

英國大破無敵艦隊

發明蒸汽機

美國獨立

美國南北戰爭開始

第一次世界大戰
第二次世界大戰

2000—

品的價值。

勃朗特三姐妹則緊追著簡・奧斯丁的步伐，以非凡的文學創造力彙集成一股「女性文學」的潮流。夏洛蒂的自傳體小說《簡・愛》是英國文學史乃至世界文學史上的經典作品。艾米莉的《咆哮山莊》，可與《簡・愛》並駕齊驅，在驚心動魄的愛情故事中揭發了當時社會的貧富差距。安妮的《艾格尼斯・格雷》和《懷爾德菲爾府的房客》在英國文學史中也佔有一定的地位。她們以女性視角，在小說的文學世界裏追逐著獨有的幸福，展示著其獨特的雋永與絢爛。這也難怪女權主義批評家桑德拉・吉伯特和蘇珊・古芭，將19世紀的英國文學概括為女性「想像力得以馳騁的黃金時代」。文學的半壁江山由女性以想像力與真性情渲染而出，另外半壁江山則由男性以激昂與才華潑墨而成。查理斯・狄更斯、威廉・薩克雷以及湯瑪斯・哈代等一批著名現實主義文學者登上文壇，以才情橫溢的作品展現著維多利亞時代的社會與歷史。

狄更斯是一位高產作家，《匹克威克外傳》、《霧都孤兒》、《老古玩店》、《艱難時世》、《董貝父子》、《大衛科波菲爾》、《我們共同的朋友》、《雙城記》、《遠大前程》等著名作品皆出自他手。他去世之後，他的墓碑上如此寫道：「他是貧窮、受苦與被壓迫人民的同情者，他的去世令世界失去了一位偉大的英國作家。」

薩克雷與狄更斯不分伯仲，雖不如狄更斯高產，但一部《名利場》足以讓他躋身偉大作家的行列。他認為：「小說的藝術是表現本質，盡可能強烈地表達真實的情感。」這一理論在《名利場》中得到全面呈現。

哈代是傑出的英國鄉土小說家和平民作家，其作品繼承了英國現實主義的優秀傳統，為20世紀的英國文學開闢了光明的前景。以哈代的家鄉威賽克斯為背景而創作的《德伯家的苔絲》、《無名的裘德》、《還鄉》、《卡斯特橋市長》等小說，使哈代至今仍是最受歡迎的維多利亞時代小說家之一。

| 第十二章 | 世界大戰的陰雲

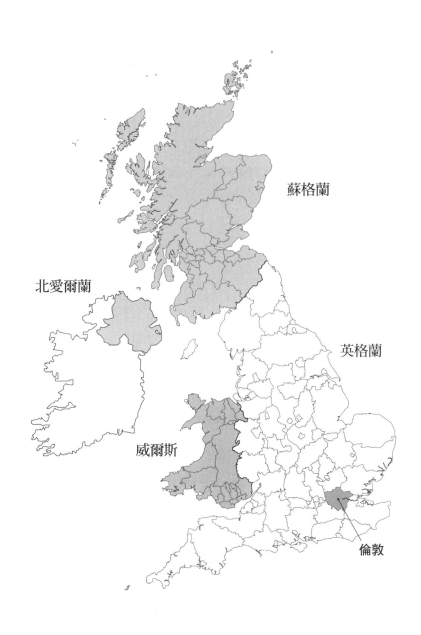

蘇格蘭

北愛爾蘭

英格蘭

威爾斯

倫敦

當熊熊戰火燃燒時

　　1914年6月28日，這一天顯得那樣平靜。史蒂芬・茨威格[①]正在讀著托爾斯泰的傳記，奧地利人因慶祝天主教節日而歡聚在維也納公園裏。唯一打擾了人們興致的，便是一封寫著奧匈帝國王儲蘭西斯・斐迪南夫婦在訪問塞拉耶佛時被塞爾維亞人刺殺的電報。人們聽到這一消息，只是在略微驚愕中調侃著斐迪南大公做了政治陰謀的犧牲品，以生命為1908年奧地利吞併波士尼亞─赫塞哥維納付出了代價。

　　在和平的幻象裏沉浸久了，誰也不曾想到，這場刺殺竟會將整個歐洲拖入第一次世界大戰的深淵。美國學者安吉爾曾發表這樣的言論：「一直威脅著歐洲的大戰不會到來。銀行家不會為這樣的戰爭籌錢，企業家不會讓它繼續下去，政治家沒有辦法大戰。」不過，英國已經預見到了未來可能會打響戰爭的情況，考慮到維護殖民利益與軍事霸權地位，首先開始籌謀。英國政府表面上派出使節慰問奧匈帝國，調節奧匈帝國與塞爾維亞的關係，暗中卻聯合法國、俄國積極備戰。

　　塞拉耶佛事件發生的一個月後，奧匈帝國在德國的支持下率先向塞爾維亞宣戰。隨即，德國繞過法德邊境的強大防線，入侵比利時。

　　箭在弦上，不得不發，英國以保護比利時中立國地位為由，向德國宣戰。戰爭部部長簽署總動員令，以赫伯特・亨利・阿斯奎斯為首的自由黨政府領導一代人走向戰場。

　　在戰爭的問題上，英國各黨保持了驚人的一致，就連愛爾蘭自治派也願意實行政治休戰，無條件支持戰爭，維護大英帝國的尊嚴。戰爭一觸即發，阿斯奎斯政府在財政、軍火的準備上絲毫不含糊。甚至，他還領導建立由首相、國防大臣、外交大臣、財政大臣、海軍大臣組成的

「戰士委員會」。不久之後，他又成立「內閣軍需委員會」，作為戰爭的大後方，生產、徵集與供應戰時物資。

時任海軍大臣的邱吉爾後來回憶了戰爭暴風雨的前夕：「我坐著等待消息。能聽到時鐘滴答作響。從議會街傳來人群含糊不清的說話聲，但聲音聽來在遠處，世界顯得十分寂靜。為生存鬥爭的喧嘩過去了，繼之而來的是廢墟與死亡般的沉默。我們將在地獄中醒來。」當阿斯奎斯的命令傳來時，邱吉爾大手一揮，艦隊便閃電般向著敵國駛去。

在戰爭初期，德國制訂了速戰速決的「施里芬計畫」②。英國由於軍火供應不足，防務薄弱，損失慘重，最終雖然遏制住了德國的進攻，卻付出了30萬人傷亡的代價。這使得英國自由黨內閣矛盾暴露無遺，新聞界指責阿斯奎斯領導不力，保守黨乘機攻擊自由黨準備不足，向地方洩露重要情報；自由黨內部也發生分歧，相互推卸責任。

外有敵軍戰火攻打自己的城池，內又面對保守黨的施壓，阿斯奎斯在萬般無奈下，只得建立「國民聯合內閣」。這一內閣由自由黨和保守黨聯合執政，一致對外。這一創舉雖團結了兩黨領頭人物，卻因人員冗雜而辦事拖遝。鑑於此，1915年6月，阿斯奎斯成立負責戰爭調度的11人「小內閣」。5個月後，又將其解散，成立「五人戰時內閣」，以便更靈活更高效地指揮作戰。

然而，前線頻頻傳來戰敗的消息，讓「五人戰時內閣」的形象跌到谷底。阿斯奎斯首當其衝，難辭其咎，而勞合・喬治因提供了較為充足的軍火供應，得到大多數人的擁護。藉此機會，勞合・喬治暗中與保守黨領袖串通，迫使阿斯奎斯狼狽下臺，隨後自己坐上了首相寶座。

勞合・喬治藉由這場戰爭發揮了政治及軍事才能，緊緊攬住了無上的權力。在內閣中，為了穩定自己的地位，他建立「戰爭指導委員會」，排除一切障礙，全力指揮戰爭；在軍事上，他獨攬大權，一意孤行，推行他的東線派主張；在外交事務上，他得到美國的援助，增強作

戰力量;任命法國元帥福煦為「協約國」③統帥,卻導致了英軍在戰爭中損失慘重。

誠然,戰爭的開始需要果決的一聲令下,它的結束卻要在各國都付出血的代價之後。勞合・喬治本欲以強硬手段迅速撲滅戰爭之火。但是,滾滾濃煙卻牢牢盤踞在歐洲大陸上空,經久不散。

【相關連結】

英國對德國宣戰後,宣布將部分民船改為軍艦,因而豪華客輪卡門尼亞號被改裝為軍艦。恰巧,德國也有此想法,將客輪特拉發加號改為軍艦。英國為了迷惑對方,決定將改裝後的軍艦偽裝成德國的特拉發加號,而德國亦有此考慮,將自己的軍艦偽裝成英國的卡門尼亞號。由此,發生了第一次世界大戰中最大的笑話。

凡爾登條約

神聖羅馬帝國建立
　　1000—

十字軍東征

蒙古第一次西征

英法百年戰爭開始

1914年9月14日,英國艦長發現卡門尼亞號客輪向自己逼近,感到迷惑不解。同時,德國艦長也為同樣的問題摸不著頭腦。為了避免誤會,英國艦長懸起標誌表明了自己的身分,德艦知其有詐,奮力向對方衝去,英艦見狀也毫不留情向對方開火。長時間的交戰過後,德艦被擊沉,英艦受到重創。極具戲劇性的是,直到最後一刻,兩支艦隊仍沒有弄清對方的盧山真面目。

【注釋】

哥倫布發現新大陸
　　　1500—

英國大破無敵艦隊

發明蒸汽機

美國獨立

美國南北戰爭開始

第一次世界大戰
第二次世界大戰

　　2000—

①史蒂芬・茨威格,奧地利著名作家、小說家、傳記作家,擅長寫小說、人物傳記,也寫詩歌戲劇、散文特寫和翻譯作品。

②「施里芬計畫」,由德國前參謀長施里芬於1891年制訂。計畫規定德國將絕大部分作戰兵力用於攻打法國的西線,西線結束後,以少數兵力與奧匈帝國軍隊呼應,以閃電戰的方式戰勝俄國。

③「協約國」,第一次世界大戰中以英國、法國、沙皇俄國為主的

國家聯盟，還包括塞爾維亞、羅馬尼亞。它與以德國、奧匈帝國為中心的「同盟國」集團形成了第一次世界大戰的對立雙方。

西線風雨

1914年，盛夏過後，德國按照「施里芬計畫」兵分五路攻向法國北部。在1871年的普法戰爭中慘遭失敗的法國對德軍一直心存戒備。因此，當德軍攻入邊境時，法國軍官戴著白手套，士兵穿著暗藍色短上衣和猩紅色的褲子，伴著團旗與軍樂隊，以最好的陣形出現在戰場上。他們本想以氣勢壓倒對方，但面對著裝備與武器都先進一籌的德軍，他們很快敗下陣來。

有巴黎鑰匙之稱的法國東北部洛林大區城市凡爾登失守，法國被迫後撤至波爾多。德國乘勝追擊，於1914年9月5日侵入巴黎近郊馬恩河。英國聞訊派兵趕來，聯合法軍在馬恩河一線建築一條新的防線，共同抵抗德國的堅船利炮。

德軍受困於此，在損失了21萬人之後亦未能奪得巴黎。同時，法軍也是傷亡慘重，14萬人命喪戰場，無力將德國徹底驅逐出境。雙方無法奈何彼此，儘管德國已經佔領了法國東北部大部分領土，卻無法切斷英法之間的交通線，德國只好從戰略進攻轉入戰略防禦，進入陣地戰階段，與英法兩軍對峙。對峙的兩方在長達700公里的帶狀地帶築壘陣地，互相牽制。

1915年，德軍以東線為進攻重點。英法聯軍乘機發動兩輪攻勢，意圖解除德軍對巴黎的威脅，不料遭到德國的反擊。德軍在戰爭中首次使用毒氣武器，將168噸氯氣散布於戰場上，使其慢慢擴散並穿過無人地帶，漸漸進入到英軍的戰壕內。英法聯軍共有15,000人因中毒而呼吸困

難，其中5,000人憋悶至死。

一年之後，德軍主力再次移師西線，決定再次攻打要塞凡爾登，因為凡爾登猶如英法聯軍戰線伸出的一顆利牙，嚴重威脅深入法國北部的德軍側翼。佔領凡爾登，就能打通德軍去往巴黎的通道。如若藉機佔領巴黎，法國便不攻自破，如此英國也就不足為懼。

於是，1916年2月21日，德軍攻入凡爾登，牽制了法國的絕大部分兵力。在這場戰爭中，雙方均使用了新式武器。德軍實施塹壕戰，以噴火器、毒氣彈與大型火炮攻打法軍，法軍則以輕機槍和400毫米超級重炮給予回擊。經過10個月的廝殺後，德、法兩國軍隊死亡人數超過25萬，受傷人數超過50萬。凡爾登大會戰也成為第一次世界大戰中破壞性最大，持續時間最長的戰役。

當年7月，索姆河兩岸震徹山谷的炮聲打破了往日的寧靜。此時，凡爾登會戰還未結束，英法聯軍為制衡德軍，決計對德國陣地進行開戰以來最大規模的炮擊。德方陣地在英法猛烈的炮轟中變得濃煙滾滾。英法聯軍的校射飛機於德軍上空不斷盤旋，給地面炮兵以指揮。與此同時，戰鬥偵察機不斷將炸彈扔向德營。戰爭第一天，英法聯軍便突破德國第一道防線，可是也落得傷亡慘重的後果。之後雙方多次交手，皆落得兩敗俱傷的下場。

在這場戰役中，英法聯軍並未達到突破德軍防線的目的，卻在一定程度上分散了德國的精力，粉碎了它欲透過佔領凡爾登而打敗法國的計畫。

戰爭越是激烈，損失就會越慘重。索姆河戰役是一戰中規模最大的一次戰役，雙方傷亡人數約134萬，當然，這離不開將坦克投入實戰的緣故。

陸戰進行得如火如荼，海洋上的艦隊開始有些沉不住氣。戰爭爆發後兩年多時間裏，英國海軍憑藉海上霸主的地位死死盯住德國的大洋艦

隊，使其多半時間困在德國北海亞德灣沿岸的威廉港與西北部威悉河入海口的不來梅港。

1916年1月，剛剛被任命的德國大洋艦隊司令萊因哈德・舍爾認為，要麼在港內無所事事，要麼衝出去與勁敵決一死戰。在深思熟慮之後，他選擇了後者。舍爾制訂了自認無懈可擊的計畫：以少數戰列艦和巡洋艦襲擊英國海岸，以誘惑英方，而後集中大洋艦隊主力一舉殲滅英國艦隊。5月31日，他命令希佩爾5艘戰列巡洋艦、5艘輕巡洋艦和30艘驅逐艦組成的「誘餌艦隊」駛出威廉港。兩個小時過去了，舍爾親自率領艦隊主力緊跟其後。但是，舍爾無論如何也想不到，自己的計畫早已洩露。同一日，英國將151艘艦隊分為兩個編隊，朝著德國艦隊駛來的方向迎擊。

雙方在丹麥的白德蘭半島附近北海海域相遇後，德國艦隊如餓狼一般，發出第一批炮彈，德英艦隊之間的戰鬥打響。在海上的生死搏鬥中，巨炮怒吼，彈如雨注。最終，德國艦隊以較少噸位的艦隻擊沉了英國較多的艦隻，打擊了英國的士氣。然而，英國艦隊也成功將德國海軍逼退並封鎖於德國港口，使其在戰爭中最終無所作為。

從此，大戰的主動權轉移到了「協約國」一方。1917年，美國參戰，中國等國也相繼投入戰爭，俄國爆發「二月革命」和「十月革命」退出戰爭。一年之後，德國無條件投降，第一次世界大戰以「同盟國」的失敗而畫上句號。

英國雖是勝利一方，卻為這場持續4年的世界性戰爭付出了沉重代價。在經濟上，巨額軍費開支使得英國負債累累，海軍損失嚴重。在政治上，愛爾蘭人藉此機會加快民族解放的步伐，大戰結束3年後，英國政府不得不簽訂《英愛協定》，宣布愛爾蘭南部26郡為「愛爾蘭自由邦」，而自由黨也由此分裂與衰落。

戰爭的風雨已然過去，英國遭遇的陰霾卻並未離開。

BC

耶穌基督出生　0—

君士坦丁統一羅馬

羅馬帝國分成兩部

波斯帝國　500—

回教建立

凡爾登條約

神聖羅馬帝國建立
　　　　　1000—

十字軍東征

蒙古第一次西征

英法百年戰爭開始

哥倫布發現新大陸
　　　　　1500—

英國大破無敵艦隊

發明蒸汽機

美國獨立

美國南北戰爭開始

第一次世界大戰
第二次世界大戰

　　　　　2000—

【相關連結】

1914年12月，英國大主教提出為前線作戰軍隊慶祝耶誕節。此建議一提出便得到積極回應，軍人的家屬為軍人們準備了信箋、聖誕卡和包裹，並在包裹中塞滿衣服、食品、香煙等，甚至還將小聖誕樹送到前線去。

無獨有偶，在聖誕之夜。德國軍隊在聖誕樹上插滿蠟燭，放在戰壕的矮牆上。英國軍隊看到遠處的光亮後，便將這一情況報告給上級。上級下達了不要開火，但要密切監視對方的命令。不久，英國軍隊便聽到德國軍隊歡慶耶誕節的聲音。參戰的英陸軍中尉甘洒迪後來回憶說，德國人在慶祝耶誕節時，曾向己方陣營喊英國人耶誕節快樂。這一聲呼喊感染了英國軍隊，於是一個英國士兵給予對方同樣的祝福。隨後，英德雙方在各自的戰壕裏唱起了同一支聖誕頌歌。

工黨三級跳

1900年，勞工代表委員會成立，工黨自此誕生。十餘年間，它並未有太大的發展，前景影影綽綽，只得一腳深一腳淺地往前走。不過，第一次世界大戰的炮火為工黨帶來了契機，戰爭結束後，工黨開始挑戰自由黨與保守黨的權威，以「三級跳」的方式躋身於議會之中，參與到國家權力角逐的遊戲裏。

工黨從默默無聞迅速發展為英國政壇上的一顆新星，於1918年成為議會第三黨，1922年成為議會第二大黨，打破兩大黨輪流執政的舊格局。兩年後，工黨又以雷霆之勢成功組閣第一屆工黨政府。這在英國政黨政治發展史上無疑是一個奇蹟。是什麼賦予它如此強大的力量，讓它成長如此之迅速呢？

歐洲多數國家的社會民主黨都要經歷從激進逐步走向以選舉政治為中心的改良道路。而英國工黨則選擇了一條與眾不同的路，即自誕生之日起就是將「議會道路」作為目標的群眾性政黨。第一次世界大戰期間，「議會道路」思潮此起彼伏，德國民主社會主義代表人物伯恩斯坦鼓吹「和平進入社會主義」，工黨藉著這股強勁之風，繼承舊工會的工聯主義，接受費邊社會主義，使自己的理論逐漸條理化、系統化。

　　理論的成熟離不開政治家詹姆斯‧拉姆齊‧麥克唐納的作用，他於1905年出版《社會主義和社會》，提出個人是社會的有機組成部分，發揮著重要作用；階級矛盾將隨著民主的增強而逐漸消失等理論，在社會中引起巨大反響。

　　1918年2月，麥克唐納起草的工黨黨綱在特別大會上通過，黨綱明確指出：黨的目標「是在生產公有制和對每一個工業或行業所能做到的最佳的民眾管理與監督的基礎上，確保手工與腦力生產者獲得其辛勤勞動的全部成果和可行的最公平分配」。4個月後，費邊社的主要思想家韋伯提出的《工黨與社會新秩序》又經通過，這一聲明提出了「國民最低生活標準」、「工業民主管理」、「國家財政狀況改革」以及將「剩餘財富用於公共事業」等4項基本原則。後者補充了前者在社會改造方面的不足，後人將其看作一個整體，統稱為「1918年工黨黨綱」。

　　除此之外，工黨還消除了黨內存在的宗派主義，凡是承認黨綱的組織與個人都可加入工黨。這著實壯大了工黨的隊伍，促進了工黨基層組織的建立與發展。

　　俄國爆發十月革命後，英國工人心中燃燒的社會主義情緒更加旺盛。麥克唐納順水推舟，一邊宣傳「和平改造社會」的計畫，一邊實施「議會道路」的方略，於1922年被選為工黨黨魁之後，提出英國歷史上第一個社會主義改造提案。該提案要求下議院授以合法權利，逐漸改換資本主義，建立一個立足於生產和分配公有的、民主管理的工業制度和

社會制度。提案使「1918年工黨黨綱」更加豐富，為以後工黨在議會大選中獲勝鋪平了道路。

1924年1月22日，工黨在自由黨的支持下終於實現執政的目標，領袖麥克唐納也終於成為英國首相。從此，英國的政黨歷史翻開了新的一頁。

工黨的成長，離不開歷史發展潮流的推進，離不開工黨內部的團結、理論綱領的逐步完善和社會藍圖的精彩描繪。但也不得不說，它之所以站得如此高，看得如此遠，是踩在了自由黨的肩膀上。第一次世界大戰摧毀了英國的經濟，也摧毀了自由黨奉行多年的自由貿易主義盾牌。自由黨失去了賴以生存的土壤，只得騰出地方讓工黨開花結果。

歷史轉彎之際，最能考驗掌舵之人。第一次世界大戰後，英國經濟陷入困境，工人失業嚴重，急需政府實施有效政策，扭轉嚴峻的政局。然而，工黨初出茅廬，並無足夠的經驗。再加上內閣任期較短，實施的政策缺乏連續性，這使它在歷史新篇章裏未能盡情揮灑筆墨。

經濟方面，工黨提出《住宅金融法》，對住房建設進行大規模的投入。這項基礎設施建設政策雖刺激了經濟發展，效果卻是在很久之後才能表露出來。

稅收方面，工黨一方面取消保守黨主張的帝國特惠政策，一方面降低各種稅費。但它始終未能向工人提供足夠的就業崗位，也不能制止工人的罷工運動。政府猶如一艘漏水的船，正一寸寸往下沉。

外交方面，工黨參加巴黎國際會議，與各國之間達成和解。英國承認蘇維埃政府，並同意與蘇聯通商通航。

發明蒸汽機

美國獨立

美國南北戰爭開始

第一次世界大戰
第二次世界大戰

　　　　2000—

然而，英蘇的和解成為壓垮工黨的最後一根稻草，保守黨藉機聯合自由黨抨擊工黨內閣的妥協行為。1924年10月，麥克唐納被迫下臺，議會重新大選。最終，保守黨利用一封偽造的共產黨恐嚇信，輕鬆贏得了選民的信任，獲得了半數以上的議席。工黨「三級跳」的神話至此戛然

而止。不過，英國工黨在此時此刻已經於政治舞臺立足，未來的前景雖吉凶難料，卻仍舊需要其扮演重要的角色。

【相關連結】

1924年10月25日，距離新一輪議會大選還有4天，《每日郵報》忽然獲得一封傳聞由共產國際主席季諾維也夫寫給第三國際執行委員會的信件。信中寫道，英蘇兩國要儘快確認同意的條款，並且指出工黨內部的黨員，應盡可能地向政府施壓，以更快更順利地確認條款。不僅如此，信中還表示，英蘇兩國拉近關係後，可「協助推動國際及英國無產階級的革命……為英格蘭及其殖民地擴展及發展列寧主義思想帶來可能」。

本來，英國政府比《每日郵報》收到信件的時間早，且率先向蘇聯駐倫敦代辦處提出抗議，還決定將信件以及抗議的內容向大眾公開，來彰顯自己的無辜與清白。但是《每日郵報》搶先一步，提前刊發了信件的全部內容。儘管首相麥克唐納堅信該信件屬於偽造，卻無力回天，只能眼睜睜看著被共產主義嚇到的選民跑到對手的陣營裏。

危機中的政府

在廣闊無邊的大海中，誰都願意做一名掌舵人，按照自己的心意掌控船的航向。然而，並不是所有的船長都實至名歸，擁有隨心行事的權利。海嘯忽起，狂風忽至，行船顛簸起伏，船長無力劈開風浪順利前進時，只得聽從於強者，做一個「名義上的船長」。麥克唐納就曾做過「名義上的船長」，在1929年的大選中，雖然是他讓工黨成功實現「第四跳」，其人亦出任首相，卻空有其位而無實權，承受了黨外的巨大壓

BC　上古時期

漢

—　羅馬時代
—　0
—

三國
晉

南北朝　盎格魯時代
—　500
隋朝
唐朝
—

英格蘭統一
五代十國
—
宋朝
—　1000
諾曼王朝

金雀花王朝

元朝
—　百年戰爭
明朝

薔薇戰爭
都鐸王朝
—　1500

斯圖亞特王朝
清朝
光榮革命
大不列顛成立

維多利亞女王

中華民國
伊莉莎白二世
—　2000

BC

耶穌基督出生　0—

君士坦丁統一羅馬

羅馬帝國分成兩部

波斯帝國　500—

回教建立

凡爾登條約

神聖羅馬帝國建立
1000—

十字軍東征

蒙古第一次西征

英法百年戰爭開始

哥倫布發現新大陸
1500—

英國大破無敵艦隊

發明蒸汽機

美國獨立

美國南北戰爭開始

第一次世界大戰
第二次世界大戰

2000—

力，被迫執行保守黨的政策。

這時候，工黨距離第一次執政已有5年時間。在這5年裏，英國政府和議會的權力劃分也發生了意想不到的變化。當時經濟危機頻發，工人失業情況越發嚴重，正值此際，政府卻宣布補貼即將停止，致使勞資矛盾更加凸顯；加之工會逐步成熟，工人組織水準的不斷提高，各行業罷工事件此起彼伏。

當時保守黨領袖斯坦利・鮑德溫①剛愎自用，對於亞瑟・內維爾・張伯倫②提出激進改革措施充耳不聞，以至於發生了1926年全國大罷工事件——鐵路、礦業、公路運輸等要害部門的數百萬工人罷工遊行。

鮑德溫束手無策，雖然通過徵募「自願人員」維持一些企業的運作，緩和了緊張氣氛，但是收效甚微。正當他無計可施時，工黨利用時機，有效組織工人運動，舒緩他們的憤怒情緒。繼而，工黨還適時頒布以「安全第一」為口號的工會法，為1929年的大選做足了準備。最終，在選舉對決中，工黨以288票將保守黨擠下臺，成為議會第一大黨。

不過，此時歐洲大陸各地都蔓延著經濟危機帶來的惡果，工人失業率只增不減。英國國內的局勢並不穩定，罷工的颱風還是隨時可能襲來。屋漏偏逢連夜雨，1931年，國際金融危機爆發，致使銀行擠兌頻發，黃金大量外流。工黨有心改變這種局面，卻因在議會中的議席不足半數而遭到自由黨及保守黨的刁難，工黨提出的政策一次又一次被擱置，內部也產生了分歧，宗派活動越演越烈。麥克唐納深知無法按照正常情況向議會提交各類議案以穩定政局，更無法保住自己首相的地位，便謀求別的出路。

1931年8月23日，麥克唐納走進王宮，走到維多利亞女王的外孫、愛德華七世③之子喬治五世④面前請求辭職。喬治五世沒有批准麥克唐納的辭職，反而好言相勸，說自己將英國度過危機的希望寄託在他的身上，且保證運用自己的權力迫使自由黨和保守黨全力支援他穩定政局。

於是，在君王的提議下，麥克唐納繼續擔任英國首相，工黨、保守黨及自由黨聯合起來，成立一個沒有邊界的「國民政府」。

對於「國民政府」的建成，各黨領袖心懷鬼胎。工黨領袖麥克唐納意氣用事，落得被開出工黨的下場。保守黨領袖鮑德溫則巧妙利用這次機會加劇工黨的分裂，讓工黨成為保守黨的傀儡。自由黨領袖撒母耳積極出面替工黨解圍，實則是想重塑自由黨的大黨形象，恢復昔日榮光。

最終，工黨分裂成定局，自由黨大勢已去，而保守黨在這攤渾水中奪了頭魁。1931年10月大選，全民政府共有1,450張選票，554個席位。其中，保守黨佔473席，自由黨佔68席，而被開出工黨的麥克唐納僅僅獲得可憐的13席。此後的幾年中，麥克唐納雖披著首相的名頭，掌握著政府的方向盤，卻始終按照保守黨的意志行事，心中的苦楚可想而知。而保守黨的鮑德溫優哉地做著真正的舵手，出臺各種有利於保守黨發展的政策。

麥克唐納倒也識趣，既然首相這個位子已不為他而設，他又何必死賴著不走。1935年6月7日，麥克唐納以身體有疾為由，將首相寶座拱手讓給鮑德溫，自己甘居下位，改任樞密大臣。6個月後的大選，保守黨再次奪魁，鮑德溫流連於首相之位，不亦樂乎。

然而，坐上高位，就得收拾前任留下來的爛攤子。在這紛亂棘手的爛攤子中，最讓人手足無措的，便是喬治五世之子愛德華八世⑤迷戀美國寡婦辛普森夫人事件。國王和寡婦執意走進婚姻殿堂，讓整個英國為之震動。

世間果真有不愛江山愛美人之人，鮑德溫多次從中調節，終究無濟於事。這場王室家庭糾紛，最終迫使愛德華八世自願簽署退位協定，將國王之位讓給弟弟喬治六世⑥。

一波未平，一波又起，英國在經濟上的危機還未解除，在憲政中又往深淵裏墜一步。英國以後的道路，比任何一個政客想像的更加難走。

【相關連結】

　　愛德華八世在一次偶然的機會下與大洋彼岸的寡婦辛普森夫人相

識，兩人一見鍾情，迅速墜入愛河。泰晤士河的遊艇上，維也納多瑙河

岸，義大利的比薩斜塔，都曾留下兩人你儂我儂的身影。愛情的世界美

麗至極，讓人沉醉；愛情之外的現實，卻是離婚的美國女人無論如何也

不會被英國王室所接受。

　　首相鮑德溫婉言相勸愛德華八世，希望他能回心轉意；弟弟亞伯特

王子（喬治六世）也一再建議愛德華另覓佳人；極具影響力的英國國教

會也激烈反對。最終，他們讓愛德華八世做出選擇：要麼讓辛普森夫人

離開，要麼遜位。愛德華八世不愛江山獨愛美人，毅然決然做出退位的

決定。為了愛情，愛德華八世只做了325天國王，甚至連加冕禮都未來得

及舉行。

【注釋】

　　①斯坦利・鮑德溫，英國保守黨政治家。曾3次出任首相（1923—

1924，1924—1929，1935—1937）。其第一屆政府因保護關稅事件而結

束；在第二屆任期中促進結束了1926年的英國工人大罷工；其第三屆政

府經歷了法西斯主義在歐洲的崛起和愛德華八世退位而引起的英國君主

制度危機等事件，並因漠視法西斯主義對和平構成的威脅而受到猛烈抨

擊。

　　②亞瑟・內維爾・張伯倫，英國保守黨政治家，1937—1940年任英

國首相。他由於在第二次世界大戰前夕對希特勒之納粹德國實行綏靖政

策而備受譴責。

　　③愛德華七世，英國國王（1901—1910）。維多利亞女王和阿爾

伯特親王之子，曾在牛津與劍橋大學就讀，1863年與丹麥克利斯蒂安九

世之女亞歷山卓結婚。維多利亞女王駕崩後，年逾50歲的愛德華繼位為王，在位期間大力恢復因女王長期孀居，而顯得暗淡的英國君主制度之光榮。

④喬治五世，全名喬治‧弗雷德里克‧恩斯特‧阿爾伯特，愛德華七世和亞歷山卓王后的次子。1910年，喬治即位，稱喬治五世。第一次世界大戰期間，喬治五世為了安撫民心，捨棄了自己的德國姓氏，將王室改稱「溫莎」。1936年，喬治五世駕崩。

⑤愛德華八世，英國國王，全名愛德華‧阿爾伯特‧克利斯蒂安‧喬治‧安德魯‧派翠克‧大衛，即後來的溫莎公爵，為喬治五世和瑪麗王后的長子，喬治六世的同母兄。1936年1月20日繼位，為英國和英聯邦各自治領國王，印度皇帝，1936年12月11日簽署退位的文件，共執政325天。他是溫莎王朝的第二位國王，退位後，頭銜由國王愛德華八世成為他作為王儲時期的愛德華王子。1937年5月8日，成為溫莎公爵。二戰期間，他作為英國軍事代表常駐法國，在被指控同情納粹後，到巴哈馬擔任總督，戰後退休度過餘生。

⑥喬治六世，全名亞伯特‧弗雷德里克‧亞瑟‧喬治‧溫莎，英國國王，喬治五世次子，退位的愛德華八世之弟。1936—1952年在位。由於長期吸煙，喬治六世患有嚴重的肺癌。1952年2月6日，喬治六世因血栓在睡夢中去世，遺體安葬在溫莎城堡。他是最後一位印度皇帝（1936—1947）、最後一位愛爾蘭國王（1936—1949），以及唯一一位印度自治領國王（1947—1949）。他的女兒伊莉莎白二世是現任英國女王，外孫是現任威爾斯親王查理斯。

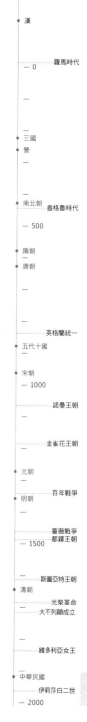

走向慕尼黑

BC

耶穌基督出生　0—

君士坦丁統一羅馬

羅馬帝國分成兩部

波斯帝國　500—

回教建立

凡爾登條約

神聖羅馬帝國建立
　　　1000—

十字軍東征

蒙古第一次西征

英法百年戰爭開始

哥倫布發現新大陸
　　　1500—

英國大破無敵艦隊

發明蒸汽機

美國獨立

美國南北戰爭開始

第一次世界大戰
第二次世界大戰

　　　2000—

美國歷史學家保羅‧甘迺迪曾這樣評價戰後的英國：「贏得了戰爭，輸掉了優勢。」確實，戰後的英國屬於「滿意的國家」。但是，也正是第一次世界大戰讓英國走向衰落，失去一流大國的姿態和氣度。「光榮孤立」的影子和「勢力均衡」的舊傳統決定了英國的定位：充當歐洲的制衡者和仲裁人。在英國看來，「只要德國似一個統一整體，歐洲就能夠或多或少保持均勢。一旦德國分崩離析，這種均勢必然消失；而法國則可以依賴它的軍隊和它的軍事同盟，繼續無可置疑地保持住軍事和政治優勢」。因而，「扶德抑法」等「綏靖政策」[1]順理成章地成為英國對外政策的主旋律。

在這種政策的主導下，1919年1月，勞合‧喬治以戰勝國的身分前往法國召開和平會議。在德國賠款問題上，英國聯合美國持維護德國的態度，與法國的意見對立。最終，經過幾個月的激烈討論，英、法、美、義、日與德國簽訂了《凡爾賽和約》，不僅將德國的賠款定得很低，且同意對方分期償還。

英國統治者很清楚，如果發生重新瓜分世界的武裝鬥爭，英國只會有所失而不會贏得任何東西，而目前的局面是最好的。所以，英國要儘量安撫暴躁且不滿的德國，後來德國提出修改《凡爾賽和約》的要求，英國從官方到民間竟均表示同意。

全力維持國際秩序的英國，在簽訂《凡爾賽和約》之時，也將建立國際聯盟的決議案擺在各國面前。它以「促進國際間合作，並保持其和平和安全」為宗旨，由英國、法國、美國、義大利和日本為常任理事國。這又是英國的一齣好戲，英國在其掩蓋下維護自身既得利益，實際上是為了反對國際上的無產階級革命與民族解放運動。

「綏靖政策」有毒，而英國已經對其上癮。1925年12月，英國與各大國之間簽訂《羅加諾公約》，規定了德國與西部鄰國的邊界現狀，卻未給予德國與其東部鄰國的邊界以保證。這意味著德國可隨意向東部擴張。英駐德大使阿貝農喜不自禁地說道：「在戰後歐洲歷史上，（《羅加諾公約》）應用金色大字記錄下來。」他並不知道，這一步步臭棋，正逼英國甚至整個世界走向絕境。

「全民政府」執政時期，麥克唐納雖主張實行維持歐洲均勢的外交政策，卻未做出逾矩之事，倒是鮑德溫登上首相之位後，因懼怕法西斯淫威，一再妥協退讓，甚至於1935年6月28日擅自與德國簽署《英德海軍協定》，合法解除《凡爾賽和約》對德國海軍軍備的限制，使德國重新武裝合法化。1937年，亞瑟‧內維爾‧張伯倫接替鮑德溫領導的「全民政府」，徹底將英國推向新的世界大戰的深淵。

時隔不久，國際局勢惡化，德國希特勒上臺後大玩政治手段，先是打著和平的幌子，借機廢除《凡爾賽和約》中約束德國武裝的條款，後又徹底撕毀《凡爾賽和約》和《羅加諾公約》。英國逐漸認識到德國已成為最危險的敵人，基於「不冒戰爭風險」的信念，首相張伯倫實行的「綏靖政策」大大超出先前範圍，轉變為避戰求和的政策，它以向德國妥協退讓為中心，從而維持英國搖搖欲墜的大國地位。

張伯倫天真地以為，只要滿足德國的部分利益，便可達到阻止德國為所欲為的目的。於是，他將駐德大使換成親德的漢德遜，將外交大臣換成「綏靖船上的大副」哈利法克斯。

希特勒喜不自禁，在1938年3月11日毫無顧忌地吞併奧地利。張伯倫聽聞這一消息，表面上露出為小國被吞併的悲傷，實際上卻有如釋重負之感。德國順著張伯倫鋪好的路，在6個月後又肆無忌憚地派兵向德捷邊境集結，捷克斯洛伐克立即實行軍事動員，歐洲的戰火隨時引爆。

張伯倫清醒地知道，英國並沒有強大到足以冒戰爭的風險，他唯一

能做的便是犧牲小國利益，填滿希特勒張開的欲望之口。於是，張伯倫
強迫捷克政府將蘇臺德地區割讓給德國。奈何希特勒得寸進尺，想兼併
整個捷克。張伯倫只好於9月29日抵達慕尼黑，與法國、德國、義大利代
表在捷克缺席的情況下簽訂《慕尼黑協定》。之後，張伯倫又與希特勒
簽署《英德宣言》，宣布兩國僅以協商之法解決一切爭端，永不交戰。

　　《慕尼黑協定》簽署後，張伯倫如癡如醉地沉浸在和平的幻覺中，
他從慕尼黑回到倫敦，一下飛機便說道：「從今以後，整整一代人的和
平有了保障。」可是，他並未預料到，這只是一場美夢，等他醒來後就
會看到英國已經捲入希特勒製造的戰爭風暴中。

【相關連結】

　　1938年9月，德軍向德捷邊境集結。眼看兵臨城下，捷克政府不願
任人宰割，加強了邊界作戰兵力。在戰爭一觸即發之際，英國首相張伯
倫徹夜不眠。9月13日晚，希特勒收到張伯倫十萬火急的消息，張伯倫表
示雙方應見一面，希望以和平方式解決這一問題。15日，張伯倫坐了7個
小時的飛機抵達慕尼黑，又轉乘3個小時的火車來到德國的斯加登晤見希
特勒。

　　16日，張伯倫回到倫敦後，召開內閣會議，按照希特勒的要求，決
定不經過捷克的同意將蘇臺德地區割讓給德國，以此阻止希特勒挑起戰
爭。19日，張伯倫與支持英國奉行「綏靖政策」的法國首相達拉第照會
捷克政府，強迫其執行這一決定。

　　捷克政府在英法兩國的要脅下，只好頂住人民的壓力同意割讓領
土。然而，希特勒又獅子大開口，要求兼併整個捷克。這時候的張伯倫
已打定主意犧牲捷克，便在深夜與德、義、英、法四國首腦簽訂了臭名
昭著的《慕尼黑協定》。人們把這次出賣他國求存的事件稱之為「慕尼
黑陰謀」。

耶穌基督出生　0—

君士坦丁統一羅馬
羅馬帝國分成兩部

波斯帝國　500—

回教建立

凡爾登條約
神聖羅馬帝國建立
1000—

十字軍東征

蒙古第一次西征

英法百年戰爭開始

哥倫布發現新大陸
1500—

英國大破無敵艦隊

發明蒸汽機

美國獨立

美國南北戰爭開始

第一次世界大戰
第二次世界大戰

2000—

【注釋】

①綏靖政策，一種對侵略不加抵制，姑息縱容，退讓屈服，以犧牲別國為代價，同侵略者勾結和妥協的政策。第二次世界大戰前，這一政策的積極推行者是英國、法國、美國等國。20世紀30年代前，「綏靖」主要表現為扶植戰敗的德國、支持日本充當防範蘇聯的屏障和鎮壓人民革命的打手。這從凡爾賽體系、華盛頓體系中可以窺見端倪。慕尼黑陰謀更是將「綏靖」推向了頂峰。「綏靖」已成為一種姑息養奸的做法。

【專題】浪漫主義三才子

18世紀末19世紀初，英國浪漫主義詩歌在英國文學史上留下了濃墨重彩的一筆。當時的英國社會正處於劇烈變革與轉型時期，千姿百態的民生與變化莫測的政治格局湧入詩人的眼界，成為他們的題材；加之法國大革命的影響，「上帝即中心」、「理性維持了世界秩序」等固有觀念受到挑戰，使得詩人與藝術家以全新的眼光審視這個世界。他們的激情，他們的傷感，他們為追求理想與自由而進行的鬥爭，成為那個時代鮮明的印跡。

羅伯特・彭斯從蘇格蘭民歌中吸取養料，擯棄一切概念化的偽飾，以語言通俗著稱的《蘇格蘭方言詩集》即是他的代表作。在文學史上，鮮有人將彭斯歸入浪漫主義詩人的行列，但他那激情澎湃的詩歌無疑預示了浪漫主義時代的到來。

英國的浪漫主義詩歌史，離不開撒母耳・柯勒律治和威廉・華茲華斯。他們兩人合著的《抒情歌謠集》，開創了英國文學史浪漫主義時期。他們之所以主張從卑微粗俗的生活中取材，是因為在那樣的生活狀態中，人們具有最自由的思想，最單純的情感，最豐富的想像力。將人們強烈的生命意識與自然之美結合起來，是他們詩歌靈感的源泉。

BC　上古時期
漢
— 0　羅馬時代
三國
晉
南北朝　盎格魯時代
— 500
隋朝
唐朝
英格蘭統一
五代十國
宋朝
— 1000
諾曼王朝
金雀花王朝
元朝
百年戰爭
明朝
薔薇戰爭
都鐸王朝
— 1500
斯圖亞特王朝
清朝
光榮革命
大不列顛成立
維多利亞女王
中華民國
伊莉莎白二世
— 2000

繼柯勒律治和華茲華斯之後，喬治·戈登·拜倫和珀西·比希·雪萊用年輕而短暫的生命，催開了英國19世紀的浪漫主義之花。

拜倫的詩和他的性格不差分毫，時而激揚，時而陰鬱，時而憤怒，時而嘲弄，時而充滿希望和嚮往，時而充斥哀傷和絕望。而他筆下的拜倫式英雄，又是他性格的真實寫照：既有詩人的敏感、孤獨、高傲，又有革命者的激情、英勇、不屈。因他盼望真善與自由，所以他的詩歌充滿熱情，充滿希望，充滿勇氣。可社會現實與他的理想格格不入，所以他的詩歌又充滿哀愁、憤怒和悲觀。他一生多產，代表作有《恰爾德·哈洛爾德遊記》、《唐璜》、《異教徒》、《阿比道斯的新娘》、《海盜》等。

雪萊與拜倫不同，他的詩歌充滿戰鬥熱情，被華茲華斯認為是那個時代最好的詩人，被馬克思和恩格斯譽為「真正的革命家」和「天才的預言家」。他以詩歌為武器，宣揚自由精神，對黑暗的政治體制進行抨擊和批判。他的《西風頌》猶如一道鋒利的閃電，劈開了岑寂的黑夜。1822年，雪萊在海中遭遇風暴而去世，其墓碑上寫道：「P.B.雪萊，心臟中的心臟。」

在浪漫主義詩歌史中，還有一位不可忽視的詩人便是約翰·濟慈。他出身貧寒，看盡了人間冷暖，力圖在詩歌中創作一個充滿美感的世界與現實的污穢世界抗衡。從《夜鶯頌》、《希臘古甕頌》、《秋頌》《蟈蟈和蟋蟀》、《明亮的星》等代表作品中，都可看出他對永恆自然美的追尋，對庸俗現實的否定。儘管他只活了26年，卻在有限的生命裏，用詩歌創造出了無限的價值。

浪漫主義之花就像青春與生命一樣，總有枯萎與凋零的時刻。但也無妨，畢竟它是那樣絢爛地綻放過。等到下一個花季，還會有新的文學潮流出現。

耶穌基督出生　0

君士坦丁統一羅馬
羅馬帝國分成兩部

波斯帝國　500

回教建立

凡爾登條約

神聖羅馬帝國建立
1000

十字軍東征

蒙古第一次西征

英法百年戰爭開始

哥倫布發現新大陸
1500

英國大破無敵艦隊

發明蒸汽機

美國獨立

美國南北戰爭開始

第一次世界大戰
第二次世界大戰

2000

｜第十三章｜戰爭的鉛華

蘇格蘭

北愛爾蘭

英格蘭

威爾斯

倫敦

BC

耶穌基督出生　0—

君士坦丁統一羅馬

羅馬帝國分成兩部

波斯帝國　500—

回教建立

凡爾登條約

神聖羅馬帝國建立
　　　　1000—

十字軍東征

蒙古第一次西征

英法百年戰爭開始

哥倫布發現新大陸
　　　　1500—

英國大破無敵艦隊

發明蒸汽機

美國獨立

美國南北戰爭開始
第一次世界大戰
第二次世界大戰
　　　　2000—

「奇怪的戰爭」

　　是夢總會醒，只是亞瑟‧內維爾‧張伯倫從未預料到，他的和平夢竟會破碎得這麼迅速。1931年9月1日，納粹德國閃擊波蘭，法西斯①的炸彈在歐洲大陸引爆。張伯倫無地自容，於9月3日在下議院發表演講：「我在為公眾服務期間為之致力的一切、希望的一切和新來的一切，今天已摧毀殆盡了。」之後，英、法對德宣戰，第二次世界大戰②爆發。

　　在波蘭戰場上，德國的航空兵與裝甲部隊結合起來，讓全世界第一次領教了「閃擊戰」的威力。波蘭奮力抵抗時，期望得到英法兩國的軍事支援，但英法兩國遲遲沒有向德國法西斯發動大規模進攻，致使波蘭軍隊孤軍作戰。

　　不久，波蘭在德軍的狂轟濫炸之下覆亡。正在此時，美國發表《中立宣言》，打算隔岸觀火。英、法、美的消極應戰方式令德國緩和了進攻速度，而將大量兵力調往西線。這種局面一直延續到1940年4月，人們不禁費解，這場「奇怪的戰爭」將會向何種方向發展。

　　4月9日，德國忽然發動「閃電」攻勢，攻佔丹麥和挪威。5月10日清晨，天剛剛亮，德國就採用「曼斯坦因計畫」③，以大量飛機、坦克為裝備，大張旗鼓侵佔荷蘭、比利時、盧森堡，隨後進攻法國，越過馬其諾防線④。至此，英國主張的「綏靖政策」徹底破產，張伯倫政府垮臺。所謂時勢造英雄，不惜一切代價爭取戰爭勝利的邱吉爾登上首相之位，以強有力的戰爭策略鼓舞英國軍隊衝鋒陷陣。

　　在閃電戰中初嘗勝利之果的德國，大搖大擺挺進英吉利海峽。邱吉爾已經預料到在歐洲大陸的失敗成定局，便主張實行「發電機計畫」（軍事行動代號，即「敦克爾克大撤退」）。

約850艘各種類型、動力引擎、大小的船隻艦隊，跨海集中到法國東北部靠近比利時邊境的港口城市敦克爾克。5月27日，從敦克爾克撤走第一批士兵；至6月4日，已有超過33萬英法士兵成功撤退至英國。這次撤退雖使英國喪失大量裝備，卻絕不是一場奇恥大辱的敗退，所謂「留得青山在，不愁沒柴燒」，它為英國日後反攻保存了力量。英國著名的軍事歷史學家亨利莫爾甚至直接稱，歐洲的光復和德國的失敗就是從敦克爾克開始的。

6月10日，義大利向英、法兩國宣戰，戰火燒到地中海和非洲。6月22日，德軍發起總攻，法國投降。隨後，希特勒發出入侵英國的號令，納粹空軍在英國上空盤旋，轟炸倫敦。狂妄的德國擬定用半月的時間使英國屈膝投降。邱吉爾臨危不懼，發表演講：「我們的政策是用上帝給予我們的全部能力和全部力量在海上、陸上和空中進行戰爭。」

倫敦上空馬達轟鳴，濃煙滾滾。8月24日，英國對德國本土發起反攻，81架英國轟炸機突破兩層高射炮火網，把炸彈投到德國首都柏林，德國舉國震驚。經過一個多月的浴血奮戰後，希特勒於10月12日正式承認入侵英國失敗。

一波未平一波又起，正當英國與德國陷入戰爭旋渦時，義大利進犯非洲，佔領英屬索馬利亞和肯亞等地。1940年12月9日，英國從德國的空襲中抽出身來，發起反攻，擊潰義大利在殖民地的軍隊，並在印度、澳大利亞、紐西蘭等生力軍的配合下收復部分失地，且於5月20日控制非洲之角和紅海。

戰火越燒越旺，遠在大洋彼岸的美國終於感到了緊迫感，再加上英國一再求助與呼籲，美國決定放棄孤立主義立場。1941年3月，美國以「租借法」⑤的形式介入戰爭，英美聯盟開始形成。8月14日，邱吉爾與美國領袖羅斯福公布《大西洋憲章》，英美聯盟正式確立。

另一方面，1941年6月22日凌晨，德國決意擴大戰事，瘋狂向蘇聯

發動全面進攻。蘇聯軍隊無力抵擋德國的坦克與大炮，節節敗退。邱吉爾為了大局暫時擱置與蘇聯的矛盾，決定支援蘇聯。不久之後，英、美、蘇舉行3國會議，共同討論對德作戰問題。10月1日，3國簽訂對蘇聯提供武器裝備的協議書。有了英、美的有力支持，蘇聯軍隊很快粉碎了德國打算迅速佔領莫斯科的企圖，並在第二年的反攻中取得了「莫斯科保衛戰」的勝利。

12月7日，美軍基地珍珠港上空升起巨大的黑色煙霧，日本為奪取「太平洋上的十字路口」，進行了一場致命的賭博——轟炸珍珠港，挑起了太平洋戰爭。這場戰役中，日本以損失6艘潛艇和29架飛機的代價，擊沉擊傷美軍珍珠港內的8艘戰列艦、4艘巡洋艦和260餘架飛機。但因美國3艘航母艦不在珍珠港內，美國由此保存了戰爭的基本力量。

鑑於日本的挑釁行為，羅斯福發表歷史性的演說：「不論在不在港內，我們每個人都將永遠記住這一時刻。」至此，美國完全投入第二次世界大戰中，全球性的戰爭打響。

不過，反法西斯一方還未佔據主動權，戰爭的形勢仍未轉變，反法西斯同盟仍要為和平之日的到來浴血奮戰。

【相關連結】

佔領波蘭，不僅可以使德國獲得大量資源，還可消除進攻英法的後顧之憂，因而攻佔波蘭成為希特勒稱霸世界的軍事戰略重要組成部分。按照原計畫，希特勒全面進攻波蘭的時間應是1939年8月26日，然而，真正的進攻時間被推遲到了9月1日，這是為何呢？

8月22日，德國突然收到來自英國首相張伯倫的一封電報，電報中，張伯倫對德國企圖侵略波蘭表示強烈不滿。希特勒看後，只是將電報扔到一邊，根本沒有將張伯倫的咆哮放在眼裏。然而，當他正準備發號施令時，竟收到盟友義大利法西斯黨魁墨索里尼的一封電報。墨索

耶穌基督出生　0

君士坦丁統一羅馬

羅馬帝國分成兩部

波斯帝國　500

回教建立

凡爾登條約

神聖羅馬帝國建立
1000

十字軍東征

蒙古第一次西征

英法百年戰爭開始

哥倫布發現新大陸
1500

英國大破無敵艦隊

發明蒸汽機

美國獨立

美國南北戰爭開始

第一次世界大戰
第二次世界大戰

2000

里尼在電報中警告德國，一旦德國侵入波蘭，英、法便會向德國宣戰，而義大利此時並未做好應戰準備。希特勒權衡利弊，只得臨時改變原計畫，給義大利留出準備時間，將進攻波蘭的日子推後了6天。

【注釋】

①法西斯這個詞來自拉丁語的Fasces（束棒之意），在古羅馬權力和威信的標誌。最原始口號是：「strength through unity」（力量源自團結）。法西斯主義最典型的概括就是：「個人服從集體，集體服從領袖。」對於法西斯，較為準確的定義是指：20世紀40年代達到頂峰的各種形式的崇尚暴力的國家主義和集權主義運動。

②第二次世界大戰簡稱二戰，亦可稱世界反法西斯戰爭，1939年9月1日—1945年9月2日，以德國、義大利、日本法西斯等軸心國（及保加利亞、匈牙利、羅馬尼亞等國）為一方，以美國、英國、法國、蘇聯、中國（及加拿大、澳大利亞、衣索比亞）等反法西斯同盟國家和全世界反法西斯力量為另一方，進行的第二次全球規模的戰爭。

③「曼斯坦因計畫」，德軍將主力放在法德交界的阿登森林山區，對法軍造成突然襲擊，而北方則負責吸引法軍注意，最後形成合圍之勢，迅速佔領法國。

④馬其諾防線，從1929年起開始建造，1940年才基本建成，造價50億法郎。其名稱來自當時法國的陸軍部長馬其諾。防線主體有數百公里，主要部分在法國東部的蒂永維爾。

⑤「租借法」，美國國會在1941年3月11日通過的一項法案，授權總統以出售、轉讓、租賃等方式為盟國提供戰爭物資。

BC　上古時期

漢

0　羅馬時代

三國
晉

南北朝　盎格魯時代

500

隋朝
唐朝

英格蘭統一
五代十國

宋朝
1000

諾曼王朝

金雀花王朝

元朝
百年戰爭
明朝

薔薇戰爭
都鐸王朝
1500

斯圖亞特王朝
清朝
光榮革命
大不列顛成立

維多利亞女王

中華民國
伊莉莎白二世
2000

驍勇蒙哥馬利

BC

耶穌基督出生　0—

君士坦丁統一羅馬

羅馬帝國分成兩部

波斯帝國　500—

回教建立

凡爾登條約

神聖羅馬帝國建立

1000—

十字軍東征

蒙古第一次西征

英法百年戰爭開始

哥倫布發現新大陸

1500—

英國大破無敵艦隊

發明蒸汽機

美國獨立

美國南北戰爭開始

第一次世界大戰
第二次世界大戰

2000—

　　埃及首都開羅以北100多公里處，就是第二次世界大戰北非主戰場阿拉曼。阿拉曼本是一座寧靜的小鎮，一邊是波濤洶湧的藍色海洋，一邊是綿延無垠的黃色沙漠。但是，因它北臨地中海，南靠卡塔拉盆地，便成了第二次世界大戰中敵對雙方爭奪的軍事要塞。

　　德國侵入阿拉曼，是為了佔領蘇伊士運河與海灣一帶的油田；而反法西斯同盟軍拿下這塊寶地就能以其為前線，以尼羅河三角洲為物資補給基地。於是，1941年2月，德國派具有「沙漠之狐」之稱的將領隆美爾率兵入侵埃及，威脅開羅和蘇伊士運河，使奧金萊指揮的英軍大受挫折。雙方以坦克對決，英軍在德意聯軍強勁的攻勢下，從利比亞敗退。1942年6月30日，德意軍隊佔領阿拉曼，英國政府大為震驚。

　　在這千鈞一髮的時刻，邱吉爾調兵遣將，重組英國中東司令部，並任命蒙哥馬利為第八集團軍司令。在蒙哥馬利回憶錄中，他寫道：「在這場仗中，隆美爾要被輕易擊敗而且敗得分明，第八集團軍的傷亡又要非常輕微。」蒙哥馬利之所以如此自信，是因為他對整個作戰形勢有非常全面且獨到的分析。10月23日，他調整戰術，指揮盟軍炮兵和空軍展開強大攻勢，猛烈轟炸德意聯軍的陣地，阿拉曼戰役打響。

　　經過10多天的反攻，英軍殲滅德軍將近6萬人。德國一代名將隆美爾拼死抵禦也未能挽回軸心國軍隊的頹勢。為避免更多兵士拋屍沙漠，11月4日，隆美爾下令殘餘軍隊全部撤退。蒙哥馬利乘勝追擊，迅速向西挺進，於1943年1月佔領利比亞的昔蘭尼加和的黎波里塔尼亞全境。

　　1942年11月，英美決定執行進攻北非的「火炬」行動計畫，於法屬北非的阿爾及爾、奧蘭和卡薩布蘭加登陸，迅疾佔領沿海重要港口，隨後向突尼斯挺進。希特勒對這次登陸行動始料未及，但也快速做出了反

應：用運輸機將部隊源源不斷地運往突尼斯，與非洲軍團會和，同時在突尼斯北部山地建立防線，逐步向南推進。反法西斯同盟軍受挫後絲毫不氣餒，蒙哥馬利調整戰術，於1943年5月7日攻入突尼斯。不久之後，美軍第二軍也攻佔比塞大港。德軍看到英軍開著坦克揚長而過手足無措，紛紛奔向灘頭，卻發現灘頭沒有用於逃脫的船隻與飛機，德軍全面崩潰。

兩年多的拉鋸戰之後，北非戰爭終於以盟軍的勝利落下帷幕。自此，地中海航道得以暢通，這為盟軍經由西西里島重返歐洲創造了有利條件。

7月的一個深夜，蒙哥馬利率領英軍主力與美國、加拿大軍隊會和，登陸意屬西西里島。由於希特勒判斷失誤，以至於盟軍未費吹灰之力便摧毀了德軍的裝甲師。一個多月後，德軍倉皇撤退，英美聯軍侵入墨西拿，佔領全島，義大利法西斯政權垮臺。10月3日，義大利對德宣戰，英美蘇承認義大利為盟友。反法西斯軍隊打開了從南部登陸歐洲的大門。

1943年11月28日，英、美、蘇三國首腦邱吉爾、羅斯福、史達林在伊朗首都德黑蘭舉行會議，簽署《德黑蘭宣言》和《德黑蘭總協定》，通過了三國首腦對德國作戰中一致行動及戰後合作的宣言，並決定開闢歐洲第二戰場，儘快粉碎納粹德國，不給它留下喘息機會。

1943年下半年，蘇德戰場、北非戰場、太平洋戰場以及亞洲戰場的同盟國軍隊都開始掌握主動權，第二次世界大戰發生了根本轉折，反法西斯盟軍開始全面反攻。1944年6月，在西歐戰場上，英、美、加盟軍成功登陸諾曼第，開闢歐洲第二戰場。在這場世界戰爭史上最大的兩棲登陸戰中，蒙哥馬利率領盟軍英勇作戰，先是於8月解放法國，後又進入荷蘭、比利時、盧森堡，直逼德國本土。德國軍隊連連敗退，潰不成軍。

與此同時，在東南亞戰場上，中美英聯軍加緊攻擊緬甸、印度等境

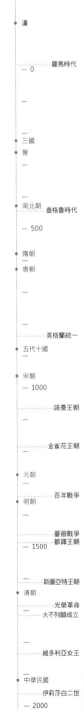

內的日軍。在中國戰場，中國軍隊也對日軍展開了大規模局部反攻。日本法西斯政權搖搖欲墜。

　　1945年，在反法西斯同盟國的團結作戰下，德國和日本法西斯先後於5月和8月宣布投降。9月2日，日本在停泊於東京灣內的美國軍艦上，正式簽署無條件投降書。至此，第二次世界大戰宣告結束。

　　戰事結束後，英國舉國上下湧動著勝利的浪潮。誠然，這場勝利離不開反法西斯同盟國的同心協力，也離不開首相邱吉爾突出的領導與指揮才能，但蒙哥馬利的驍勇善戰也不容忽視。英國將領霍羅克斯曾在戰後回憶說：「（蒙哥馬利到來所產生的影響）就像在不列顛的這個鄉村角落爆炸了一顆原子彈一樣。」

【相關連結】

　　英國第八軍團總司令蒙哥馬利，在第二次世界大戰的戰場上，經常戴一頂鑲著將軍和裝甲兵兩枚帽徽的軍帽。士兵紛紛猜測，他為什麼要戴一頂這樣與眾不同的帽子。有人說是為了標新立異，故作神秘；有人說是為了凸顯裝甲兵的重要性。然而，這都不是蒙哥馬利戴這頂帽子的本意。他認為，作為軍隊的統帥人物，要使下級官兵經常看到自己才能鼓舞士氣，戴上具有獨特標誌的帽子，士兵更能將自己認出來。

　　因為他在第一次世界大戰中擔任過排長和上尉參謀，卻從未見過總司令。於是，他將英軍士氣低落的原因歸結於此。他說：「各部隊官兵看到這頂帽子，就知道我來了，就知道我對他們的所作所為非常關切，就知道我不只是坐在安全的後方，高高在上發號施令。」

耶穌基督出生　0

君士坦丁統一羅馬

羅馬帝國分成兩部

波斯帝國　500

回教建立

凡爾登條約

神聖羅馬帝國建立
　1000

十字軍東征

蒙古第一次西征

英法百年戰爭開始

哥倫布發現新大陸
　1500

英國大破無敵艦隊

發明蒸汽機

美國獨立

美國南北戰爭開始

第一次世界大戰
第二次世界大戰

　2000

沐浴烈火的新生

第二次世界大戰中法國淪陷後，英國報刊上出現了一則漫畫，漫畫上是一個英國士兵站在英吉利海峽邊上，自豪地說道：「孤立無援嗎，很好！」民意測驗顯示，認為英國會輸掉戰爭的人不超過3%，邱吉爾發表鼓舞士氣的演講發揮了很大作用。日後，邱吉爾在《戰爭回憶錄》中說：「一股不可抗拒的熊熊烈火燃遍了我們這個島嶼的每個角落。」英國就憑著這股不服輸的勢頭，在戰爭炮火中，穿過不見天日的黑暗，用熱血、辛勞和汗水，換來了戰爭的勝利。

英國之所以能抵擋來自納粹國家的攻擊，除卻反法西斯同盟國的並肩作戰，也與英國內部自上而下的團結密不可分。歐洲上空硝煙彌漫，血流成河，而英國政府與人民則凝聚成一股一致對外的強大力量，以整齊有序的步伐，牢牢守護著大不列顛這個大本營。

在議會中，邱吉爾以首相的身分協調各部，要求打破各黨界限，暫時放下分歧。他說：「過去，我們曾有不同的見解，也曾爭吵過；但現在一個共同的目標將我們團結在一起，來把戰爭打下去直到贏得勝利。」於是，保守黨、自由黨與工黨拋開先前恩怨，像第一次世界大戰那樣，組成一個小型的多黨戰時內閣。

在戰時內閣裏，邱吉爾兼任國防大臣，負責制訂英國作戰計畫；保守黨艾登出任外交大臣；自由黨領袖辛克萊擔任航空大臣；工黨領袖艾德禮任掌璽大臣，掌管下議院，同時兼任邱吉爾的副首相、接任樞密院長。三黨又一次聯合起來，為了將更多精力放在取得戰爭勝利上，聯合政府還特別將本應在1939—1940年間舉行的議會大選延至大戰結束。

這一聯合政府在戰爭中經受了兩次考驗。第一次是1942年年初，英軍在北非戰場遇到德國驍將隆美爾的勁旅，頻頻受挫，傷亡慘重。英國

BC　上古時期

漢

羅馬時代

— 0

三國
晉

南北朝　盎格魯時代

— 500

隋朝
唐朝

英格蘭統一
五代十國

宋朝
— 1000

諾曼王朝

金雀花王朝

元朝

百年戰爭
明朝

薔薇戰爭
都鐸王朝
— 1500

斯圖亞特王朝
清朝
光榮革命
大不列顛成立

維多利亞女王

中華民國
伊莉莎白二世
— 2000

BC

耶穌基督出生　0—

君士坦丁統一羅馬

羅馬帝國分成兩部

波斯帝國　500—

回教建立

凡爾登條約

神聖羅馬帝國建立
1000—

十字軍東征

蒙古第一次西征

英法百年戰爭開始

哥倫布發現新大陸
1500—

英國大破無敵艦隊

發明蒸汽機

美國獨立

美國南北戰爭開始

第一次世界大戰
第二次世界大戰

2000—

議會頓時出現騷動，甚至出現了邱吉爾準備下臺的謠言。1月27日，在邱吉爾的提議下，議會舉行了信任投票。他號召所有議會公開表態，提醒議員「在投票時誰都不必膽小如鼠」。結果，460人投了政府的信任票，反對者只有一個人。

不到半年的時間，聯合政府又迎來了一次更大的考驗。德軍在北非以迅猛之勢突破英軍防線，向阿拉曼迅速推進。英軍無力抵抗，一潰千里，尼羅河三角洲危在旦夕。保守黨財政委員會主席沃德洛·米爾恩在海軍元帥羅傑·凱斯的支持下，以中央對戰爭指揮不利為由，提出對聯合政府不信任投票。

邱吉爾立即反擊，指出下議院應該成為國家持續穩定的因素，而不應成為新聞界中那些心懷叵測之人的工具。接著，邱吉爾要求全體議員投票支持政府。最終投票結果顯示，只有25人支援米爾恩，30人棄權，476人投反對票。以邱吉爾為首的聯合政府順利渡過了戰時最大的危機。

為支援戰爭，國家加大管理與干預力度。在第二次世界大戰之前，自由主義傳統的盛行使政府被認為是「不可避免的禍害」，因而中央政府的規模極小。但為了提高政府的作戰能力，許多與戰爭有關的部門，諸如物資供應部、經濟戰爭部、新聞部、糧食部、民航部、廠房建設部等，如雨後春筍應運而生。這些部門在戰時發揮了不可忽視的作用，在戰爭結束後也大多保留下來，成為國家干預整個社會的基礎。

進行大規模的人力動員，也是聯合政府指揮戰爭取得勝利的原因之一。聯合政府規定，18歲以上50歲以下的男女必須以服兵役、參加本土保衛、維護治安等方式為國家服務；19歲以上22歲以下的婦女必須全日工作，其他婦女至少要半天工作。1941年14至64歲男子有94%被國家徵用，這種形式和規模的大動員在英國歷史上還是第一次。同時，勞資雙方實行「休戰」，矛盾得以緩和。人們的言論出版自由、罷工自由等權

利在一定程度上有所限制，但人們毫無怨言。

戰爭的爆發增強了英國的民族凝聚力，也讓人們更加嚮往未來美好的生活，即希望戰後的英國社會是一個繁榮昌盛的「新社會」。經濟學家亨利・貝弗里奇在這種氛圍中，向全國公布了他著名的《貝弗里奇報告》。這份報告描繪了戰後「新社會」的藍圖，即在新社會裏，貧窮將永遠消失，人人都有生存的保障。

不可否認，第二次世界大戰使英國失去了世界霸主的地位，經濟受到嚴重創傷，需要依賴美國的援助才能恢復，「日不落帝國」的榮光也永遠留在了昔日。然而，值得慶幸和珍惜的是，英國政府和人民為了和平之日的到來，曾那樣團結地並肩作戰。

【相關連結】

《貝弗里奇報告》的發表，立即在英國社會形成一股強大的衝擊波。倫敦各報刊紛紛刊登這一報告的摘要，並給予評價。《泰晤士報》說它把「希望變成了明確現實的計畫」，《經濟學家》說它是「迄今所起草的最令人矚目的政府文件之一」。僅僅一年的時間，這份報告便售出全文本25萬多份，摘要本37萬份，甚至在美國還售出1萬多份。買一本兩先令的「貝弗里奇小冊子」，要排很長時間的隊。

然而，政府對這份報告的反應十分冷淡。邱吉爾說要警惕「危險樂觀主義」，不要產生虛假的希望。為維持聯合政府的一致性，工黨領袖也認為應將精力集中在打仗上，不要過多討論戰後問題。領袖的冷漠態度使許多人感到失望，1944年新聞部發表一項報告：「許多人尤其是工人一方面支持這項計畫，一方面又擔心它不會像現在這樣子成為法律。」

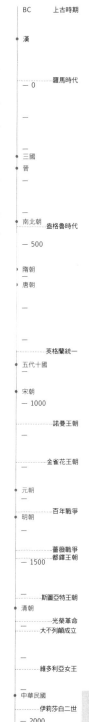

BC　上古時期

漢

羅馬時代
— 0

三國
晉

南北朝　盎格魯時代
— 500

隋朝
唐朝

英格蘭統一
五代十國

宋朝
— 1000

諾曼王朝

金雀花王朝

元朝
百年戰爭
明朝

薔薇戰爭
都鐸王朝
— 1500

斯圖亞特王朝
清朝
光榮革命
大不列顛成立

維多利亞女王

中華民國
伊莉莎白二世
— 2000

全民的「政治健忘症」

　　1945年7月，戰爭的硝煙即將散盡，英國又將迎來議會大選。民族英雄邱吉爾在二戰中立下不世功勳，自是高枕無憂，穩操勝券，怎麼也沒料到會在政治巔峰慘遭滑鐵盧。工黨出人意料大勝，獲得全國47.6%的選票，以壓倒性優勢擊敗了保守黨。外國評論家在驚愕之餘，不禁感歎，難道英國的選民患了「政治健忘症」？

　　然而，選民心中自有一把秤，經過一場慘無人寰的戰爭後，他們明確知道自己想要過什麼樣的生活。對他們而言，邱吉爾作為戰時領袖依舊深孚眾望，但在和平時期，邱吉爾的吸引力則消失得無影無蹤。英國史學家理查森說：「在艱難的歲月裏，人們期待更好的食品、更好的房屋和改善社會福利服務。衰退的英國由於第二次世界大戰幾乎沒有根本改革，現在不能抵抗變化了。」

　　基於此，工黨在大選前不失時機地發表《讓我們面對未來》的宣言，這一宣言以《貝弗里奇報告》為藍本，簡明扼要地提出戰後施政綱領，宣稱工黨將充分保障食品供應，使公民獲得良好的住宅，實行國有化等有利於改善人民生活的政策。不得不承認工黨這份宣言是針對英國社會現狀的癥結所研製的秘方。

　　正如中國學者費孝通所說：「希特勒帝國之夢固然被這『約翰牛』的固執所戳破，但是大英帝國也無情地在這場苦鬥中被拖下水。」而再將英國從水中拉上岸的方法，唯有實行社會改革，安撫民眾。保守黨非但未能提出任何有效的改革綱領，甚至取笑抨擊工黨，邱吉爾也就落得被選民拋棄的下場。

　　就這樣，邱吉爾下臺，工黨領袖克萊門特‧理查‧艾德禮坐上首相之位。艾德禮剛上臺，對外支持喬治‧卡特萊特‧馬歇爾的「歐洲復興

BC

耶穌基督出生　0—

君士坦丁統一羅馬

羅馬帝國分成兩部

波斯帝國　500—

回教建立

凡爾登條約

神聖羅馬帝國建立
　　　　　1000—

十字軍東征

蒙古第一次西征

英法百年戰爭開始

哥倫布發現新大陸
　　　　　1500—

英國大破無敵艦隊

發明蒸汽機

美國獨立

美國南北戰爭開始

第一次世界大戰
第二次世界大戰

　　　　　2000—

計畫」；對內則強調，政府的形象應是和平建設、勇於改革的形象，而不是戰爭、守舊的形象。為更好地實施提出的改革措施，他組建了一個精幹的內閣。歐尼斯特‧貝文任外交大臣，休‧道爾頓任財政部長，赫伯特‧莫里森任樞密大臣和下議院領袖，安奈林‧比萬任衛生大臣以解決住房建造和醫療保險問題。

以艾德禮為首的精幹內閣，將工作重心放在了財政、國有化和社會保障3個方面。

在財政上，政府以鼓勵出口、限制進口的方式，彌補財政赤字。同時，向美國借款，以此充實英格蘭銀行的外匯儲備，穩定英國的金融市場。

國有化是艾德禮政府改革的核心內容，其目的是利用國家力量維護英國經濟機制的正常運作，促進戰後英國經濟的恢復與增長。大致有3種部門收歸國有，其一是運輸和通訊部門，其二是技術水準較低、長期虧損的煤炭、鋼鐵和電力工業部門，其三是中央銀行。經過兩年的試驗階段後，自1947年始國有化速度加快，至1950年政府通過國有化掌握的資產總額約佔全國經濟的20%。

在社會保障方面，艾德禮政府主張建立比較完善的社會制度。早在艾德禮政府上臺之前，英國的社會福利事業已初成規模，因而，工黨政府想要完成落在自己肩上的歷史使命並不困難。

1948年7月4日，艾德禮透過電臺向全國宣布：「4項立法《國民保險法》、《工業傷害法》、《國民補助法》、《國民醫療保健法》明天將開始生效。這些立法是社會保障的主體……這些社會服務將是廣泛的，每一個公民都可以享受到，每一個家庭成員都將由此獲得保障。」這些立法中，以《國民保險法》和《國民醫療保健法》為重中之重。《國民保險法》規定，凡是已經就業但未達到退休年齡的人都必須參加國民保險。《國民醫療保健法》的實行，需對全國醫院實行國有化，對

BC　上古時期

漢

　　　　　羅馬時代
— 0

三國
晉

　　　　　　　盎格魯時代
南北朝
— 500

隋朝
唐朝

　　　　　　英格蘭統一
五代十國

宋朝
— 1000

　　　　　諾曼王朝

　　　　　金雀花王朝

元朝
　　　　　　百年戰爭
明朝

　　　　　薔薇戰爭
　　　　　都鐸王朝
— 1500

　　　　　斯圖亞特王朝
清朝
　　　　　光榮革命
　　　　　大不列顛成立

　　　　　維多利亞女王

中華民國
　　　　　伊莉莎白二世
— 2000

全體國民實行免費醫療。雖然這些保障法的施行受到了不少阻力，但都被精力充沛且性格倔強的安奈林·比萬一一掃除。

有人說，艾德禮政府的福利國家建設，簡直就是一場「和平的社會革命」。這並不是虛張聲勢，它不僅奠定了以後30年共識政治的基礎，而且也確定了英國迄今為止的基本生活方式，標誌著戰後英國社會的一大進步。

然而，所有的改革都不是一帆風順的，艾德禮政府進行大刀闊斧的改革時，也遇到了諸多困難。諸如資金不足，經費緊缺；嚴寒干擾，運輸不暢，工人牢騷滿腹；外匯危機頻發，英鎊的國際地位受損。再加上工黨缺少改革經驗，致使國有化在實施過程中出現了一些失誤，以及無力滿足民眾想要不斷提高生活水準的願望等。

凡爾登條約

神聖羅馬帝國建立
　　　1000—

十字軍東征

蒙古第一次西征

英法百年戰爭開始

丟了執政地位的保守黨虎視眈眈，眼見工黨在改革中力不從心，便乘機拉攏選民，攻擊艾德禮政府。1951年大選之際，保守黨發表《強大而自由的英國》，並做出每年建造30萬套住房的許諾。最終，保守黨壓倒工黨，如願上臺執政。

工黨雖然輸掉了這場選舉，卻將福利國家的機器保留了下來。無怪乎紀錄片導演肯洛奇會這樣說：「1945年工黨政府的諸多成就，大多在我們的歷史中隱而未現。面臨經濟崩潰的窘境，英國國有化主導產業，建成福利國家。慷慨、互助、合作是那個時代的口號。多虧這些人決心堅定，獻身於打造一個美好世界的夢想，我們怎能輕易忘懷。」

【相關連結】

哥倫布發現新大陸
　　　1500—

英國大破無敵艦隊

發明蒸汽機

美國獨立

美國南北戰爭開始

第一次世界大戰
第二次世界大戰

　　　2000—

在1945年英國大選之前，美國《每日先驅報》便斷言：「投邱吉爾的票，就是贊成保守主義的一切黑暗面；投邱吉爾的票，就是要英國人民仍然過他們不願再過的那種不愉快的日子。」果然，有主見的選民就在大選中毫不猶豫地將票投給了主張社會改革的工黨。

民間傳言，當保守黨落選的消息傳來時，理查‧皮姆爵士去看望邱吉爾，並十分窘迫地將這個不幸的消息告訴了他。當時，邱吉爾正悠閒地躺在浴室裏洗澡，聽聞這一消息，內心雖震驚至極，卻仍表現出了大將風度。他不動聲色地說道：「他們完全有權利把我趕下臺。那就是民主！那就是我們一直奮鬥爭取的！現在勞駕您把毛巾遞給我。」

就這樣，邱吉爾揮一揮衣袖，不帶走一片雲彩，只留下了一句「對偉大人物的無情，是一個民族成熟偉大的標誌」名言，然後讓出了首相寶座。

大刀揮舞之夜

1951年的議會大選，保守黨憑藉一篇《強大而自由的英國》宣言，以及每年建造30萬套住房的許諾上臺執政。此後，保守黨在政治和組織上做了重大調整，政策上逐漸向左傾斜，並與工黨逐漸達成政治共識，因而在接下來13年中始終立於不敗之地。

在保守黨執政期間，英國政治局面始終處於保守黨與工黨的政策相互靠近的氛圍，究竟是什麼原因導致這種現象的呢？

原因在於，兩次世界大戰給保守黨與工黨的和諧關係帶來契機。戰爭中密切合作過的兩黨，在戰後不再是生死搏鬥的仇敵，而更像是一對觀點稍有差異的政治夥伴，這無疑為兩黨達成政治共識產生促進作用。

再者，英國歷史上便有兩黨透過議會鬥爭的方式進行政治合作的傳統，兩黨為了上臺執政，需根據選民的意願不斷調整自己的政策。兩黨之間的較量，並非完全對立，而在一定程度上互補。第二次世界大戰後的英國產業結構發生變化，中產階級的勢力壯大，導致各黨基本成員和核心領導集團的階級屬性逐漸接近並趨同。

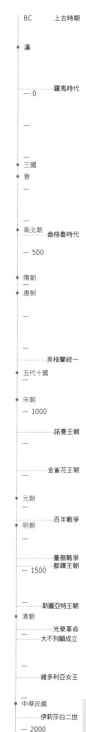

BC　上古時期

漢

羅馬時代

— 0

三國
晉

南北朝　盎格魯時代

— 500

隋朝
唐朝

英格蘭統一
五代十國

宋朝
— 1000

諾曼王朝

金雀花王朝

元朝

百年戰爭
明朝

薔薇戰爭
都鐸王朝
— 1500

斯圖亞特王朝
清朝
光榮革命
大不列顛成立

維多利亞女王

中華民國
伊莉莎白二世
— 2000

正如英國學者古茲曼所說：「我們發現，現在每一個階級（政黨的黨員、政黨活動分子、地方政黨領袖、議員、全國性政黨領袖）的社會屬性不那麼具有『代表性』，並且有些輕微傾斜於和取寵於那些在我們社會中屬於中等和上等階級的人士。」

因為以上這些因素，保守黨與工黨的「共識政治」客觀上形成了。

1951年，邱吉爾再任內閣首相，保守黨的「共識政治」初見成效。財政上實行「凱恩斯主義」經濟政策，即由經濟學家凱恩斯提出的，國家採用擴張性的經濟政策，透過增加需求促進經濟增長。即擴大政府開支，實行財政赤字，刺激經濟，維持繁榮。

在該經濟政策主導下，英國扭轉了貿易逆差，就業率不斷增高，社會保障體系得以鞏固，固有化經濟持續發展，社會經濟出現繁榮局面。住房方面，時任住房大臣的哈樂德・麥克米倫協調各部門，兌現了保守黨大選時的諾言，第一年建成30萬套住房，第二年又建成32.7萬套，此後每年逐步增加，有效解決了民眾的住房問題。麥克米倫也以此為階梯，在以後的議會大選中，逐漸靠近首相位置。

然而，天有不測風雲，1954年，年老體衰的邱吉爾辭去首相職位，告別政壇。政壇老手羅伯特・安東尼・艾登接替他擔任首相職位。正當保守黨為自己所取得的成績欣喜時，鐵路與碼頭工人因工資糾紛而罷工，出口貿易大受影響，國際收支失衡。保守黨措手不及，為了度過這一難關，急忙取消補貼費用，並抬高消費稅和利潤稅。

哥倫布發現新大陸
1500—

英國大破無敵艦隊

發明蒸汽機

美國獨立

美國南北戰爭開始

第一次世界大戰
第二次世界大戰

2000—

一波未平，一波又起，1956年7月，保守黨又在外交上跌了跟頭。埃及政府決意收回英法長期佔領的蘇伊士運河，保守黨無力阻止，只好連同法國發動對埃及的戰爭，打算動用武力解決問題。工黨乘機製造倒閣風潮，保守黨地位岌岌可危。首相艾登無地自容，以身體不適為由在1957年讓出寶座，由麥克米倫繼任。

經濟的繁榮與否同人民生活水準是否提高，最能直觀地看出政府

的執政能力。所以，麥克米倫一上臺就透過降低各種稅費，增加住房補貼，減免貸款等方式，營造經濟恢復發展的氛圍。僅僅兩年的時間，經濟終於得以恢復。

又是一年大選時，麥克米倫在1959年競選中依仗取得的經濟成就，揚言道：「無疑，容我直接地說，絕大部分國民都從未試過有那麼好的政府。」儘管工黨前來挑釁，終究失意而歸，保守黨仍體面地贏了這場艱難的選舉戰役。

可是，在經濟形勢每況越下時代裏，做好當家人並不那麼容易。英國早已不再是昔日那個輝煌的「日不落帝國」，巨額貿易逆差讓這個暮年的帝國幾乎喘不過氣來。保守黨即便再有靈丹妙藥，也無力回春。為了維持保守黨的執政地位，麥克米倫不得不出下策。

1962年7月13日夜晚，麥克米倫翻來覆去睡不著，長時間的失眠過後，他終於做出決定：一次罷免7名保守黨內閣成員。這次大刀闊斧的政治剪裁並非流血的革命，不過卻無異於一場你死我活的戰爭，有人將此次政治大換血稱為「大刀揮舞之夜」，或是「七月大屠殺」。自由黨傑瑞米・索普聽聞此事後說道：「他這樣的人一定沒有更大的愛心，竟為了自己的生活而放棄了他的朋友。」

麥克米倫對內閣進行大規模改組，以期重獲選民支持。但是改組非但未能提高民眾對保守黨的支持，還被外界認為政府內部已全面陷入恐慌狀態。第二年10月，麥克米倫被誤診為前列腺癌，他以為自己命不久矣，毅然辭去首相職位，由亞歷山大・腓特烈・道格拉斯-休姆出任首相一職。

休姆是英國史上最後一位出身自上議院的首相，為了出任該職，甚至放棄了貴族的爵位。他也是最後一位由英國君主指定出任首相的人，於1963年由女皇伊莉莎白二世揀選任命。休姆原本無意擔任首相，實在是政黨鬥爭將他逼上梁山。他並非善於玩弄權術之人，又缺乏處理經濟

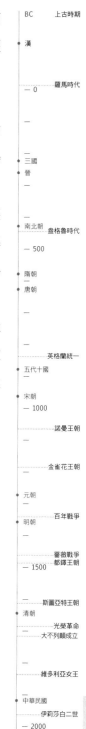

BC 上古時期
漢
羅馬時代
— 0

三國
晉

南北朝　盎格魯時代
— 500
隋朝
唐朝

英格蘭統一
五代十國
宋朝
— 1000
諾曼王朝

金雀花王朝
元朝
明朝　百年戰爭
薔薇戰爭
都鐸王朝
— 1500
斯圖亞特王朝
清朝
光榮革命
大不列顛成立

維多利亞女王

中華民國
伊莉莎白二世
— 2000

BC

耶穌基督出生　0—

君士坦丁統一羅馬

羅馬帝國分成兩部

波斯帝國　500—

回教建立

凡爾登條約

神聖羅馬帝國建立
　　　　　1000—

十字軍東征

蒙古第一次西征

英法百年戰爭開始

哥倫布發現新大陸
　　　　　1500—

英國大破無敵艦隊

發明蒸汽機

美國獨立

美國南北戰爭開始

第一次世界大戰
第二次世界大戰

　　　　　2000—

事務的經驗，因此一直未能改善英國經濟困境。而保守黨在接下來的一年中始終陷於各種政治醜聞的深坑，大失民心，工黨也與其漸行漸遠。

1964年10月，休姆被迫宣布解散下議院，舉行大選。工黨在詹姆斯·哈樂德·威爾遜的帶領下強勢歸來，對保守黨老套的政策予以抨擊，並取得大選勝利。屬於保守黨的13年統治生涯從這一刻結束了。

【相關連結】

麥克米倫於1963年10月辭去首相一職，他給出的理由是自己的病情惡化，但除此之外，他的下臺與約翰·普羅富莫的桃色醜聞脫不了干係。

普羅富莫是保守黨內閣成員，時任戰爭大臣。1961年，他在倫敦有名的整骨醫生史蒂芬·沃德舉行的派對上認識了歌舞演員克莉絲汀·基勒，並被對方深深吸引。於是，他背著妻子與基勒發生了不倫關係。雖然兩人相處的時間不過幾個星期，卻在一年之後其緋聞流傳於大街小巷。

更令人驚訝的是，基勒在和普羅富莫糾纏不清時，同時與一位蘇聯駐倫敦大使館的高級海軍武官葉夫根尼·伊凡諾夫有染，而後者真正的身分其實是蘇聯間諜。

此事一經暴露，在議院掀起滔天風浪，普羅富莫只得辭去官職。保守黨醜聞現世，麥克米倫首相受此影響，也不得不辭職了。

【專題】生活大爆炸

20世紀之前的英國，以保守著稱，但經過第二、第三次工業革命的洗禮後，這個國家由外而內散發出自由、開放的氣息。

在服飾方面，具有紳士品格的男人們拋卻精細繁複的單一樣式服裝，代之以簡潔寬鬆的多樣化款式；拋卻矯揉造作和陰柔的審美意識，

代之以硬朗的矯健風姿和陽剛的審美意識。而女人在女性解放思潮的推動下，大膽地脫下包裹全身的層層疊疊的緊身衣，解開舊社會的束縛，換上了輕便舒適的內衣。不僅如此，她們還將拖地的長裙鎖進衣櫃裏，爭相穿上超短裙和喇叭裙，毫不羞澀地露出修長潔白的小腿。

不得不說，英國女設計師瑪麗·奎特在超短裙的推廣中，起到了不可替代的作用。她先是在雜誌上刊登自己設計出的前衛服飾，但並未引起重視。而後，她讓一批模特穿著出自她手的超短裙走出國界，迅速掀起一波時髦潮流。

60年代末期，龐克一族開始出現在倫敦街頭。輕率的黑色皮夾克和緊身褲、誇張的金屬釘裝飾、彩色的雞冠髮飾成為這類年輕人的代表。搖滾音樂狂熱著，龐克文化狂熱著，奇裝異服也隨之狂熱。

縱然這股潮流受到一些人的攻擊與指責，但追求著裝自由與個性開放的人仍走在時尚前沿，肆無忌憚地昭示著這個我行我素的時代。

在飲食方面，由於社會福利的擴充，農業的恢復和發展，英國人的飲食有所改善和提升。又因科技進步使節奏加快，連鎖食品店和超級市場應運而生；再加上冷凍冰櫃的普及，大量冷凍食品、舶來食品、罐頭食品等速食類食品擺上餐桌，使人們日益拋棄傳統追求品質的飲食習慣。

在居住方面，在人口沒有大幅度增加的情況下，歷屆政府都極為重視住房建設，兩黨為了延長執政時間甚至實行「建房競賽」。因而，大量下層人不再為沒有住房而發愁。

在交通方面，由於工業轉型，城市裏生活水準較高的人為躲避污染，移居鄉下；而鄉下的人為了填飽肚子，選擇進城務工。這就需要政府完善交通網，以便人們順利出行。如此一來，地鐵、公共交通工具、私家轎車成為人們出行必不可少的工具。

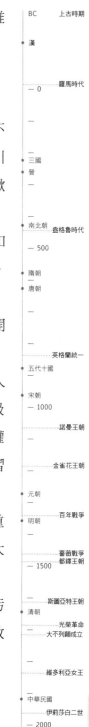

| 第十四章 | 換血從此刻開始

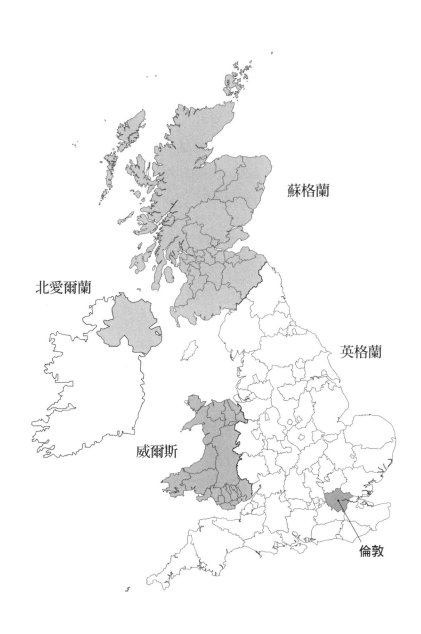

蘇格蘭

北愛爾蘭

英格蘭

威爾斯

倫敦

誰能醫治「英國病」

古語說得好，打江山容易守江山難。英國依靠工業革命實現大國崛起，用了近150年。先挑戰西班牙，繼而壓過荷蘭，其後多次與法國一爭長短，最終使倫敦成為世界的中心。然而，從巔峰中衰落下去，交出「第一世界工廠」這一地位，英國只用了不到30年。

經歷過兩次世界大戰後，英國元氣大傷，世界中心開始向美國紐約轉移，殖民帝國也逐漸解體。英國擁有的只是墨守成規的技術，危機頻發的經濟形勢以及兩大黨為掌管政權而做的你死我活的鬥爭。這一切使英國終於積累成疾，患上難以痊癒的頑疾——「英國病」。

所謂「英國病」，即是指戰後英國經濟發展速度極為緩慢，滯漲狀況持續近30年的經濟頑疾。

其實，經濟滯漲的症狀早在維多利亞女王去世後便已發端，第一次世界大戰之後開始顯露，第二次世界大戰期間走向惡化，兩次世界性戰爭過後暴露無遺，並且難以根治，至此，人們才驚慌失措起來，而這時的局面已經不可收拾。

如果經濟滯漲的情況在發端時就引起政府注意，政府大可不必惶惶無措，然而當時正值盛世，誰也不敢發出經濟將會病入膏肓的言論，誰也聽不進這逆耳之聲。結果，衰亡無可避免地到來，政府只得硬著頭皮針對經濟滯漲的症狀，暫且胡亂醫治一番，拖過一時是一時。

在英國經濟大蕭條時，「凱恩斯主義」適時而出，指出市場失調的可能性，也給出了有效的應對之方：政府加強干預，增加投資創造有效需求。一時之間，在臺上執政的政黨紛紛以它為藥方和擋箭牌，營造短時間的繁榮假象。可是，凱恩斯主義並非萬能，也不具備妙手回春的實

BC

耶穌基督出生 0—

君士坦丁統一羅馬

羅馬帝國分成兩部

波斯帝國 500—

回教建立

凡爾登條約

神聖羅馬帝國建立
1000—

十字軍東征

蒙古第一次西征

英法百年戰爭開始

哥倫布發現新大陸
1500—

英國大破無敵艦隊

發明蒸汽機

美國獨立

美國南北戰爭開始

第一次世界大戰
第二次世界大戰

2000—

力。它以超常規的市場干預力挽狂瀾，避免金融體系的崩潰，卻因忽略了社會矛盾以及政治鬥爭的摻和，反而更容易引起和放大經濟的震盪週期和通貨膨脹的到來。

　　1964年，連續執政13年的保守黨在議會大選中失利，工黨捲土重來。對於工黨而言，這是值得舉杯慶祝的事情，可也是接手爛攤子的不幸時刻：因為保守黨為其留下了高達6億英鎊的國際收支逆差，英鎊再遭貶值。

　　獲知真相的工黨黨魁威爾遜公開抱怨保守黨。但是抱怨歸抱怨，為了保住這來之不易的執政權力，他也只好耐著性子醫治「英國病」：徵收進口商品稅，大幅度提高銀行貼現利率；削減公共服務開支，借貸30億美元外匯等政策。政府的作為雖在一定程度上克服了即將發生的金融危機，卻大大削減了社會福利。沒有得到實際好處的平民自然怨聲載道，可即便是這樣，在1966年的大選中，選民仍舊將手中的選票投給了工黨。

　　不過，工黨雖順利度過大選難關，卻難以抵擋經濟危機的侵襲。凱恩斯主義只能頭痛醫頭，腳痛醫腳，當政府實行抑制需求的政策以期應付金融危機時，非但未能緩和資本主義固有問題，反而使「英國病」的症狀更加凸顯——失業率上升，工人罷工，出口劇減，英鎊貶值。及至1967年初冬，英鎊貶值14.3%，工黨無計可施。這時的保守黨站在一旁看好戲，幸災樂禍地稱，工黨僅用3年就「使英國從一個繁榮的國家墮落成為國際乞丐」。

　　面對如此困境，威爾遜首相反而泰然處之，竭力調和黨內外各種關係之間的矛盾，延長工黨的執政時間。功夫不負有心人，在威爾遜的領導下，1969年，英國對外貿易創歷史最高，國際收支大為逆轉。工黨終於揚眉吐氣，提出重新進行議會大選。

　　極具戲劇性的是，工黨自以為的大選良機，恰恰成為它倒下的緣

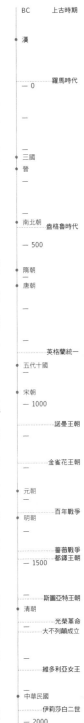

BC

耶穌基督出生　0—

君士坦丁統一羅馬

羅馬帝國分成兩部　—

波斯帝國　500—

回教建立

　　　　—

凡爾登條約

神聖羅馬帝國建立　1000—

十字軍東征

蒙古第一次西征

英法百年戰爭開始

哥倫布發現新大陸　1500—

英國大破無敵艦隊

發明蒸汽機　—

美國獨立

美國南北戰爭開始

第一次世界大戰
第二次世界大戰

　　2000—

由，保守黨不費吹灰之力便贏得了這場選舉角逐。保守黨黨魁愛德華‧希思從容坐上首相之位。希思深知凱恩斯主義並非治癒「英國病」的靈丹妙藥，因而轉為實行「貨幣主義」醫治經濟病症。他一上臺，就決定縮小財政支出，讓企業在市場大環境下進行自由競爭。但他的政策嚴重影響了福利支出，致使民眾怨聲又起。無奈之下，保守黨又匆忙增加補貼。怨聲未平時，新一輪經濟危機強力襲來，保守黨無力應付，只得加強政府干預，擴大財政支出。這樣一來，貨幣主義被無情拋棄，凱恩斯主義再度襲來。

經濟形勢江河日下，任誰有回春妙手，也乏回天之術。1973年，石油價格上調，經濟危機再度爆發，罷工之事又起，保守黨終無能為力。1974年3月，希思在極度疲乏中提出進行大選。在這次大選中，保守黨和工黨議席都不足半數，選舉出現僵局。同年10月，議會大選的序幕再次拉開，工黨以微弱優勢取勝。此後，可無論執政黨拿出怎樣的藥方醫治「英國病」，都難見病情好轉。

所謂時勢造英雄，如果想要醫治社會存在的頑疾，急需一位具有強硬手段的人物逆風而上。於是，在1979年大選中，一位英國傑出的人物——保守黨黨魁柴契爾夫人走向政壇高峰，成為改變英國歷史的風雲人物。

【相關連結】

1976年，工黨黨魁威爾遜發現自己患上初期阿茲海默病，記憶力減退，精神難以集中。再加上「英國病」的惡化，經濟形勢越發嚴峻，他無力應付，便於當年3月16日以身體狀況不佳為由，宣布將辭去首相職位。威爾遜發表辭職聲明後，英國女王伊莉莎白二世為感謝他對國家做出的貢獻，專程到首相官邸倫敦唐寧街10號參加晚宴。在此之前，只有民族英雄邱吉爾爵士獲得了同樣的殊榮。

威爾遜辭職後，讓助手瑪莎・威廉斯撰寫了一份獲勳人士名單，因為初稿寫在了薰衣草顏色的紙上，被人們稱為「薰衣草名單」。出現在這份名單中的人物，有他的支持者，也有不少社會名流。令人驚訝的是，這些人卻頻頻牽涉社會醜聞。諸如，埃里克・米勒獲封爵士榮譽，但隨後便因涉嫌貪污而遭到員警調查，落得自殺身亡的下場，輿論一片譁然。

結果，威爾遜在卸任後一面享受著無上的榮耀，一面仍難逃被詬病的命運。當真是，成也政壇，敗也政壇。

鐵娘子的革命

2007年2月21日，高2.24公尺的柴契爾夫人銅像在英國下議院大堂舉行了揭幕儀式，這是第一次有英國首相在生前得到這種榮譽。揭幕儀式上，已經卸任首相多年的柴契爾夫人出席並公開發言，開玩笑地說道：「原希望雕像以鐵製成，但銅也一樣好，不會生鏽。」

柴契爾夫人的銅像與勞合・喬治、邱吉爾和艾德禮並列在一起。勞合・喬治與邱吉爾帶領英國人在兩次世界大戰中衝鋒陷陣，最終取得了勝利。

艾德禮則以第一位工黨首相的身分，逐步建立起福利國家的事業，而柴契爾夫人發動了一場政治革命，將「英國病」這顆腫瘤基本切除，讓英國重新煥發大國的自信與雄心。

1974年，在議會大選上，工黨以微弱優勢戰勝保守黨獲得執政權，直接動搖了愛德華・希思在保守黨的地位。保守黨內部決定重新選舉黨魁，基斯・約瑟夫成為希思最強有力的對手。約瑟夫要求放棄凱恩斯主義，限制政府在經濟中的干預權力。在民意測驗中，約瑟夫得到高於希

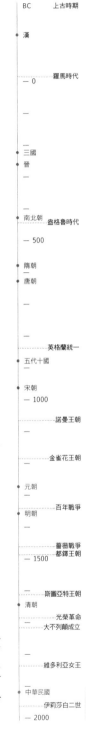

BC　上古時期
漢
羅馬時代
— 0

三國
晉

南北朝　盎格魯時代
— 500
隋朝
唐朝

英格蘭統一
五代十國
宋朝
— 1000
諾曼王朝

金雀花王朝
元朝
百年戰爭
明朝
薔薇戰爭
都鐸王朝
— 1500

斯圖亞特王朝
清朝　光榮革命
大不列顛成立

維多利亞女王

中華民國
伊莉莎白二世
— 2000

BC

耶穌基督出生　0—

君士坦丁統一羅馬

羅馬帝國分成兩部

波斯帝國　500—

回教建立

凡爾登條約

神聖羅馬帝國建立
　　　　1000—

十字軍東征

蒙古第一次西征

英法百年戰爭開始

哥倫布發現新大陸
　　　　1500—

英國大破無敵艦隊

發明蒸汽機

美國獨立

美國南北戰爭開始

第一次世界大戰
第二次世界大戰

　　　　2000—

思的支持率。不過，約瑟夫在巡迴演講時發表了控制下層婦女生育力的演講，最終馬失前蹄，忍痛退出黨內競爭，力挺瑪格麗特・希爾達・柴契爾（即柴契爾夫人）參加競選。

1975年4月，柴契爾夫人在保守黨右翼的支持下一舉成為保守黨黨魁。

一個女人登上政治高峰，無疑會讓人們議論紛紛。但柴契爾夫人在保守黨改革時期實行的一系列政策，不得不讓人刮目相看。她決意拋棄凱恩斯主義，將貨幣主義進行到底，讓企業在自由的經濟環境中優勝劣汰，以此遏制通貨膨脹。她一手緊抓經濟，一手重建影子內閣，委任傑佛瑞・豪領導「經濟建設小組」，基斯・約瑟夫繼續負責政策和理論研究。柴契爾夫人則專心對付工會，打擊工會的囂張氣焰。這大刀闊斧的改革，讓人們看到了柴契爾夫人要改革英國經濟政策，根除「英國病」的決心。

工會自成立以來，逐漸形成一股強大的社會力量，對政府稍有不滿，便發動強大的罷工浪潮。因而，各黨在上臺之後，為穩定政局都會先看工黨的臉色，而驕傲如柴契爾夫人怎會臣服於咄咄逼人的工會。於是，當工黨懾於工會的勢力而不敢自作主張時，柴契爾夫人帶領著保守黨公然表示，只要保守黨執政，便會在減少開支和避免失業的前提下，限制工資的增長。這份帶有濃烈貨幣主義味道的宣言，是她雷厲風行最極致的體現。

由於柴契爾夫人在黨內常發表激烈言辭，於1979年1月獲得了「鐵娘子」的綽號。4個月後，議會重新大選，保守黨以絕對優勢上臺執政，柴契爾夫人榮任首相。

柴契爾一上臺，便受到嚴重經濟危機的考驗，國內生產總值下滑，失業率猛增。然而，這對於柴契爾而言卻是施展身手的好機會。誠如柴契爾自己所說：「我任職只有一個意圖：改變英國，從仰賴他人轉為自

力更生。從『拿來給我』的國家，變為『自己動手』。一個『立馬行動』的英國，而不是等著東西掉到我們手上的國家。」

她指揮「經濟建設小組」制定經濟政策，抑制通貨膨脹。在新的經濟政策的引導下，柴契爾夫人減少貨幣發行量，提高銀行利率，穩定物價。同時，她收拾了工黨的爛攤子，撤銷3,000多個項目，降低公共開支。經過幾年的政治，「英國病」中的一大頑疾──通貨膨脹得到有效遏制。

在控制通貨膨脹的同時，柴契爾為刺激競爭，力圖將國有企業私有化。自1981年始，柴契爾縮減國企職工，降低國有企業在國民生產總值中的比重。在激烈的市場競爭浪潮下，私有化的企業為了生存，竭力提高生產率，沒有多久便迎來扭虧為盈的局面。國有企業私有化帶動了國民經濟的全面復甦與發展，因而人們稱之為「柴契爾革命」。

國有企業私有化是「柴契爾革命」的重中之重，它不僅創造了經濟奇蹟，制止了英國頹勢，也在一定程度上緩解了與工會之間的矛盾，穩定了政局。這是由於大批工人轉入私企，緩解了就業壓力，工會成員的數量得到控制，工會的影響也就隨之減弱。同時，柴契爾夫人將國有企業股份轉售給個人，股票持有者是企業利益的直接受益人，自然會支持保守黨。

除此之外，她出臺了法律政策，限制工會權力，壓制工會運動，使工會的作用日益減小。在此基礎上，她還改革稅制，降低稅率，削減教育、醫療等社會福利開支。

這一系列的政策，使英國經濟在20世紀80年代穩步前進，經濟增長率逐步領先世界，高居歐美榜首。柴契爾夫人也憑藉漂亮的政績，順利實現三連任。

眾人都猜想柴契爾夫人會實現四連任時，局勢卻急轉直下，轉向不利於她的一方。誠然，柴契爾夫人為「英國病」下了一帖猛藥，但也無

可避免地產生了副作用。國企私有化提高了企業效率，但也拉大了貧富差距。而且，80年代末期，通貨膨脹再次出現，政府採取的緊縮政策使眾多企業破產，大量工人失業，700多萬人忍饑挨餓，越來越多的人開始怨恨柴契爾。

在保守黨地位岌岌可危時，柴契爾又在1990年召開的歐共體特別首腦會議上，針對貨幣聯盟問題投了唯一的反對票，從而引發了一場嚴重的政治危機。保守黨意識到，柴契爾夫人已不適合再留任，她雖眷戀相位，但為了維護黨內團結，不得不在11月大選中辭去黨魁。最終，處事溫和的約翰‧梅傑成為保守黨黨魁，並接任首相一職。

離開並不代表失敗，柴契爾夫人所領導的「柴契爾革命」，創造的「柴契爾奇蹟」，將永遠被記錄在英國輝煌的歷史篇章中，而所謂的「英國精神」也在她執政期間重現，像當年擁有「日不落帝國」稱號的時期一般，熊熊燃燒。

【相關連結】

柴契爾夫人出生於英格蘭東部林肯郡格蘭瑟姆小鎮的雜貨店裏，卻一路走到唐寧街10號，坐上了首相寶座。這對於男性民主與貴族政治不可撼動的英國來說，本身就是一場爆炸性的革命。她創造了首相三連任的輝煌歷史，並憑藉強有力的政治手腕力挽狂瀾，基本治癒了「英國病」。

然而，在政治生涯上過得風生水起的柴契爾夫人，在家庭生活中並不如意。英國保守黨成員斯派塞爵士所著的《斯派塞日記》一書中曝光稱，英國柴契爾夫人曾表示，如果時間能夠倒流，她將為了家庭不再從政。在她從政生涯中，丈夫鄧尼斯始終支持她，但她與孩子們的關係並不融洽。

哥倫布發現新大陸
　　　　　　1500—

英國大破無敵艦隊

發明蒸汽機

美國獨立

美國南北戰爭開始

第一次世界大戰
第二次世界大戰
　　　　　　2000—

2003年，丈夫鄧尼斯去世，柴契爾夫人大受打擊，健康每況越下。

儘管如此，她的兒子一個多月才去探望她一次，而女兒甚至連續數月都不曾露面。正如她自己所說的那樣，「擔任首相，就得忍受孤獨」。選擇了權力並為之奮鬥的人，註定要失掉了親情。有所得，必有所失。

慌亂的政治生涯

1990年11月28日清晨，在政治舞臺上享有「鐵娘子」稱號的柴契爾夫人向伊莉莎白二世女王正式提交辭呈，交出首相官印。45分鐘之後，約翰・梅傑便乘著首相專車，春風得意地來到白金漢宮，接受了首相印章。隨後，他從白金漢宮中走出，又驅車徑直前往唐寧街10號，開始組成新內閣。就這樣，年47歲，20世紀最年輕的首相梅傑走馬上任。

當日上午，他站在唐寧街10號的臺階上，做了登上首相之位後的第一次演講。他很清楚，在他眼前的並不是一條寬闊平坦的康莊大道，但他仍表示，要將英國建成「一個國泰民安的國家，一個充滿自信的國家，一個準備並願意做必要的改革而為全體公民提供更高的生活水準的國家」。

除此之外，他還在講話中高度讚揚柴契爾夫人對國家做出的傑出貢獻，並說歷史將會證明，她是一位「偉大的首相」。

從他熱情的演講中，可以看出他對重塑英國大國形象信心十足。但是，當他挽起袖子要大幹一場時，卻發現自己低估了所面臨的嚴峻形勢。

柴契爾夫人留下了一份獨特且複雜的遺產，即在國有企業私有化的過程中，英國逐漸分為北方和南方，富人和窮人，勝者和敗者。梅傑不得不改變柴契爾夫人雷厲風行的施政手段，而代之以溫和的政治方式，適當加強政府對經濟的干預。在外交上，他丟掉柴契爾夫人穿過的大斗

BC

耶穌基督出生　0—

君士坦丁統一羅馬

羅馬帝國分成兩部

波斯帝國　500—

回教建立

凡爾登條約

神聖羅馬帝國建立
　　　　1000—

十字軍東征

蒙古第一次西征

英法百年戰爭開始

哥倫布發現新大陸
　　　　1500—

英國大破無敵艦隊

發明蒸汽機

美國獨立

美國南北戰爭開始

第一次世界大戰
第二次世界大戰
　　　　2000—

篷，不再像一頭猛獅那樣好鬥。

　　但是，溫和也好，強硬也罷，都奈何不了經濟衰退的國家形勢。通貨膨脹越來越嚴重，失業率居高不下，此時如果實行凱恩斯主義可在一定程度上穩定經濟，如若實行貨幣主義政策，則有利於經濟的長遠發展。保守黨內意見不一，梅傑左右為難，舉棋不定，以至於在1992年的大選中，梅傑一度拒絕同工黨和自由民主黨領袖展開三方辯論，生出自我放逐的念頭。

　　然而，投票結果揭曉，眾人譁然。保守黨在梅傑的領導下，以超出所有政黨21票的微弱優勢獲勝，梅傑得以連任。這樣的結果並沒有讓梅傑高興多久。

　　9月16日，英鎊嚴重貶值，被迫脫離歐洲匯率機制。梅傑無力扭轉局面，也沒有及時拿出有效的實施方案，因而外界傳言他為此而精神崩潰，每天花大量時間躲在衣櫥中。他本人也承認，自己離辭職之路已經不遠。

　　這一難題還未解決，保守黨內部又現分裂局面。尤其當梅傑在1993年7月批准簽訂《馬斯特里赫特條約》[①]後，更是激起黨內右翼分子的不滿與抗議。一年之後，他不顧眾人反對，一下開除8名在歐盟事務上與自己持反對意見的議員。隨後，黨內親美的「歐洲懷疑派」又向他發難，逼迫他許諾英國永遠不得加入歐洲統一貨幣。

　　攻擊他的浪潮一波接一波襲來，讓他在首相之位上如履薄冰，走得異常艱難。

　　1995年，梅傑終於對自己在黨內的地位不斷受到威脅和挑戰生厭，決定辭去黨魁一職，宣布實行領袖換屆選舉。黨內反對派領袖約翰·雷德伍德公然參選，妄想代替梅傑成為新一任首相。

　　黨內多數人員雖認為梅傑行事猶豫，無所作為，但在大是大非面前自有分寸。他們深知，如若此時保守黨黨魁易主，必然會加劇保守黨的

分裂，而工黨則會坐收漁翁之利。所以，內閣成員以及本黨議員等紛紛將票投給梅傑。最終，梅傑以218票對89票的優勢在保守黨內站穩了腳跟。

此後，梅傑立即重組內閣，一半職位換人。在國內政策的實施上，他將工作重心放在控制通貨膨脹上，加大公共事業開支，創造就業機會，解決住房問題，竭力改善人們生活。在外交事務上，他左右逢源，一邊繼續維持英美的「特殊關係」，一邊較為積極插手歐洲事務。

儘管他如此努力，想要做好首相的本分，並修復黨內日益凸顯的矛盾，解決黨內的宗派鬥爭。但事實證明，他並沒有這樣的能力。更何況，選民將兩黨輪流執政模式當作自由民主的標誌，因而不願看到一黨長期霸佔政府職權。

所以，1997年議會大選的序幕拉開時，梅傑在民眾心中已是毫無吸引力的政客，保守黨已成一個四分五裂的政黨。5月1日，大選結果揭曉，保守黨大敗，托尼·布雷爾領導的工黨一躍成為執政黨。當時人們對工黨擊敗保守黨並不驚訝，但鮮有人預料到保守黨會以比工黨少254席的大劣勢落敗。

5月2日，豔陽高照，梅傑向女王交出首相官印。辭職前最後一次在首相府邸發表講話時說道：「落幕了，是時候下臺了。」

人們描述梅傑時，用得最多的一個詞是「灰色」。對於這個詞的解釋，有人說是指他椒鹽色的頭髮，也有人說是指他政治上的平庸。不管是哪一種，都很難否認，梅傑夾在雷厲風行的柴契爾夫人首相與英俊瀟灑的布雷爾首相中間，實難釋放出逼人的光彩。他自然而然也就成了英國歷史上「模糊不清的人物」。

【相關連結】

梅傑任職為首相後不久，媒體界就傳出梅傑夫人將不入住唐寧街10

BC　　上古時期

漢

———　羅馬時代

—　0

—

三國
晉
—

—
南北朝　盎格魯時代

—　500

隋朝
唐朝
—

—

———　英格蘭統一
五代十國
—
宋朝
—　1000

———　諾曼王朝

—

———　金雀花王朝

元朝
—
———　百年戰爭
明朝
—
———　薔薇戰爭
都鐸王朝
—　1500

—
———　斯圖亞特王朝
清朝
———　光榮革命
———　大不列顛成立

—

———　維多利亞女王

中華民國
———　伊莉莎白二世
—　2000

號的消息。雖然歷屆首相夫人也曾有過不願搬進首相府邸的想法，但都不敢像梅傑夫人這樣毫無顧慮地說出來。她則表示，不住進首相府邸並沒有什麼大不了，只是為了保護自己的隱私權與自由權，過正常人的生活罷了。

她知道當上首相夫人之後，生活空間就會被日復一日的無聊宴會、剪綵，以及接受攝影記者的採訪所佔據。有一次，她連續兩天穿同一套衣服與梅傑一起亮相，便被各種報刊大肆議論，甚至有心理專家津津有味地研究起她的穿衣風格，以推測她的性格。為省去這些不必要的麻煩，少受外界的干擾，她不顧眾人的眼光，毅然決然留在倫敦郊區的老家。梅傑夫人不失為一位有個性的女子，比起她的丈夫來，她的性格反而更趨向強硬的一面。

【注釋】

①《馬斯特里赫特條約》，1991年12月9日在第46屆歐洲共同體首腦會議上簽署的條約。它為歐共體建立政治聯盟和經濟與貨幣聯盟確立了目標與步驟，是歐洲聯盟成立的基礎。

布雷爾主義

「不進行變革的政黨將會死亡，工黨是一個生機勃勃的運動而非一座歷史紀念碑。」「我的心敲打著改革的鼓點，我的靈魂現在是而且永遠是叛逆之魂。」這是布雷爾發表演講中的名言。在他看來，沒有變革，就沒有未來；沒有新工黨，就沒有新英國。因而，他在1994年7月榮任工黨黨魁之後，便緊鑼密鼓地對工黨原有政策進行改革。

英國大破無敵艦隊

發明蒸汽機

美國獨立

美國南北戰爭開始

第一次世界大戰
第二次世界大戰

　　　　2000—

布雷爾認為，社會主義的改革「不是透過乾巴巴的學術理論或學習

馬克思主義的方式」，而是讓民眾切實過上滿意的生活。因而，所有的變革都應從一切出發，敢於對現實說「是」或「不」。基於此，1995年4月29日，布雷爾在工黨召開的內部特別會議上，堅決拋棄實行了70多年的公有制政策，將工黨的目標改為「建立多數人享有權利、財富和機會的社會」。這一改革，適應了國內外形勢的變化，贏得了眾多資產階級的支持，並為工黨以後制定更為靈活的政策奠定了基礎。

布雷爾這些初步改革，為工黨在1997年議會大選中大勝貢獻了不容忽視的力量。布雷爾登臺之後，隨即宣布完成政策更新的工黨已不是過去意識形態極其濃厚的舊工黨，而是一個為民眾謀福利的「新工黨」。新工黨的主要任務即是改弦更張，實現布雷爾建立新英國的計畫與設想。人們在以後的時間裏，漸漸習慣將布雷爾採取的改革政策稱為「布雷爾主義」。

從宏觀來看，布雷爾主義的主旨體現在兩個方面：一是如何在經濟全球化之際，使英國經濟不落後於他國，而持蓬勃發展的態勢；二是如何在人們的生活方式發生劇變的情況下，提高人們的生活水準。

從微觀來看，布雷爾主義則體現在4個方面：其一，重視市場機制的作用，但也發揮政府在教育、技術等方面的促進作用；其二，強調社會公正原則，主張沒有責任就沒有權利；其三，主張社會契約政策，建立起人們與社會、雇主與工會之間的合作雙贏夥伴關係；其四，以全球性戰略眼光重新確定英國的國際地位，謀求建立政治和經濟自由的新國際體制。

布雷爾主義的重心是工黨理論家和精神領袖安東尼‧吉登斯提出的「第三條道路」，即突破資本主義政黨左右翼傳統的條條框框，在經濟上執行介於凱恩斯主義和貨幣主義之間的路線；在社會政策上進行資本主義改良式的社會變革和政策調整，從而在經濟效率與社會公平之間尋求新的平衡。

BC　上古時期
漢
— 0
羅馬時代
三國
晉
南北朝　盎格魯時代
— 500
隋朝
唐朝
英格蘭統一
五代十國
宋朝
— 1000
諾曼王朝
金雀花王朝
元朝
百年戰爭
明朝
薔薇戰爭
都鐸王朝
— 1500
斯圖亞特王朝
清朝
光榮革命
大不列顛成立
維多利亞女王
中華民國
伊莉莎白二世
— 2000

BC

耶穌基督出生　0—

君士坦丁統一羅馬

羅馬帝國分成兩部

波斯帝國　500—

回教建立

凡爾登條約

神聖羅馬帝國建立
　　　　　1000—

十字軍東征

蒙古第一次西征

英法百年戰爭開始

哥倫布發現新大陸
　　　　　1500—

英國大破無敵艦隊

發明蒸汽機

美國獨立

美國南北戰爭開始

第一次世界大戰
第二次世界大戰

　　　　　2000—

在經濟方面，布雷爾在穩定宏觀經濟，降低通貨膨脹率，維持財政收支平衡的基礎上，推行自由主義的經濟主張，承認市場競爭和私有化，從而使英國經濟持續穩定增長，失業率大大降低，人均工資顯著增長。在布雷爾執政期間，民眾看到了繁榮的經濟景象，也從中得到了實實在在的好處。

在福利國家建設方面，布雷爾轉變了傳統的福利政策，強調了受益者的責任感，以及「社會風險共擔」，讓民眾在享受利益的同時，也給予相應的支援，從而推動了「工作福利計畫」的實行，甩掉了福利這一沉重的包袱，逐步實現了福利國家的現代化。

在政治方面，布雷爾一上臺就實行憲政改革。1999年5月，工黨政府設立蘇格蘭和威爾斯地方議會，實行權力下放，以便理順中央與地方的關係。在政治上的另一成就，即是布雷爾領導下議院通過廢除英國上議院的世襲貴族制，代之以非世襲的議員選任制，這無疑推動議會上議院逐步實現民主化。

此外，布雷爾還著手解決愛爾蘭問題，不遺餘力地推動北愛爾蘭的和平進程。1998年4月，在英、美和愛爾蘭推動下，北愛爾蘭各派簽署《星期五和平協定》。這一協議對結束北愛爾蘭流血衝突，和平解決爭端產生了關鍵作用。

然而，布雷爾主義並不是完美得找不出一絲缺憾。布雷爾在任職期間，雖促進了經濟的增長、幣值的穩定，但仍不可避免地出現了一些問題。諸如，社會財富分配不均衡，貧困人口在全國中仍占較大比例，社會治安、醫療服務等也未完全得到有效解決。這在一定程度上，影響了布雷爾政府的支持率。

同時，那些被媒體一再扯出來的桃色醜聞，也逐漸粉碎了布雷爾在民眾心目中的形象。加之工黨在執政期間，曾參與了3次戰爭，可謂是窮

兵黷武的範例，這使得布雷爾的政治生命日薄西山。

當初布雷爾當選英國首相時支持率高達75%，執政10年後，他的支持率卻跌到了歷史低點28%。正如英國《每日電訊報》所說：「英國歷史上從來沒有一位首相開場如此之火熱，收工如此之慘。」

2007年，3次連任首相之職的布雷爾於6月27日向英國女王伊莉莎白二世正式遞交辭呈，為其執政生涯畫上句號。雖然他的下臺並不風光，但客觀來看，布雷爾主義在工黨改革的歷史長河中會永遠熠熠生光。

【相關連結】

布雷爾主義在外交方面最大的失誤是——緊緊追隨美國。2003年，布雷爾殷勤跟隨美國對伊拉克戰爭政策的步伐，支持美國對伊拉克開戰。當時，上百萬人在倫敦舉行規模空前的反戰遊行，布雷爾仍一意孤行，並率先派兵攻入伊拉克。他認為這不過是一項極為平常的外交政策，卻沒有預料到會為之付出慘重的代價，工黨政府在民眾中的聲望也遭到嚴重打擊。

後來，有人採訪布雷爾，問他是否後悔支持美國發動伊拉克戰爭，他這樣說道：「我對所有伊拉克戰爭中的遇難者和他們的家屬深感抱歉……淚水不能緩解它。」

然而，一些在戰爭中失去親人的英國人對布雷爾的道歉並不接受。一位失去兒子的父親說：「布雷爾的眼淚根本不能與我們的淚水相提並論，也不能和成千上萬伊拉克人的淚水相提並論，甚至連近似的悲痛都算不上。」他們把布雷爾的眼淚稱為是「鱷魚的眼淚」。

BC

耶穌基督出生　0—

君士坦丁統一羅馬

羅馬帝國分成兩部

波斯帝國　　500—

回教建立

凡爾登條約

神聖羅馬帝國建立
　　　　1000—

十字軍東征

蒙古第一次西征

英法百年戰爭開始

哥倫布發現新大陸
　　　　1500—

英國大破無敵艦隊

發明蒸汽機

美國獨立

美國南北戰爭開始

第一次世界大戰
第二次世界大戰

　　　　2000—

「唯一的希望」

　　唐寧街10號自1999年始，便逐步完善了英國產假制度。當年，布雷爾政府規定，父親在孩子5歲前享有13週帶薪休假。第二年春日，布雷爾妻子即將生下第四個孩子，媒體紛紛猜測，他會不會領頭休產假。當時，他的妻子也公開呼籲丈夫應做全國父親的榜樣。在糾結許久之後，布雷爾最終想出了一條中間路線，即在不休產假的同時，多陪陪妻子和孩子。

　　布雷爾為了工作放棄了這項福利，倒是英國現任首相大衛·威廉·唐納德·卡麥隆大方回應了布雷爾提出的產假制度，在2010年小女兒出生後，將繁雜政務交給副首相克萊格處理，自己則與妻女逍遙度假，成為英國第一個休產假的首相。

　　2001年，大衛·卡麥隆成功當選保守黨議員，進入議會之後，他受到保守黨領袖邁克爾·霍華德的倚重，並聲稱自己將是首相布雷爾的繼任者。

　　4年之後，不到40歲的卡麥隆競選保守黨黨魁一職，雖並不被看好，但一場沒有使用發言稿的大會演講，讓人們對他刮目相看，他也成功問鼎保守黨領袖。媒體界甚至將他與美國總統歐巴馬相提並論，認為他是帶領英國脫離不景氣的「唯一的希望」。他的下一步，便是領導保守黨重新掌握執政權。

　　2007年，布雷爾失意下臺，在他身邊蟄伏了10年的戈登·布朗終於出任首相一職。然而，當時的恐怖主義盛行，金融危機頻發，戈登·布朗很難有大的作為。而且，自1997年布雷爾組閣以來，民眾早已看厭了工黨的面孔，需要保守黨登臺，在政策上拿出一些新花樣，以緩解「視

覺疲勞」。

於是，在2010年的議會大選中，看到一線生機的保守黨積極拉動選票，雖獲得306個席位，成為議會第一大黨，卻沒有獲得議會多數黨的有效地位。為了登臺執政，保守黨與自民黨①在後臺達成協定，結為聯盟。卡麥隆組建了第二次世界大戰以來首個聯合政府。

初入唐寧街10號，卡麥隆身上有太多的光環：貴族血統（英王威廉四世和他的情婦多麗西婭・佐敦的私生子直系後裔）、著名學府伊頓公學和牛津大學的教育背景。然而，這個年輕而又有些高傲的首相，卻要面對接下來的挑戰。

首先，保守黨和自民黨組成的聯合政府並非天生的盟友，而且在外交、財政等方面存在很大的分歧，要使兩者的步伐一致並不容易。其次，當時的英國失業率居高不下，財政赤字越來越大，經濟亟待復甦。

沒有永遠的敵人，只有永遠的利益。這是英國始終奉行的外交原則。因而，卡麥隆上任沒多久，便應時任中國國務院總理溫家寶邀請，於2010年11月9日至10日對中國進行首次正式訪問。

兩年後，卡麥隆帶領豪華陣容訪問並與中方領導人舉行新一輪中英總理年度會晤。本輪訪華的代表團中不僅有財務、商務、能源、教育4位內閣大臣，還包括50位英國工商業頂尖人士，足見對中國這一「日益重要的世界夥伴」的重視。

訪問的首要目的，自然是加強雙邊經濟貿易合作。經過兩天的會晤後，中英雙方簽署了價值數十億英鎊的經貿協議，可謂成果頗豐。除此之外，中英雙方還就能源安全、可再生能源、清潔能源等廣泛議題展開對話，探討合作專案。

2012年12月6日，《富比士》發布了2012年全球最具影響力人物排行，在全球71位重要人物中，英國首相卡麥隆名列第十。這是對他執政以來最大的認可。

BC　上古時期

漢

— 0

羅馬時代

—

三國
晉

—

南北朝　盎格魯時代

— 500

隋朝
唐朝

—

—

英格蘭統一

五代十國

宋朝

— 1000

諾曼王朝

—

金雀花王朝

元朝

—

百年戰爭

明朝

—

薔薇戰爭
都鐸王朝

— 1500

斯圖亞特王朝
清朝

光榮革命
大不列顛成立

—

維多利亞女王

中華民國

伊莉莎白二世

— 2000

即使如此，卡麥隆還要面對來自蘇格蘭首席部長薩爾蒙德的挑戰。早在2001年，薩爾蒙德就與英國首相卡麥隆會面，討論蘇格蘭的獨立公投。卡麥隆堅持，公投的結果只能是一道選擇題，離開或是留下。然而，薩爾蒙德非但沒有被嚇住，反倒表示甘願奉陪到底。因而，蘇格蘭民族主義自然而然從政治主流的邊緣被推到了歷史的風口浪尖上。

2012年，卡麥隆和薩爾蒙德簽署《愛丁堡條約》，規定將舉行公投，權力授予蘇格蘭議會。2014年9月19日，蘇格蘭獨立公投各選區結果陸續出爐，蘇格蘭獨立失敗成定局。薩爾蒙德稱，蘇格蘭已經決定不成為一個獨立的國家，這一場豪賭最終以薩爾蒙德的失敗落下帷幕。

但是，卡麥隆並沒有因此而沾沾自喜，他從中認識到了民族主義的力量，決定為整個英國規劃均衡的憲法架構，承諾將給予蘇格蘭更多權力，並且將新的權力授予英格蘭、威爾斯和北愛爾蘭。

誰都無法預測以後的路程，只能盡力做好當下的事情。卡麥隆領導的由保守黨和自民黨組成的聯合政府，是否能在執政道路上走得更遠，人們只能拭目以待。

【相關連結】

2010年議會大選時，卡麥隆為獲得首相一職，不禁打出了親情牌，拉近與選民的距離。他出身富貴，祖上是英王威廉四世的後代，也就與現任女王伊莉莎白二世沾親帶故。他的妻子莎曼珊也是貴族出身，且擔任家族企業總裁。因而，卡麥隆曾被批評出身權貴，與一般選民之間有不小的隔閡。

為了增強親和力，卡麥隆與妻子刻意十指緊扣出現在公開場合，以便顯示出他是一位有責任有愛心的丈夫。在接受採訪時，他也毫不避諱地提及不幸患癱瘓的兒子伊凡，表示定會與妻子好好照顧他。

發明蒸汽機

美國獨立

美國南北戰爭開始

第一次世界大戰
第二次世界大戰

　　　　　2000—

然而，2009年，伊凡突然去世，給卡麥隆和莎曼珊以沉重打擊，卡

麥隆甚至萬念俱灰，曾一度考慮退出政壇。這種難以撫平的喪子之痛，讓公眾看到了他心底的真情。因而，不少選民改變對卡麥隆出身的看法，為他投上一票。

【注釋】

①自民黨，英國的一個政黨，成立於1988年，由自由黨和短暫存在的社會民主黨合併而成。

【專題】王室，你的未來何去何從

對於英國人而言，女王或者國王穩居寶座，猶如給民眾吃了一顆定心丸，讓人們有理由相信社會政局穩定，英國擁有並不昏暗的前景。幾百年來，君主雖沒有實質性的權力，卻擁有至高無上的地位，是國家元首，是軍隊的總司令，是國教的最高領袖。因而，傳統的英國人不會輕易廢除君主制。

在第二次世界大戰中，君主喬治六世和王后面對納粹德國的狂轟濫炸，泰然自若，四處奔走慰問戰士，增強了英國軍隊與法西斯不法分子鬥爭到底的信心。真正結束後，溫莎王室的聲望達到巔峰。

1952年，喬治六世逝世，女兒伊莉莎白·亞歷山卓·瑪麗·溫莎繼位，是為伊莉莎白二世。繼位之前，伊莉莎白曾在第二次世界大戰中參加勤務團，撫慰受傷士兵、駕車修車的形象深入民心。

繼位之後，她不辭辛勞地扮演著英國僕人的角色，自繼位至2005年，她以國家元首的身分出訪200多次，每年參加兩三次國事訪問。除此之外，她還出席各種大型典禮活動，剪綵致辭，頒發勳章等。每一次出現在公眾面前，她都要格外注意自己的言行。

正如她自己所說：「我可以把全部身心和熱誠奉獻給這個古老的島國，奉獻給這個國家的所有民眾。」所以，英國人或許會質疑君主制，

卻從未質疑過女王伊莉莎白二世。

1981年7月，伊莉莎白二世的兒子查理斯王儲與戴安娜王妃舉辦「世紀婚禮」，英國王室成員、世界各國王室成員、政要名流等3,000人齊集聖保羅大教堂，上百萬英國民眾湧上倫敦街頭。英國廣播電視公司用33種語言，向世界轉播了婚禮的盛況。這一場婚禮一度被譽為20世紀最隆重的愛情盛事。

然而，不過幾年的時間，溫莎王室便籠罩在一片婚姻醜聞的霧霾中，從聲譽巔峰中摔至谷底。查理斯王儲與卡蜜拉・尚德關係曖昧，戴安娜王妃忍受不了被冷落的孤寂滋味，也惹出紅杏出牆的事件。與此同時，伊莉莎白二世另外兩個子女也陷入婚姻危機。一時間，媒體報導此起彼伏，坊間街頭議論紛紛，王室聲譽朝不保夕。

1996年，震徹世界的「世紀婚禮」終走到盡頭。一年之後，戴安娜王妃遭遇車禍身亡。英國王室遭遇有史以來最嚴重的危機，僅有47%的人對君主制的存在持支持態度。

伊莉莎白二世逐漸意識到，君主制也是有生命的，為了延長它的壽命，必須不斷調整和改變君主或女王的形象。因而，她一度出現在酒館、飯店和商店中，進行微服私訪，還規定白金漢宮每年可向公眾開放數次。隨後，她又宣布她與威爾斯親王即將納稅。這為伊莉莎白二世重新樹立在公眾中的形象發揮了很大的作用。媒體與公眾也變得寬容起來，對查理斯與卡蜜拉的婚姻並未持太大的反對意見。

2008年6月15日，英國廣播公司委託民調機構對是否繼續保持君主制進行電話訪問。結果顯示，絕大多數人認為英國應該繼續保留王室，君主制也不應該被廢除。

溫莎王室安然度過了危機，英國君主制也迎來了豔陽天。雖說英國政治體制在近期不會有太大的變動，但王室還是謹慎行事，適當調整與改變自身形象，以適應民眾的要求。

耶穌基督出生　0—

君士坦丁統一羅馬
羅馬帝國分成兩部

波斯帝國　500—

回教建立

凡爾登條約

神聖羅馬帝國建立
1000—
十字軍東征

蒙古第一次西征

英法百年戰爭開始

哥倫布發現新大陸
1500—
英國大破無敵艦隊

發明蒸汽機

美國獨立

美國南北戰爭開始
第一次世界大戰
第二次世界大戰

2000—

就像伊莉莎白二世所言：「和政府一樣，王室只有在人民的支持和認同下才能生存。人民對政府的認同體現於投票箱，而對我們，對一個王室家庭，這種資訊經常難以獲悉，因為這種資訊有可能因社會差異、措辭的浮誇和修飾，或相互衝突的公眾輿論潮流而變得模糊。但我們必須加以解讀。」

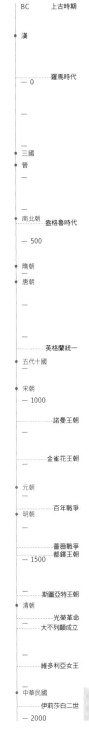

海鴿文化出版圖書有限公司
Seadove Publishing Company Ltd.

作者	劉觀其
美術構成	騾賴耙工作室
封面設計	斐類設計工作室
發行人	羅清維
企畫執行	林義傑、張緯倫
責任行政	陳淑貞

古學今用 149

一本書讀懂
英國史

出版	海鴿文化出版圖書有限公司
出版登記	行政院新聞局局版北市業字第780號
發行部	台北市信義區林口街54-4號1樓
電話	02-27273008
傳真	02-27270603
e‐mail	seadove.book@msa.hinet.net

總經銷	創智文化有限公司
住址	新北市土城區忠承路89號6樓
電話	02-22683489
傳真	02-22696560
網址	www.booknews.com.tw

香港總經銷	和平圖書有限公司
住址	香港柴灣嘉業街12號百樂門大廈17樓
電話	（852）2804-6687
傳真	（852）2804-6409

CVS總代理	美璟文化有限公司
電話	02-27239968　e‐mail：net@uth.com.tw

出版日期	2021年11月01日　二版一刷
定價	380元
郵政劃撥	18989626戶名：海鴿文化出版圖書有限公司

國家圖書館出版品預行編目資料

一本書讀懂英國史／劉觀其著--
一版，--臺北市： 海鴿文化，2021.10
面；　公分．－－（古學今用；149）
ISBN 978-986-392-391-6（平裝）

1. 英國史

741.1　　　　　　　　　　　　　110015094